Sebastião Bastos
Mein Wald am Ufer des großen Flusses

Der Lebensbericht des Indianers Sebastião Bastos ist mehr als eine Biographie. Dieses Buch ist zugleich die Geschichte der systematischen Ausbeutung, der die Indianer Brasiliens seit dem Kautschuk-Boom Ende des 19. Jahrhunderts ausgesetzt sind. Das persönliche Schicksal des Chronisten ist eng verknüpft mit dem Niedergang eines Volkes, für das die Wälder am Ufer des großen Flusses der Bezugspunkt für alle Lebensentscheidungen sind; hier lernt Bastos, »das Wesentliche vom Unwesentlichen zu scheiden«. Sein Bericht ist der Roman eines Mannes auf der Suche nach einer verlorenen Zeit.

Bastos ist der Sohn einer Mahari-Indianerin und eines Mestizen, der in den Jahren vor dem Ersten Weltkrieg eine kleine Kautschuk-Plantage besaß, die ihm ein kleines Vermögen einbrachte. So konnte er es sich leisten, seinen Sohn Sebastião nach Freiburg in der Schweiz auf eine Privatschule zu schicken, wo der kleine Indianer gemeinsam mit Antoine de Saint Exupéry und dem Agha Khan die Schulbank drückte.

Mit dem Ausbruch des Ersten Weltkrieges sind seine Studien unterbrochen. Er kehrt nach Brasilien zurück, um als Fünfzehnjähriger zu erfahren, daß seine Familie völlig verarmt ist. Vater Bastos wurde von einem Geschäftspartner betrogen. Als Sebastião erfährt, welches Unrecht seinem Vater und seiner Familie angetan wurde, schwört er feierlich, nie mehr eine Kopfbedeckung zu tragen, bis er die Schande und Schmach gerächt hat.

Abgesehen von dem abenteuerlichen menschlichen Schicksal dieses Mannes erfahren wir viel über die Sitten und Gebräuche der Indianerstämme des Amazonasgebietes, zum Beispiel über das Ritual der Macumba, wo christliche und afrikanische Traditionen miteinander verschmelzen. Bastos berichtet über das Leben im Urwald und Dschungel, über Krokodiljagd, die mörderischen Piranhafische und die nicht weniger mörderischen Abenteurer und Ausbeuter aus aller Welt, die sich in dieser »Grünen Hölle« ihren Profit suchen.

Heute lebt Sebastião in der Umgebung von Manaus, hat eine Unzahl von Kindern und Enkelkindern aus mehreren Ehen. Er sieht mit der den Indianern eigenen traurigen Resignation zu, wie seine geliebte Heimat, die Welt des Urwalds, den Bulldozern der Profitgesellschaft zum Opfer fällt.

Sebastião Bastos

Mein Wald am Ufer des großen Flusses

Ein Amazonas-Indianer erzählt die Geschichte seines Lebens

Aufgezeichnet und herausgegeben
von Claude Mossé

Aus dem Französischen von Bernd Lächler

Lamuv Taschenbuch 53

Originaltitel: Ma foret au bord du grand fleuve

Bitte fordern Sie unser kostenloses Gesamtverzeichnis an:
Lamuv Verlag, Postfach 26 05, D-37016 Göttingen

Gedruckt auf 100 RC Book Paper
100 Prozent Recyclingpapier
der Firma Steinbeis Temming GmbH, Glückstadt

1. Auflage März 1987
5. Auflage September 1994
Lamuv Verlag GmbH, Göttingen
© Copyright Editions Robert Laffont, Paris 1976
© Copyright der deutschsprachigen Ausgabe
Paul List Verlag, München 1982
Alle Rechte vorbehalten

Umschlaggestaltung: Gerhard Steidl
unter Verwendung eines Fotos von Michael Friedel
Gesamtherstellung: Steidl, Göttingen
Printed in Germany
ISBN 3-88977-120-3

Inhalt

Vierter Teil
Vielleicht bin ich der letzte Überlebende

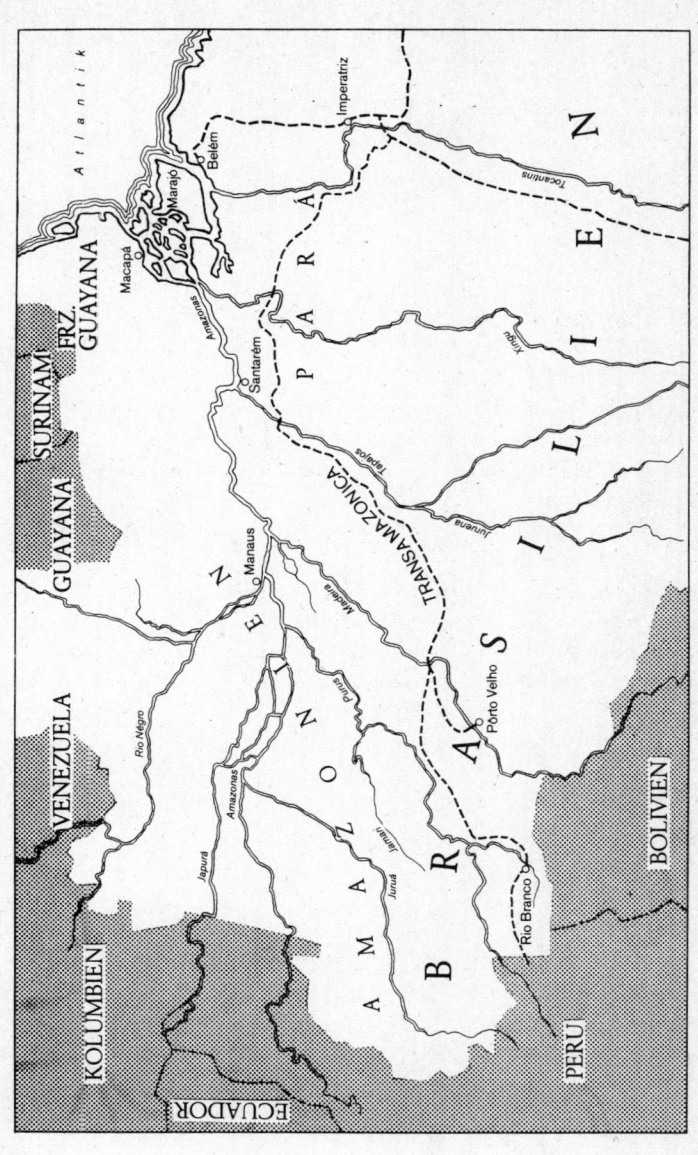

Alles ist zerbrochen in der Welt,
und nichts ist geblieben als das Schweigen.

Federico Garcia Lorca

... diese Ströme eines sagenhaften Reichtums, an deren fernen
Ufern weit ab von der zivilisierten Welt Sklavenheere Blut schwitz-
ten im Kampf um dieses fluchbeladene schwarze Gold, den Saft der
Kautschukbäume.

Blaise Cendrars

Erde der sterblichen Menschen, am Menschen sterbende Erde,
Erde meines Übergangs und meines kurzen Lebens,
Erde, du mein Gesang, meine Zuflucht und meine Freude,
Erde, die ich entdecke in der Morgenfrühe.

Paul Vallotton

Vorwort des Herausgebers

»Sie sind Franzose, und Sie sind mein Freund...«

Der Mann, der mit mir spricht, wohnt in einem Pfahlbau aus Brettern am Ufer des Rio Negro. Die Adlernase, der klare Blick, die stolze Haltung – alles das gehört ohne jeden Zweifel der indianischen Welt an. Ein Bett, ein Tisch, zwei oder drei Stühle, haufenweise Bücher und Zeitschriften in französischer Sprache.

Der Händedruck des Mannes bekräftigt seine freimütige Offenheit.

Hinter den Büchern Bogen und Pfeile, ein paar Gewehre und Revolver. Das sympathische Durcheinander eines Menschen, der gewöhnt ist, allein zu leben.

Wenn es Abend ist, wird mein Gesprächspartner mich mit seiner kleinen Piroge zur Stadt zurückbringen, und vorher wird er mir zum Abschied noch ein Sonett von Ronsard rezitieren.

1963... Amazonien. Der Strom und die Bäume. Weltbekanntes Geheimnis. Undurchdringlich und erschreckend. Ein Universum der Angst und zugleich der Monotonie. Etwas, das die Geographen die »grüne Hölle« nennen. Manaus, die Metropole, die nach der Kautschuk-Ära in einen Schlaf verfiel, aus dem Uran und Erdöl sie noch nicht zu erwecken vermochten. Ein Hotel, das »Hotel Amazonas« als letzter heruntergekommener Überrest vergangener Größe. Ein babylonischer Turm, in dem die wenigen Touristen vom gleichen, gegrillten Pirarucu essen wie die ersten kleinen Schlaumeier, die begriffen haben, daß dieses noch schlafende Land mit Sicherheit in der ganzen Welt das gewaltigste Reservoir jener Energiequellen ist, auf die die Menschen des 20. Jahrhunderts mit solcher Gier bis zum blutigen Wahnsinn versessen sind.

Wo werde ich eine hilfreiche Hand finden, die mich führt auf Flüssen und Bächen, mich vor Schlangen bewahrt, die Lianen unterscheidet und mich diese grüne Festung lieben lehrt, damit ich Worte und Töne finden kann, um meine Neugier, meine Furcht und meine Begeisterung auszudrücken?

Was würde es nützen, die tausend Stimmen des Waldes aufzuzeichnen und zu versuchen, hinter die undurchdringliche Fassade zu blicken, wenn niemand da ist, der mich seine Gefahren und seine Riten erleben läßt?

Am nächsten Morgen drangen der Indianer, das Tonband und ich in aller Frühe in das brausende, dumpfe, magische Labyrinth des amazonischen Urwaldes ein. Und so konnten meine Hörer mit mir Amazonien kennenlernen.

Und ich bin wieder gekommen zu immer neuen Reisen; ich habe allmählich gelernt, mich vor den wilden Tieren nicht mehr zu fürchten, ihre Stimmen auseinanderzuhalten und mir mit der Machete einen Weg durch das Lianendickicht zu bahnen. Die Furcht verwandelte sich in Freude und die Neugier in Verzauberung.

Der Indianer ist aus gutem Grund mißtrauisch geworden; man braucht lange, sein Vertrauen zu gewinnen. Es hat mehr als zehn Jahre gedauert, bis aus dem tüchtigen Führer mein Freund geworden war. Und wie lange mußte ich ihn bitten im feuchten Zauber der Nächte, bis er bereit war, mir ein wenig sein Herz zu öffnen und viel aus seinem Leben zu erzählen!

Im Winter 1976 baten mich dann die Verantwortlichen vom Zweiten Programm um eine Sendung anläßlich der Eröffnung des Überschall-Luftverkehrs zwischen Frankreich und Brasilien, und so habe ich Sebastião Bastos weggeholt aus seinem Urwald und der Hitze des Tropenklimas und ihn in das betäubende Getöse der Stadt Paris gebracht, die er nur einmal, im Jahre 1910, unter wirklich ungewöhnlichen Umständen für ein paar Tage gesehen hatte.

Wenn die Geschwindigkeit helfen soll, daß einander fremde Kulturen sich näher kommen – aber kann sie das wirklich? –, dann ist Sebastião der lebende Beweis für diese imaginäre Möglichkeit.

Ich glaube nicht, daß ich ihn infiziert habe, indem ich ihn für ein kurzes Zwischenspiel in seinem Leben den Lichtungen des Urwaldes entführte.

Oft hat er im Gespräch mit mir zum Ausdruck gebracht, wie sehr es ihn freuen würde, einmal zwei Stunden im Louvre verbringen zu können. Schon vor vier Jahren habe ich ihm das versprochen.

Sebastião Bastos hat die Mona Lisa gesehen. Jetzt sind wir zusammen zurückgeflogen.

In Paris hat er geschlottert; jetzt ist er wieder in der Wärme des Waldes.

Wenn man das Vertrauen eines Freundes gewonnen hat, läßt man ihn für sich selbst spechen. Ich hoffe, ich habe sein Vertrauen nicht mißbraucht. Danke, Sebastião!

Claude Mossé

Erster Teil
Kindheit in der Zeit des grünen Goldes

1. DER SCHWUR

Das Theater steht immer noch an der gleichen Stelle. Rostflecken überziehen die von Gustav Eiffel erbaute große Treppe. Auf zerschlissenen Plakatresten ist in einem Schaukasten noch die Ankündigung einer »Carmen«-Aufführung durch eine Truppe aus Rio zu entziffern. Im Ehrenhof ist Farn zwischen den Platten aus Carrara-Marmor hochgeschossen; vor vier Jahren noch, vor meiner Abreise nach Europa, habe ich dort erlebt, wie die schönsten Frauen von Manaus, mit Juwelen behängt und die Taille in die neuesten Pariser Modelle gezwängt, Sarah Bernhardt zujubelten, die eigens gekommen war, um mitten im Urwald »L'Aiglon« zu spielen. In französischer Sprache natürlich; französisch zu sprechen galt damals bei den Kautschuksammlern als Beweis dafür, daß man es geschafft hatte. Und deshalb hat mein Vater mich vor vier Jahren nach Freiburg in der Schweiz geschickt. Das war sein großer Wunsch gewesen, und er hatte die Mittel, ihn sich zu erfüllen. Der Krieg setzte meinen Studien ein vorzeitiges Ende, und so bin ich nun also wieder hier auf diesem Boulevard, verloren in der gleichgültigen Menge. Wer wäre da bereit, an meinem Schmerz Anteil zu nehmen? In den Gesten all dieser Leute drückte sich genügend Unruhe und Sorge aus, um mich gar nicht erst auf die Idee kommen zu lassen, daß irgend jemand das geringste Mitgefühl für meine Hilflosigkeit und meinen Kummer aufbringen könnte.

Wie jeden Tag um diese Stunde prasselt der Regen wie ein Sturzbach nieder. Die Kirche St. Sebastião, dem Schutzheiligen der Seringueros geweiht, wird mir für einen Augenblick als Unterschlupf dienen. Aber eine lange, eine sehr lange Zeit muß ich da zusammengekauert auf einem der Betstühle verbracht haben. Ein Priester in schwarzer Soutane nähert sich mir und klopft mir auf die Schulter. Erschrocken springe ich auf.

»Was machst du denn da die ganze Zeit, mein junger Freund? Ist jemand aus deiner Familie gestorben? Soll ich für sein Seelenheil beten? Ich habe dich noch nie hier bei der Messe gesehen. Wohnst du in Manaus? Oder kommst du aus dem Hinterland?«

»Ich weiß nicht, ich weiß nicht mehr. Ich suche meine Mutter, meine Brüder, meine Schwestern...«

Der Priester hatte wohl Angst, in irgendeine schlimme Geschichte verwickelt zu werden. Er stellte keine weiteren Fragen mehr, sondern zuckte nur mit den Schultern und ging weiter, zum Chor hinüber, dem einzigen Ort, wo man wenigstens ein bißchen vor der drückenden Hitze geschützt war. Etwas später aber kam er wieder, um mich hinauszuweisen; er mußte die Kirche abschließen. Und erst in diesem Augenblick begann ich zu beten. Ich blickte zu dem großen Kruzifix empor und erflehte Schutz und Hilfe. Ich würde sicher großen Mut brauchen, um die kommenden Tage durchzustehen.

Draußen hatte der Regen aufgehört. Die elektrischen Laternen, die der Stolz der Stadt waren, blieben dunkel. Kein Mensch war zu sehen. Die wuchtige Fassade der Oper verbarg den Himmel.

Wenn in dem Stamm meiner Mutter jemand den großen Tupan anrief, daß er ihm helfen solle, die Kraft zum Sieg über seinen Feind zu finden, dann verlangte der Kazike, der Häuptling, er solle vor ihm niederknien und ein Gelübde ablegen, von dem er im voraus wußte, daß es schwer oder vielleicht sogar überhaupt nicht zu halten war. Das Gelöbnis forderte also das Unmögliche...

Ich knie mich hin, mitten in eine Pfütze, lege meine Schülermütze auf meinen Koffer und spreche das Gelübde: »Wenn irgend jemand, wer immer es sei und wo immer er lebt, ob er noch auf dieser Welt ist oder nicht, meinem Vater, meiner Mutter oder sonst wem aus meiner Familie ein Leid getan hat, so schwöre ich, Sebastião Bastos, daß ich auch bei der glühendsten Hitze und im heftigsten Regen nie wieder einen Hut tragen werde, solange ich ihnen nicht vollständige Genugtuung verschafft habe und das erlittene Unrecht nicht restlos abgegolten ist.«

Ich stand wieder auf, nahm meinen Koffer und irrte ziellos durch die Straßen, bis ich wieder am Hafen angelangt war, wo ich am Morgen an Land gestiegen war. Irgend jemand wird wohl meine Mütze von dem rasch wieder trocken gewordenen Boden aufgehoben haben, wo ich sie achtlos liegen ließ.

Von diesem Augenblick an bis heute habe ich bei jedem Wetter, im Gewittersturm und bei stechender Hitze, auch bei Temperaturen von mehr als 45 Grad und in der Stadt ebenso wie im Urwald, nie mehr meinen Kopf bedeckt.

Ein Indianer bricht niemals seinen Schwur. Jetzt bin ich 76 Jahre alt und habe immer noch nicht die Hoffnung aufgegeben, den Sieg über jene davonzutragen, die den Menschen, die ich mehr als alles in der Welt geliebt habe und denen ich bis zum letzten Atemzug treu bleiben werde, so schlimmes Leid zugefügt haben.

2. BELÉM

Ich nenne mich Sebastião Bastos. Ich habe Reichtum und Armut gekannt, aber nie habe ich versucht, Mitleid zu erregen. Ich bin als Katholik aufgewachsen und glaube eher an Nächstenliebe als an Mitleid. Es ist vorgekommen, daß ich Menschen in höchster Lebensgefahr Hilfe geleistet habe; unter ihnen waren auch Feiglinge, aber ich habe nie auch nur einen Augenblick gezögert, mein Leben aufs Spiel zu setzen, um das ihre zu retten.

Mein Schicksal gleicht dem des Gummibaumes: er kann nur im Urwald des Amazonas gedeihen. Die Berechnung, die stets nur mit Vorbedacht handelt, ist mir fremd; vor allem aber habe ich nie Angst in mir aufkommen lassen.

Eines Tages hat ein ausländischer Tourist zu mir gesagt: »Wie ist es möglich, daß die Indianer, die doch so offensichtlich begabt sind, mit so primitiven Lebensbedingungen zufrieden sein können? Ihr nennt euch Katholiken, aber wo sind eure Kirchen? Wo habt ihr eure Altäre gebaut?«

Ich habe ihm geantwortet: »Muß man denn, um an Gott glauben zu können, in jeder Waldlichtung ein Heiligtum errichten? Wir haben eine andere Vorstellung von Gott. Es ist unmöglich, das großartige, wenn auch manchmal grausame Gleichgewicht des Lebens in der Welt des Amazonas bloß für eine Wirkung des Zufalls zu halten. Gott hat uns auch die Fähigkeit gegeben, Geist und Körper einem tieferen Verständnis unserer Umwelt anzupassen. Ich will nicht behaupten, daß wir mit einer höheren Intelligenz begabt sind als gewisse »Zivilisierte«, aber Tatsache ist, daß wir auch ohne Feuerwehr der Flammen Herr werden, wenn es einmal brennt, und daß die Indianer im Urwald gesünder sind als jeder Stadtbewohner.«

Ich bin jetzt 76 Jahre alt, vielleicht sogar ein bißchen älter, und glaube so etwas wie eine Pflanze in Menschengestalt geworden zu sein. Ich kann monatelang im Urwald leben, ohne im geringsten die Bürde des Alters zu spüren; aber ich brauche bloß ein paar der großen Straßen in Manaus zu überqueren, und schon fühle ich mich ermattet und außer Atem. Die Autos sind für mich viel furchterregender als die Schlangen.

Was für einen Sinn hat ein Wort wie »Abenteuer«? Für mich überhaupt keinen. Jedenfalls bedeutet es nichts, das mit Gefahr verbunden wäre. Jedem, der das Land nicht kennt, muß meine Lebensweise ungewöhnlich und abenteuerlich erscheinen. Welcher Zivilisierte wagt sich ohne Kompaß in den Urwald? Und doch ist dieser ein Instrument, das den Indianern ganz unbekannt geblieben ist. Sie verlassen sich lieber auf den Lauf der Sonne und den Richtungssinn der Bäume.

Manchmal wundert man sich auch über die Worte, die ich gebrauche, und die Überlegungen, die ich anstelle; man findet es erstaunlich, daß ein Mann, der in der freien Natur lebt, sich Gedanken über den Krieg oder den Tod machen kann oder ganz einfach ein Gedicht von Victor Hugo auswendig aufsagt. Aber muß ich denn völlig verblödet sein, nur weil ich im Urwald geboren bin? Ich habe ein bißchen studiert und versuche, das, was man mir beigebracht hat, zu behalten, indem ich es in meine Lebensweise einbaue.

Seit den Tagen meiner Kindheit hat sich im Amazonasgebiet nichts wirklich verändert, die Stadt Manaus ausgenommen. Aber andere Leute sind gekommen. Die einen bringen Fortschritt wie etwa das Chinin, das uns gegen die Malaria geholfen hat; die anderen kommen als Eroberer. Diese können wir niemals dulden;

sie denken nicht an uns, sondern nur an sich. Sie wollen sich bereichern, aber ihr Reichtum bedeutet den Untergang einer ganzen Rasse.

Wie jedes Lebewesen habe auch ich nach Glück gestrebt, nach meiner Art von Glück, und das hieß, in der Natur selber Essen und Trinken und später auch den Unterhalt für meine Familie zu finden. Ich habe viele Tiere getötet, aber immer nur, um mich zu ernähren oder in Notwehr, nie aus bloßer Lust am Töten.

Ich habe schwierige Augenblicke durchlebt, ich stand vor schweren Entscheidungen. Auch wenn ich falsch entschieden habe, bin ich bereit, die Folgen auf mich zu nehmen. Mein größter Fehler ist vielleicht das Mißtrauen, denn wie alle Indianer habe ich es nie ertragen können, daß ein gegebenes Wort gebrochen wird; das hat mich oft allzu starrköpfig gemacht. Mein entscheidender Vorzug ist wohl eine lebhafte Neugier, die ich behalten werde, solange mein Gehirn noch wahrnimmt, was um mich herum vorgeht, solange meine Augen sehen und meine Ohren hören.

Ich hatte das Glück, in die Schule gehen zu können, sogar in Europa, und die Wirkungen dieser Erziehung spüre ich heute noch. Meine eigentlichen Diplome aber habe ich in der größten Universität der Welt erworben: in einem Urwald von acht Millionen Quadratkilometern. Hier kann ich monatelang allein umherschweifen; die Zeit zählt dann nicht mehr für mich. Nie hatte ich einen Kalender in meiner Piroge.

Wenn man den Rhythmus des Flusses, die jahreszeitlichen Schwankungen der Strömung und der Wassermengen genau kennt, dann reicht das völlig, um sich im Ablauf der Tage zurechtzufinden, und vor allem für die eigene Sicherheit. Das ist wichtig, denn wenn man das Hochwasser nicht rechtzeitig vorausgesehen hat, kann das heißen, wochenlang an einer Stelle warten zu müssen, an der man den Fluß vor Beginn der Regenzeit in wenigen Stunden überqueren konnte.

Zu Beginn einer Expedition, egal ob man allein aufgebrochen ist oder mit Gefährten, versucht man, wenn man die letzten Siedlungen hinter sich gelassen hat, meist aus Gewohnheit noch, die Zeit nach dem Wechsel von Sonne und Dunkelheit zu messsen. Nach und nach aber gibt man den Zeitbegriff ganz selbstverständlich auf, denn er ist hier im Landesinneren ganz unwesentlich. So ändern sich die Bedürfnisse.

Drei Gegenstände sind von entscheidender Bedeutung: das Ruder für die Piroge, das Buschmesser, das einen Weg durch den Urwald bahnt, und das Gewehr für die Jagd. Aufgepaßt: wenn Tag und Stunde nicht mehr zählen, so zählt doch die Sekunde. Ein Erlahmen der Aufmerksamkeit nur für einen kurzen Augenblick kann schon die Katastrophe bedeuten. Der Panther, der versteckt in den Lianen lauert, springt blitzschnell, auch wenn er satt ist, und hat einen im Nu zerfleischt.

Schon als ich ein Kleinkind war, waren wir stets auf der Hut vor dem Panther und dem Queixada, dem Wildschwein. Auf unserer Farm am oberen Madeira, dem wichtigsten Nebenfluß des Amazonas, gehörten diese Tiere genauso selbstverständlich zum Alltag wie für andere Hunde oder Katzen. Inzwischen hat man so viel Jagd auf sie gemacht, daß man sie nur in sehr großer Entfernung von Manaus noch gelegentlich antreffen kann. Der schwarze Panther, der gefährlichste und intelligenteste aller Panther, ist so gut wie ausgerottet. Den letzten habe ich 1937 oder 1938 gesehen.

Ich erinnere mich jedoch, daß vor gar nicht so langer Zeit der Direktor eines großen europäischen Zirkus hierherkam, um sich einen lebenden Panther zu holen. Mit den besten Jägern der Gegend hat er wochenlang gesucht, aber schließlich mußte er unverrichteter Dinge wieder abziehen. Ich habe meine diebische Freude daran gehabt. Ein paar Mal habe ich in Manaus im Fernsehen Tierbändigungen gesehen; die Tiere waren eingesperrt in Zirkuskäfige, das ist gräßlich. Glauben Sie vielleicht, daß diese Tiere keine Seele haben? Daß sie sich nicht entwürdigt fühlen, nicht die Demütigung empfinden, hinter Käfiggittern vegetieren und dazu auch noch unter Peitschendrohung Bewegungen ausführen zu müssen, die gegen ihre Natur sind? Im Urwald stehen Mensch und Tier einander von gleich zu gleich gegenüber. Das wahre Gesetz des Dschungels ist hart, aber es demütigt nicht. Der Stärkere, der Intelligentere oder auch Listenreichere trägt den Sieg davon.

Im Wald muß man den Blick ins Unendliche richten und mit wacher Aufmerksamkeit jede Bewegung registrieren. Das Ohr muß auf den geringsten Laut reagieren. Ein leichtes Rascheln des feuchten Laubes verrät mir, wie lang und wie dick die Schlange ist. Ein Zweig bewegt sich: ich hebe den Kopf, öffne die Lippen und stoße den Schrei eines Tieres aus; die Antwort offenbart mir, ob ich es mit einem Vogel, einem Reptil oder einer Raubkatze zu tun habe. Zwei Dinge braucht der Indianer, um im Urwald zu überleben: eine gute Jagdwaffe und eine nie erlahmende Wachheit aller seiner Sinne, auch und vielleicht sogar gerade während des Schlafes.

Schon kurz nach meiner Geburt habe ich im Urwald gelernt, alles genau zu kontrollieren und zu kalkulieren: meinen Atem, die Länge meiner Schritte, die Schwere eines Astes, die Kräuselungen des Kielwassers meiner Piroge und natürlich auch die Gesten der Menschen, aus denen ich ablesen mußte, ob sie Freunde waren oder Feinde oder gleichgültig. Es ist unerläßlich, die Kraft aller Dinge genau zu wägen, auch die des Schweigens; man sollte nur reden, wenn es notwendig ist.

Wozu viel Worte machen, wenn ich nicht sicher bin, daß meine Aussage absolut stimmt? Wozu reden, wenn die Rede ein Urteil enthält? Ich maße mir nicht das Recht an, über irgend jemand zu urteilen, ausgenommen natürlich mich selbst, und über mich urteile ich nach Möglichkeit ohne Nachsicht.

Ich bin ganz und gar Indianer – mehr noch in meiner Art zu fühlen und zu denken als in meinem Lebensstil. Für mein Bewußtsein gibt es keine andere Wahrheit als die Freiheit, und wo könnte man freier leben als mitten im Urwald? Diejenigen, die sich einbilden, sie brächten uns Wohlstand und Glück, wenn sie Straßen anlegen, unsere Schiffe mit stärkeren Motoren ausrüsten oder uns gar beibringen, Häuser aus Beton zu bauen, um vor dem Regen geschützt zu sein, sind gewaltig auf dem Holzweg; sie bringen es höchstens fertig, uns zu ersticken.

An einem Nebenfluß des Rio Negro hat man ein landwirtschaftliches Forschungszentrum für den Amazonas errichtet. Was sind das für Idioten? Woher kommen diese Leute, die unsere Bäume niederbrennen, um herauszufinden, ob man da auch etwas anderes anpflanzen kann? Etwas anderes – für wen denn und wozu? Es gibt Tausende und Abertausende von Pflanzenarten im Urwald, und nahezu alle sind eßbar. Mußten die Indianer denn auf die Ingenieure aus Rio oder aus New York warten, um zu lernen, wie sie leben und wovon sie sich ernähren können?

Ein Tourist hat mich einmal gefragt: »Stimmt es, daß ihr eure Toten aufeßt?« Er hätte es wohl gern gehabt, daß ich auch noch Kannibale wäre...

Mit meinen 76 Jahren kämpfe ich ebenso leidenschaftlich für die Gerechtigkeit wie gegen Vorurteile. Die Indianer sind weder Versuchskaninchen für die Ethnologen noch Zirkustiere, und sie sind auch keine Kannibalen. Der Amazonas gehört uns, und wir werden weder eine Fabrik noch einen Zoo daraus machen.

Meine Großmutter mütterlicherseits war die Frau des Kaziken eines Stammes, der nahe an der Grenze zu Bolivien lebt. Man sagt, daß sie ebenso klug wie schön gewesen sei, und das muß stimmen, wenn ich von meiner Mutter auf sie schließe. Mein Vater hat ihr Herz nicht mit Patronen erobert. Hätte er während der Zeit, die er mit dem Stamm seiner künftigen Frau verlebte, auch nur ein einziges Mal das Auge auf ein anderes Mädchen geworfen, so wäre dieser Mestize ganz sicher nicht nur vom Kaziken aus dem Dorf gejagt worden, sondern man hätte ihn eines Tages mit einem Pfeil im Rücken irgendwo am Wegrand gefunden. Die Indianer brauchen für Recht und Strafe kein geschriebenes Gesetz. Sie sind von Natur aus friedfertig und kennen die Rache nicht, aber sie verlangen, daß man sie achtet und ihre Jagdreviere respektiert. Sich Recht verschaffen, wenn man verhöhnt wird, sich verteidigen, wenn man angegriffen wird – soll das etwa die Grausamkeit der Primitiven sein, von der man so gern redet?

Meinem Vater war es nicht allzu schwer gefallen, in dem Dorf akzeptiert zu werden; er stand damals in dem Ruf, ein guter Herr zu sein, und außerdem stammte er selbst halb von Indianern aus Ceará und halb von portugiesischen Einwanderern ab.

Gegenüber den gewaltigen Reichtümern des Amazonas, die man jetzt auszubeuten beginnt, durchaus nicht unbedingt zum Vorteil der Brasilianer, war und ist die Provinz Ceará ein benachteiligtes Land. Hier herrscht immer Dürre; kaum ein paar Millimeter Regen im Jahr, manchmal kein einziger Tropfen – das ist weniger als in der Sahara! Ceará bedeutet übrigens nichts anderes als Sahara; die ersten Einwanderer haben dem Landstrich diesen Namen gegeben.

Man nennt ihn auch das Viereck des Hungers. Es ist eine traurige Gegend, zwischen Natal und Recife!

Noch heute ist diese Region das große Reservoir der billigen Hilfsarbeiter, die immer bereit sind, sich für ein paar Cruzeiros an die modernen Sklavenhändler zu verkaufen: die Agenten der großen amerikanisch-brasilianischen Gesellschaften. Es heißt sogar, daß einige davon, ehemalige Nazis, die das Hemd gewechselt haben, vor etwa zehn Jahren an der Abschlachtung mehrerer Indianerstämme beteiligt waren und jetzt die harte Methode anwenden, um diese armseligen Typen lastwagenweise in mückenverseuchte Lager zu verfrachten, aus denen sie nicht fliehen können, so daß sie wider Willen bei jämmerlicher Bezahlung bei der Suche nach Erdöl mitmachen müssen.

Zur Zeit des großen Kautschuk-Booms in der Mitte des 19. Jahrhunderts waren die Einstellungsmethoden und Arbeitsbedingungen schon ziemlich genau so – mit dem kleinen Unterschied, daß die wenigen Überlebenden Milliardäre werden konnten. Heute schuften die Zwangsarbeiter des schwarzen Goldes 18 Stunden am Tag für unbekannte Bosse, die den Gewinn ganz allein einstreichen und auf ihren Banken in São Paulo oder New York in Sicherheit bringen. Wenn man sie nicht mehr braucht oder wenn sie krank werden und nicht mehr genug einbringen, schickt man sie nach Hause. Man zahlt ihnen die Schiffspassage bis Manaus, und dort vermehren sie das Heer der Arbeitslosen und Diebe. Das Gefängnis ist voll von diesen armen Teufeln. Ein Urteil wird wahrscheinlich nie gefällt; sie krepieren in der Hitze am Sumpffieber oder ganz einfach vor Erschöpfung. Es ist kaum vorstellbar, daß jemand in der Bruthitze des Gefängnisses von Manaus, in dem es von giftigen Skorpionen wimmelt, länger als zwei oder drei Tage überleben kann. Im vorigen Jahrhundert brauchte man für die Abenteurer der Borracha kein Gefängnis. Die Alternative war klar und einfach: entweder man schaffte es und wurde reich, oder man ging zugrunde.

Um 1885 arbeitete mein Vater als Lastträger in einer französisch-brasilianischen Firma in Fortalezza. Im Geschäft lernte er ein paar Brocken Französisch und brachte es sogar so weit, daß er französi-

sche Zeitungen lesen konnte; Gambetta und Jaurès kannte er besser
als die Politiker in Rio. Frankreich wurde für ihn zu einer Art
Paradies. Dazu muß man sagen, daß sein Boß tatsächlich sehr
menschlich und großzügig war, und das Vertrauen zu diesem Mann
übertrug mein Vater auf alle Franzosen. Damals hat er einen
Schwur abgelegt: »Ich werde vielleicht nie reich werden, aber falls
ich Kinder habe, dann werde ich alles tun, was ich kann, um sie in
Europa französisch erziehen zu lassen, entweder in Frankreich oder
in der Schweiz, wenn ich nur irgend die Mittel dazu habe.«

1886 verließ mein Vater Fortalezza und ging nach Belém. Belém,
die portugiesische Namensform für Bethlehem, war damals schon
ein großer Umschlaghafen an der Mündung des Amazonas; für den
Handel mit Edelhölzern und Kautschuk zwischen Südamerika und
Europa war es sehr wichtig, denn es gab ja noch keinen Panama-
Kanal.

Belém liegt zwar schon in der südlichen Hemisphäre, aber ziemlich genau am Äquator, und die Temperatur sinkt selten unter 40
Grad. Deshalb nützte mein Vater, der die Natur sehr liebte, jede
Gelegenheit, um mit einem der kleinen Holztransporter, die damals
schon Dampfer waren, zur Insel Marajó zu fahren. Die Insel Marajó
am Ende des 7000 Kilometer langen Amazonasstromes ist etwas
ganz und gar Phantastisches! Sie ist größer als die Schweiz, aber
ihre Ausdehnung schwankt je nach Jahreszeit und Wasserstand des
Flusses zwischen dem Einfachen und dem Doppelten. Manaus ist
immerhin 2000 Kilometer entfernt, liegt aber nicht mehr als 22
Meter höher als Marajó; die Wassermengen des Stromes können
zur Zeit der großen Flut jedoch mehr als 200 Millionen Kubikmeter
pro Sekunde erreichen!

Die Ablagerungen des Amazonas und seiner Nebenflüsse, die aus
dem riesigen Land zwischen den Cordilleren und dem Atlantik
herangeschwemmt werden, machen den Boden von Marajó zu
einem der fruchtbarsten der Welt und seine Wasserläufe zu einem
einzigartig reichen Fischreservoir. Die Insel hat daher stets Fischer
und Jäger angelockt. Sie ist aber gar nicht so leicht zu erreichen; die
Überfahrt mit dem Schiff dauert mehrere Stunden, und es kommt
nicht selten vor, daß man eine ganze Nacht lang mitten in den
Strudeln stecken bleibt, weil ein treibender Baumstamm das Steuer-

ruder zerschmettert hat oder die Schraube mit dicken Knäueln von faulenden Pflanzen verstopft ist.

Der Amazonas sorgt immer wieder für Überraschungen – auch für den, der sein ganzes Leben hier verbracht hat und ihn wirklich kennt. Das sind keineswegs immer angenehme Überraschungen, und wer allzu logisch denkt, der kann sie manchmal überhaupt nicht verstehen. Kein Wissenschaftler hat bisher eine stichhaltige Erklärung für die Felszeichnungen gefunden, die den Malereien in der Höhle von Lascaux so ähnlich sind, aber nur an einer einzigen Stelle vorkommen, auf einem gewaltigen Granitbrocken am Flußufer in der Nähe der kleinen Stadt Santarém. Alle sind sich einig, daß diese Zeichnungen authentisch und sehr alt sind, aber bisher hat man in ganz Südamerika nichts Vergleichbares gefunden.

Wer die Mentalität der Amazonier verstehen will, sollte sich lieber endgültig freimachen von all den Vorurteilen, die von Touristen oder auch leichtfertigen Forschungsreisenden in die Welt gesetzt wurden. Was habe ich nicht schon für Unsinn über die schrecklichen Schrumpfköpfe der Jivaros mit anhören müssen. Ich kenne keinen Stamm, der so friedfertig wäre wie die Jivaros, und trotzdem gibt es in ganz Manaus keinen Laden, in dem man nicht Schrumpfköpfe aus Plastik als Schlüsselanhänger verkauft. Man soll sie nächtelang singen und tanzen lassen, dann sind sie zufrieden und glücklich.

Ich habe viele Bücher über Amazonien gelesen, in portugiesischer und in französischer Sprache. Sie wimmeln nur so von falschen Angaben, nicht nur über unsere Lebensgewohnheiten, sondern sogar über die Geographie. Angeblich gab es im ganzen Amazonasbecken nichts Neues mehr zu entdecken, aber als man die Trasse für die große transamazonische Straße durch den Urwald schlug, stieß man auf einen völlig unbekannten Nebenfluß des Amazonas von immerhin über 600 km Länge. Ich selbst habe mein ganzes Leben in Amazonien verbracht und kann doch nicht behaupten, daß ich es restlos kenne. Und eine wissenschaftliche Erklärung ist nicht notwendig eine logische Erklärung.

Aber zurück zu meinem Vater. Er war ein ausgezeichneter Jäger, und sein liebstes Revier war also die Insel Marajó. Lange hat er sich gefragt, warum nur hier und sonst nirgends in Südamerika der afrikanische Wasserbüffel vorkommt. Dieses Tier verfügt über ungewöhnliche Kräfte und wiegt manchmal fast zwei Tonnen; seine Hörner können eine Länge von mehr als einem Meter erreichen. Wie das Nilpferd kann es stundenlang in den Sümpfen von Marajó bleiben, ohne sich zu regen; höchstens daß es einmal nach einem Vogel oder Fisch schnappt, der sich in sein Versteck verirrt hat. Einen solchen Büffel zu töten, verlangt höchste Geschicklichkeit und ein gutes Gewehr. Man muß ganz genau ins Gehirn treffen, das beim Büffel, anders als bei den übrigen Säugetieren, am Hinterkopf sitzt. Ehe man schießt, muß man sich über die Windrichtung im klaren sein, auch wenn kein Lüftchen sich zu regen scheint. Der Büffel besitzt einen untrüglichen Geruchssinn und wird Ihnen nicht die Zeit lassen, die Büchse ein zweites Mal in Anschlag zu bringen. Mit einer Behendigkeit, die man einem so plump gebauten Tier nicht zutrauen würde, wird er auf Sie losstürmen und Sie auf die Hörner nehmen, ehe Sie Zeit hatten, den kleinsten Mucks zu tun.

Ich habe ziemlich viele Berichte über Stierkämpfe gelesen, aber ich bin nicht sicher, daß der beste Matador gegen einen verwundeten oder auch nur durch die Gegenwart des Menschen zur Raserei getriebenen Büffel ankäme...

Außer seiner Geschicklichkeit in der Büffeljagd trieb meinen Vater vor allem seine unersättliche Neugier, die ich, wie mir scheint, von ihm geerbt habe, auf die Insel Marajó. Er wollte herausfinden, warum es dieses Tier hier gab und sonst nirgends.

Gewöhnlich wird das damit erklärt, daß Negersklaven aus Afrika im 18. Jahrhundert ein Büffelpaar auf der Insel ausgesetzt haben sollen. Die Version meines Vaters ist vielleicht weniger rational, aber sie stimmt wahrscheinlich mit der Wirklichkeit überein: »All die vielen Büffel auf der Insel stammen von ein paar Tieren ab, die ein Siedler zu Beginn des 19. Jahrhunderts hierher gebracht hat. Er war unsterblich verliebt in eine Portugiesin, Erbin eines großen Vermögens, die wenig von ihm wissen wollte. Er setzte also die Tiere auf der Insel aus, wo er etwas Land besaß, und machte dann in Gegenwart der jungen Frau Jagd auf sie – mit einer solchen Meisterschaft, daß die spröde Schöne vollkommen von seiner Männlichkeit überzeugt war und ihn erhörte. Nach der Hochzeit vergaß der schlaue Mann dann wohl die Büffel, und sie konnten sich nach Herzenslust vermehren.«

Sehr logisch ist diese Geschichte wohl nicht, aber dafür um so poetischer. La Fontaine hätte bestimmt eine Fabel daraus gemacht. Ich habe seine Tiergeschichten oft gelesen; er ist der einzige Schriftsteller, der den Tieren die gleiche Intelligenz zubilligt wie den Menschen. Ich verstehe die Sprache der Tiere, und deshalb liebe ich sie. Sogar das Krokodil, das als stumpfsinnig gilt, hat eine Seele; auch die Fische haben eine Art von Sprache. Manchmal sprechen sie mit kleinen Bewegungen ihrer Flossen, die ganz bestimmt etwas bedeuten.

Mein Vater blieb oft tagelang auf Marajó. Allerdings gibt es außer der Jagd für einen Caboco in Belém wenig Zerstreuungen. Frauen findet er kaum, abgesehen von ein paar Prostituierten, die meist aus dem Norden, aus Guyana kommen. Dann gibt es als Attraktion noch die ersten großen Dampfer, die Waren und Neuigkeiten aus Europa bringen. Mit den Indianern, die als einzige das Leben des Flusses wirklich kennen, hat der Caboco praktisch überhaupt keinen Kontakt.

Als Sohn eines Caboco und einer Indianerin spreche ich nicht »indianisch«. Reden denn die Europäer in einer einzigen Sprache? Trotz aller Verfolgungen und Ausrottungsaktionen leben noch Hunderte von Stämmen im Urwald, und jeder hat seinen eigenen Dialekt, der nur selten auch als Schriftsprache existiert. Am Xingu nennt man Gott »Tupa«, am Madeira »Tupan« und am oberen Amazonas »Tupana«.

Ein bißchen portugiesisch sprechen nur jene Indianerstämme, die sich in der Nähe der Flußufer niedergelassen haben, um mit den Weißen und Mestizen Handel zu treiben, oder sich von den Missionaren christianisieren ließen. Die übrigen, die tief im Waldesinneren ganz isoliert leben, verwenden die gleichen Wörter wie vor Jahrhunderten und wahrscheinlich schon Jahrtausenden. Wenn ich mich sehr anstrenge und ungeheuer konzentriere, gelingt es mir, mich mit einigen von ihnen zu verständigen.

Vor ungefähr zehn Jahren wohnte ich noch in einer Pfahlhütte am Rio Negro oberhalb von Manaus. Eines Tages suchte mich ein Reisender aus Frankreich auf, der eine mehrmonatige Expedition in den Urwald mit mir aushandeln wollte. Ich hatte seit 1914 nicht mehr französisch gesprochen, und französische Zeitschriften bekam man nur noch selten zu Gesicht; heute findet man überhaupt keine mehr, was für Frankreich ebenso schade ist wie für die Amazonier. Der Reisende fragte mich ziemlich erstaunt:

»Wie bringen Sie es fertig, so perfekt französisch zu reden? Noch dazu mit einem so weltmännischen Zug?«

Ich erwiderte: »Die Worte und die Grammatik stellen sich ganz von selbst wieder ein, ohne daß ich mich anstrengen muß. Mit der Sprache der Bücher wäre sowieso für die Konversation wenig anzufangen. Es hängt aber wohl auch mit zwei spezifisch indianischen Eigenschaften zusammen, wenn mir der Wortschatz gleich wieder verfügbar war: mit der Willenskraft und vor allem der Intuition. Was ich vor 60 Jahren gelernt habe, ist in einer Schublade meines Gedächtnisses verstaut. Ich brauchte mich kaum anzustrengen, und schon sprang die Schublade ganz von alleine auf, so daß mein Wille über ihren Inhalt verfügen konnte.«

»Das erklärt aber nicht alles«, meinte mein Gesprächspartner. Ich antwortete: »Auch weltberühmte Forscher haben festgestellt, daß wir nur einen kleinen Teil unseres Gehirns wirklich gebrauchen. Ich könnte mir gut vorstellen, daß die Bewohner des Urwaldes, ganz im Gegensatz zu den Vorurteilen der Zivilisierten, einen bedeutenderen Teil ihres geistigen Potentials ausschöpfen, denn sie müssen ja vor unzähligen Gefahren auf der Hut sein und deshalb ständig aufpassen. Sie vollbringen Wunderleistungen ohne technische Kenntnisse. Die Herstellung eines kräftigen Bogens und guter Pfeile beruht auf einer ganzen Reihe physikalischer und mathematischer Gesetze. Die Flugbahn eines Pfeiles zu seinem Ziel bleibt nie dem Zufall überlassen, aber niemand hat den Indianern je die Grundlagen der Ballistik erklärt. Und welcher Chemiker hat ihnen die genaue Zusammensetzung des Curare beigebracht – jenes tödlichen Giftes, das auch die weißen Mordkommandos fürchten, weil sie wissen, daß es noch immer die wirksamste Waffe der Indianer gegen Eindringlinge ist?«

Nachdem ich zwei Monate lang mit diesem Franzosen gereist war, hatte ich die vollständige Beherrschung der französischen Sprache wiedererlangt, während er noch immer bloß ein paar Brocken

Portugiesisch stammelte. Ich war darauf nicht besonders stolz; gewöhnt an die Tausende von verschiedenen Geräuschen des Waldes, die man absolut kennen muß, um sicher zu sein, hatte ich jedes Wort genau so wie einen dieser Laute meinem Gedächtnis unwiderruflich eingeprägt. Diese Methode, die die Indianer seit vielen Jahrhunderten anwenden, wird heute in manchen Schulen der Weißen als sensationelle Entdeckung angepriesen. Mit Hilfe des »auditiven Gedächtnisses«, wie diese Leute das nennen, soll man in ein paar Wochen eine Fremdsprache lernen. Ohne dieses »auditive Gedächtnis« gäbe es schon längst keinen einzigen Indianer mehr im ganzen Amazonasbecken!

3. AUF DEN SPUREN DES GUMMIS

Zu der Zeit, als mein Vater in Belém arbeitete, dachte noch niemand daran, die Indianerstämme auszurotten.

Jeder weiß, daß Amazonien groß genug ist für alle und daß jeder hier satt werden könnte. Aber in den Kneipen, wo sie die Cachassa, den Zuckerrohrschnaps, runterkippen, redete alles nur von dem sagenhaften Reichtum, den man in der Gegend von Manaus in Rekordzeit erwerben kann. In der ganzen Welt sind die kleinen Klumpen einer schwärzlichen Masse begehrt, die aus der Rinde mancher Bäume im Urwald tropft und von den Fachleuten Borracha genannt wird; die Indianer kauen sie und nennen sie Kautschuk.

Ganz Belém war damals wie im Fieber. Zwischen den Hustenanfällen der Tuberkulösen und den Rülpsern der Besoffenen ein einziger Gedanke: raus hier und dorthin, wo es die Borracha gibt. Immer mehr Boote und immer voller beladen bringen den kostbaren Stoff zur Mündung hinunter, wo er nach Europa und Nordamerika verladen wird. Man weiß, daß der Gummi aus dem Land der Rothäute kommt und daß die Indianer sich nicht dafür interessieren. Sie leben vom Fischfang und von der Jagd und sind mit ihrem Dasein zufrieden. Man müßte nur hingehen, sich dort niederlassen und würde reich. Ausgemergelte Gestalten, dürr wie Skelette, schleppen die Gummiballen auf den Quais von Belém. Sie wollen auch ihr Teil von dem großen Kuchen. Sie haben keine Ahnung, was sie erwartet, und wenn sie es doch wissen, dann nehmen sie das Risiko in Kauf. Man sagt hier nicht ohne Grund, daß Manaus ein Friedhof war, bevor es Babylon wurde.

Ich habe nicht viel für die Politik übrig, aber man hat in Manaus immer wieder versucht, mich einzuspannen, vor allem in den dreißiger Jahren. »Sebastião«, sagte der damalige Bürgermeister zu mir, »du hast studiert, du kennst den Fluß und den Wald wie deine Hosentasche, und da lebst du weiter so für dich allein unter den Bäumen und hast kaum einen blanken Heller. Seitdem es mit dem Kautschuk aus ist, wissen wir nicht recht, wovon die vielen Menschen in der Stadt leben sollen. Die jungen Leute wollen weg, nach Rio... Jeder würde dir helfen, du könntest es leicht zum Gouverneur bringen.«

»Und was hätte ich davon?«, war meine Antwort. »Ich müßte in der Stadt leben, leere Reden halten, Versprechungen machen, die ich nicht halten könnte, ja sagen, wenn ich nein meine, und nein, wo ich eigentlich ja sagen sollte. Dafür bin ich nicht zu haben, weder jetzt noch irgendwann in der Zukunft.«

Ich war so wütend über diesen Vorschlag, daß ich noch am gleichen Abend an den Madeira gefahren bin; ich reiste allein umher und blieb sechs Monate lang weg. Ich habe meinen Entschluß von damals nicht bereut, auch wenn ich jetzt im Alter ohne Geld bin.

Hätte ich anders entschieden, dann wäre ich heute vielleicht einer von denen, die für nichts und wieder nichts das Maul aufreißen; vielleicht wäre ich sogar im Gefängnis gelandet, denn gewiß hätte ich mich für die Sache der Indios eingesetzt. Ja, da war wohl auch ein bißchen Feigheit bei mir im Spiel, aber ich liebe meine Freiheit zu sehr und hasse es zu sehr, mir Zwang antun zu müssen, um mich auf Dauer mit Verantwortung zu beladen. Und dann ist da noch etwas anderes: ich muß immer an meine Eltern denken, die alles für mich getan haben, was sie nur konnten. Sie hätten nie den geringsten Kompromiß von mir hingenommen, ohne den es ja leider in der Politik nicht geht; sie hätten ihn nicht hingenommen und auch gar nicht verstanden.

Nie werde ich vergessen, daß mein Vater, ehe er sein Glück machte, drei Jahre lang wie ein Sträfling geschuftet hat: vier

Stunden Schlaf in der Nacht und sonst immer auf den Beinen, um die Eimer mit dem Gummi einzusammeln. Er hat das nur durchgehalten, weil er einen besonders widerstandsfähigen Körper hatte, nie krank gewesen und nie der Verlockung des Alkohols erlegen war. Aber wie viele seiner Kameraden sind dabei draufgegangen? Mehr als 90 Prozent. Viele fanden ihr Grab im Rachen eines Krokodils.

Als es mit dem Kautschuk-Boom vorbei war, dachte jeder nur an sich selbst. Ein einziger Mensch ist mir treu geblieben, ein Indio, der sich auf unserer Farm um die Tiere kümmerte. Von ihm habe ich alles gelernt, Joachim verdanke ich alles. Er hat mich gelehrt, in der Natur zu leben und die Menschen gelassen zu durchschauen. Jeder Mensch hat irgendwo in seiner Seele ein Vorbild; für mich ist das Joachim. Ich brauche nur an ihn zu denken, und schon sehe ich meine Familie und meine ganze Kindheit wieder vor mir. Er starb im Urwald, an meiner Seite. Ganz allein habe ich ihm einen Sarg gezimmert aus gutem Holz, das der Feuchtigkeit standhält; dann schleppte ich ihn an den Rand eines Pedral, einer praktisch unzugänglichen Felsgruppe bei einer Stromschnelle. Der Fluß nahm ihn mit sich fort. Einen Monat lang blieb ich bei ihm, um mir im Angesicht des Todes all die Lehren fest einzuprägen, die er mir im Laufe seines Lebens gegeben hat. Dann nahm ich Pfeil und Bogen und schlug mich tiefer in den Urwald. Mehr als ein Jahr blieb ich ohne jeden Kontakt mit der Zivilisation. Während dieser langen Zeit der Einsamkeit habe ich viel nachgedacht, und ich habe mir geschworen, mich nie durch die Macht des Geldes blenden zu lassen. Ich habe keine Forderungen mehr an das Leben, aber noch einen einzigen Wunsch: meinen letzten Atemzug möchte ich am Ufer eines Iguarapé tun, eines so schmalen Wasserlaufes, daß nur eine kleine Piroge ohne Motor dorthin vordringen kann.

Mein Vater hat lange gezögert, ehe er wie viele andere der Verlockung des Gummis folgte. Aber die Versuchung war eben doch zu groß.

Als er das Geld für die Reise zusammengespart hatte, nahm er das Schiff und fuhr stromaufwärts. Die Fahrt war niederschmetternd. Das Schiff war so überladen, daß es kaum noch schwimmen konnte. Auf dem Deck, auf dem es keinen Schutz vor den heftigen Regengüssen gab, waren mehr als 300 Männer zusammengepfercht, und in der schrecklichen Tuchfühlung mit diesen zerlumpten und verwahrlosten Gestalten, die nach Cachassa stanken und einander vollkotzten, galt es acht Tage und acht Nächte auszuhalten. Die einzige Toilette des Dampfers war schon nach ein paar Stunden verstopft; man pißte über Bord, und bald war das Deck voller Kot. Einzige Waschgelegenheit war ein Rohr, aus dem ständig Wasser aus dem Amazonas floß, verseucht mit allem möglichen Unrat, natürlich auch den Abfällen des Schiffes.

Die wenigen Kabinen waren immer von reichen Grundherren besetzt. Ihr Luxus bildete einen merkwürdigen Kontrast zu dem Elend auf dem Zwischendeck. Der Speisesaal war im europäischen Stil hergerichtet; man servierte die erlesensten Gerichte, zubereitet mit holländischer Butter, dazu gab es französische Weine. Die Männer erschienen zum Essen in Maßanzügen aus London, darunter trugen sie seidene Hemden. Sie vertrieben sich gerne die Zeit damit, den Leuten unten auf den Kopf zu spucken oder die Asche ihrer Zigarren auf sie fallen zu lassen. Ab und zu wurde wohl auch einmal ein Messer gezogen, aber im allgemeinen wagten die Leute nicht, sich zu wehren; sie hatten ja auch alle die Hoffnung, nein die Gewißheit, bald selber in den vornehmen Kabinen zu reisen.

Wenn einer der Plantagenbesitzer merkte, daß einer der Kerle, die er angeheuert hatte, vom Fieber befallen war, dann ließ er ihn einfach beim nächsten Halt von Bord schaffen. Hilflos und ohne Geld blieb der arme Teufel dann am Ufer sich selbst überlassen und wurde meist von den Krokodilen gefressen; den Rest besorgten die Urubus, die Aasgeier. Trotzdem hat nie einer kehrt gemacht und nach Belém zurück gewollt. Man mußte durch, mußte es schaffen bis Manaus, denn dort standen einem, so glaubten alle, die Tore zum Paradies auf Erden offen.

Trotz der großen Entfernung sickerten aber Gerüchte von der hohen Sterblichkeit unter den Seringueros doch bis nach Belém durch. Nach einiger Zeit fanden die Werber nicht mehr genug Freiwillige, um die Zehntausende zu ersetzen, die auf den Plantagen von der Malaria hinweggerafft wurden. Also fingen sie an, sich an die Arbeitslosen heranzumachen, die auf den Hafenanlagen umherirrten oder auf den Bänken in der Stadt herumlungerten. Die

Methode war ziemlich einfach. Man schleppte die Burschen in eine Kneipe, spendierte zwei oder drei Gläser Cachassa, die in einem so ausgehungerten Körper rasch ihre Wirkung taten, und dazu gab es immer die gleichen Sprüche:

»Laßt euch nichts weismachen von denen, die bloß Angst haben, daß ihr ihnen die Plätze wegnehmt! Böses Fieber, Auspeitschung für die, die nicht genug gesammelt haben – das alles sind doch nur dumme Gerüchte. Die Zeit der Sklaverei ist längst vorbei. Schau dir doch mal die Typen auf dem Schiff an in ihren fürstlichen Gewändern, die Taschen voller Gold. Jetzt hauen sie ihr Geld in London oder Paris auf den Kopf. Von denen, die da jetzt erster Klasse abdampfen, kenne ich einige; vor zwei Jahren habe ich sie angestellt, nach Manaus sind sie auf dem Deck gefahren. Das waren halt kräftige Burschen mit Mumm in den Knochen, so wie du! Der Kautschuk ist immer noch eine Goldgrube. Schau sie dir an, jetzt fliegen ihnen die schönsten Mädchen an den Hals! Du wirst doch nicht etwa Schiß haben und die Chance verpassen wollen, Milliardär zu werden?«

Zum dritten Glas gabs ein Handgeld von zehn Piastern, um die Mietschulden zu zahlen für das schäbige Loch, in dem diese menschlichen Wracks hausten, und dann haben fast alle den Vertrag unterzeichnet – ohne ihn zu lesen und ohne zu ahnen, daß sie selber die Reise bis Manaus zahlen mußten und daß sie erst nach sechs Monaten zum ersten Mal Lohn bekommen sollten, falls der Ertrag »angemessen« war. Viele haben nie einen Pfennig bekommen, sie starben schon vorher.

Wenn der Rausch verflogen war und den Männern die furchtbare Wirklichkeit klar wurde, war es natürlich zu spät. Einige begingen Selbstmord, weil sie kein Geld für die Reise hatten, andere brachten lieber ihren besten Freund um und beraubten ihn bis aufs Hemd.

Wer das friedfertige Naturell der Brasilianer kennt, kann sich nur schwer eine Vorstellung von der Brutalität des Lebens in dieser Stadt des Reichtums und des Elends machen, in der alles besessen war von der Gier nach dem großen Geld, das man im Eldorado des Amazonas machen konnte. Man muß sich dazu noch die drückende Schwüle des Äquatorialklimas denken; die Hitze und der Alkohol begünstigten die Gewalttätigkeit bei all diesen von der Gewinnsucht gepackten Menschen, bei denen man nicht recht weiß, ob man ihre Geldgier für Abenteuerlust, Geschäftssinn oder einfach Gangstertum halten soll. Belém war 1885 der Wilde Westen Brasiliens. Was für die Nordamerikaner der große Treck nach Westen und der Goldrausch gewesen ist, das war für uns der Kautschuk.

Wer von der Malaria verschont blieb und mit redlichen oder unredlichen Mitteln den Kampf gewann, der baute sich in Belém eine prächtige Villa mit einem Innnenhof voller Blumen und einem Brunnen, der Tag und Nacht Kühle spendet; für andere aber bedeutete Belém nichts anderes als einen elenden Tod im Spital, wo es von Ungeziefer wimmelt und wo das ganze Evangelisieren der Missionare darin besteht, daß sie Sterbenden die ersten und letzten Sakramente austeilen.

In dieser Hölle hat mein Vater seinen Lebenskampf gewonnen. Daß er es schaffte, hatte mehrere Gründe, ein einziger hätte bestimmt nicht ausgereicht. Er wog mehr als 100 Kilo, was bei Mestizen außerordentlich selten ist, er trieb Sport, verschwendete seine Kraft nicht an die zahllosen Prostituierten in Belém, er rauchte nicht und trank nicht, und vor allem nahm er als glühender Katholik, der von einem starken inneren Glauben erfüllt war, jeden Schicksalsschlag mit stoischer Gelassenheit hin. Das Entscheidende aber war wohl, daß er Mut besaß und Glück hatte.

Katholik bin ich seit meiner Geburt, aber ich muß gestehen, daß es mir oft schwer fällt, die Haltung oder auch das Schweigen des Vatikans zu begreifen. Das gilt nicht nur für die Einstellung zur Sexualität, sondern auch für die Ausrottungspolitik gegenüber den Indianerstämmen, die seit 30 Jahren betrieben wird. Ich glaube nicht, daß es dem Vatikan an Informationen fehlt. Zahlreiche Missionare, die die Zerstörung der Dörfer miterlebt haben, in denen sie Monate oder auch Jahre lebten, haben ihre Berichte nach Rom geschickt. Der Bischof von Mato Grosso wurde sogar ins Gefängnis geworfen, weil er gewisse Beamte der Indianerschutzbehörde, die ihren Sitz in der Hauptstadt Brasilia hat, der Korruption beschuldigte. Der Erzbischof von Recife, Dom Helder Camara, ist mit dem Papst befreundet. Ich sage das nicht aus purer Lust an der Diskussion. Ein einfacher und nachdenklicher Mensch wie ich, der viele

Jahre in der freien Natur gelebt hat, wie Gott sie schuf, kann die Taten und Worte derer, die Statthalter Christi auf Erden sein sollen, nicht verstehen. Ich glaube nicht, daß die Erbsünde so furchtbare Leiden rechtfertigt, wie sie das brasilianische Volk erdulden muß, das wahrscheinlich zu den gläubigsten der Erde gehört.

Ich bin kein Heiliger, ich habe viele Sünden begangen, ich habe vor der Heirat mit vielen Frauen zusammengelebt, und sicher laufen in manchen Dörfern Kinder herum, deren Vater ich bin, ohne es zu wissen. Ich glaube aber, man kann seine Religion auch leben, ohne ständig zu beten. Dagegen meine ich, daß man im ständigen Kontakt mit dem Universum des Urwaldes zwangsläufig zu der Überzeugung kommen muß, daß nur ein Wesen von wirklich übernatürlichen Kräften eine solche Welt erschaffen und alle ihre Möglichkeiten vorhersehen konnte. Gott hat das Gesetz des Dschungels geschaffen, denn es ist ein Gesetz der Natur und des Lebens. Die primitivsten Indianer sind felsenfest davon überzeugt, daß die Seelen der Verstorbenen in den Bäumen des Dorfes weiterleben und daß man sich bei ihnen Rat und Führung holen kann. Das erklärt einen großen Teil ihrer Riten, die uns auf den ersten Blick so unverständlich erscheinen können.

Die angehenden Seringueros haben sich natürlich auf ihren Gaiolas kaum um diese unbekannten Völker gekümmert, die sich neugierig dem Ufer näherten, angelockt von den Schiffen voller Menschen, von denen sie nicht recht verstanden, wohin sie wollten. Den Namen Gaiola haben die Seringueros selber diesen Schiffen gegeben. Gaiola ist das portugiesische Wort für Käfig, und das sagt eigentlich alles.

Wie alle anderen war mein Vater am festgesetzten Tag schon mehrere Stunden vor der Abfahrt an Bord gegangen, in der Hoffnung, noch einen Platz an der Reling für seine Hängematte zu finden. Und dann also sah er die letzten Häuser von Belém in der Ferne verschwinden. Seine Taschen waren leer, aber er war wild entschlossen, so schnell wie möglich zurückzukommen – natürlich als Milliardär. Er war kein schlechter Kerl, aber auch nicht zimperlich.

Er hatte wenigstens den Vorteil, ganz auf sich gestellt zu sein und nichts aufgeben zu müssen. Seine Eltern waren längst tot, gestorben am Typhus in einem Dorf in Sertão, wo ihre Versuche mit der Viehzucht an der Dürre gescheitert waren. Er war unverheiratet und hatte nur zu den Frauen Beziehungen gehabt, die sich in Belém zunächst an reiche Händler und Pflanzer zu verkaufen versuchten und dann irgendwann eine Illusion von Glück bei einem Portugiesen fanden, der keine Diamanten, aber wenigstens ein bißchen menschliche Wärme für sie hatte. Wenn ein Mann das Schiff besteigt, dann weiß die Frau, daß sie ihn nie wiedersehen wird; kommt er reich zurück, dann wählt er eine andere; stirbt er, dann bleibt ihr nichts als eine geweihte Münze, die er ihr beim Abschied zugesteckt hat. Für die Seringueros aber war die Erinnerung an das Gesicht und den Körper einer Frau oft das, was ihnen Kraft gab, in der Hölle Amazoniens ein bißchen länger durchzuhalten.

Vom Augenblick der Abfahrt an kämpfte mein Vater gegen die Apathie. Während die anderen sich zu den ersten Gewalttaten hinreißen ließen, versuchte er seinen Geist zu beschäftigen und der grünen Mauer des Ufers, die oft so weit zurückwich, daß man sich auf offenem Meer glauben konnte, ihre Monotonie zu nehmen. Er bemühte sich, in dem unentwirrbaren Gestrüpp von Bäumen und Lianen Einzelheiten zu unterscheiden und zu benennen. Stundenlang gab es an diesem grünen Festungswall, der sich hart am Wasserrand dahinzog, nicht die geringste Abwechslung. Dahinter aber lag das Mysterium.

An Deck ebnet der Alkohol immer mehr alle Unterschiede zwischen diesen Hungerleidern und Glücksrittern ein, unter denen auch echte Verbrechernaturen sind, der Abschaum des ganzen Landes, und ein paar mutige Männer mit gesunder Leidenschaft, die wild entschlossen sind, es zu etwas zu bringen und nicht im Elend zu verkommen.

Immer wieder fand sich jemand, der meinem Vater einen Napf mit Cachassa reichte. Aber er lehnte eisern ab, auf die Gefahr hin, sich wüste Beschimpfungen zuzuziehen. Wer im Urwald eine Chance haben will, muß dem Alkohol widerstehen können.

Später, als ich groß genug war, zu verstehen, worum es im Leben geht, zeigte mein Vater mir eine Flasche Cachassa. »Schau hin, Sebastião, was in dieser Flasche ist«, sagte er. »Es sieht aus wie reines Wasser, aber es riecht anders. Es ist mehr als 40prozentiger Zuckerrohrschnaps. Wenn du durstig bist im Wald, wirst du Lust haben, davon zu trinken, und irgend jemand findet sich immer in deiner Nähe, der nur darauf wartet, dir etwas anzubieten. Erst brennt es dir in der Kehle, dann im Magen, dann im Hirn; vor allem aber spürst du es in Armen und Beinen. Du wirst dich matt fühlen, aber keiner wird dir mehr helfen wollen, auch wenn du den Revolver ziehst. Um deine Haut zu retten, wirst du zum Mörder, ohne es auch nur zu merken.«

Diese Lektion blieb mir unvergeßlich; immer noch sehe ich das Bild meines Vaters vor mir, wie er zum Entsetzen meiner Mutter seinen Revolver bis zur Decke springen ließ, um seinen Worten Nachdruck zu verleihen.

Ich habe aber auch von früher Kindheit an furchtbare Schlägereien zwischen Seringueros miterlebt. Wer versucht hätte, den Streit zu schlichten, auf den wären sie mit dem Messer losgegangen. Ein Seringuero im Suff ist schlimmer als ein wütender Jaguar.

Waffen habe ich immer besessen wie jeder andere auch. Das ist hier so unentbehrlich wie Piroge und Hängematte, aber in 76 Jahren habe ich kein einziges Mal auf einen Menschen geschossen, obwohl es oft genug leicht dazu hätte kommen können. Ich habe es auch dann nicht getan, wenn mir einer etwas Böses zufügte, wie zum Beispiel Aurélien. Meine Mutter wäre darüber vor Kummer gestorben.

Was blieb von den Männern, die wie mein Vater Tag für Tag gekämpft haben, um mit eigener Hand ihr Glück zu schaffen? Die Zeit der großen Abenteurer ist vorbei, wir leben jetzt in der Zeit der Proletarier.

Vielleicht sind hier in den Jahren zwischen 1875 und 1912 oder 1913 mehrere Millionen Seringueros ums Leben gekommen. Es fehlte aber auch wirklich nichts, um die Leiden unerträglich zu machen. Stechmücken, Schlangen, Alkohol, Grausamkeiten, Unfälle, Typhus – alles kam zusammen, um dem weißen Mann klarzumachen, daß man nicht so mir nichts, dir nichts zum Indianer wird. Dieser Kampf hatte immerhin den Vorzug, den Gesetzen der Natur und der Instinkte zu folgen.

Das Leben des Seringueros war ununterbrochene Fließbandarbeit, noch bevor es so etwas überhaupt gab. Nicht einmal die Nacht blieb ihm zum Schlafen. Denn kurz vor Sonnenaufgang fließt der Saft des Gummibaumes am reichlichsten. Auch nur einen Tag krank zu feiern, konnte man sich nicht leisten. Sonst gibt es ja im Urwald keine Zeit, aber der Seringuero mußte genau zur festgesetzten Stunde seine Hütte verlassen und mit dem Buschmesser in der Hand viele Kilometer im Dickicht des Waldes zurücklegen, um die kostbaren Behälter einzusammeln. Der Weg, den er sich heute gebahnt hatte, existierte vielleicht schon morgen nicht mehr; statt dessen fand er an der gleichen Stelle einen Wasserlauf, den er bis zur Brust im Wasser durchwaten mußte. Und wenn er seine Runde beendet hatte, mußte er von vorne anfangen; bis er, kraftlos vor Erschöpfung oder von Krankheit ausgezehrt, am Fuß eines der Bäume niedersank, die ihm zugewiesen waren. Wer die Leiche fand, nutzte die Gelegenheit und übernahm das Revier; manchmal kam es aber auch schon vorher zu einer blutigen Abrechnung. Solche wahrhaft unerträglichen Lebensbedingungen nahm der Seringuero in Kauf, um zu ein bißchen Geld zu kommen – falls er das noch erlebte und nicht längst vorher krepierte. Ein paar wenige hatten aber auch das Glück, Goldkörner oder Edelsteine zu finden.

Seit meiner Rückkehr nach Amazonien im Jahr 1914 habe ich 167 Edelsteine gefunden, darunter einige von beträchtlicher Größe. Ich fand sie in allen möglichen Farben, gelb, rot, violett, nur keine schwarzen; auf dem Grund eines Tümpels oder am Ufer eines Baches. Keinen einzigen habe ich behalten. Wozu auch. Wenn Freunde kamen und die Steine bewunderten, schenkte ich sie her. Wenn ich Geld gehabt hätte, dann hätte ich es bestimmt für Unsinn ausgegeben. Also habe ich die Steine lieber verschenkt.

Vor ein paar Jahren begleitete ich eine Französin auf einer Expedition auf einem kleinen Nebenfluß des Rio Negro. Das war, glaube ich, eine junge Frau, die die Pflanzen studierte. Wir fanden eine blaue Perle und etwas später eine rote, aber sie hat sie nicht haben wollen, und so habe ich sie behalten, bis ich auch noch eine weiße dazu fand. Ich habe noch die Adresse dieser Frau und würde ihr gern diese Perlen in der Farbe der Trikolore schicken. Ich fühle mich als Brasilianer, aber ich liebe Frankreich. Allein im Wald habe ich oft die Marseillaise gesungen: »Allons enfants de la patrie, qu'un sang impur abreuve nos sillons!« Wenn ich mich müde fühlte, schmetterte ich den Refrain mit voller Lautstärke und fühlte mich dabei wie einer, der ausgezogen war, die Welt zu erobern. Warum hat Frankreich uns im Stich gelassen? Die Brasilianer gehören doch auch zur lateinischen Welt. Jetzt ist es zu spät, die Amerikaner haben alles in der Hand. Sie wollen uns all unseren Reichtum wegnehmen. Wo sie Erdöl zu finden hoffen, geben sie unseren Soldaten Geld, damit sie die Indianer umbringen.

Ich bin kein Kommunist. Ich liebe die Freiheit über alles, und mein Instinkt hat mich nicht getrogen. Die Gringos, die als Touristen kommen, bringen uns Dollars, aber sie haben uns die Unabhängigkeit genommen. Und niemand in der Welt regt sich darüber auf. Unser Latex wird nicht mehr gebraucht für die Autoreifen oder Schläuche – wozu also ein paar Millionen Indios oder Cabocos verteidigen? Unser Leben ist weniger wert als ein Plastikeimer, und mit den Reichtümern, die man uns stiehlt, könnten wir ja auch wenig anfangen.

Zur Zeit der Seringueros haben diejenigen, die mit dem Leben davonkamen und Geld verdienten, wenigstens noch selber etwas davon gehabt.

Wenn ich die vielen Bäume um mich herum sehe, frage ich mich oft, ob es wirklich nötig war, daß ein schottischer Chemiker 1851 die Elastizität des Kautschuks entdeckte, den er »Hevea brasiliensis« nannte, und daß Europa und Amerika bis zum Ausbruch des Ersten Weltkriegs immer mehr davon haben wollten. Dann allerdings war es vorbei, und unsere Kautschukbäume waren genauso unnütz wie die gefallenen Helden.

Ein gewisser MacKintosh ist schuld daran, daß Belém an der Mündung des großen Stromes innerhalb weniger Jahre zum Sammelplatz der Hungerleider, der Heimatlosen, der Abenteurer und vor allem ihrer Ausbeuter wurde. Und eigentlich hat anfangs niemand so recht daran geglaubt, von ein paar gerissenen Geschäftsleuten aus Rio und São Paulo abgesehen. Die zuerst kamen, brachten die Indianer in der Provinz von Manaus um und eigneten sich die besten Grundstücke an.

Als mein Vater 1885 nach Manaus kam, wußte er, daß man weit ins Hinterland von Madeira bis nahe an der bolivianischen Grenze gehen mußte, um wirklich rentable Reviere zu finden.

Für 35 oder 40 Jahre war die Geschichte von Manaus wie ein Märchen. Wenn man bedenkt, daß die Stadt 2000 km von Belém entfernt ist, daß die Lebensbedingungen dort damals wirklich fürchterlich waren und daß der Wald genauso schnell nachwächst, wie man ihn rodet, dann kann man sich nicht genug wundern über die Leistung derer, die diese sagenhafte Stadt aus dem Boden gestampft haben, denn selbst mit sehr viel Geld war der Erfolg keineswegs sicher.

Um 1700 ließen sich die Stämme der Juri und der Cabariquena endgültig etwas oberhalb des Zusammenflusses von Rio Negro und Amazonas nieder. Sie fanden dort ausgezeichnetes Holz für ihre Pirogen, und die Flußmündung war strategisch günstig für die Verteidigung des Gebiets gegen andere Stämme.

In Manaus kennt jeder noch den ersten Mestizen. Ein Platz in der Stadt ist nach ihm benannt: Bernardo Toscano de Vasconcelos o Crespin Lobo de Souza. Und warum so viel Ehre? Bloß weil er der flüchtigen Liebschaft eines portugiesischen Eroberers mit einer jungen Indianerin aus dem Stamm der Juri entsprang. Dann kamen die Missionare. Die Indianer brachten ihnen bei, wie man Pirogen baut, und sie erzählten ihnen von Jesus. Bis zum Anfang des 19. Jahrhunderts hatten sie damit wenig Erfolg, denn alle Stämme blieben den Göttern ihres Dorfes treu, deren einziger Stellvertreter auf Erden der Kazike, der Häuptling, ist.

Mit MacKintosh wurden die Abenteurer zu Städtebauern. 1907 eröffnete Sarah Bernhardt das Amazonas-Theater. Es imitierte die Pariser Oper, für die Glasfenster diente das Straßburger Münster als Vorbild. Im gleichen Jahr kam ein Schweizer aus dem Wallis, ein gewisser Alexandre Deneriaz, der erst vor kurzem gestorben ist. Er brachte die Elektrizität nach Manaus, die es damals noch nicht einmal in Rio gab, und baute eine Straßenbahnlinie von 12 Kilometern Länge, die erste von ganz Südamerika. In den Höfen der Villen blühten Rosen aus Nizza, und auf den Tisch kamen nur europäische Gerichte. Der Kautschuk wurde zu Gold und das Gold zu Marmor. Überall Luxus und Ausschweifung. Überall Marmor, sogar für die

Badewannen der Bordelle, die fast ebenso zahlreich waren wie die Kontore für das Geschäft mit der kostbaren Borracha. Wirklich ein gemachter Mann war man aber erst, wenn man seine Wäsche in London waschen ließ und die Kinder in Genf oder Paris das Abitur machten.

Die Geschichte dieser außergewöhnlichen Stadt und ihrer Umgebung läßt sich mit keiner anderen in der ganzen Welt vergleichen. Jeder hier hat gelitten, entweder an Krankheit oder unter der Armut. Mit der Welt jenseits des gewaltigen Stromes haben wir nichts zu schaffen. Der Wald diktiert uns das Gesetz unseres Lebens. Wenn man spürt, daß die Stadt reif ist für den Untergang, wie ich es mit der Intuition des Indianers jede Nacht erlebe, dann muß man seinen eigenen Weg zu Ende gehen, so wie ich es trotz meines hohen Alters ganz bestimmt tun werde. Ehe es zu spät ist, werde ich Pfeil und Bogen nehmen; meine Piroge wird flußaufwärts gleiten zum Madeira, und ich werde nie zurückkehren.

Was kümmert mich in dieser Zeit eine Stadt, in der sich mehr als eine halbe Million Menschen zusammendrängen, Touristen und Geschäftsleute, die die Gier nach Geld hierher getrieben hat? Nicht einmal zehn Prozent von ihnen sind in Amazonien geboren. Suchen Sie in dieser Masse einmal einen reinrassigen Indianer; ich wette, daß Sie keine hundert finden.

4. DEM SERINGUERO EINE CHANCE

In Manaus angekommen, fiel mein Vater aus allen Wolken. Diese Stadt schien eher ein Schlupfwinkel für Räuber und Bettler zu sein als ein Handelszentrum, dessen Grundprodukt, der Gummi, in der ganzen Welt begehrt war. In den trüben Wassern des Rio Negro trieben sogar faulende Leichen. Überall auf den Trottoirs aus gestampftem Lehm dösten zerlumpte Gestalten in brackigem Schlamm oder gar Erbrochenem. Völlig schamlos – schließlich blieb ihnen auch gar nichts anderes übrig – verrichteten die Kranken ihre Notdurft mitten in der Menge von Halbverhungerten, die auf den Abtransport ins Landesinnere warteten. In dem kleinen Spital der Seminaristen lagen sie zu dreien oder vieren zusammengepfercht auf dem gleichen Strohsack – Fliegen, Moskitos und Aasgeier konnten sich gütlich tun. Die Stadtverwaltung kam gar nicht mehr nach mit dem Begraben der Toten, und die Bosse weigerten sich, für die Särge aufzukommen. Die Indianer, die seit Jahrhunderten nach Manaus kamen, um Handel zu treiben, hatten der Stadt entsetzt den Rücken gekehrt; für sie war sie eine Stätte der Krankheit und des Todes.

Wäre mein Vater nicht aus purem Zufall in eine Geschichte hineingeraten, bei der es um Waffen ging, dann hätte auch er nie eine Chance gehabt, auf die Sonnenseite zu kommen, dann wäre er wie viele Tausende andere der Beriberi-Krankheit zum Opfer gefallen, gegen die man damals kein wirksames Heilmittel kannte und an der man nach unerträglichen Schmerzen starb.

Seit mehr als einem Monat war er schon in Manaus, und allmählich verlor er die Hoffnung, je in den Urwald zu kommen. Die Chapatas, deren Aufgabe es war, Seringueros anzuwerben, hatten Ärger mit ihren Bossen bekommen. Denn aus lauter Gier, sich die Taschen noch schneller zu füllen, hatten diese Typen, die oft eher Landstreichern als Vorarbeitern glichen, schließlich auch Leute angeheuert, die dem Leben im Urwald von vornherein körperlich nicht gewachsen waren.

Auf drei oder vier Tote pro Tonne Gummi kam es den Bossen zwar nicht an, aber der Produktionsausfall ärgerte sie. Also wurden die Chapatas gezwungen, die Leute körperlich sorgfältig auszumustern. Sie zahlten mehr pro Mann und stellten weniger ein. Etwas später erlangten die Seringueros schließlich sogar das vertragliche »Recht«, zwei Wochen lang kostenlos Mädchen und Alkohol zu bekommen, bevor sie in den Urwald aufbrachen. Die Mädchen waren rar und teuer, und das Geld kassierten häufig die Chapatas, die also mit der einen Hand einnahmen, was sie mit der anderen ausgaben.

Mein Vater ging an einer Kneipe vorbei und wurde Zeuge eines Gesprächs zwischen drei Männern, die da am Tisch saßen und riesige Zigarren rauchten, das unzweideutige Symbol des Reichtums.

»Ich habe dreihundert Riffles aufgetrieben, aber verdammt teuer.«

»Da habe ich doch ein bißchen mehr Glück gehabt: ich habe vierzig Revolver organisiert, fünfhundert Riffles, eine Ladung Macheten und zwanzigtausend Patronen, die offenbar noch einigermaßen trocken sind.«

»So viele Waffen habe ich nicht, dreißig Revolver. Aber in der Rua dos Bares gibt es einen Typ, bei dem eine gewaltige Menge Konserven im Ausverkauf zu haben sind, dazu Kleidung aus Jute und nagelneue Stiefel.«

»Mit dem Material und noch ein oder zwei Freiwilligen schaffen wir es bis Porto Velho. Dort verlassen wir den Madeira; mit guten Pirogen können wir bis zum Rio Caroco und zum Jamiri vorstoßen, wo Aurélien auf uns wartet. Wenn meine Informationen stimmen, gibt es nicht allzu viele Stromschnellen, friedliche Indianer und Borracha mehr als genug. Das Problem sind die Bolivianer. Theoretisch ist der ganze obere Madeira brasilianisches Territorium, aber eben theoretisch. Praktisch haben die Bolivianer seit Jahren das ganze Gebiet besetzt, diese Schweinehunde wissen halt auch, daß es dort reichlich Gummi gibt.«

»Wenn du warten willst, bis unsere Armee sie vertrieben hat, können wir in aller Ruhe Großväter werden.«

»Nicht unbedingt. Sie haben kaum Waffen, und die Bosse wohnen fast alle in La Paz. Ein paar Flaschen Cachassa, zwei oder drei Gewehrsalven, wenns sein muß ein oder zwei Leichen, den Krokodilen zum Fraß, und im Handumdrehen haben wir alle Arbeiter auf unserer Seite. Wir müssen nur die Konserven gut unter Verschluß halten, und schon haben wir genügend Arbeitskräfte. Nach Bolivien können sie nicht zurück, denn dort riskieren sie, von den Chapatas niedergemacht zu werden, weil sie die Produktion im Stich gelassen haben. Also, Leute, hab ich nicht recht? Kein Risiko, aber alle Chancen. Je eher wir aufbrechen, desto schneller kommt der Gewinn. Das einzige Problem ist der Bau der Unterkünfte und des Landeplatzes. Das muß alles solide sein, sonst spült uns das erste Hochwasser zu den Krokodilen.«

Mein Vater hatte alles Wort für Wort mitgehört. Er trat an den Tisch heran, wobei er ganz bewußt eine gewisse Ehrerbietung zeigte. »Meine Herren«, sagte er, »ich höre, daß Sie Freiwillige suchen. Klopfen Sie einmal auf meine Brust, ich habe ein kräftiges

Herz und eiserne Muskeln, ich war noch nie betrunken, und bis heute hat die verdammte Malaria mir nichts anhaben können. Wenn Ihnen mein Gesicht gefällt, bin ich Ihr Mann.«

»Was stellst du für Bedingungen?«

»Wie viele sind wir?«

»Vier, wenn du mitmachst. Hast du eine Frau? Nein? Um so besser. Den fünften Mann treffen wir am Jamari.«

»Ich habe nichts, nicht mal ein Gewehr. Aber in Belém habe ich die Borracha genau kennengelernt, ich weiß, wie man damit umgehen muß, um ein Maximum an Profit zu machen. Also mein Teil für mich wie für jeden anderen. Um so mehr als, wenn ich recht verstanden habe, Ihr kleiner Plan in Richtung Jamari geht. Da unten werden es uns die Bolivianer nicht gerade leicht machen. Ich habe kein Gewehr, bloß dieses Messer, aber man sagt mir nach, daß ich sehr scharf ziele, vor allem, wenn es um eine gute Sache geht. Das von den Bolivianern geraubte Land für Brasilien zurückzuholen, scheint mir eine verdammt gute Sache. Aber das muß klar sein: ich schieße niemals ohne guten Grund und nur um mir Nahrung zu verschaffen oder zur Selbstverteidigung. Wenn ich Hunger habe, wenn ich angegriffen werde, greife ich zur Waffe, aber ich habe noch nie Hand an einen Menschen gelegt. Außer im Falle der Notwehr können Sie auf mich nicht zählen. Die Indianer sind meine guten Freunde, vor allem auf ihrem eigenen Grund und Boden. Ein kranker Mensch ist mir heilig, auch wenn er keinen Nutzen mehr bringt; ich bin selber einer aus der Masse der Elenden. Wenn Sie die Peitsche gebrauchen, um die Produktion zu steigern, gehe ich meiner Wege. Mehr habe ich nicht zu sagen, das sind meine ganzen Bedingungen.«

Die drei Männer lachten schallend und boten ihm eine Zigarre an. Er hat sie nie geraucht; er hat sie aufgehoben als eine Art Talisman zur Erinnerung an den Tag seines Glücks.

Oft hat er mir diese Geschichte erzählt. Er glaubte, daß jeder Mensch wenigstens einmal im Leben vom Glück gestreift wird und daß man imstande sein muß, die Gelegenheit beim Schopf zu packen. Wenn die Weißen sich an die Spielregeln halten, können sogar die Indianer von manchen Segnungen der Zivilisation profitieren. Wir sind zum Beispiel darauf angewiesen, unsere Ruder zu gebrauchen, und wieviel Kräfte haben wir sparen können, seitdem wir die kleinen Motoren kaufen können. Das ist eine der guten Seiten, die das Zusammenleben mit den Weißen im Amazonas hat.

Wäre mein Vater nur zehn Minuten früher oder später vorbeigekommen, dann wäre er sicher an der Malaria gestorben. Natürlich bin ich abergläubisch wie alle Indianer. Das heißt, das ist kein richtiger Aberglaube, aber es gibt Dinge, die so unerklärlich sind, daß man aus Furcht eine übernatürliche Macht dahinter vermutet. Der Mond zum Beispiel – es gibt keinen Indianerstamm, der ihm nicht außergewöhnliche Kräfte zuschreibt, aber immer wieder andere. Mehr noch als der Sonne. Die Sonne, das ist der Tag, das ist Sicherheit; der Mond aber ist in der Nacht das einzige Licht, die einzige Gottheit, die das wache Auge drohende Gefahren erkennen läßt. Bei vielen Stämmen gelten die bei Vollmond Verstorbenen als Götter, und ihre Söhne werden oft Kaziken des Dorfes. Der Kazike ist zugleich Zauberer, Bürgermeister, Richter und General. Er allein hat das Recht, Krieg zu erklären.

Obwohl mein Vater in Belém gelebt hatte, wurde er schnell ein perfekter Amazonier. Er kümmerte sich um die Herstellung der leichten Pirogen, wie man sie für die Fahrt den Jamari hinauf braucht. Für eine langwierige Expedition in unbekanntem Gelände muß man stark riechendes Holz verwenden, dessen Duft den Geruch des menschlichen Körpers überdeckt, dann bemerken die wilden Tiere nichts Ungewöhnliches, und man kann sich unbesorgt am Ufer des Flusses zum Schlafen niederlegen; andernfalls würden vor allem Panther und Krokodile nachts die Gegenwart von Menschen wittern und angreifen. Das beste Holz ist das Massaraluba, weil es ziemlich leicht ist und das Wasser ihm wenig anhaben kann. Es ist zwar schwer zu bearbeiten, aber dafür hält eine Piroge aus Massaraluba mehr als zehn Jahre, bei anderem Holz sind drei oder vier Jahre schon viel. Am häufigsten verwendet man heute Taouba-Holz. Der Bootskörper wird mit dem Saft einer Art Farn bestrichen, den man ziemlich überall findet, das erhöht die Haltbarkeit. Zuerst fällt man den Baum und schneidet aus dem Stamm ein Stück von der Länge der Piroge, dann sägt man Bretter daraus und blattet sie zusammen. Erst wenn die Piroge ihre äußere Form hat, höhlt man sie innen aus. Dann bockt man sie auf und räuchert sie mit den Ästen des Baumes vollständig ein, wobei man natürlich aufpassen muß, sie nicht zu verbrennen; das erhöht enorm die Widerstandsfähigkeit gegenüber dem Druck der Strömung, so daß das Boot auch einem Strudel standhält. Diese Bauart aus mehreren Stücken ist in Manaus und in den Städten am Strom gebräuchlich; das sind schon eher Kanus oder sozusagen zivilisierte Pirogen. Die Indianer dagegen bauen immer noch ihre superleichten Einbäume, denn ein Mann muß sie auf dem Rücken tragen können.

Wenn man seine Piroge richtig lenken kann, verliert man nie die Herrschaft über das Fahrzeug und riskiert auch in Stromschnellen praktisch nicht, zu kentern.

Alles das hatte mein Vater bei den Indianern in Ceara gelernt. Ich selber lernte es, als ich etwa vier oder fünf Jahre alt war. Schon in diesem Alter streifte ich ganz allein auf noch völlig unerforschten Flüssen umher. Das Entscheidende ist, immer die richtige Richtung einzuhalten. Dafür sorgt die Bewegung des Ruders. Selbst wenn man sehr müde ist, darf man nicht zu rudern aufhören, denn das kann sehr gefährlich werden. Den im Wasser treibenden Baumstamm sieht man erst, wenn er kurz vor dem Bug auftaucht. Wenn man nicht blitzschnell reagiert und mit einem kräftigen Ruderschlag vorbeisteuert, ist es schon zu spät; man kentert so gut wie sicher. Vor allem darf man beim Navigieren nicht in Panik geraten. Die Ausdauer ist eine Sache des Trainings; die Müdigkeit spürt man zuerst im Hintern. Und nie darf man anhalten ohne die Gewißheit, in Sicherheit zu sein.

Man braucht viele, viele Jahre, um sich in den Geheimnissen des Amazonas einigermaßen auszukennen. Das heißt natürlich, daß für meinen Vater damals alles viel schwieriger war, als er Manaus verließ und zum oberen Madeira ging. Der abrupte Klimawechsel zwischen der Trockenheit des Sertao und der dumpfen Schwüle des Urwaldes war für den Organismus eine kaum erträgliche Belastung, und man hatte nicht nur die Malaria zu fürchten, sondern auch die Tuberkulose.

An Bord des *Justo Chermont* verließen mein Vater und seine drei

Geschäftspartner Manaus, mit ihren Waffen und Vorräten und pro Mann einer leichten Piroge. Dieser Dampfer ist jedem unvergeßlich, der die große Zeit des Kautschuks miterlebt hat. Fast dreißig Jahre lang verkehrte er zwischen Manaus, Belém und Porto Velho am Madeira. Hier war es sogar in der vierten Klasse auszuhalten, man traf Seringueros, die schon ein bißchen was verdient hatten. Das Erstaunliche an diesem Schiff war, daß es auf den Wogen des Atlantik ebensogut zu gebrauchen war wie zwischen den Tausenden von kleinen Inseln, die die Navigation nicht nur auf dem Amazonas, sondern auch auf seinem größten Nebenfluß, dem Madeira oder Holzstrom, schwierig machen.

Der Madeira hat seinen Namen von den gewaltigen Erdmassen, die sich immer wieder mit furchtbarem Getöse vom Ufer lösen und manchmal die Hütten der Cabocos, die sich dort niedergelassen haben, mit in die Tiefe reißen. Die Cabocos des Madeira kennen natürlich diese Gefahr, aber sie haben keine Möglichkeit, ihre Häuser anderswo zu errichten. Alles, was man zum Leben braucht, kommt auf dem Wasserweg; der Strom ist auch heute noch die ausschließliche Verkehrsverbindung. Zuerst baut man immer den Anlegeplatz und erst danach das Haus. Oft bieten diese Hütten mit ihren unverglasten Fenstern nur unzulänglichen Schutz gegen die Stürme und bilden regelrechte Flöße; die Pfähle, auf denen sie ruhen, schwimmen im Wasser, so daß sie gefahrlos mit der Flut steigen und sinken können. Denn der Wasserstand kann je nach Jahreszeit um bis zu fünfundzwanzig oder sogar dreißig Meter schwanken. Dadurch, daß sie in schwimmenden Hütten leben, entgehen die Cabocos der doppelten Gefahr, bei Niedrigwasser isoliert zu sein und bei Hochwasser überschwemmt zu werden.

Nachdem mein Vater genug Geld verdient und zusammen mit seinen Geschäftspartnern unseren Grundbesitz erworben hatte, machte er sich an den Bau der Farm, auf der ich geboren wurde. Das war am Jamari, einem Nebenfluß des Madeira; mein Vater mußte direkt am Ufer bauen, sonst wären wir schnell isoliert gewesen.

Trotz des Anscheins von unerschütterlicher Kraft, den mein Vater sich gegenüber seinen neuen Partnern gab, war er sich bei der Ankunft am Jamari seiner Sache gar nicht so sicher, aber erfüllt von wilder Entschlossenheit, es zu schaffen.

In Porto Velho gingen sie von Bord des *Justo Chermont*. Jetzt mußten sie ihr gesamtes Material, Waffen, Kleidung, Lebensmittel, auf etwa fünfzig Meter lange Spezialkähne verladen, auf denen man auch leichte Pirogen aufstapeln konnte; vierzig Indianer trieben sie mit ihren Rudern an, und das waren richtige Galeerensklaven. Das Ganze ging sehr langsam, denn je weiter man den Jamari hinauffährt, desto häufiger werden die unüberwindlichen Stromschnellen; da muß man jedesmal alles abladen und hinter den Stromschnellen in ein anderes Boot verladen, denn die Kähne sind viel zu schwer, als daß vierzig Männer, Mannschaft oder Passagiere, sie tragen könnten.

Nach dreiwöchiger Reise kamen sie schließlich in ihrem Revier an. Der fünfte Partner, Aurélien, wartete hier auf sie. Wie alle anderen Seringueros wohnte er am Ufer, und seine Hütte unterschied sich nicht von denen der Arbeiter. Natürlich gab es keinerlei Papier, das das Eigentumsrecht garantiert hätte.

Das brasilianische Gesetz erkannte damals und erkennt auch heute noch das Eigentumsrecht dessen an, der ein Stück Land in Besitz nimmt, um es auszubeuten – unter der Bedingung, daß kein Mensch dort lebt. Dieser Punkt ist außerordentlich bedeutsam, denn diese Bestimmung ist die Grundlage der gesamten Geschichte Amazoniens seit zweihundert Jahren. Sie war die Voraussetzung und die Rechtfertigung aller Arten von Raub, von mörderischen Kämpfen, von Landnahme und vor allem von Massakern unter den Indianern, denen man die Jagdgründe immer mehr einengte mit einem System der Kontrolle des Bodens, das letztlich auf ihre restlose Ausrottung hinauslaufen muß.

»Wirst dich dran gewöhnen müssen, das ist hier kein Luxushotel. Man schläft trotzdem. Wenn diese bolivianischen Schweine nicht die Markierung an unseren Bäumen entfernen, dann brauchst du gut zwei Monate, um alle zu kontrollieren, die uns gehören. Damit fängst du an. Nimm diese Jutehosen und zwei Paar Stiefel, und los gehts. Normalerweise solltest du 87 Seringueros und sechs Chapatas zählen. Aurélien geht mit dir, zum Kennenlernen. Bloß nicht weichherzig sein, wenn du einen in seiner Hängematte eingeschlafen findest. Schüttle ihn und weck ihn auf. Wenn du ihn einmal schüttelst, wacht er auf; wenn nicht, versuchs nochmal, und wenn er sich dann immer noch nicht rührt, ist er tot. Im Durchschnitt gehen zwei pro Tag drauf.«

»Und die Leichen?«

»Kein Problem. Verlaß dich auf die Chapatas, die haben immer ein paar Säcke übrig. Rein mit der Leiche in den Sack und ins Feuer. Aber Abstand halten, wenn du nicht willst, daß dir das Gehirn ins Gesicht spritzt; als erstes explodiert immer der Schädel. Keine Blumen, keine Kränze. Wenn alles verbrannt ist, ein zweiter Sack und in den Fluß damit. Eine Frage der Hygiene. Wenn dir danach zumute ist, kannst du für ihn beten und dir sagen, daß das nächste Mal vielleicht du dran bist. Wenn du zurück bist, machst du Meldung. Damit meine ich nicht die Zahl der Eimer, darüber weiß ich im großen und ganzen Bescheid; was ich wissen will, ist, wie viele Indianer du getroffen hast. 90 haben schon dran glauben müssen in den Gefechten, die wir ihnen seit einem Jahr so ungefähr jeden Monat liefern, also geben sie allmählich Ruhe.«

»Du, Mütterchen«, warf Aurélien ein, »hörst das ja nicht gern, ich weiß; aber was bleibt uns schon übrig? Entweder sie oder wir, na und?«

Das »Mütterchen« war eine kupferhäutige Indianerin, ziemlich jung noch, die vor der Hütte hockte; sie war ganz Ohr, aber vor allem ganz Auge für den Neuankömmling. Höchstwahrscheinlich fragte sie sich, auf welcher Seite er stand, ob er zu denen gehörte, die töten, oder zu denen, die gute Freunde sind. Aurélien übernahm das Vorstellen.

»Das ist Jahenna, die Frau von Miguel. Er hat sie, kaum daß er hier war, nach indianischer Sitte geheiratet, ihr Vater ist Kazike eines kleinen Mahari-Dorfes. Sobald diese verdammten Stromschnellen wieder passierbar sind, wird man dich hinbringen, es ist nur sechs Tagereisen von hier. Die meisten Indianer aus diesem Stamm arbeiten für uns; für die Bolivianer haben sie nicht viel übrig, seit die ihnen vier- oder fünfmal das Dorf niedergebrannt und das Vieh weggetrieben haben.«

»Ist sie die einzige Frau?«

»Nein, ihre Schwester lebt bei uns, aber keiner wagt sie anzurühren, sie ist noch ein halbes Kind. Sie spült das Geschirr, putzt die

Stiefel, mehr wird nicht von ihr verlangt. Eine Frau für drei Männer, das ist entweder zuviel oder zuwenig, also hält man besser Ruhe. Für die Seringueros kommen Frauen nicht in Frage«, fuhr Aurélien fort; daß er offenbar der brutalste in dieser Gruppe war, hatte mein Vater schnell begriffen. »Und zwar aus zwei Gründen. Erstens wäre so eine Frau für alle anderen eine Versuchung, das muß man verhindern. Zweitens zehrt eine Frau an den Kräften, und das merkt man sofort am Ertrag. Außerdem müßte man sie mitfüttern, ohne daß sie was einbringt.

Manche haben es gut kapiert: je härter sie schuften, desto mehr verdienen sie; Land ist genug da, also können sie sich später mit dem Geld einen eigenen Betrieb und auch eine Frau leisten. So haben wir alle mal angefangen.«

»Nicht mal hin und wieder eine Indianerin?«

»Wenn du sie heiratest, alles auf eine Karte, wenn nicht, kriegst du einen Pfeil in den Rücken. Glaub ja nicht, daß Miguel Jahenna zum Vergnügen geheiratet hat. Er hat sich gesagt: die Ehe ist zwar eine Hölle, aber immer noch besser als das andere. Und wenn er eines Tages mit seiner Piroge abhaut und man sieht ihn nicht wieder, dann werden bestimmt nicht die Richter von Manaus ihn wegen Bigamie verfolgen. Stimmts, Miguel?«

Miguel nickt zustimmend, aber ohne große Überzeugung; offenbar war er über das Familienleben im Urwald nicht ganz der gleichen Meinung wie Aurélien.

Miguel führte meinen Vater zu einer Hütte, die noch frei war; sie lag in der Nähe des Anlegeplatzes und war von genau der gleichen Art wie die der Seringueros. Im Wald braucht man gut drei bis vier Stunden, um von einer Hütte bis zur nächsten zu gehen. Es sind einfache Buden aus Laub und Zweigen. Zum Schutz vor wilden Tieren, vor allem vor Schlangen, macht man als Fußboden eine ziemlich feste Matte aus jungen Palmstämmen; sie werden mit Lianen zusammengebunden, die man immer wieder erneuern muß, wenn sie verfault sind. Die Chumbochichica ist eine sehr haltbare Liane, aber man muß sehr hoch in die Bäume hinaufsteigen, um sie zu finden. Beim Heruntersteigen muß man sie sich um den Leib binden; das ist ziemlich unbequem, aber wenn man sie fallen ließe, würde sie am nächstbesten Zweig hängenbleiben und wäre nicht wiederzufinden. An den Rand dieses Bodens kommt die Pachiouba; man behält stets einen Fleck nackter, gestampfter Erde und gräbt da ein Loch für die Feuerstelle. Dieses Loch läuft immer wieder voll Wasser, man muß es fast jeden Tag ausschöpfen. Aus ein paar Baumstümpfen und Brettern macht man primitive Möbel; selbst wer handwerklich sehr geschickt ist, macht sich damit nicht viel Mühe, denn bei der starken Feuchtigkeit und der ständigen Gefahr von Stürmen oder auch von Wildschweinüberfällen hält alles sowieso nicht lange.

Jeder mußte seine Hütte drei- oder viermal im Jahr neu bauen. Oft gingen die Seringueros auch, sobald sie etwas Geld verdient hatten, nach Manaus; wenn sie dann nach ein paar Monaten zurückkehrten, fanden sie nicht selten ihren Platz besetzt, und es blieb ihnen nichts anderes übrig, als tiefer im Wald Bäume zu fällen und sich dort eine neue Bleibe zu schaffen.

Zwei Jahre lang blieb mein Vater ununterbrochen am oberen Madeira. Er und seine Partner bauten den Besitz aus, ohne daß es zu ärgerlichen Zwischenfällen kam. Um ihn ganz zu durchqueren, brauchte man 1898 fast sechzig Tage.

In diesen ganzen zwei Jahren gab es keinen einzigen Sonntag oder Feiertag. Wecken sofort bei Tagesanbruch gegen halb fünf, Feuermachen, Kaffeekochen in einer alten Konservendose, dann die Machete und das 44er Gewehr genommen und los zum täglichen Rundgang mit einem großen Metalleimer von 15 oder 20 Litern und einem kleinen Becher. An jedem markierten Baum ein Hieb mit der Machete, und der weiße Gummisaft fließt langsam in den Becher. Wenn der große Eimer voll ist, wird die Borracha mit Pirogen eingesammelt und zu einem der Lager gebracht. Nach und nach wird der Gummi hart und schwarz, dann formt man Ballen daraus, die mit Lianen umwickelt werden. Von kleinen Pirogen werden sie auf große umgeladen, dann auf Dampfer, schließlich auf Ozeanfrachter, und so kommt der Gummi nach Europa, in die Vereinigten Staaten... Eine Sache der Kühnheit, des Durchhaltewillens und der körperlichen Widerstandskraft... Nach zwei oder drei Jahren kann der Seringuero selber Unternehmer werden.

Im Jahre 1895 war mein Vater, immer noch mit den gleichen

Partnern, ein reicher Mann geworden, für damalige Begriffe sogar ein sehr reicher Mann. Er heiratete die Schwester der Frau von Miguel, der sein bester Kamerad geworden war. Das Mädchen war erst siebzehn, und um sie heiraten zu können, mußte er drei Monate in ihrem Stamm in der Nähe der bolivianischen Grenze leben.

Zuerst wurden Adolphe und Jean geboren, die heute beide tot sind, dann Gérard, der in Rio lebt, dann ich, und danach die Töchter. Zuerst alle Söhne, dann erst alle Töchter: Marietta, Lindalgua, Elvira und Aldina. Sie sind alle nicht mehr am Leben; eine Frau, die im Urwald geboren wird, ist den Belastungen der Umwelt weniger gewachsen als ein Mann; sie geht nicht auf die Jagd, macht keine großen Fußmärsche, treibt keinen Sport, und trotzdem ist ihr Körper viel schneller verbraucht. Obwohl es soviel Sauerstoff gibt, sterben viele an Tuberkulose.

Wie meine Brüder und Schwestern wurde ich auf der Farm geboren. Ohne Hebamme und ohne Eintragung ins Standesamtsregister. Meine Großmutter, die Schwester des Kaziken, war aus ihrem Dorf gekommen, und sie half meiner Mutter bei der Niederkunft. Sie war siebzehn, als sie meinen Vater heiratete, und dreiundzwanzig bei meiner Geburt. Fast jedes Jahr kam ein Kind.

Getauft wurde ich erst mit sieben Jahren, in Ourouagentama im Pará. Nur mein Vater kam mit mir, die Reise dauerte zwei Monate. Den ganzen Madeira entlang richteten Missionare kleine Pfarreien ein, nicht nur um die Indianer zu bekehren, sondern auch um so weit wie möglich die an Beriberi erkrankten oder bei Schlägereien verletzten Seringueros zu pflegen. Daß ich getauft wurde, entsprach jedoch einem Gelöbnis meiner Eltern, die dafür die Hilfe der Missionare nicht in Anspruch nehmen wollten.

Als ich geboren wurde, machte einer der Arbeiter eine Wiege aus Holz für mich, und meine Mutter nährte mich an der Brust. Mit neun Monaten konnte ich schon laufen. Damals bestanden alle meine Mahlzeiten aus einer Art Suppe, wie die Indianer sie machen; sie besteht aus Stärke, Sago und Kastaniensaft. Dieses sehr vitaminreiche Gericht bildet noch heute das Grundnahrungsmittel einiger sehr primitiver Stämme im Norden von Xinju, die weder fischen noch jagen; alles in allem sind es wohl ein paar tausend Familien.

Mit zehn Monaten bekam ich meine erste eigene Hängematte

zum Schlafen. Seitdem habe ich, von den Jahren in Europa abgesehen, wohl keine hundert Mal in einem Bett geschlafen.

Ich war also sehr gesund und in den ersten beiden Lebensjahren eindeutig kräftiger als meine Brüder. Aber die Mücken stechen ja ganz wahllos, und so bekam ich das Sumpffieber und war dem Tode nahe.

Damals legte mein Vater ein Gelübde ab: Würde ich genesen, würde er mir niemals die Haare schneiden, bis ich sieben Jahre alt wäre, und erst dann würde er mich taufen lassen, und zwar in der Kirche St. François-du-Canoudé in Ourouagentama. Dort würde man mich taufen und mir danach die Haare schneiden.

Ich wurde gesund, und meine Eltern hielten ihr Versprechen. Als wir zur Reise nach Parà aufbrachen, gingen mir die Haare bis zur Hüfte.

Abgesehen von der Krankheit waren diese Ereignisse für die Entwicklung meines Charakters sehr förderlich. Auf der Farm meiner Eltern gab es immer mindestens zwanzig Kinder. Da sie es sich leisten konnten, hatten sie außer ihren eigenen Kindern immer auch ein paar kleine reinrassige Indianer auf dem Hof, die ein paar Monate bei uns blieben und dann plötzlich verschwanden, ohne irgend jemand Bescheid zu sagen. Wegen meiner langen Haare machten sich bald alle über mich lustig.

Eines Tages, ich muß fünf Jahre alt gewesen sein, stand ich am Fluß und sah den Schildkröten zu, wie sie aus dem Wasser kamen, um zu atmen. Adolphe und Gérard schlichen sich von hinten an und stießen mich ins Wasser. Erst haben sie tüchtig gelacht, aber dann gerieten sie in Panik, als sie mich in einem schwärzlichen Strudel verschwinden sahen. Laut schreiend rannten sie zum Haus. Bald kam alles herbeigerannt, die Männer schon ausgezogen, um nach mir zu tauchen. Ich saß seelenruhig am Ufer, hatte meine klatschnassen Kleider neben mich gelegt und sah weiter den Schildkröten zu, die durch meinen Sturz ins Wasser erschreckt worden waren, aber jetzt wiederkamen. Niemand hat mir jemals das Schwimmen beigebracht, der dumme Streich meiner Brüder war die einzige Lektion. Eigentlich war auch niemand wirklich überrascht, mich wieder auf dem Trockenen zu finden. Meine Mutter weinte schon, weil sie mich ertrunken glaubte, und trocknete jetzt ihre

Tränen. In diesem Augenblick war allen klar, daß Sebastião, der Sohn eines Mestizen und einer Indianerin, im Urwald ein richtiger indianischer Caboco sein würde.

Ich habe also dieses Abenteuer gut überstanden; man muß bedenken, daß eine Kindheit im Urwald einem schon die nötige Portion Unbekümmertheit gibt. Man macht ziemlich schnell die Erfahrung, daß der Tod überall lauert, und weil das so ist, gewöhnt man sich daran, sich so zu verhalten, daß er einen nicht erwischt. Alles eine Frage der Übung.

Der schlichte Vorgang einer Geburt wirft ein Problem auf. Meine Mutter kam nieder, ich wurde geboren, man hat mir einen Vornamen gegeben, Sebastião, aber wie soll man es anstellen, daß ich auch standesamtlich existiere, wenn die Geburt acht Tagereisen von der nächsten Farm entfernt stattfindet, und mehr als fünfzehn Tagereisen von Manaus, dem das ganze Madeirabecken verwaltungsmäßig untersteht? Sie können sich denken, daß mein Vater nicht bei jedem neuen Kind eine so weite Reise machte, um uns in ein Register eintragen zu lassen. Diese Formalität wurde vor einem Notar erledigt, wenn sich im Zusammenhang mit notwendigen Einkäufen oder dem Kautschukverkauf die Gelegenheit dazu bot.

Als ich auf die Welt kam, hatte das Unternehmen nach zehn Jahren des Kampfes gerade seine höchste Einträglichkeit erreicht, und der Kautschukpreis war an seinem Gipfel angelangt.

Ein Indianer aus ihrem Stamm hatte meine Mutter begleitet. Joachim war ein Leben lang mein bester, mein einziger Freund. Seit er tot ist, fehlt mir etwas. Der Wald, der doch so reich ist an den vielfältigsten Düften, Bäumen und Tieren, scheint mir seitdem etwas leer geworden. Von Joachim habe ich alles gelernt. Im Dschungel wird man leicht eher zum Bösen als zum Guten hingezogen. Da man töten muß, um zu überleben, gerät man in Versuchung, aufs Geratewohl zu töten. Joachim hatte ein so feines Gespür für das Gute und Böse!

Ich erinnere mich an einen Abend, das muß im Jahre 1905 gewesen sein; da wären wir beinahe alle in den Fluten umgekommen – trotz der Umsicht, mit der mein Vater und seine Angestellten stets über die Wohngebäude und die Lagerhäuser wachten, in denen die Gummiballen für Belém aufgestapelt wurden.

Dieses Mal waren wir der Katastrophe nur um Haaresbreite entronnen. Nicht einmal Joachim, der doch eine außergewöhnliche Intuition besaß, hatte sie kommen sehen. Ich glaube, ich habe noch nie an einem Mann, der doch für seine unerschütterliche Ruhe bekannt war, einen so leeren Blick gesehen.

Mein Vater, triefnaß vom Kopf bis zu den Füßen, den Bart voll Wasser wie ein Schwamm, sah ihn mit niedergeschlagener Miene an und ließ sich in einen Strohsessel fallen; Joachim, ebenso durchnäßt und ebenso fahl im Gesicht, stand vor ihm wie versteinert. Meine Brüder und ich preßten uns an die Mutter, die kein Wort zu sagen wagte, und zitterten vor Kälte und vor Fieber. Und es regnete und regnete, unaufhörlich und immer weiter; seit Wochen ging das nun schon so, man hatte es längst aufgegeben, sie zu zählen. Plötzlich erbebte das Haus auf seinen hölzernen Pfählen, und im gleichen Augenblick gab es ein entsetzliches Getöse. Alles stieß einen Schrei aus, nur mein Vater und Joachim nicht; sie stürzten hinaus in das Toben des Wassers.

»Joachim, mein Freund, dieser verdammte Regen wird diesmal alles kaputtmachen. Die Seringueros drehen völlig durch vor ihren Hütten. Seit acht Tagen schon gehen sie nicht mehr zu den Bäumen. Die Panik und der Suff machen sie verrückt. Sie haben den Laden mit den Cachassa-Vorräten geplündert und wollen unser ganzes Anwesen zu Kleinholz machen. Zum ersten Mal mußte ich Aurélien gestatten, zum Revolver zu greifen, sonst wäre es zu einem Blutbad gekommen; sie hätten erst einander umgebracht und dann ganz bestimmt auch uns. Um den Toten ist es schade, er ist wohl noch keine fünfundzwanzig und kam erst vor knapp drei Monaten aus Ceara; im Grunde ein braver Kerl, aber man hat ihm Alkohol gegeben, mehr als er vertragen konnte. Hätte Aurélien ihn nicht erschossen, hätte er drei oder vier indianische Arbeiter umgebracht. Wenn sie stockbesoffen sind, lassen sie ihre aufgestaute Wut immer an den Indianern aus. Als ob die was dafür könnten, daß das Leben im Urwald so schwer ist. Sie waren schließlich vor uns hier, aber seitdem ich am Madeira bin, geht der Haß immer gegen die Indianer. Man muß zugeben, daß es in den Hütten ziemlich trostlos aussieht. Die Wassermassen haben alles weggespült, Möbel, Kleider, alles hin, die Wände sind völlig durchgefault und brechen nach und nach zusammen. Überall liegen Baumstämme herum, sogar mitten im Schweinestall, die Tiere schreien vor Entsetzen, soweit sie nicht schon ertrunken sind. Wenn alles in den Fluten versunken ist, was bleibt ihnen dann? Und uns? Ich habe nicht mehr die Kraft, von vorne anzufangen. Seit zwanzig Jahren kämpfe ich; drei meiner Partner sind krank, nur Aurélien und ich sind noch übrig, um das Unternehmen in Gang zu halten. Und du, mein treuer Joachim.«

An diesem Abend weinte mein Vater und vergaß sogar uns zu küssen, bevor er in sein Zimmer hinaufging; meine Mutter beruhigte uns und brachte uns zu Bett. Auch sie hatte Tränen in den Augen. Wie immer haben wir vor dem Einschlafen unser Gebet aufgesagt, aber ich muß zugeben, daß wir nicht so recht geglaubt haben, daß es etwas helfen würde.

Durch die Wand hörte ich, wie Mama Joachim schwören ließ, daß er uns niemals im Stich lassen würde. Er hat seinen Schwur gehalten, bis zum Ende und mehr als das...

Sechzig Jahre danach verstehe ich die Angst all dieser Männer, die so hart gekämpft hatten, gegen die Krankheit, gegen andere Männer, und jetzt zusehen mußten, wie die entfesselten Naturgewalten sie in ein paar Stunden zugrunde richteten.

Aber von diesem Abend an hatten wir einen Mörder auf unserer Farm. Mein Vater litt sehr darunter. Er hatte noch die Kraft und den Glauben an die Zukunft, um die materiellen Schäden auszubessern. Er ließ Glas aus Frankreich kommen und deckte die Veranda des Hauses, die dem Druck der Wassermassen nicht standgehalten hatte, neu ein. Aber sein Charakter veränderte sich nach und nach. Sein Körper, dem physische Leiden nichts hatten anhaben können, zerbrach an den Gewissensbissen.

Nach diesen Ereignissen, die ihn beinahe ruiniert hätten, muß er den Entschluß gefaßt haben, daß seine Kinder nicht das gleiche Leben führen sollten wie er. Da er die Mittel dazu hatte, würde er sie so bald wie möglich zur Ausbildung nach Europa schicken.

Als das schöne Wetter zurückgekehrt war, ging ich mit Joachim zum erstenmal seit langer Zeit wieder fischen. »Sebastião« sagte er, »du brauchst nicht Hunger zu leiden; nach dem Hochwasser sinkt die Flut jetzt so schnell, daß die Fische in Panik geraten und alle Vorsicht verlieren...«

Joachim sprach seinen Satz nicht zu Ende. Die Harpune, die er geschnitzt hatte, steckte schon in einem Pirarucu. In der Piroge schlug er so heftig um sich, daß wir hätten kentern können. Joachim ruderte mit der einen Hand und versuchte mit der anderen, das Tier zu erschlagen.

»Schau, Sebastião, den haben wir, ganz schön groß, nicht wahr? Mindestens zwei Meter und mehr als hundert Kilo. Wir werden ihn ausnehmen, in seinem Magen finden wir eine ganze Menge kleine Fische.«

»Gut, Kamerad, und vergiß nicht, mir seine Zunge zu geben.«

»Zieh sie raus, mit einem kräftigen Ruck, so, nein schau: so mußt du's machen!«

»Sebastião, ein Amazonier hat immer die Zunge seines ersten Pirarucu bei sich; das ist ein Glücksbringer, von dem man sich nie trennen darf.«

»Stimmt es, daß der Pirarucu kein gewöhnlicher Fisch ist? Ist er wirklich der Vorfahre der Menschen?«

»Jedenfalls sagt man das. Er ist so ein Zwischending zwischen Fisch und Reptil. Er hat Lungen und kommt zum Atmen an die Oberfläche; das ist der richtige Moment, um ihm die Harpune in den Leib zu jagen. Er hat aber auch Kiemen, mit denen er Sauerstoff aus dem Wasser aufnehmen kann; so kann er stundenlang untergetaucht bleiben, wenn er in Gefahr ist. Noch eine Besonderheit: der Pirarucu ist ein Säugetier. Schau mal den Kopf an: das Maul ist innen mit lauter Knochenplatten bedeckt, die voller kleiner Spitzen sind. Genauso die Zunge. Wenn er einen Fisch fängt, häutet er ihn ab, indem er ihn zwischen Gaumen und Zunge reibt, und spült die Schuppen durch die Kiemen raus. Die Pirarucus sind sehr liebevolle Eltern; wenn das Weibchen die Jungen füttert, schuppt es die kleinen Fische sorgfältig ab und schiebt sie ihnen in kleinen Bissen ins Maul. Die Zunge des Pirarucu dient nicht nur als Amulett, sondern ist auch das begehrteste Geschenk, das ein Indianer einer Frau machen kann. Probier mal, eine bessere Nagelfeile gibt es wirklich nicht. Manche Stämme benutzen die Zunge des Pirarucu, um ihre Bogen und Pfeile glattzupolieren. Die Natur hat für alles gesorgt... Sogar für die Nagelfeilen der Damen! Aber lassen wir diese Kleinigkeiten. Der Pirarucu ist zwar nicht der wohlschmekkendste aller Fische, aber für den Menschen wertvoll, weil er den höchsten Gehalt an Phosphor und Phosphat hat.«

Die Natur hat für alles gesorgt – auch für ein paar ziemlich unangenehme, aber notwendige Dinge.

Eines Abends spazierte ich mit Joachim in aller Ruhe einen Pfad am Ufer eines Iguarapé entlang, als ich mich plötzlich zu Boden geworfen fühlte; Joachim warf sich mit der ganzen Länge seines Körpers über mich. Das dauerte kaum eine Sekunde, dann durfte ich wieder aufstehen.

»Was für ein Glück, Sebastião, daß ich gute Augen habe! Mein Blick war schnell, aber der Surucu hat einen scharfen gabelförmigen Zahn! Er hing an diesem Zweig, nicht mehr als zwanzig Zentimeter über dir. Das ist die giftigste Schlange des Urwaldes, nein, nicht die giftigste, aber die gefährlichste. Sie lauert in den Zweigen und läßt sich auf ihr Opfer fallen, ob Mensch oder Tier; mit der Präzision eines gnadenlosen Henkers beißt sie immer in das verlängerte Rückenmark und spritzt ihr Gift hinein. Innerhalb weniger Minuten ist der ganze Körper gelähmt, und der Tod tritt ein, ein besonders qualvoller Tod, denn du spürst, wie dein Herz mit rasendem Tempo schlägt. Aber hab keine Angst, sondern lerne, wachsam zu sein. Außerdem gibt es eine Möglichkeit der Rettung. Die Prozedur ist etwas brutal, aber wirksam, wenn man sie sofort anwendet, das heißt, solange die Schlange noch am Nacken hängt. Man muß ihr den Kopf abschneiden, damit sie ihr Gift nicht weiter einspritzen kann, und rund um die Bißstelle ein Stück Haut und Fleisch von etwa fünf Zentimeter Seitenlänge ausschneiden. Im allgemeinen hat das Gift noch nicht das Nervenzentrum erreicht, und man kommt mit reichlich Blutverlust, einer hübschen Narbe und einer bösen Erinnerung davon. Der Surucu ist gar kein seltenes Tier, und das Feuer lockt ihn. Zugegeben, das ist nicht zum Lachen; aber wenn man gute Augen hat, kann man den Surucu rechtzeitig erkennen, denn er rollt sich immer um einen sehr tiefhängenden Zweig, und die wassergrüne Farbe verrät ihn. Man muß eben aufpassen in Amazonien. Du machst ja ein ganz komisches Gesicht; laß dir den Appetit nicht verderben, du wirst noch ganz andere Sachen erleben.«

Ich war fünfmal gelähmt, zweimal vom Biß des Surucu, dreimal vom Stich des Skorpions, und ich habe trotzdem noch immer einen tüchtigen Appetit, vor allem, wenn ich vor dem Abendessen die Füße ins Wasser tauche; das regt den Kreislauf an, mit dem man bei der Hitze und Feuchtigkeit etwas Schwierigkeiten hat. So ist das in Amazonien: alles hat seine zwei Seiten. Wenn man sich lange genug hier herumgetrieben hat, dann kennt man beide Seiten und weiß, daß es auch in den schlimmsten Lagen einen Ausweg gibt.

Die Wildenten spürte Joachim genauso geschickt auf wie die Surucus. Ich war noch keine zwei Jahre alt, da sagte er mir:

»Du liebst Amazonien, versuche es zu verstehen. Du hast noch Angst davor, eine Angst, die du nicht kontrollieren kannst und die sehr verständlich ist, denn dir scheint diese Welt voll schrecklicher Geheimnisse. Wenn es keine Geheimnisse mehr für dich gibt, oder fast keine, dann bist du der Seele Amazoniens ein gutes Stück näher gekommen. Noch jagen dir diese Geheimnisse einen Schauder über den Rücken, und vor jedem Schritt schaust du dich vorsichtig um; du bist ja noch ein kleines Indianerkind. Aber bald wirst du darüber lächeln, jedenfalls wünsche ich dir das. Wenn du das erreichen willst, mußt du ein bißchen die Geduld des Indianers lernen und dich daran gewöhnen, das, was dir heute abend noch bloß einen Schrecken eingejagt hat, aus ganzem Herzen zu lieben.«

An diese Lehre habe ich mich immer gehalten.

5. KINDHEIT AM STROM

Mein Vater war viel auf Reisen, die anderen kümmerten sich um den Betrieb. Weil er ein wenig französisch und englisch sprach, hatte er die geschäftlichen Verhandlungen zu führen und die Lebensmittelversorgung für die dreitausend Menschen zu organisieren, die von der Plantage lebten. Jedesmal, wenn er wegging, erinnerte meine Mutter ihn daran, beim Notar vorbeizugehen und unsere Geburten zu melden. Er vergaß das immer wieder. Einmal aber entschloß er sich doch, diese Formalität zu erledigen, und ließ meine Brüder und mich alle auf einmal eintragen. Leider war der Notar, wie damals viele Leute in Manaus, die meiste Zeit betrunken, und so brachte er im Register die Geburtsdaten von uns vier Buben durcheinander. Es war meine Mutter, die den Fehler entdeckte, als er ihr die Papiere übergab. Sie hat mir immer wieder versichert, daß ich am 19. Januar 1900 auf die Welt gekommen bin; der Notar aber hat mich unter dem Einfluß des Alkohols zwei Jahre älter gemacht. Offiziell bin ich also schon am 19. Januar 1898 geboren.

Ich muß sagen, daß meine Mutter meinen Vater gar nicht gerne nach Manaus gehen ließ. Im Hinblick auf die lange Dauer seiner Aufenthalte und die Vielzahl der Geschäfte, die er in der Stadt zu erledigen hatte, hatte er ein kleines Haus hinter dem Amazonas-Theater gekauft. Manchmal blieb er drei oder vier Monate weg. Die Eifersucht der Indianerin machte meine Mutter in dieser Zeit oft zänkisch, sosehr mein Vater auch versuchte, sie zu besänftigen. »Die Mädchen in Manaus sind alle käuflich«, pflegte er zu sagen; »kein Mann, der eigenes Land besitzt, würde eine von ihnen zur Mutter seiner Kinder machen.«

Tatsache aber ist, daß Manaus zur Zeit des großen Kautschuk-Rausches das verrückteste Bordell war, das man sich nur vorstellen kann. In den luxuriösen Freudenhäusern sangen Mädchen, die unbestreitbar zu den schönsten des Landes gehörten; man ließ ganze Schiffsladungen von ihnen von überall herkommen und zahlte horrende Preise. Damals starben noch viele an der Malaria, aber kaum einer an der Syphilis. Heute hat sich in ganz Brasilien in dieser Hinsicht allerhand geändert. Ein guter Rat: wenn Ihnen ein Mädchen gefällt, seien Sie vorsichtig; die Erinnerung an so ein Erlebnis ist nach einiger Zeit oft alles andere als angenehm. Übrigens sind gute Bürgersfrauen aus Rio nicht weniger gefährlich als die vierzehn- oder fünfzehnjährigen kleinen Nutten, die ich vor den Hotels herumlungern sehe. Geschlechtskrankheiten sind in Brasilien so häufig geworden, daß die Männer praktisch seit ihrer frühen Jugend schon immunisiert sind. Ausländer aber müssen sich in acht nehmen, das sage ich immer wieder. Übrigens hat man die Syphilis auch benutzt, um einige Indianerstämme am Mato Grosso auszurotten.

Vor den fauligen Tümpeln des Urwaldes habe ich weniger Angst als vor den Mädchen von Rio. Die Sumpfdünste riechen vielleicht weniger angenehm als die Parfüms, aber die Ansteckungsgefahr ist geringer; schließlich gibt es keine bessere Seife als den weißen Sand, der sich ebensogut zum Rasieren wie zum Waschen eignet. Auch wenn ich monatelang allein war, habe ich wie die meisten Indianer stets großen Wert auf Hygiene gelegt. Wenn der Körper schmutzig ist, ist auch die Seele nicht rein.

Wenn man erst einmal anfängt, sich gehen zu lassen, weiß man nicht, wohin einen das führen wird. Zum Rasieren hab ich nie mehr gebraucht als ein altes »Käsemesser« und etwas Wasser. Natürlich gelang mir das nicht auf Anhieb ohne Blutvergießen, aber nach drei Tagen hatte ich vollständig vergessen, daß es so etwas wie Rasierseife gibt. Und warum nicht gar Spiegel und Rasierwässerchen? Um die Haut glatt zu machen, gibt es nichts Besseres, als sich das Gesicht mit einem schon leicht angefaulten Farnblatt einzureiben. Man muß eben lernen, die Dinge zu brauchen, die die natürliche Umwelt uns bietet. Das ist kein Abhärtungstraining, sondern eher eine Erfahrung des vollen, uneingeschränkten Lebens. Es ist alles da, auch für die Anspruchvollsten. Worauf es ankommt, ist zu wissen, was man braucht und wo man es findet, wenn man es braucht. Eine Piroge muß mit der gleichen Umsicht und Präzision beladen werden wie ein Flugzeug, da zählt jedes Gramm. Ein natürliches Leben ist schwieriger im Gleichgewicht zu halten als eine Gesellschaft, wo man alles bekommen kann, wenn man nur Geld hat oder »tutu«, wie wir hier sagen.

Wenn mein Vater verreist war, blieb Aurélien auf der Farm. Meine Mutter sah ihn nicht gern im Haus; er hätte gerne mit ihr geschlafen. Eine treuere Frau als meine Mutter gab es nicht; als Tochter eines Kaziken hatte sie ein tiefes Ehrgefühl. In Brasilien gibt es viele Mädchen, die schon mit elf oder zwölf Jahren Kinder bekommen. Bei den Indianern hat ein Mann das Recht, seine Braut zu töten, wenn er entdeckt, daß sie nicht mehr Jungfrau ist; das ist für ihn eine Kränkung, und wenn er gegenüber dem Kaziken den Wahrheitsbeweis antreten kann, dann bleibt er straflos. Meine Mutter hat 1898 mit siebzehn Jahren geheiratet. Bis zu ihrem Tod im Jahre 1943 hat sie außer meinem Vater kein einziges Mal einen anderen Mann auch nur geküßt. Mit 35 wurde sie Witwe, und da sie immer noch außergewöhnlich schön war, warben viele um sie, aber sie hat alle Angebote stets zurückgewiesen.

Ich erinnere mich noch ganz genau an den Tag, an dem mir zum ersten Mal klar wurde, daß die Abneigung meines Vaters gegen Aurélien begründet war. Das war im Juni 1904 zur Zeit des Hochwassers. Ich war viereinhalb Jahre alt und streifte schon seit einem Jahr mit Pfeil und Bogen umher, die ich selbst angefertigt hatte. Schon mehrmals hatte ich Aurélien dabei ertappt, wie er hastig ein schmutziges Tuch versteckte, wenn er mich kommen sah, und es in einem Schrank einschloß, den er aus alten europäischen Weinkisten gezimmert hatte und der in der Mitte seiner Hütte stand. Er als einziger wohnte auch jetzt noch, nachdem er reich geworden war, wie in der allerersten Zeit in einer Seringuero-Hütte. Damit wollte er, wie er sagte, »ein gutes Beispiel geben«.

Die anderen, vor allem meine Eltern, lebten in geräumigeren Häusern und hatten richtige Möbel, die in Manaus gekauft, aber in Frankreich oder Italien hergestellt waren.

An diesem Abend fläzte sich Aurélien in einen Sessel unter unserer Veranda, las die Zeitung und paffte dazu eine dicke Zigarre. In den Ställen hinter dem Haus hörte man die Tiere wimmern und schreien; seit mehreren Wochen regnete es unaufhörlich, und die Männer gingen bis zu den Waden im schlammigen Wasser. Die Kinder durften nicht hinaus. Meine Mutter benutzte die Gelegenheit, um uns Lesen und Rechnen beizubringen, was uns überhaupt keinen Spaß machte.

Joachim kam völlig durchweicht und sagte zu meinem Vater und Aurélien: »Wir müssen in den Ställen und bei den ersten Hütten nachsehen, es hat dort bestimmt Schäden gegeben.«

»Ach was«, sagte Aurélien, »wozu zwei Stunden in der Nässe rumlaufen, bloß um festzustellen, daß man nichts machen kann!« Joachim tat, als ob er nichts gehört hätte, nahm die Gaslaterne, und alle drei gingen hinaus.

Da hab ich mir was in den Kopf gesetzt. Den Weg bis zur Hütte Auréliens schaff ich in einer Viertelstunde, da bin ich sicher, trotz des Regens und trotz der Verbotes, hinauszugehen. Es ist stockfinster, aber ich kenne den Weg genau und riskiere nicht, mich zu verirren. Die einzige Gefahr ist, daß mich Wildschweine angreifen könnten. Die sind bei dem Sturm ganz wild und völlig ausgehungert, weil unter den Wassergüssen ihr Geruchssinn nachläßt. Der Queixada, das Wildschwein, ist in Amazonien das, was in Europa der Fuchs ist; er bricht durch die Zäune und hat im Nu einen ganzen Hühnerstall ausgeräumt.

In zehn Minuten bin ich durch die schwärzliche Masse durch, ohne daß mir etwas passiert ist; das Wasser reicht mir bis zum Knie, aber ich gehe trotzdem weiter, ohne mir der Gefahren bewußt zu sein. Ich stoße die Tür von Auréliens Hütte auf. Ein furchtbarer Anblick. Seine Hängematte schleift im Schlamm, die Bohlen des Fußbodens sind weggespült, und von dem Gestank des faulenden Holzes wird mir schlecht. Trotzdem gelingt es mir, mich auf das, was hier als Tisch diente, emporzuhieven; fast wäre ich dabei ins Wasser gefallen, so glitschig ist alles. Ich lange mit dem Arm nach dem weit offenstehenden Schrank. Da ist das Taschentuch. Und schon ist es nicht mehr da, ich habe es in meine Tasche geschoben. Niemand hat etwas gesehen; ich brauche nur noch zurückzukehren und mir irgendeine Entschuldigung für meinen völlig durchnäßten und schmutzstarrenden Zustand auszudenken. Das Herz klopft mir bis zum Hals. Aber seit ich mit Joachim in den Wald gehe, habe ich gelernt, meinen Atem und auch meine Nerven unter Kontrolle zu halten. Ich bin erst vier Jahre alt, aber schon morgen kann ich plötzlich einer Schlange oder einem Panther gegenüberstehen. Da muß ich meine Reaktionen in der Gewalt haben und kaltblütig entscheiden, was ich zu tun habe.

Ich weiß nicht, was ich mit diesem Tuch anfangen werde. Meine Intuition hat mich nicht getäuscht, das ist die erste Genugtuung für mich: in der Tiefe meiner Tasche tastend, fühle ich in dem schmutzigen Stück Stoff etwas Hartes. Das ist bestimmt das, was Aurélien unbedingt verbergen wollte. Der Augenblick war richtig gewählt; sicher wird Aurélien glauben, daß das Tuch in den Wasserfluten verschwunden ist.

»Wo warst du, Sebastião? Woher kommst du in diesem Zustand?« Kreidebleich drückt meine Mutter mich an die Brust. Mit dem Sinn der Indianerfrau für das Melodramatische ringt sie weinend die Hände und ruft die Götter an.

»Ich wollte den anderen nachgehen und habe mich verirrt, das ist alles...« Ich zwinge mich zu weinen und gehe auf mein Zimmer. Ich habe gerade noch Zeit, das Tuch unter dem Moskitonetz verschwinden zu lassen, da kommt schon meine Mutter herein, um mir trockene Sachen anzuziehen.

Joachim, der schon aus den Ställen zurück war, sagte während der ganzen Szene kein Wort. Für einen Augenblick kreuzten sich die Blicke des Mannes und des Kindes. Indianer brauchen untereinander nicht viel Worte, um zu verstehen, wenn etwas Ungewöhnliches, etwas Schlimmes passiert ist. Sie erraten es mit dem Instinkt und der Intuition der Leute des Waldes.

Aurélien hat dieses intuitive Gespür nicht. Seine Wutausbrüche beweisen, daß er sich überhaupt nicht beherrschen kann. Er ist ein Mischling halb holländischer, halb portugiesischer Abstammung. Von dem Blut der Selva, ohne das man hier nicht leben kann, fließt kein Tropfen in seinen Adern.

Kaum ist meine Mutter hinaus, so höre ich schon seine Schritte, die der Lehm auf den Schuhen und die Müdigkeit noch schwerer machen, auf der Treppe. Ich stelle mich schlafend in meiner Hängematte.

Trotz der Dunkelheit glaube ich seine vor Wut weit aufgerissenen Augen zu sehen, sein struppiges Gesicht, den vom Regen verklebten Bart, das Kinn mit der riesigen Narbe, von der er nie erklärt hat, woher er sie hat, und die nur ein gutgeschliffenes Messer so tief in die Haut einritzen konnte. Ich spüre seinen Atem auf der Stirn.

»Sebastião, mein Kleiner, hör gut zu: du bist zwar der Sohn deines Vaters und verdienst vielleicht eher eine Ohrfeige als eine Kugel aus meiner 44er zwischen die Rippen, aber wenn du nicht lebensmüde bist, dann kann ich dir nur ganz entschieden raten, diese Streifzüge um meine Hütte bleiben zu lassen. Du hast es gesehen, damals, das Tuch, wie du vorbeigekommen bist, stimmts? Versuch nicht zu lügen, ich weiß. Dein Vater ist vielleicht mein Geschäftspartner, und das auch nur, weil ich es so gewollt habe, aber deine Mutter ist bloß eine indianische Hündin, die ich eines Tages umbringen werde, und vorher kommst du dran. Also, ich sage nicht, daß du das Tuch geklaut hast, es ist eben weg. Zwei Möglichkeiten: wenn du die kleine Neugier gespielt hast, dann bring es schnell an seinen Platz zurück, bevor dir was passiert. Im andern Fall tust du gut daran, meinen Besuch heute abend zu vergessen. Solltest du dir einfallen lassen, darüber zu schwatzen, wie man das in deinem Alter gern tut, dann kann ich dir versichern, daß du keine Gelegenheit mehr haben wirst, sowas zum zweiten Mal zu machen.«

Aurélien ging wieder hinunter. Ich hörte ihn zu meiner Mutter sagen: »Ich habe nachgesehen, er schläft ruhig.«

Ich bin sehr schnell eingeschlafen, ich war ja erst vier. Am nächsten Morgen überzeugte ich mich, daß das Tuch tatsächlich ein halbes Dutzend gelbe und grüne Edelsteine enthielt, und warf das ganze in den Jamari.

Aus Vorsicht aber hielt ich mich an den Rat Auréliens; ich habe niemand etwas gesagt, das war wohl besser in meiner Lage. Kaum vierzehn Tage später, ich war allein auf einem Pfad im Wald, pfiffen plötzlich drei Gewehrkugeln über meinen Kopf hinweg. Purer Zufall wahrscheinlich...

Wie konnte der kleine Wilde, der ich damals war, auch mit all seiner Indianerintuition, vorausahnen, was Aurélien uns noch Schlimmes antun würde?

Wenn eine Epoche wie die des Kautschuks zu Ende geht, kann man nichts machen. Aber kann man es je verzeihen, wenn einer das Vertrauen schändlich mißbraucht und eine Familie ins Elend stürzt?

Man kann es nicht, und trotzdem: wenn Aurélien aus dem Reich der Toten wiederkäme und in meiner Nähe am Ufer seine Piroge an einer Liane festmachte, würde ich auch heute noch nichts sagen, trotz der Erinnerung an all die bitteren Jahre. Für Indianer, die ihr Wort gebrochen, ihre Frauen mißhandelt oder grundlos getötet haben, gibt es im Wald einen Platz, dort hausen die bösen Geister. Auch wenn ich die Macht dazu hätte, würde ich Aurélien nicht dorthin schicken. Der Tod ist eine viel zu sanfte und sinnlose Strafe für Verbrecher. Ist es nicht besser, sie physisch und moralisch in die Knie zu zwingen? Der ehebrecherische Indianer, den man nackt und ohne Waffen mitten im Wald aussetzt, büßt härter für seine Tat, als wenn man ihn mit einem vergifteten Pfeil hinrichtet.

Als Knabe im Wald, in dessen Tageslauf die regelmäßige Verladung der Borracha-Ballen die einzige Abwechslung brachte, war das Erklettern der Imbaubas eine meiner größten Freuden. Imbaubas erinnern ein wenig an Birken, aber manchmal werden sie über 80 Meter hoch. Am Fuße eines solchen Baumes wirke ich wie ein Pygmäe; wie alle Indianer bin ich ja keine 1,70 groß.

Seit einiger Zeit redet man viel von einem Stamm riesenwüchsiger Indianer, die die Posten der brasilianischen Armee überfallen, weil sie nicht zulassen wollen, daß die neue Straße durch ihre Jagdgründe führt. Es stimmt, daß sie zu den kriegerischsten gehören und sich hartnäckiger als andere gegen die Zivilisation wehren, aber Riesen im eigentlichen Sinn sind es nicht. Bloß im Vergleich mit der Durchschnittsgröße des Indianers, die zwischen 1,60 und 1,70 m liegt, haben sie ein paar Zentimeter mehr, manchmal erreichen sie sogar 1,85, was immer noch weit entfernt ist von dem, was die Weißen unter Riesenwuchs verstehen. Aber das reichte schon, um ihnen die einschüchternde Bezeichnung »Riesenindianer« einzutragen.

Sitzt man oben auf so einem Imbauba, dann sieht der Wald wie ein unermeßlicher grüner Teppich aus, in dem die Iguarapés wie mit dem Messer eingeschnitten sind. Das Hinaufklettern ist ein ausgezeichnetes Training für Schwindelfreiheit. Allerdings gibt es in Amazonien ja kaum Gipfel zu bezwingen; die höchste Erhebung, bei Santarém, liegt 145 Meter über dem Meeresspiegel.

Der Imbauba ist zwar einer der höchsten Bäume, aber bei weitem nicht der mit dem stärksten Stamm. Der Sanoumeïra kann am Fuß einen Durchmesser von fünf Metern erreichen, und der Moulaïtera, den man auch die Kastanie Amazoniens nennt, sogar doppelt so viel. Ihre Wurzeln dringen bis zu einer Tiefe von zwanzig Metern in den Boden.

Es ist übrigens unmöglich, all die verschiedenen Baumarten zu zählen; ich selbst fand fast 200 auf einem einzigen Quadratkilometer – vom einfachen Farn, dem bevorzugten Schlupfwinkel der Schlangen, bis zum riesigen Kokosbaum, von dessen Wipfel aus die Affen mit Nüssen töten, die sie mit unglaublicher Treffsicherheit fallen lassen. Glücklicherweise machen die Sapajous ein so lärmendes Geschrei, daß man keine besondere Beobachtungsgabe braucht, um auf sie aufmerksam zu werden.

In der großen Zeit von Manaus hielt man den Affen für eine Art heiliges Tier. Man sah Affen überall, sogar in den Konditorläden, wo die Frauen sich auf die frisch aus der Schweiz eingetroffene Schokolade stürzten, die man bei dieser Hitze kaum auf Lager halten konnte.

Im Winter 1905 nahm mein Vater mich zum erstenmal auf eine seiner Reisen mit. In dem Haus, das er in Manaus gekauft hatte, feierte ich meinen fünften Geburtstag. Es war im sogenannten portugiesischen Kolonialstil erbaut, hatte zwei Stockwerke und eine rosa getünchte Fassade. Man betrat das Anwesen durch ein schmiedeeisernes Gittertor; ebenso wie der Marmorbrunnen, den man, um etwas Kühle zu geben, immer laufen ließ, auch wenn das Haus leer stand, war es in Italien hergestellt.

Das Haus selber hat keinen großen Eindruck auf mich gemacht. Ein wirkliches Wunder für mich war die elektrische Beleuchtung. An die Gaslampen des Waldlebens gewöhnt, verbrachte ich mindestens zwei volle Tage damit, die Birne in dem für mich und meine Schwestern eingerichteten Zimmer an- und auszuschalten; für mich war das eine Art von Zauberei. Das einzige, was mir fehlte, war Joachim. Er wußte alles und hätte mir bestimmt auch erklären können, wie dieses Wunder zustande kam. Mein Vater war sehr stolz darauf, elektrischen Strom im Haus zu haben, aber er hatte es so eilig, seine Freunde zu treffen, daß er mich mit meinem Staunen allein ließ.

Und dann gab es vor allem die Straßenbahn, die einzige in ganz Südamerika. Und das mitten im Urwald, eine zwölf Kilometer lange Strecke quer durch Manaus. Auf der Farm hatte mein Vater so oft von dieser Straßenbahn gesprochen, daß ich sie mir als phantastisches Ungeheuer vorstellte, ähnlich wie die funkensprühenden Wagen, von denen ganze Schiffsladungen voll aus Europa kamen.

Im Jahre 1905 waren die Häuser und Straßen in Manaus schon elektrisch beleuchtet, aber die berühmte Straßenbahn, von der beim Hafen noch ein paar Schienen zu sehen sind, wurde damals noch von Pferden gezogen; erst 1907 wurde im Rahmen eines gewaltigen

Festes mit Bällen und Feuerwerk die erste elektrische Linie eröffnet. Das war ein Ereignis, von dem man noch in den entlegensten Winkeln des Waldes sprach und das den Neid der Großstädter in Rio und São Paulo weckte, deren Rivalität sich damals zu regen begann.

Ich, der Hinterwäldler, der am Fluß aufwuchs, machte eine Entdeckung nach der anderen; ich war überzeugt, daß unter den Straßen mit dem Mosaikpflaster ihrer Trottoirs Iguarapés flossen, und fand es schade, daß man nicht mit der Piroge zwischen diesen prachtvollen Häusern dahingleiten konnte. Aber das nahm dem Anblick nichts von seiner Großartigkeit.

Die Stadt war voll von prächtigen Kaleschen mit Kutschern in englischer Livree. Aber mehr noch als all dieser manchmal übertriebene Luxus, der eine Art Rache für all die Leiden und Entbehrungen im Wald darstellte, zogen mich doch die Konditoreien und die Spielwarenläden an.

Etwas aber fiel mir doch auf: die große Zahl der Sargfabrikanten, deren traurige Ware auf den Trottoirs aufgestapelt war. Diese Branche hatten die italienischen Einwanderer zu ihrer Spezialität gemacht; sie haben damit viel Geld verdient, denn die Nachfrage war weit größer als das Angebot.

Eigentlich aber hatte mein Vater mich vor allem deshalb mit nach Manaus genommen, weil er hoffte, eine Schule für mich zu finden, in der ich all das studieren konnte, was er zu lernen nie Gelegenheit gehabt hatte. Davon hatte er mir nichts gesagt – aus Angst, der Gedanke, von meiner Familie getrennt zu werden, könnte mir einen solchen Schrecken einjagen, daß ich davonlaufen und irgendwo versteckt im Wald allein leben würde, wozu ich mit meinen fünf Jahren durchaus fähig war, jedenfalls in der Vorstellung.

Zum Glück fand er nichts Passendes. Für mich aber waren diese Wochen in Manaus die einzigen wirklichen Ferien meines ganzen Lebens. Ich war mir selber überlassen, voller Neugier auf alles und manchmal überrascht, oft verwundert über das Verhalten der Menschen. Gleichzeitig mit der Elektrizität lernte ich den Alkoholismus kennen. Ich wage kaum, mir auszumalen, wie viele Trunkenbolde das waren, die da auf der Suche nach Cachassa in den Straßen herumstreunten und auf dem Trottoir zusammenbrachen.

Von den Seringueros, die reich geworden waren und jetzt ihr Geld in Manaus verpraßten, waren die meisten Analphabeten geblieben. Mädchen aus Europa herbeizuschaffen war ihnen wichtiger als der Bau von Schulen. Der Gouverneur als einziger Repräsentant des Staates bekam von allen Seiten so viel Geld für die Niederschlagung aller Arten mehr oder minder schmutziger Affären, daß er sich hütete, den Bau eines Gymnasiums durchzusetzen. Es gab ja auch gar nicht so viele Kinder in Manaus; die Kindersterblichkeit blieb trotz der Einfuhr großer Mengen von Medikamenten sehr hoch, und die überlebenden wohnten meist mit ihren Familien draußen auf den Gummifarmen. Für die Indianer aber interessierte sich vor der Einrichtung von Missionsstationen überhaupt niemand.

Alles, was ich bis zum Alter von fünf Jahren gelernt habe, verdanke ich den Erklärungen Joachims. Außer all dem, was mit dem Wald zusammenhing, hat man uns nur noch das Lesen beigebracht. Meine Mutter zeigte dabei ebenso großen Eifer wie ich schlechten Willen. Für Bücher hatte ich überhaupt nichts übrig, für mich existierte nur das Leben im Wald und sonst gar nichts. Was Joachim mir sagte, hatte nichts Schulmeisterliches, das lag nicht in seiner Art, aber mit klaren und einfachen Sätzen ließ er mich alles verstehen. So hat man mir zum Beispiel später den berühmten Lehrsatz des Pythagoras eingebleut; mit drei Jahren aber hatte ich von ihm schon gelernt, wie man von einem ganz bestimmten Punkt des Weges aus die Höhe eines Baumes sehr genau schätzen kann. Eine Kokospalme diente mir also als erstes Beispiel für ein rechtwinkliges Dreieck. Nein wirklich, das Studieren paßte nicht zu meinem Leben; alles was ich wollte, war laufen und springen, Bogenschießen und Jagen und Späße treiben mit meinen Brüdern und Kameraden, lauter Kindern von Seringueros, die völlig auf Kosten meiner Eltern lebten, denen es nicht so sehr darauf ankam, ihr Vermögen zusammenzuhalten. Wenn ich nur die Hälfte des Geldes hätte, das sie diesem Schmutzfink Aurélien geliehen haben, würde ich heute zu den reichsten Männern Amazoniens gehören.

Da es keine einzige ernst zu nehmende Bildungsanstalt in Manaus gab, kehrte ich also auf die Farm zurück und blieb dort bis zum Alter von sieben Jahren.

Mein Vater hatte beschlossen, daß meine Brüder in Manaus die

Buchhaltung lernen und ich Ingenieur werden sollte. Ich hatte mich also damit abzufinden, daß ich den Wald ein zweites Mal verlassen mußte.

Wenn ich sage, daß die Reise für mich ein richtiger Passionsweg war, dann ist das eher untertrieben, um so mehr, als die Anstalt, die mein Vater ausgesucht hatte, ziemlich weit weg war. Seine Wahl war auf ein Internat im Staat Pará gefallen, das ihm von Freunden empfohlen worden war; es lag im Amazonas-Delta, 22 Kilometer von Belém, und war mindestens zweitausend Kilometer von unserer Farm entfernt. Mir blieb nichts übrig, als meinem Vater zu folgen, der die Gelegenheit benutzte, mich taufen und mir die Haare schneiden zu lassen, wie er es gelobt hatte.

In dieser Schule blieb ich von 1907 bis 1910; es war eine hervorragende Anstalt, aber für einen kleinen Caboco-Indianer wie mich, der immer in seinem Wald gelebt hatte, war es das reinste Martyrium, so gut auch immer der Unterricht gewesen sein mag.

Hier konnte man weder baden noch jagen, wann man wollte, aber das Allerschlimmste war für mich der ständige Durst. Trinken war nur zu bestimmten festgelegten Zeiten erlaubt, die durch einen Glockenschlag angezeigt wurden. Man lief und schwitzte und wurde seinen Durst nie los. Dazu hatte das Wasser des Flusses auch noch einen salzigen Geschmack. Der Direktor der Schule, im übrigen ein redlicher und sehr gebildeter Mann, behauptete, daß es völlig nutzlos wäre, mehr zu trinken. Diese radikale Veränderung meiner Lebensgewohnheiten machte mich krank. Ich bekam eine schwere Dysenterie, wie ich sie nie gehabt hatte, als ich noch im Wald das Wasser der Flüsse trank; mehrere Wochen mußte ich in der Krankenstation zubringen.

Das ist eine Sache, die die Weißen nie verstehen wollen, wenn von den heutigen Problemen der Indianer die Rede ist.

Neben den organisierten Ausrottungsaktionen gibt es auch noch die ungewollte Vernichtung der Indianer. Alle Welt lacht sich kaputt, wenn man davon erzählt, daß in Nord-Xinju zwei Stämme fast völlig ausgestorben sind, weil ein Beamter der Indianerschutzbehörde eine Hirnhautentzündung bekam. Dabei ist das absolut einleuchtend. Die Indianer sind an ihr Leben in der tropischen Feuchtigkeit gewöhnt und vollkommen angepaßt an eine Umwelt, die wir eine Hölle nennen; deshalb kennen sie weder Bronchitis noch Tuberkulose. Um so anfälliger aber ist ihr Organismus für die aus der Außenwelt eingeschleppten Viren, gegen die sie keine Abwehrkräfte haben.

So erklärt es sich auf die einfachste Weise, daß ein paar hundert Männer, Frauen und Kinder sterben mußten, weil sie keine Antikörper, wie die Mediziner das nennen, gegen die Hirnhautentzündung entwickelt hatten. Mir selber geht es so, daß ich nach einem Aufenthalt in Manaus Mühe habe, in der Selva zu atmen, obwohl sie das gewaltigste Sauerstoffreservoir der Welt ist. Aber unsere Lungen sind auf solche Sauerstoffmengen nicht eingestellt, die Sportler kennen dieses Phänomen. Es ist alles eine Frage der Gewöhnung.

Wenn ich mich trotzdem gerne an dieses Internat erinnere, dann liegt das sicher daran, daß der Direktor und seine Frau, die sich gut verstanden und sehr harmonisch miteinander lebten, im Umgang mit Schülern aus den verschiedensten Gesellschaftsklassen absolut keinen Unterschied machten.

Um so größer war dafür die Grausamkeit der Kinder. Für die meisten war ich nur der Sohn einer Indianerin. Da sie mich nicht zu schlagen wagten, weil sie wußten, daß ich körperlich stärker war als sie, hatten die kleinbürgerlichen Mestizen sich darauf verlegt, mich wie Luft zu behandeln und nicht mit mir zu sprechen. Wenn die Unterrichtsstunden vorbei waren und vor allem am Abend vor dem Schlafengehen konnte ich den Unterschied zwischen der glücklichen Einsamkeit des Waldes und der trostlosen Isolierung innerhalb einer Gruppe von Menschen kennenlernen. Ich habe nie geweint, wenn ich mir in meiner Piroge die Finger klemmte, wenn ich mich an einem meiner Pfeile blutig stach, wenn ich einen Anfall von Sumpffieber hatte oder Aurélien mich bedrohte, aber die vielen Tränen, die ich auf dem Hof dieser Schule vergoß, sind überhaupt nicht zu zählen. Man mußte sogar in Betten schlafen, und dabei kann ich mich nirgends so schön ausruhen wie in einer guten Hängematte. Ja, das war wirklich eine schlimme Zeit. Schließlich hatte ich aber doch die Erlaubnis erhalten, meine Hängematte zu benutzen.

In der Nacht wachte ich oft auf und weinte, wenn ich an meine Mutter und ihre hübschen geblümten Kleider dachte, oder ich träumte, daß ich aufstand, um im Hühnerstall die Eier einzusammeln oder auf der Weide beim Melken der beiden Kühe zu helfen, die wir ausschließlich für den Milchbedarf unserer Familie hielten. In solchen Augenblicken, in denen mich die Trauer überwältigte, dachte ich, daß die Seringueros bei weitem nicht so schlimm dran waren wie ich. Fast war ich böse auf meinen Vater, daß er es zu etwas gebracht hatte und es sich leisten konnte, mich in die Schule zu stecken. Ich litt um so mehr, als man mich von meinen älteren Brüdern getrennt hatte, die in Belém eine Fachschule besuchten.

Das Elend meiner Einsamkeit dauerte an, bis ich eines Tages Gelegenheit bekam zu zeigen, wozu ein Kind aus dem Wald fähig ist: ein Menschenleben zu retten. Das war etwas, was man nicht aus Büchern lernen konnte.

Sonntags bekamen die kleinen Portugiesen und Mestizenkinder, die in der Nähe wohnten, Besuch von ihren Eltern. Da wurden dann Fußballmatchs und Schwimmwettkämpfe organisiert. Immer gingen zuerst die Kinder ins Wasser, dann die Männer und zuletzt die Frauen; nie badeten alle gleichzeitig.

Jetzt waren gerade die Männer dran.

Auf einer Art hölzernem Sprungbrett, das vom Ufer aus über den Fluß vorragte, ging ein Portugiese bis zur Kante vor, schätzte die Wassertiefe ab, fand sie offenbar ungefährlich und sprang. Er kam wieder an die Oberfläche, aber an dieser Stelle war das Wasser so kalt, daß auch gute Schwimmer sich nicht gern hineinwagten. Er bekam einen Krampf und verschwand in der Tiefe. Alles begann zu schreien, Männer und Frauen liefen aufgeregt durcheinander. Die größeren Schüler standen und schauten, was nun passieren würde, aber niemand dachte daran, ins Wasser zu springen. Ich war wie gewöhnlich am anderen Ende der Wiese und vertrieb mir die Zeit damit, rote Ameisen zu fangen. Der Aufruhr machte mich neugierig; ich kam angerannt, um zu sehen, was los war, erfaßte sofort die Situation, zog meine Bluse aus und knöpfte mir die Hose auf, behielt sie aber an aus Scham vor den anwesenden Frauen. Das war 1909, ich war neun Jahre alt. Alle mustern mich, die Leute hören auf zu gestikulieren und warten ab, was ich tun werde. Dreimal hole ich langsam und tief Luft. Ich spanne meine Muskeln, und schon bin ich im eiskalten Wasser, genau an der Stelle, wo ich an der Oberfläche einen kleinen Wirbel wahrgenommen hatte. Ohne zu wissen, wer es war, vermutete ich, daß der Ertrunkene hier sein mußte. Zum Glück entdeckte ich ihn rasch im klaren Wasser: wie ein Stück Holz lag er unten im Schlamm. Ich schätzte sein Gewicht: er mußte etwa dreimal so schwer sein wie ich. Entschlossen, wie ich war, nicht ohne ihn wieder aufzutauchen, rekapitulierte ich, was ich von Joachim gelernt hatte, wenn wir im Jamari Seeräuber spielten: wenn ich ins Wasser gefallen war, hatte er mich immter unter den linken Arm genommen und den rechten, den stärkeren, wie ein Ruder zum Schwimmen benutzt; dabei hatte er mir immer eingeschärft, alles ruhig mit mir geschehen zu lassen und nicht zu zappeln. Der Portugiese war völlig reglos; ich umfaßte ihn mit aller Kraft und kämpfte mich mit dem rechten Arm durch das Wasser nach oben. Das ganze dauerte nicht einmal eine Minute. Man stürzte herbei, um den Mann wieder zum Atmen zu bringen. Seine Frau weinte, wahrscheinlich vor Freude. Um den kleinen indianischen Lebensretter kümmerte sich niemand. Aber ich war herausgeschlüpft aus dem Kokon eines scheuen Knaben.

Am nächsten Morgen kam der Direktor und beglückwünschte mich. Ich hatte schon völlig vergessen, was am Vortag geschehen war. Daß niemand sich um mich gekümmert hatte, hatte ich überhaupt nicht als Demütigung empfunden. Ich hatte einem Menschen in Todesgefahr das Leben gerettet; das war die natürlichste Sache der Welt, denn schließlich war ich ja dazu imstande.

Von diesem Augenblick an hat mich keiner meiner »Kollegen« mehr geschnitten. Alle sprachen jetzt mit mir, und wenn eine hochgestellte Persönlichkeit die Schule besichtigte, holte mich der Direktor jedesmal, um den jungen Lebensretter vorzustellen. Von dem Portugiesen, den ich gerettet habe, habe ich nie wieder etwas gehört. Es heißt, daß er ein reicher Geschäftsmann in Belém war, und ich war ja nur der Sohn eines Caboco und einer Indianerin.

Zwei Dinge jedenfalls hat man mir in dieser Schule beigebracht: die Mathematik und den Rassismus.

Juni und Juli 1910 – das waren zwei Monate von ganz außerordentlicher Bedeutung in meinem Leben. Jedenfalls brachten sie mir die letzten Augenblicke des Glücks im Schoß meiner Familie. Ich hatte meine Mutter wieder und zugleich auch meine Brüder. Und natürlich Joachim. Ich konnte wieder nach Herzenslust barfuß laufen, auf Bäume klettern, Chamäleons jagen, trinken wann ich wollte und die Seringueros auf ihren Runden begleiten.

Viele waren nicht mehr die alten. Die einen waren gestorben, andere hatten inzwischen ihr eigenes Unternehmen. Joachim hatte sich in der Nähe der Kautschuk-Lagerhallen ein hübsches Holzhaus gebaut. Meine Mutter besuchte jede Woche ihre Schwester, die Frau von Miguel, und nahm mich mit. Man mußte zwei Stunden mit der Piroge fahren. Ihr Wohnhaus war später gebaut als das unsere; man zeigte uns alle möglichen Einrichtungsgegenstände, die mir wahre Wunder schienen. Vor allem in der Küche. Bevor Miguel verschwunden war, hatte er den mit Holz befeuerten Ofen durch einen Gasherd aus Holland ersetzt. Das war der letzte Schrei der Technik, und er war sehr stolz darauf. Alle Mahlzeiten wurden mit gesalzener französischer Butter zubereitet. Als ich zum ersten Mal normale Butter aß, fand ich das schrecklich fad.

Ja, wirklich, das waren zwei Monate tiefsten Glücks, um so mehr, als Aurélien nicht da war. Er war in Manaus, um irgendwelche Geschäfte zu erledigen. Was er dort wohl anzetteln mochte, war für mich die einzige Quelle wirklicher Unruhe.

Er ahnte, daß die goldene Zeit zu Ende ging; wie alle war er sich klar, daß die internationale Lage in diesen Jahren vor dem Ersten Weltkrieg den wirtschaftlichen Ruin von Manaus bringen konnte, und so hatte er in aller Heimlichkeit begonnen, systematisch den gemeinsamen Besitz auf seinen Namen überschreiben zu lassen. Als mein Vater das erfuhr, war es ein harter Schlag für ihn, der sicher dazu beigetragen hatte, daß seine Krankheit sich verschlimmerte. Schon seit Monaten hustete er unaufhörlich, aber alle Medikamente wies er zurück. Sich zu schonen und als Kranker behandeln zu lassen, hätte er als eine Schande empfunden. Die Familie war darüber sehr bekümmert. Wie hätte ich damals ahnen können, daß diese Wochen des Glücks die letzten waren und daß ich nach meiner Rückkehr nach Amazonien nichts so wiederfinden würde, wie es war: mein Vater verschollen, meine Mutter im Elend, meine Brüder auf und davon, wie viele andere auf der Suche nach Arbeit an der Küste, in Bahia oder Rio?

Nur die Augenblicke, in denen doch von meiner bevorstehenden Abreise nach Europa gesprochen werden mußte, verdunkelten das Glück dieser Tage. Ganz in meine kindlichen Spiele versunken, ahnte ich nichts von den Sorgen meines Vaters, ich beachtete nicht einmal den kummervollen und traurigen Ausdruck seines Gesichts, wenn das Schiff die Zeitungen und die Kontoauszüge seiner Bank brachte.

Ein paar tausend Kilometer von Manaus entfernt aber bereitete England einen der größten geschäftlichen Piratenstreiche aller Zeiten vor. Einige reichgewordene Seringueros legten ihr Geld bei Londoner Banken an. Die puritanischen Bankiers der Londoner City fanden es schließlich ärgerlich, daß Leute, die in ihren Augen nicht mehr als ehemalige Bettler waren, all dieses Geld verdienen sollten. Wieviel Leiden an diesem Geld klebte und wie viele Menschen im Urwald dafür gestorben waren, davon hatte man an den Schreibtischen Seiner Majestät nichts gehört. Die viktorianischen Puritaner gaben sich gern schockiert über die Alkoholiker Amazoniens, aber mit ihrem Geld machten sie Geschäfte.

In den Londoner Salons zog man die naturwissenschaftlichen Experten zu Rate. Alles in allem war der Kautschuk aus Amazonien einfach zu teuer, und gar zu gerne hätte man das Monopol gebrochen, das die Leute von Manaus faktisch besaßen. Ganz gewiß konnte die Hevea auch in britischen Kolonien gedeihen, in Asien zum Beispiel. Das würde den Wert der kolonisierten Länder erhöhen und der Wirtschaft Englands einen tüchtigen Aufschwung bescheren.

Das einzige, aber ernsthafte Hindernis für die Verwirklichung solcher Pläne war das brasilianische Gesetz. Die damalige brasilianische Regierung scherte sich wenig um das physische Los der Seringueros oder gar der Indianer, die die Borracha sammelten, aber sie wußte nur zu gut, daß dieser kostbare Saft mehr Geld einbrachte als der Kaffee, und verbot daher strikt die Ausfuhr auch nur des kleinsten Samenkornes einer Heveapflanze. Und hier stimmten einmal die Interessen der Produzenten mit denen des Staates überein, so daß allen daran gelegen war, für die Einhaltung des Gesetzes zu sorgen. Wer Verrat geübt hätte, wäre nicht lange am Leben geblieben; in den Safes der Banken von Manaus lag genug Geld bereit, um eine Strafaktion zu organisieren, vor der man nirgends in der Welt sicher gewesen wäre. Seit 1909 sah man in Manaus auf den Trottoirs die Leichen von wirklichen oder vermeintlichen Spionen herumliegen. Wenn es um die Verteidigung ihrer Arbeit oder ihres Vermögens geht, halten die Amazonier wie Pech und Schwefel zusammen. Kein verdächtiger Reisender, keine Prostituierte besteigt das Schiff nach Belém ohne vorherige gründliche Durchsuchung des gesamten Gepäcks.

Die aus Europa zurückgekehrten Plantagenbesitzer heizen die allgemeine Psychose des Mißtrauens noch an. Die Straße des Kautschuks ist mit zu vielen Leichen gepflastert, als daß man irgend jemand auch nur das kleinste Stückchen des so teuer erkauften Reichtums überlassen könnte.

Die Angst vor der Zukunft war für meine Eltern ein Grund mehr, uns weiterstudieren zu lassen. Dabei war mein Vater sich vollkommen klar, daß der Wald der einzige Ort war, wo ich mich richtig entfalten konnte. Jeden Abend erzählte ich ihm, was ich den Tag über getan hatte. Das versetzte ihn in ziemlich schlechte Laune. Er konnte es nicht abwarten, uns auf Schulbänken zu wissen, wo man dafür sorgen würde, daß wir »etwas wurden«. Meine Einstellung bekümmerte ihn um so mehr, als meine älteren Brüder sich durchaus an der Vorstellung begeisterten, sich in ein paar Jahren mit elterlicher Unterstützung in Rio oder São Paulo niederlassen zu können. Der eine wollte Wirtschaftsjurist werden, der andere träumte immer nur von Autos, die man in vielen Ausführungen in Manaus zu sehen begann.

Am 16. August 1910 schifften mein Vater und ich uns in Porto Velho auf dem *Justo Chermont* ein. Damit begann die Zeit meines Exils als Indianerkind in Europa. Sie war für mich um so schwerer zu ertragen, als die Entfernung so groß war und ein kleiner Amazonier in seiner Umwelt mit zehn Jahren schon fast zum Mann geworden ist – in der Selva zählt jeder Lebenstag doppelt oder dreifach.

Meine Mutter, in ein gelbes Kleid gezwängt und einen Schirm in der Hand zum Schutz gegen die Sonne, blieb allein auf dem Landesteg. Sie winkte mit Tränen in den Augen. Mein Vater diskutierte auf dem Deck mit einem Mitreisenden. Auf die Reling gestützt, wartete ich, bis meine Mutter nicht mehr zu sehen war; dann lief ich in meine Kabine und weinte und weinte, wie ich mein Lebtag nicht wieder weinen werde. Im Unglück braucht man die Tränen nicht so nötig wie beim Abschied. Die Reise nach Belém dauerte sieben Tage, und die ganze Zeit über, von Station zu Station, erzählte mein Vater mir, wie er, eingezwängt in der Menge der Seringueros, die gleiche Strecke zum ersten Mal in umgekehrter Richtung gefahren war. Auf seinem Gesicht lag wieder der Ausdruck einer gewissen Zufriedenheit. Er war dabei, sich einen Traum zu erfüllen: er verschaffte seinem Sohn die Gelegenheit, in Europa zu studieren. Die Genugtuung, mit der er diesen Sieg über das Schicksal auskostete, machte ihn unempfindlich für meinen Schmerz, für viele Jahre alles das verlassen zu müssen, was die Grundlage meiner Existenz ausmachte. Ich habe die größte Hochachtung vor der Zähigkeit meines Vaters und seiner Rechtschaffenheit. Trotzdem: Er zwang mich, das zu verlassen, was für mich die Welt war, und plötzlich kam es mir vor, als haßte ich ihn. Um ehrlich zu sein: wirklich wiedergefunden habe ich die Liebe zu meinem Vater erst vier Jahre später, als ich erfuhr, daß ich ihn nie mehr wiedersehen würde.

Jetzt, wo ich sechsundsiebzig bin, ist sein Andenken mir heilig und ebenso das meiner Mutter. Die Natur hat einen richtigen Indianer aus mir gemacht; ich bin ein ehrlicher Mann, und das verdanke ich einzig und allein meinen Eltern. Nach sechzig Jahren hat man Zeit genug gehabt, seine Ansichten über die Menschen zu klären.

Mein Vater war von der Freude über diese Reise so in Anspruch genommen, daß er sich überhaupt nicht um mich kümmerte. Meine Tränen schrieb er nur der Abneigung gegen das Lernen zu.

»Das geht vorüber«, sagte er, »du wirst neue Länder entdecken und neue Freunde gewinnen, die du jetzt noch nicht kennst. In einem halben Jahr wirst du deinen Kummer schon fast vergessen haben.«

Tatsächlich hätte jeder andere als ich außer sich vor Freude sein müssen. Aber was man mir als großartiges Abenteuer darstellte, war für mich schlicht die Verbannung.

In Belém gingen wir an Bord eines Passagierdampfers der Busline. Das Schiff hieß Ansalvo und wurde sechs Jahre später von den Deutschen torpediert. Ich blickte noch immer traurig drein.

»Worüber beklagst du dich, Sebastião?« sagte mein Vater. »In sieben Tagen sind wir in Cherbourg. Wir werden den Äquator überqueren. In der nördlichen Hemisphäre werden wir weniger unter der Hitze leiden. Der Sommer geht zu Ende, es besteht keine Gefahr, daß wir in einen Sturm geraten, du hast eine geräumige Kabine, und das Schiff ist schnell. Sogar eine Badewanne mit warmem und kaltem Wasser hast du. In deinem Alter schon in der ersten Klasse über den Atlantik reisen, so ein Glück hat nicht jeder.«

Es sieht so aus, als hätte ich damals schon wenig Interesse am materiellen Wohlleben gehabt. Mit Freuden hätte ich all diesen Komfort gegen eine schäbige Hütte und eine Piroge auf dem Jamari eingetauscht. Der Gedanke, daß meine Mutter jetzt mit Aurélien allein war, verstärkte noch meine Angst.

Aurélien ging immer häufiger nach Manaus, ohne klar zu sagen, was er vorhatte. Die Angestellten gaben sich gleichgültig; nur mein Vater schien sorgenvoll. Er fürchtete, daß Aurélien uns in Zeiten der Krise nicht nur im Stich lassen, sondern auch vor keiner Schändlichkeit zurückschrecken würde.

Kurz vor unserer Abreise nach Europa machte ich einen langen Spaziergang mit Joachim. Er, der sonst immer so viel sprach und voller Eifer war, mir jede Einzelheit des Lebens im Wald zu erklären, blieb diesmal stumm und in sich gekehrt.

»Joachim«, sagte ich, »du bist mein bester Freund, mein einziger Freund; ich bin jetzt zehn und alt genug, zu verstehen. Ich habe das Gefühl, daß etwas sehr Ernstes geschieht. Meine Mutter höre ich nie mehr singen, und mein Vater scheint es nicht erwarten zu können, daß wir die Farm verlassen. Alles das macht mir Angst.«

»Sebastião«, erwiderte er, »ich weiß nicht, ob es richtig ist, daß ich mit dir darüber spreche. Versuche, den Wald zu vergessen, sei fleißig und lerne, damit du gute Zeugnisse bekommst, mit denen du, wenn's drauf ankommt, eine gutbezahlte Arbeit in der Stadt finden kannst. Wenn du in sieben Jahren heimkommst, ist es gar nicht so sicher, daß du vom Gummi leben kannst.«

»Aurélien?«

»Ja und nein. Insofern, als Aurélien, wenn eine allgemeine Krise kommt, sein Schäfchen auf Kosten der Aktionäre ins Trockene zu bringen wissen wird; ich weiß, daß er da schon vorgesorgt hat. Aber es ist nicht nur wegen ihm.«

»Wegen was aber denn?«

»Die Engländer.«

Ich konnte mir natürlich überhaupt nicht vorstellen, wie die Engländer unseren Wohlstand zerstören sollten. Galten sie denn nicht als die besten Kunden für unsere Borracha in Europa?

»Es ist aber so, und ich sage dir nur, was auch dein Vater weiß, alles Seringueros wissen es. Man hat uns den Samen des Gummibaumes geraubt.«

»Das kann nicht wahr sein!« rief ich. »Das wäre ja der Untergang Amazoniens. Wovon sollten wir denn dann leben? Von der Jagd? Vom Fischfang? Du könntest das, und ich vielleicht auch. Aber die Leute in Manaus?«

Er erwiderte: »Seit ein paar Jahren schon begegnen einem in Manaus Botaniker, richtige Wissenschaftler übrigens, die von den Engländern bezahlt werden. Unter dem Vorwand, die Flora des Urwaldes studieren und Pflanzen für den Botanischen Garten in London entdecken zu wollen, durchstreifen sie mit ganzen Flotten von Pirogen das gesamte Amazonas-Becken. Erst haben sie versucht, Farmer zu bestechen, die des mühseligen und einsamen Lebens im Landesinneren müde geworden waren. Das ist ihnen nicht gelungen; noch der primitivste Seringuero weiß schließlich, welche Quelle des Reichtums der Kautschuk darstellt – nicht für das Land, Brasilien ist ihm egal, aber für ihn selbst. Was sollte aus ihm werden, wenn die brasilianische Borracha eines Tages keine Absatzmärkte mehr findet? Die Schiffe, die die verschiedenen Plantagen versorgen, haben je nach der Schiffbarkeit des Flusses sehr unterschiedliche Tonnage, aber die Nachrichten gelangen schließlich auch in den hintersten Winkel der Selva. Schon vor zwei Jahren wurde bekannt, daß in einer der britischen Kolonien, nämlich auf dem malaiischen Archipel, ein ziemlich ähnliches Klima herrscht wie bei uns.«

»Aber man durchsucht doch alle Schiffe in Manaus und auch in Belém, nicht wahr? Miguel hat einmal gesagt, daß es keinen Quadratzentimeter gibt, der den wachsamen Augen der Inspektoren verborgen bleibt. Und außerdem: wenn dort auch vielleicht das gleiche Klima herrscht, dann ist doch sicher der Boden anders. Du selbst hast mir doch gesagt, daß die Fäulnis von Millionen Jahren der Feuchtigkeit dem Boden Amazoniens eine Fruchtbarkeit gegeben hat, wie man sie sonst nirgends in der Welt findet. Selbst wenn man den Kautschukbaum woanders anpflanzt, glaube ich nicht, daß er dort auch gedeihen wird.

Deine Sorgen sind vielleicht übertrieben. Ein übler Coup von Aurélien scheint mir wahrscheinlicher und gefährlicher als deine Geschichte von englischen Samenräubern.«

»Es scheint, daß so ein Gentleman, der sich besonders freigebig zeigte und den Seringueros in Manaus Mädchen und Alkohol bezahlte, das Unmögliche möglich gemacht hat. Ich weiß nicht genau, wann das war, denn es hat einige Zeit gedauert, bis die Geschichte aufgeklärt wurde; die Makler in Manaus hatten zu große Angst vor einem Verfall der Kautschukpreise. Der Kerl hat es geschafft, die Wachsamkeit der Zöllner und der Behörden zu umgehen. Er hat nur ein paar hundert Körner gekauft. Und ein Komplize schaffte sie ihm mit der Piroge nach einer Insel bei Manaus, die vor neugierigen Blicken geschützt in einer ganz verlassenen Gegend liegt. Dort wartete eine alte englische Schaluppe. In Belém hatte der Kapitän erklärt, er liefere Whisky nach Manaus. Das wurde überprüft und erwies sich als richtig. Nur daß das Schiff nicht direkt wieder den Fluß hinabfuhr, sondern nach dem Verlassen des Hafens an der Insel anlegte und dort auf den Kerl, einen gewissen Wickam, wartete. Dieser Wickam steckte mit dem britischen Konsul in Belém unter einer Decke. Er verlangte von den Behörden der Stadt, die Durchsuchung des Schiffes auf das unerläßliche Minimum zu beschränken, da es einige besonders empfindliche Schmetterlingsarten nach England bringe; natürlich war man klug genug, diese Schmetterlinge tatsächlich mitzuführen, und hatte die Körner sorgfältig im Schiffsrumpf versteckt. Der brasilianische Gouverneur machte keine Schwierigkeiten und unterzeichnete das Papier, das jetzt den Ruin von uns allen bedeuten kann.«

»Bedeuten kann oder bedeutet? Sag mir alles, Joachim.«

»Sebastião, ich habe in allen Dingen immer die Wahrheit gesagt. Ich habe dich gelehrt, dich gegen den Panther zu verteidigen, warum also sollte ich reden wie ein Seringuero, der zuviel Cachassa getrunken hat? Ich sage ›kann‹, weil diese uns auf eine schändliche Weise geraubten Samenkörner in Asien eingepflanzt worden sind. Wie du ja auch annimmst, muß an unserer Gegend doch etwas Besonderes sein, denn bis jetzt scheinen die Ergebnisse nicht sehr vielversprechend zu sein. Aber wer kann sagen, ob das so bleibt? Du stehst noch am Anfang deines Lebens, Sebastião. Die Älteren sind sehr beunruhigt, das ist wahr, aber das muß nicht heißen, daß die Arbeit nicht weitergehen kann und die Produktion nicht hervorragend bleibt. Ich habe dir das alles gesagt, weil du, wenn du aus Europa zurückkommst, ein Mann bist und dein Leben selber in die Hand nehmen mußt. Wie immer aber die Zukunft aussehen wird: solange Tupan mich am Leben läßt, wirst du mich immer an deiner Seite finden, immer bereit, dir zu helfen. Dein Vater hat eine Indianerin geheiratet und sie geliebt, er ist mein Bruder. Du bist mein Sohn.«

Joachim ergriff meine Hände, dann ließ er sie für einen Augenblick los, beugte sich über den Rand der Piroge und trank gierig.

»Joachim...«

»Sebastião?«

»Joachim, was auch immer geschieht, halte zu meiner Mutter, laß sie niemals im Stich.«

»Niemals. Aber du brauchst jetzt auch nicht voller Angst abzureisen. Dein Vater ist noch im Vollbesitz seiner Kräfte. Gewiß, er hustet, aber das ist nichts Schlimmes, jedenfalls hoffe ich das.«

Es kam mir vor, als hätte Joachim ein wenig gezögert, das Wörtchen »noch« auszusprechen.

»Sehen wir von Aurélien einmal ab«, sagte Joachim. »Die anderen, die Angestellten, die Chapatas, werden schon in der Lage sein, für sich zu sorgen.«

»Du magst Aurélien nicht?«

Joachim antwortete nicht direkt auf meine Frage.

»In gewisser Weise wirst du immer für mich mein Kind bleiben, Sebastião«, sagte er. »Ich habe dich aufwachsen sehen und mit deiner Familie um dich gebangt, als du fast gestorben wärst. In den Jahren, in denen du in Belém in der Schule warst, habe ich mich einsam gefühlt. Oft hatte ich den Wunsch, zu meinem Stamm zurückzukehren, aber ich habe auf dich gewartet. Jetzt gehst du wieder weg, und wieder werde ich mit meiner Hängematte, meiner Decke und meinen Waffen auf dich warten, bis du zurückkommst. Hier im Wald dauern Reisen ein paar Wochen, deine wird mehrere Jahre dauern. Leider kann ich nicht schreiben, sonst würde ich es tun. Solange man mich hier braucht für die Beziehungen zu den Indianern und die Lebensmittelbeschaffung, werde ich bleiben. Wenn du alt genug bist zu verstehen, so wisse: wenn ein Unheil geschieht, wird Aurélien nicht schuldlos sein. Dein Gewissen muß dir dann sagen, was du zu tun hast.«

Als wolle er diese tragische Vision bekräftigen, vollzog Joachim einen in seinem Stamm üblichen Ritus: er richtete sich am Bug der Piroge hoch auf, breitete beide Arme aus wie die Flügel eines Adlers, ging dann plötzlich in die Hocke und schlug das Wasser des Iguarapé abwechselnd mit beiden Händen. Dies tat er mit einer fast brutalen Heftigkeit, die ich gar nicht an ihm kannte.

Er ergriff wieder die Ruder, und wir kehrten zur Farm zurück. Bald darauf kam der Tag des Abschiednehmens. Aber diese letzte gemeinsame Fahrt durch den Wald habe ich nicht vergessen. Was später passierte, hat dafür gesorgt, daß ich immer noch daran denken muß.

Während der Überfahrt, wenn ich weinend in meiner Kabine saß, ging in meinem Kopf alles durcheinander: meine Mutter, Joachim, Aurélien, die Krokodile, die Schmetterlinge und der Direktor der Schule im Pará. Wenn man mir gesagt hätte, daß mein Leben zu Ende wäre und dieses Schiff mich ins Jenseits brächte, dann hätte mein Kummer nicht größer sein können.

Aber wenn ich auch erst zehn Jahre alt war, so gab mein indianischer Stolz mir doch die Kraft eines Erwachsenen und die Entschlossenheit, allem die Stirn zu bieten, was immer noch kommen sollte.

Mein Vater, der die Nachbarkabine hatte, ließ mich anfangs ruhig ausweinen; er dachte, daß in ein paar Stunden alles wieder gut wäre und ich über der Freude an der Reise meinen Kummer vergessen würde.

Natürlich, ich sah zum ersten Mal den Ozean. Obwohl ich an das Wasser wirklich gewöhnt war, beunruhigte mich die völlige Abwesenheit von Vegetation, und das Schlingern des Schiffes machte mir mehr Angst als Stromschnellen bei einer Fahrt mit der Piroge. Der Anblick des Meeres verstärkte noch meine Niedergeschlagenheit. Ich fühlte mich auf schreckliche und grausame Weise abgeschnitten von der Welt, in der ich alles in allem wie ein glücklicher Vogel gelebt hatte.

Am zweiten Tag schließlich verließ ich meine Kajüte; mein Vater trieb mich hinaus und führte mich auf das Deck. Wir reisten erster Klasse, in den Liegestühlen saßen sehr elegant gekleidete Männer und Frauen. Bei beiden Geschlechtern fielen mir als erstes die vielen Edelsteine an den Fingern auf. Sie erinnerten mich sogleich an die Steine, die ich vor fünf Jahren in Auréliens Taschentuch gefunden hatte, und ich fing wieder an zu weinen.

Ich glaube, ohne meinen Vater wäre ich einfach über Bord gesprungen und hätte Geborgenheit im Tod gesucht. Aber der arme Mann erkannte schließlich doch die Ernsthaftigkeit meiner Verzweiflung und tat alles, was er nur konnte, um mich zu trösten.

»Sebastião«, sagte er, »du bist kein Kind mehr. Seit dreißig Jahren träume ich davon, dich diese großartige Erfahrung machen zu lassen. Als ich 1885 im Hafen von Belém Pakete schleppte, glaubst du, daß ich damals eine solche Ozeanreise, wie wir sie jetzt machen, für möglich gehalten hätte? Ich besaß nichts, nicht einmal ein Hemd; nach Manaus reiste ich auf dem nackten Boden des nassen und mit Unrat übersäten Decks. Jetzt haben wir die besten Kabinen des ganzen Schiffes, unsere Koffer sind aus argentinischem Leder und voller kostbarer Kleider und anderer Dinge, wie sie vielleicht nicht einmal die Prinzen besitzen, die das Internat in der Schweiz besuchen, wo auch du hinkommst. Denn in die Schweiz, nach Freiburg...«

Der Name des Ortes, an dem ich nun leben sollte, war mir völlig gleichgültig. Wie immer er heißen mochte, er war mir verhaßt.

»Es gibt im Leben einen Augenblick, da muß der Mann sich aufmachen und das Abenteuer suchen«, fuhr mein Vater fort. »Für mich bestand das Abenteuer in der Aussicht, in einer armseligen Seringuero-Hütte am Sumpffieber zu sterben; du erlebst es als die Chance, in einem der besten Internate Europas zu lernen. Wenn du zurückkommst, bist du ein junger Mann, dem trotz seiner Jugend alle mit Respekt begegnen. Du wirst unsere Plantagen leiten, dein Erbe wird nicht gar so bescheiden ausfallen, und wer weiß, ob nicht eines Tages der Gouverneur von Amazonien Bastos heißt. Das reizt dich wirklich überhaupt nicht?«

Ich bin überzeugt, daß mein Vater das alles vollkommen ehrlich meinte. Er dachte eben wie ein Caboco, der es zu etwas gebracht hatte. In meinen Adern aber floß mehr das Blut meiner Mutter, das Blut der Indianer, für die es nichts gibt, was jemals die Natur ersetzen könnte.

Ich kam nicht einmal auf die Idee, daß die Kenntnisse, die ich in Europa erwerben sollte, dazu dienen könnten, meine indianischen Brüder zu unterstützen und zu verteidigen; daran dachte ich erst sehr viel später.

Noch heute habe ich das sichere Gefühl, in dieser Hinsicht etwas feige gewesen zu sein. Es wäre nicht ehrlich, das nicht zuzugeben. Ich weiß, was heute mit den Indianern geschieht, wie sie ermordet und von den Weißen, vor allem den Gringos, ausgebeutet werden. Was habe ich für sie getan? Nichts. Als einsamer Mann und Egoist habe ich mein Leben in der Natur verbracht. Angewidert von den Menschen, habe ich gelernt, Tiere und Pflanzen zu lieben. In den letzten Jahren habe ich mich korrumpieren lassen, ohne es zu wollen. Jetzt ist es zu spät.

Ganz allmählich, einfach durch die Macht der Tatsachen, fand ich mich dann doch mit der Reise ab; meine Neugier erwies sich schließlich als stärker. Zwischen Belém und Cherbourg gab es keine Zwischenstation; sechs Tage lang eine durch nichts unterbrochene Monotonie. Auf den Gedanken, daß auch einmal Kinder an Bord sein könnten, sind die Schiffskonstrukteure offenbar nie gekommen. Was es an Zerstreuungen gab, nämlich Spielsalons, war den Erwachsenen vorbehalten. Um mir die Zeit zu vertreiben, studierte ich das Leben an Bord in allen Einzelheiten und versuchte, noch dem belanglosesten Detail eine Bedeutung zu geben.

»Warum hat der Mann da mit dem großen Hut so ein komisches Glas vor dem Auge?«

Das war eine blöde Frage, die meinen Vater zum Lachen brachte, aber tatsächlich hatte ich weder im Wald noch später im Gymnasium im Pará jemals einen Menschen mit Monokel gesehen. Wozu so ein Glas gut sein sollte, wollte mir nicht einleuchten. Kann man sich einen Indianer mit Brille vorstellen?

Im Speisesaal der ersten Klasse war ich bei Tisch das einzige Kind. Neben mir saß ein dicker Mann, der vom Personal mit ganz besonderer Ergebenheit behandelt wurde. Er wurde stets als erster bedient, und man beeilte sich, ihm immer wieder den Aschenbecher zu wechseln, denn sogar während des Essens zog er an einer gewaltigen Zigarre und verräucherte die ganze Tischgesellschaft. Die Damen hielten sich mit einer verstohlenen Grimasse das Taschentuch vor den Mund.

»Sebastião«, sagte mein Vater, »man hat dich neben den Gouverneur des Mato Grosso gesetzt, weil du der jüngste bist. Das ist eine außerordentlich einflußreiche Persönlichkeit. Alfredo Altamiranos besitzt fast eine Million Hektar Land; jetzt verkauft er einen Teil davon an den König von Belgien. Er hat ein eigenes Appartement an Bord. Wenn er dich anredet oder etwas fragt, antworte ihm mit Ehrerbietung, er kann uns nützlich sein.«

Glücklicherweise interessierte sich diese massige und ziemlich häßliche Persönlichkeit aber mehr für hübsche Frauen als für Kinder. Kurz vor der Ankunft in Cherbourg steckte er mir drei Goldstücke zu, ohne mich auch nur anzusehen. Das war jedoch nur eine neue Lektion darüber, wie es im Leben zugeht. Am Madeira wollte Aurélien mein Schweigen mit Drohungen erkaufen. Jetzt versuchte ein hoher Würdenträger das gleiche mit Geld. Der Grund war folgender:

Am fünften Tag, als wir uns den Küsten Europas näherten, herrschte eine gewisse Aufregung an Bord. Mein Vater hatte die Gewohnheit, nach dem Abendessen noch etwas im Spielsalon zu bleiben. Als ich allein zu meiner Kabine hinaufstieg, hörte ich auf Deck ein Getuschel. In der Dunkelheit diskutierten flüsternd zwei

Männer in Liegestühlen. Das rötliche Aufglühen ihrer Zigarren verriet mir sehr schnell, wo sie waren. Auch wenn ich ihre Gesichter nicht sehen konnte, erkannte ich die Stimme des Gouverneurs.

»In Cherbourg trennen wir uns, und von da an kennen wir uns nicht. Ich gehe nach Brüssel. Treffpunkt Antwerpen am Vierzehnten um 15 Uhr bei Schwob. Der Jude ist so scharf aufs Geld, daß die Sache in höchstens einer Stunde klar sein sollte. Ich bringe ein königliches Empfehlungsschreiben mit und du die Karte deiner Ländereien. Gut! Du machst ihm klar, daß es dort hübsche Diamantenlagerstätten gibt und daß es einige Milliarden Cruzeiros wert ist. Nur kannst du ihm leider nach dem Buchstaben des brasilianischen Gesetzes die Ländereien nicht verkaufen, sondern ihm höchstens einen Teil davon zur Ausbeute überlassen, weil zwei Indianerstämme auf dem Gelände leben und jagen. Ich laß euch reden, ohne mich einzumischen. Dann sprichst du von der Angst der Militärs oder der Agenten der Schutzbehörde oder was immer du willst. Und jetzt, aber wirklich erst jetzt schalte ich mich ein. Gut, da gibt es also Indianer, aber da muß man sich nur zu helfen wissen. Es gibt viele Mittel, vom vergifteten Bonbon bis zum offenen Angriff unter dem Vorwand, die Gesetze des Reservats seien nicht eingehalten worden. Ich brauche nur drei oder vier Monate meine Garimperos ohne Bezahlung zu lassen. Die paar Cruzeiros, die sie brauchen, um sich Frauen zu kaufen, machen diese Burschen zu perfekten Totschlägern in Uniform, die das Gelände von Indianern säubern. Natürlich kann sich mal ein Pfeil verirren, den Preis müssen wir zahlen. Schließlich schicken wir ja nur Freiwillige los, um die Kieselminen freizukriegen.«

»Und wenn das bekannt wird?«

»Durch wen? Im ganzen Mato Grosso sind alle auf meiner Seite, sogar die Pfarrer. Scheinbar kommen sie, um die Indianer zu schützen. In Wirklichkeit sind sie genau so arme Kerle wie ihre Schützlinge und werden nichts dagegen haben, ein bißchen in Frieden zu leben. Was meine Leute angeht, die wissen nur zu gut, daß ich über ausgezeichnete Revolver verfüge und jeden zum Schweigen bringen kann, der den Mund zu weit aufmacht. Und schließlich kann ja ziemlich leicht etwas mit den Trinkwasserleitungen passieren.«

Der Partner schien ein paar Sekunden zu zögern.

»Wieviel?«

»Ich helfe dem Juden, das Terrain zu kaufen. Er gibt mir zehn Prozent des Wertes, ich beglückwünsche dich zum Verkauf und sichere dir meinen Schutz zu, das macht wieder zehn Prozent, und dazu die Hälfte der Garimperos, die von meinen Leuten angeworben werden, lauter zuverlässige Männer, die mir als Konzessionsabgabe ein Drittel der Steine abliefern. Als Gegenleistung dafür werden Indianer und Indianerinnen bis zum Jahresende liquidiert.«

Aus dem Gemurmel der beiden Männer sprach die gleiche eiskalte, grausame Leidenschaft.

»Und wenn es unter den Garimperos zu Eifersüchteleien kommt und sie sich gegenseitig umbringen?«

»Keine Gefahr, wir werden sie genügend voneinander isolieren. Sie werden in aller Ruhe ungestört schürfen können, wenn sie nur am Jahresende das Minimum an Edelsteinen bringen, das im Vertrag festgelegt ist. Und Hungerleider gibt es ja genug in Recife und Rio, um Freiwillige zu finden.

Auf das Gemurmel folgte ein derbes Gelächter; die beiden Männer schienen zufrieden mit ihrem Handel. Im Wald hätte ich mich vielleicht zum Selbstschutz instinktiv versteckt; auf diesem Schiff aber überquerte ich in aller Ruhe das Deck, um in meine Kabine zu gelangen, und ich tat das langsam genug, daß den beiden Männern klarwerden mußte, daß zumindest ein Teil ihrer schändlichen Unterhaltung mir nicht entgangen war. Und so habe ich auch am folgenden Tag die Goldstücke ohne die geringsten Skrupel eingesteckt, um so mehr, als sie ja für den scheußlichen Gouverneur so gut wie nichts bedeuteten.

Nach sechstägiger Reise kamen wir im Herbst 1910 in Cherbourg an. Dann gings mit dem Zug weiter nach Paris, wo wir zehn Tage blieben. Das einzige, was sich vor Paris meinem Kindergedächtnis eingeprägt hat, waren die Aufzüge im Hafen von Cherbourg. Die Türen öffneten und schlossen sich automatisch, und das machte einen großen Eindruck auf mich. Ich weiß nicht, ob sie heute noch existieren. In Paris logierten wir im Hotel Terminus in der Nähe der Gare St. Lazaire. Das Haus war voller Ausländer; viele Amerikaner waren darunter und auch ein paar Brasilianer, die die Stadt schon kannten; sie dienten uns als Führer. Endlich konnte ich den Turm jenes Ingenieurs sehen, dessen Namen in Amazonien jeder kannte: Gustave Eiffel. Er hat, wie es heißt, auch einige Eisenkonstruktionen für Südamerika entworfen, darunter das Haus eines reichen Pflanzers in Iquitos in Peru und das Treppenhaus des großen Theaters in Manaus. Aus unserer brasilianischen Perspektive wird das allerdings genau umgekehrt ausgedrückt: der berühmte Architekt, dem es gelang, mit Eisen statt mit Holz zu bauen und der mit diesem neuen Konstruktionsprinzip vor allem das große Treppenhaus im Theater von Manaus schuf, hat auch mitten in Paris einen 300 Meter hohen Turm errichtet. Alle Plantagenbesitzer und Geschäftsleute, die ihre Ferien in Frankreich verbrachten, nahmen als Andenken einen kleinen Eiffelturm aus Kupfer oder Bronze mit heim, der immer einen Ehrenplatz im Haus bekam; er war der Beweis dafür, daß man in Europa gewesen war, also zu den Arrivierten gehörte. Bis schließlich ein besonders schlauer Händler eine ganze Schiffsladung Eiffeltürme kommen ließ. Innerhalb weniger Tage waren sie in ganz Manaus fast genauso verbreitet wie die Mosquitos.

Im Grunde muß ich ein ebenso echter Pariser wie Amazonier sein. Es heißt, daß die wenigsten Pariser je auf den Eiffelturm gestiegen sind; ich bin es auch nicht, denn dafür hatte mein Vater im Herbst 1910 keine Zeit.

Nach zehn Tagen stiegen wir wieder in den Zug und fuhren nach Freiburg in der Schweiz. Mein Vater führte mich sofort zum Collège St. Jean. Es war furchtbar kalt. Ein Abbé überprüfte die Vollständigkeit meiner Wäscheausrüstung; es fehlte ein Hemd, und mein Vater ging in ein gegenüber der Schule gelegenes Geschäft, um das fehlende zu kaufen. Ich wartete in einem großen grauen Saal, und dabei fiel mir auf, daß der Abbé bei jedem der Neuankömmlinge irgendein Wäschestück vermißte. Zwei Monate später erfuhr ich, daß das Geschäft gegenüber seinem Bruder gehörte...

Die Schulleitung sorgte dafür, daß die Schüler möglichst rasch von ihren Eltern Abschied nahmen, um beiden Seiten Trennungsschmerz zu ersparen. Vom ersten Abend an fand ich mich in der gleichen Atmosphäre wie im Gymnasium des Pará. Außer an der Disziplin und dem Leben im Schlafsaal, wo keiner der Jungen meine

Sprache sprach, litt ich unter der Trennung von meiner Familie und meinem Heimatland, und dazu kam noch die schreckliche Kälte, in der ich schlotterte und mit den Zähnen klapperte – trotz der Kohleheizung und trotz der zusätzlichen Decke, die der Aufseher mir in Anbetracht meines Zustandes zubilligte.

Trotzdem mußte ich mich am nächsten Tag in die Krankenstation begeben. Zum ersten Mal in meinem Leben wurde mir die Temperatur gemessen. Je mehr heiße Getränke man mir verabreichte, desto mehr fror ich. Mittags sah ein Arzt nach mir. Er war sehr nett. Mit Zeichen erklärte er mir, daß ich vier oder fünf Tage im Bett bleiben mußte. Ich antwortete ihm mit den beiden einzigen französischen Wörtern, die ich kannte: »Danke, Krokodil«. Der Arzt, die Krankenschwester und zwei andere Jungen lachten darüber so laut, daß ich eine heftige Nervenkrise bekam. Man gab mir ein Beruhigungsmittel; ich schlief ein und erwachte erst am nächsten Morgen. Das war mein erster wirklicher Kontakt mit der europäischen Zivilisation: Medikamente.

Fünf Tage ließ man mich noch allein im Schlafraum, einem großen grauen Saal mit vergitterten Fenstern und weißer Wäsche auf den Betten wie in den Kindersärgen, die in Manaus hergestellt wurden.

Ich konnte nicht begreifen, wie ein für mich so vertrautes Wort wie »Krokodil« all diese Leute zum Lachen bringen konnte. Am zweiten Abend meiner Rekonvaleszenz fühlte ich mich so verloren, so abgeschnitten von allem, was mir seit Jahren lieb und teuer war, daß es mir unmöglich schien, diese Situation noch länger zu ertragen. Ich faßte den einzig logischen Entschluß: zu sterben.

In meinem Schulranzen hatte ich ein kleines Messer, Schweizer Fabrikat, es war das Abschiedsgeschenk meines Vaters. Bis heute habe ich es immer bei mir getragen. Ich versuchte die Schlagader zu finden, hier am Handgelenk, machte die Augen zu und schnitt. Ich gab mir noch ein paar Minuten, um alles, was ich geliebt hatte, noch einmal vor dem inneren Auge vorüberziehen zu lassen, und dann würde alles aus sein. Ich hatte keine rechte Vorstellung davon, was danach käme, meine einzige Gewißheit war, daß der Tod meinen Kummer auslöschen würde.

Ich öffnete wieder die Augen. Für eine aufgeschnittene Pulsader floß recht wenig Blut. Der Selbstmord eines Seringuero auf unserer Farm fiel mir wieder ein: in ein paar Sekunden war das Blut überall hin gespritzt, und man konnte nichts mehr tun, um sein Leben zu retten. Mir wurde nicht einmal schwach. Ich konnte noch so sehr meinen Arm pressen, das Blut sickerte nur in einem dünnen roten Faden auf meine Hand. Ausgerechnet in diesem Augenblick rief die Glocke zum Abendessen. Ich ging hinunter in den Speisesaal, bei Tisch erklärte ich dem Pfarrer, ich sei auf der Treppe hingefallen. Er legte mir einen kleinen Verband an und sagte: »Jeder kann mal ausrutschen. Aber paß auf, daß dir das nicht wieder passiert, du könntest dich ernstlich verletzen.«

Ich habe den Eindruck, daß er durchaus begriffen hatte, was los war, aber es klüger fand, so zu tun, als ob er meinen Worten glaubte.

Ganz allmählich gewöhnte ich mich an das Schulleben. Zu Weihnachten 1910 sprach ich schon ein bißchen französisch. Wie alle ausländischen Schüler mußte ich das erste Schuljahr fast ausschließlich dem Studium der Sprache widmen. Ich erinnere mich noch an meine Bettnachbarn, der eine war ein russischer Prinz namens Djakeli, sein Vater besaß Erdölfelder am Kaukasus, ein anderer, ein Italiener namens Dimitri Imperiali, war ebenfalls Prinz und zwar von Francavilla, den Titel hatte Napoleon der Familie verliehen. Er wurde mein bester Freund. In einer anderen Klasse war der alte Aga Khan, er war der einzige, den die Priester mit seinem Titel anredeten. Für alle anderen war das Internat die gemeinsame Heimat. Keiner kannte Amazonien. Bei all ihrem Reichtum waren sie aber doch aufgeweckt und neugierig, vor allem Aga Khan. Abends in der Freistunde im eiskalten Hof kam er oft zu mir und bat mich, ihm Jagdgeschichten zu erzählen. Da es ihn wirklich zu interessieren schien, tat ich das gerne, und wie alle Kinder schmückte ich mich dabei mit den Heldentaten meines Vaters, Joachims oder Miguels. Er erzählte mir dafür von endlosen Weiten, in denen es keinen Baum gab und kein Wasser, sondern nichts als Sand.

Eines Abends hatten wir uns etwas geschworen, was uns ganz und gar realistisch schien: »Wenn wir jeder in sein Heimatland zurückgekehrt sind, machen wir einen Austausch. Ich schicke dir ein paar Schiffe voll Bäume, die du in deiner Wüste pflanzen kannst, und mit dem Sand, den du mir dafür lieferst, lege ich ein Gelände in Manaus trocken, und dann wird ein Fußballplatz daraus gemacht.«

Der Schwur muß wohl in Vergessenheit geraten sein, denn es wurde nie etwas geschickt, weder in der einen noch in der anderen Richtung.

Etwas aber finde ich doch außerordentlich bemerkenswert an diesen simplen Kinderspielen. Es steckt nämlich eine Art Voraussage von etwas darin, das heute Wirklichkeit wird. In Zeitschriften habe ich gelesen, daß mitten in der Sahara und in all diesen Ländern, wo es soviel Erdöl gibt, jedes Jahr neue Bäume gepflanzt werden, während man bei uns, auch wieder, um Erdöl zu finden, den Wald in eine Wüste verwandelt.

In einer anderen Klasse gab es einen Schüler, den alle kannten; seine Streiche brachten die geistlichen Lehrer zur Weißglut und waren die Freude seiner Mitschüler. Im Speisesaal wurde sogar erzählt, daß er kleine Gedichte schrieb, statt arithmetische Aufgaben zu lösen, und sie mit Zeichnungen umrahmte. Stundenlang mußte er oft in einem finsteren Hof stehen, das Gesicht zur Wand, die Hände über dem Kopf verschränkt. Ich fror mit ihm.

Viele Jahre später erfuhr ich, daß er Flugzeugpilot in Brasilien und Argentinien geworden war und zugleich ein großer Schriftsteller. Ich habe alle seine Bücher gelesen. 1910, im Freiburger Collège St. Jean, war Sebastião Bastos ein eifrigerer Schüler als Antoine de Saint-Exupéry. Ich war damals so ein bißchen der kleine Prinz aus Amazonien. Erst in den fünfziger Jahren hörte ich von einem Reisenden aus Chile, daß Saint-Exupéry gegen Ende des Zweiten Weltkrieges den Tod gefunden hatte. Der Mann arbeitet heute, glaube ich, im Luftfahrtministerium, er hat auch einen Film über die großen Flieger gedreht. Ab und zu kommt er noch nach Amazonien, aber leider findet er mich nicht; die Verbindungen mit dem Landesinneren sind immer noch recht schwierig. Wenn er einmal nach Manaus kommt, würde ich ihn gerne wiedersehen. Seinen Namen habe ich vergessen, aber ich erinnere mich noch gut, wie erstaunt er damals war, als er mir vom Tode Saint-Exupérys erzählte. Wir bahnten uns einen Weg durch den Wald. Da habe ich mit der Spitze meines Pfeiles den Umriß eines Schafes in einen Baumstamm geritzt und dann die Marseillaise gesungen. Woher kann dieser alte

Indianer das bloß wissen, muß er sich gefragt haben. Zu mir sagte er: »Dieses Schaf da ist ganz bestimmt das einzige seiner Art in diesem Wald.«

Eines aber hat mein Reisender nie erfahren: daß der Caboco, der ihm als Führer diente und dem er von dem Tod eines großen Schriftstellers erzählte, in diesem Augenblick einen ungezogenen kleinen Jungen vor sich sah, der in einer trostlosen Schule eines trostlosen Landes den Kopf an die trostlose Mauer eines trostlosen Hofes lehnt.

Wer sein Leben im undurchdringlichen Dickicht des Urwaldes verbringt – wie könnte der glücklich sein in einem Schweizer Internat, wo alles seine schematische Ordnung hat?

8. ERSTE LIEBE

Aber trotz der Disziplin und der Kälte wäre es nicht ganz richtig, zu sagen, daß es mir leid tut um die Jahre, die ich in dem Schweizer Internat verbracht habe. Ich habe dort eine ganze Menge Dinge gelernt, die mir später nützlich waren. Vor allem die französische Sprache. Und dazu eine Fülle von theoretischen Kenntnissen. Vieles davon kannte ich als Waldmensch schon aus der praktischen Erfahrung, aber ich hatte es mir nicht logisch erklären können. In dieser Hinsicht hat mein Leben vielleicht etwas Außergewöhnliches. Von meiner Intuition als Caboco aus dem Urwald habe ich nichts verloren, aber dazu habe ich mir angeeignet, was man abendländisches Denken nennt. Wahrscheinlich war es das, was mir später geholfen hat, ziemlich ausweglose Lebensprobleme zu ertragen oder zu lösen.

Sobald mein Wortschatz groß genug war, wurde ich ein leidenschaftlicher Leser. Ich las Racine, Molière, Chateaubriand und vor allem Victor Hugo. Für mich ist Victor Hugo der genialste aller Schriftsteller. Als ich mit 12 Jahren ganze Seiten Victor Hugo auswendig lernte, begann ich Frankreich wirklich zu lieben. Und weil mir Frankreich im Geographieunterricht so winzig vorkam neben Brasilien, liebe ich es nur um so mehr. Mein Vater hatte mir so viel von diesem Land erzählt, daß es für meinen kindlichen

Verstand das größte von allen sein mußte. Von Victor Hugo und aus dem Geographieunterricht habe ich dann gelernt, daß die Größe eines Landes nicht unbedingt in Quadratkilometern ausgedrückt werden kann. Von den anderen Autoren habe ich fast alles vergessen, von Victor Hugo habe ich noch ganze Seiten im Kopf.

»Waterloo, Waterloo, Waterloo, morne plaine,
Comme une onde qui bat, dans une urne trop pleine...«
Ich habe nichts vergessen.

Da steht der Caboco im brasilianischen Urwald, sechsundsiebzig Jahre alt, allein in einer Lichtung, und deklamiert Victor Hugo. Ich achte sehr darauf, daß kein Reim fehlt, und höre, wie unter den Bäumen meine Stimme anschwillt, um das Tosen des Wasserfalls zu übertönen. Gerne möchte ich glauben, daß Bäume und Vögel verstummen und mir zuhören. Wer solche Augenblicke nicht erlebt hat, kann ihr Pathos nicht recht erfassen. Man hört viele Schreie im Wald. Die Poesie dieses unbegreiflichen Dschungels läßt mich meine eigenen Erfahrungen, meine Leiden und meine Kämpfe vergessen. Mitten auf dem Fluß bringe ich Leben in die selbstgewählte Einsamkeit, indem ich die Marseillaise singe. Ist das Wahnsinn oder innere Zwiesprache?

Merkwürdigerweise haben wir, von Goethe abgesehen, im Collège St. Jean wenig deutsch gelernt; man vermied es sogar, von Deutschland zu sprechen. Alle Geistlichen lasen französische Zeitungen. Als ich nach Brasilien zurückkehrte, wußte ich nicht einmal, wer Kaiser Wilhelm war.

War ich ein guter Schüler? Nicht ganz; ich mochte vor allem Mathematik und französische Literatur. Zu Weihnachten erhielt ich meine erste Auszeichnung: eine graphische Darstellung der Überschreitung der Beresina durch die napoleonische Armee. Dieser erste Erfolg ist für mich eine traurige Erinnerung geblieben.

»Bastos, behalten Sie dieses Bild, es stellt ein glorreiches Ereignis der Geschichte Frankreichs dar. Lesen Sie die Inschrift auf der Rückseite: Zum Ruhme der französischen Armee und ihres kühnsten Feldherrn, des Kaisers Napoleon.«

Bild und Text standen in vollständigem Widerspruch zu der Vorstellung, die ich mir vom Krieg und den Männern, die ihn führen, gemacht hatte.

Was wußte ich mit elf Jahren schon von den Kämpfen der Menschen? Nicht mehr als das, was ich am Madeira gesehen oder gehört hatte. Da gab es Gefechte, die die indianischen Stämme einander mit Pfeil und Bogen lieferten, und brasilianische oder bolivianische Überfälle, bei denen hundert Menschen im Gewehrfeuer starben. Das Bild der Beresina ließ meinen Abscheu vor dem Krieg ins Unendliche anwachsen. An den Schnee in der Schweiz hatte ich mich gewöhnt, aber unvorstellbar war mir ein ganzes Volk, das Kanonen über einen vereisten Fluß schleppt, noch dazu auf der Flucht vor dem Feind. Wer flieht, gilt in Amazonien als Feigling. Daß es mit einem Volk, das ich liebte, ohne es zu kennen, so weit hatte kommen können, schockierte mich zutiefst.

Ich war aber nicht nur schockiert, sondern auch völlig unfähig, den Widerspruch zu begreifen: einerseits lehrte man uns, Napoleon als einen der größten Männer der französischen Geschichte zu bewundern, und andererseits sollte ich es hinnehmen, daß der gleiche Mann eine so klägliche Niederlage erlitten und damit Tausende von Menschen in den Tod gerissen hatte. Aus Angst, daß man sich über mich lustig machen würde, fragte ich weder meine Kameraden noch die Lehrer.

Inzwischen habe ich gelernt, diese Merkwürdigkeiten der Geschichte zu durchschauen; als Schüler fand ich all das absolut unverständlich. Für die Indianer ist der Krieg ein Bestandteil der Tradition; mir scheint, daß wir unsere Kriege ritterlicher führen, vielleicht mit mehr Ehrgefühl. Heute schätze ich Napoleon überhaupt nicht mehr. Nicht so sehr deswegen, weil er von einem allzu unersättlichen Eroberungsdrang erfüllt war, sondern weil ich gelesen habe, daß er sich auf eine ziemlich schnöde Weise der Frauen bemächtigte. Er nahm und benutzte sie einfach wie irgendeine Kriegsbeute.

Kein Indianer, auch der primitivste nicht, würde jemals eine Frau anrühren, die er nicht liebt.

Mit 14 Jahren, kurz vor meiner vorzeitigen Heimkehr wegen des Kriegsausbruchs 1914, hatte ich mein erstes Liebeserlebnis.

Wenn bei uns Indianern im Dorf ein Mann von der Liebe ergriffen wird, dann spielt sich das immer auf die gleiche Weise ab. Oft ist das Mädchen noch sehr jung. Bis zum Eintritt ihrer ersten

Regel gehört sie ihren Eltern. Der Vater hat über sie das Recht auf Leben oder Tod; einen Jungen dagegen darf er nicht anrühren, denn der gehört dem Stamm. In den meisten Dörfern wird der Knabe zum Mann durch die Beschneidung oder seinen ersten Kampf mit dem Feind. Der Termin der Zeremonie wird vom Vater festgelegt; er hängt nicht vom Alter des Knaben ab, sondern von seiner körperlichen Entwicklung. Bis zur Beschneidung benutzt der Junge die Waffen seines Vaters für die Jagd und schläft in der gleichen Hütte wie die übrige Familie. Nach der Beschneidung wird er zum Mann und Krieger, der auf eigenen Füßen steht. Wenn das Dorf genügend Gewehre hat, gibt man ihm eins, wenn nicht, dann muß er sich schleunigst Pfeile und Bogen anfertigen.

Bei Mädchen ist es anders. Wenn die erste Regel eintritt, geht der Vater zum Kaziken. Die Sache wird im ganzen Dorf öffentlich bekannt gemacht; wenn die Hütten weit auseinanderliegen, so daß man mit der Piroge von der einen zur anderen mehrere Tage unterwegs ist, oder wenn gerade Hochwasser ist, kann das mehrere Wochen dauern. Wenn alle verständigt sind, wird das Datum der rituellen Zeremonie festgelegt, das ist einzig und allein Sache des Kaziken. Für die Dauer des Festes, das für mehrere Mädchen auf einmal abgehalten wird, wird das Jagen eingestellt. Für die Indianer hat das Menstruationsblut der Frauen nichts Unreines; ganz im Gegenteil, es verheißt ihnen künftige Geburten, die den Bestand des Stammes sichern. Vor allem bei den Chikri ist die Macht der Frauen und ihr Einfluß auf die Männer außerordentlich groß; die Frauen entscheiden über die Jagd und über den Krieg, und sie kennen auch die Kräuter, mit denen man die Fortpflanzung regeln kann, worüber sich übrigens einige Missionare, die sich streng an die Gebote der Kirche halten, furchtbar aufregen. Sie kommen nie an die Pflanzen heran, die die Frauen sorgfältig in ihren Hütten verstecken. Einige Spezialisten haben die Behauptung aufgestellt, daß die Chikri-Frauen direkt von den berühmten Amazonen abstammen, die alle Männer ihres Stammes töteten bis auf einen, der für den Fortbestand der Rasse gebraucht wurde. Kommt daher der Name Amazonien? Das ist eine von vielen möglichen Erklärungen.

An dem vom Kaziken festgelegten Tag versammeln sich die künftigen Frauen auf einer Waldlichtung in der Nähe des Dorfes.

Ein großes Feuer wird angezündet. Die Männer schlagen mit Stökken kräftig auf die Glut, um die bösen Geister zu vertreiben. Die jungen Mädchen ihrerseits, die völlig nackt sind, werden vom Kaziken »inspiziert«. Dann entzünden auch sie ein Feuer, und zwar aus Palmblättern, die in Richtung auf das Hauptfeuer angeordnet sind. Sobald die beiden Feuer sich so weit ausgebreitet haben, daß sie miteinander verschmelzen, erklärt der Kazike die Mädchen zu Frauen. Sie gehören damit zum Stamm, und von nun an kann man um sie werben und sie zur Heirat begehren. Es kommt nicht selten vor, daß sich der Kazike als Honorar gleich zwei oder drei der Jungfrauen für seinen persönlichen Bedarf vorbehält. Dann beginnt ein großer Tanz um das Feuer. Zum hämmernden Rhythmus der aufeinandergeschlagenen Stöcke wird er schneller und immer schneller; er dauert die ganze Nacht hindurch und manchmal auch mehrere Tage, bis alle Dorfbewohner restlos erschöpft sind. Das ist der Höhepunkt des Festes. Es endet mit einem gewaltigen Schmaus, der hauptsächlich aus gebratenem Krokodilfleisch und Maniokmehl besteht. Wenn die Zeremonie vorüber ist, geht alles wieder seinen gewohnten Gang. Die Männer gehen auf die Jagd, die Frauen bleiben in den Hütten und widmen sich häuslichen Arbeiten.

Heute aber droht den Stämmen während solcher Feste eine furchtbare Gefahr: der Weiße, der weiße Landräuber. Die Weißen haben gemerkt, daß für die Dauer der Zeremonie das ganze Dorf in eine Art Rausch gerät. Das ist ein gesunder Rausch, keiner, der den Körper schwächt. Wenn dem Häuptling bei einer solchen Gelegenheit zum Zeichen der Freundschaft Geschenke gebracht werden wie Halsbänder, Edelsteine oder Säcke mit Mehl, dann fühlen sich die Indianer ebenso geehrt wie durch den Wunsch, an ihrem Fest teilzunehmen. Leider aber sind diese freigebigen Weißen oder Mestizen, die als freundliche Beschützer auftreten, bezahlte Agenten mächtiger Gesellschaften und führen nichts Gutes im Schilde. Ihre Informationen haben sie meist gegen ein paar Trinkgelder von skrupellosen Beamten der Indianerschutzbehörde erhalten. Ihr Trick besteht darin, mit den traditionellen Geschenken auch ein paar Flaschen Cachassa anzubieten. Alkohol aber vertragen die Indianer überhaupt nicht. Sobald sie betrunken sind, werden diese sonst so friedfertigen Männer und Frauen streitsüchtig und böse. Im Nu sind die Gewehre aus den Hütten geholt, und der Kazike entfesselt aus nichtigem Anlaß eine wilde Schlächterei. Der weiße Agent ist inzwischen gegangen. Ein paar Tage später kommen die Beamten der Indianerschutzbehörde. Sie finden nur noch Leichen. In ihrem Bericht an die Vorgesetzten heißt es dann, daß die Mitglieder eines Stammes sich im Verlauf eines Streites im Dorf gegenseitig abgeschlachtet haben. Die Ausrottung der Bewohner des Waldes ist wieder ein Stück weitergegangen, aber die Verwaltung kann die Verantwortung dafür ablehnen. So sieht heute Anfang und Ende eines Festes der Liebe aus.

Ich habe meine erste Liebe ganz anders erlebt. Hansy Hilberg war vierzehn, ich dreizehn; ihre Familie wohnte in Luzern. Das Haus war überladen mit Prunk und voller Vitrinen, in denen die Hausherrin, eine Dichterin, ein unglaubliches Durcheinander von Gegenständen aus aller Welt angehäuft hatte. Diese Frau pflegte jeden Sonntag einige Schüler aus dem Collège St. Jean einzuladen. Jeden Samstag abend fuhr ich mit dem Zug von Freiburg nach Luzern. Am Bahnhof wartete Hansy mit ihrer Schwester Emma auf mich. Bis zum Haus, das am Ufer des Sees lag, mußte man zehn Minuten laufen. Das war ein ganz typisches Schweizerhaus. Anfangs hielt ich den See, dessen gegenüberliegendes Ufer man deutlich sehen konnte, für den Arm eines Flusses wie unseres Madeira; ich war ein bißchen enttäuscht, als ich erfuhr, daß ich von meinem Fenster aus nicht etwa eine Insel vor mir hatte, sondern bloß das andere Ende einer Wasserfläche, die nicht größer war als viele der Tümpel bei uns im Wald. Das Haus aber gefiel mir sofort, denn es war aus Holz gebaut und lag am Wasser und erinnerte mich deshalb an unsere Farm, obwohl es anders aussah. So konnte ich für ein paar Stunden die trostlosen steinernen Mauern der Schule vergessen. In Manaus habe ich noch ein Foto dieses Hauses, in dem ich die glücklichsten Augenblicke meiner Schweizer Zeit erlebte.

Von diesen fremden Menschen aufgenommen zu werden, bedeutete eine große Freude für mich; das war ein wohltuender Gegensatz zu der Einsamkeit, in der ich die Woche über lebte. Während meines ganzen Waldlebens war für mich ein Tag wie der andere, ich habe da nie einen Unterschied gemacht; in der Schweiz dagegen konnte ich den Sonntag kaum erwarten.

Post habe ich nie bekommen. Vom Madeira bis nach Manaus war ein Brief schon zwei Monate unterwegs. In Manaus aber waren die Postangestellten, ehemalige Seringueros, so faul, daß sie die Briefe wegwarfen und die Briefmarken weiterverkauften. Diese Praktiken sind auch heute noch nicht ganz abgestellt.

In den ganzen vier Jahren habe ich nur zwei Briefe von meinem Vater erhalten, den ersten aus Belém, den zweiten im Juni 1913 aus Lissabon. Darin schrieb mein Vater, daß er mich wegen der Kriegs-gefahr in Europa während der Ferien abholen und nach Brasilien heimbringen würde.

Jeden Sonntag ging ich also nach Luzern. Außer zum Baden, wenn das Wetter schön genug war, verließen wir nie das Haus. Wir spielten mit der Schaukel im Garten, vor allem aber hatte die Schweizer Dame, die Dichterin, es sich zur Gewohnheit gemacht, mich von meiner Kindheit in Brasilien erzählen zu lassen; dazu mußte ich mich auf einen kleinen Schemel neben sie setzen. Ich glaube, sie war zugleich beeindruckt von dem, was ich erlebt hatte, und belustigt über die Fragen, die ich stellte. Es fiel mir sehr schwer zu begreifen, daß es keine Möglichkeit für mich geben sollte, auf die Pantherjagd zu gehen, daß ich dafür aber ohne Gefahr im See baden konnte, denn der Piranha war hier völlig unbekannt.

Anfangs haben die Mädchen mich kaum beachtet. Ich war ein Fremdling. Außer Freiburg und Luzern habe ich von der Schweiz wenig gesehen. Ich konnte aber doch feststellen, daß die Schweizer in mancher Hinsicht ausgezeichnete Indianer abgeben würden. Übrigens hat ja auch Wilhelm Tell mit Pfeil und Bogen geschossen. Da war zunächst ein ganz ähnliches Mißtrauen, wie auch wir es haben. Es dauert ziemlich lang, bis man in einer Schweizer Familie aufgenommen wird, mindestens ebenso lange, wie es dauert, bis man von einem Indianerstamm akzeptiert wird. Wie die Indianer sind die Schweizer nicht sehr redselig. Vor allem scheint mir, daß sie sehr viel Sinn für das Geld haben. In dem Punkt sind sie ganz anders als wir. Seitdem ich Urwaldreisenden als Führer diene, ist mir aufgefallen, daß die Schweizer immer vorher nach dem Preis fragen, die Franzosen dagegen erst danach. Ein Franzose glaubt mir immer, wenn ich ihm erzähle, daß ich indianischer Abstammung bin und meine Kenntnisse den vier Jahren in einer Schweizer Schule verdanke. Ein Schweizer aber hat einmal den Portier des Amazonas-Hotels gefragt, ob ich aus Rio komme und von einer Agentur dafür bezahlt werde, daß ich behaupte, ich hätte im Urwald gelebt. Es handelte sich um eine Expedition, die zwei Monate dauern sollte. Ich glaube, er hatte vor allem Angst, sich im Dschungel nicht auf mich verlassen zu können. Da hatte ich mir folgendes ausgedacht. Wir verließen Manaus bei Tagesanbruch, die Piroge war voll beladen, und eine zweite mit Proviant und Benzin folgte uns. Als die Zeit für das Mittagessen gekommen war, ließ ich die Boote an einer Stelle anlegen, wo das Ufer flach war.

»Hier wollen wir rasten«, sagte ich, »der Platz ist ideal dafür, hier haben wir Schatten. Könnten Sie, während wir das Gemüse und den Fisch auspacken, im Wald ein paar Zweige zum Feuermachen sammeln?«

Der Mann war kaum zehn Schritte gegangen, da kam schon ein Angstschrei: »Sebastião, Sebastião!«

Natürlich war genau das passiert, was ich vorausgesehen hatte: der Mann hatte sich verirrt. Zunächst habe ich nicht geantwortet. Nach der Richtung, aus der die Stimme kam, hatte ich meinen »Forschungsreisenden« in wenigen Augenblicken gefunden. Er war kreidebleich vor Furcht.

»Mein Herr«, sagte ich, »Sie haben eine Reihe von Fehlern gemacht, die bei einer Reise durch den Urwald lebensgefährlich sind. Ich habe Sie gebeten, ein paar Zweige zu holen. Darauf sind Sie an einer Stelle in den Wald eingedrungen, von der aus das Boot wegen des hohen Grases nicht sichtbar ist. Sie haben die Halbschuhe anbehalten, anstatt Ihre Stiefel anzuziehen, die Sie nicht nur vor Schlamm, sondern auch vor Schlangen schützen. Sie haben geglaubt, dieses Messer hier könnte die Machete ersetzen; mit diesem Ding aber können Sie höchstens dünne Zweige schneiden, einen Weg können Sie sich damit bestimmt nicht bahnen. Wenn Sie sich aber nicht selbst einen Weg durch das Dickicht schlagen, finden Sie sich im Halbdunkel nicht zurecht; selbst wenn Sie keine zweihundert Meter vom Ufer entfernt sind, bewegen Sie sich im Kreis. Ohne Begleiter kann das schon Selbstmord bedeuten. Und schließlich haben Sie sich vom Ufer entfernt, ohne nach links oder rechts zu schauen. Waren Sie denn so sicher, daß es hier weder Jaguare noch Schlangen gibt, keine Krokodile und nicht einmal einen Affen, der Sie mit Kokosnüssen erschlagen könnte? Soviel Naivität ist in Amazonien schon gefährlicher Leichtsinn.«

»Entschuldigen Sie, ich bin Anfänger.«

»Sie brauchen sich nicht zu entschuldigen, aber seien Sie von nun an vorsichtiger. Beim Gehen muß man schweigen, um seine Kräfte nicht zu vergeuden. Meine Lungen sind an die Atmosphäre hier gewöhnt, die Ihren nicht. Für die Zukunft müssen Sie sich merken: ohne Essen kann es der Mensch in der Selva drei Wochen aushalten, ohne Trinken drei Tage, aber ohne zu atmen nur drei Minuten. Sie können mir glauben: die Indianer würden nicht sehr viel von Ihnen halten.«

Von da an verlief alles normal, der Schweizer hatte jetzt volles Vertrauen zu mir. Nach drei Wochen konnte er genausogut wie ich mit zwei aneinandergeriebenen Steinen Feuer machen und brauchte dafür kein Streichholz oder Feuerzeug mehr.

Alle diese kleinen Kniffe, die das ABC des Indianers sind, hatte mir Joachim schon in der allerfrühesten Kindheit beigebracht. Damit konnte ich auf die Schweizer Dame in Luzern Eindruck machen, die sich nicht genug verwundern konnte und immer mehr davon hören wollte.

Ich weiß nicht, was sie ihren Töchtern erzählt hat. Jedenfalls wartete an einem Samstag im Frühjahr 1913 Hansy allein auf den Zug, mit dem ich kam. Und so wurde ich vor dem Luzerner Bahnhof zum erstenmal von einer Frau auf die Lippen geküßt.

»Magst du das, kleiner Indianer?« fragte sie.

Ich war so überrascht, daß ich nicht wußte, was ich antworten sollte.

»Du wirst ja nicht einmal rot, das ist gut.«

Hansy wußte nicht, daß ein Amazonier sich in jeder Lebenslage beherrschen können muß. Am Abend des gleichen Tages, als alles schlief, kam Hansy zu mir in mein Mansardenzimmer. Ich liebte den Geruch des Holzes, und ich muß sogar zugeben, daß ich mich trotz meiner Gewöhnung an Hängematten mit einem gewissen Behagen in die riesigen Bettdecken vergrub, die die Schweizer

Plumeaus nennen und die oft mit den Federn der Vögel aus unserem Wald gefüllt sind.

Die Lust, die ich in dieser Nacht empfand, war von ganz anderer Art. Diese angenehme neue Erfahrung gefiel mir sehr, und ich nahm mir vor, sie so schnell wie möglich zu wiederholen. In der Selva sind fast alle Mädchen mit vierzehn Jahren schon verheiratet, manche haben sogar schon Kinder. Trotzdem finde ich – und ich habe keinen Grund, das zu bedauern –, daß Hansy ganz schön frühreif war; ich war ja nicht der erste, mit dem sie schlief. Es heißt, daß die Frauen der kalten Länder feurige Liebhaberinnen seien; wer das behauptet, kennt die Indianerinnen nicht!...

Ganz im Gegensatz zu dem, was man allgemein annimmt, neigt der Indianer zu einer gewissen Romantik. So mancher Weiße hat einen Pfeil in den Rücken bekommen, weil er Indianerfrauen, die daran gewöhnt sind, in ihrem Dorf nackt zu gehen, aus zu großer Nähe angeschaut hat. Bevor man die Indianer aus wirtschaftlichen Gründen auszurotten begann, ging es bei ihren Überfällen auf die Lager der Weißen meistens darum, Frauen zurückzuholen, die von den Weißen geraubt und vergewaltigt worden waren.

Daß ein Zivilisierter den tieferen Sinn in den Lebensgewohnheiten der Indianer versteht, ist eine seltene Ausnahme; nicht einmal die Missionare verstehen das, abgesehen vielleicht von den Brüdern Vilas Boas, das sind Portugiesen, denen der Mato Grosso zur zweiten Heimat wurde.

Wer mit ihnen in Berührung gekommen ist, der weiß, daß sie eher leidenschaftliche als fromme Männer sind, die mehr mit dem Karabiner umgehen als mit dem Kruzifix. Der letzte Stamm, den sie gerettet haben, war der der Tschicoes. Die Garimperos waren entschlossen, ihnen den Garaus zu machen, denn das Land am Jatuba, das sie bewohnten, war eine Fundgrube für Diamantensucher. Die Tschicoes wandten sich an die Brüder Vilas Boas. Als die Garimperos kamen, gab es keine lange Diskussion. Kaum waren die ersten Schüsse gefallen, da zogen sich die Garimperos schon fluchtartig zurück. So habgierig sie sind, so feige sind sie auch.

Die Brüder Vilas Boas stellen für die brasilianischen Behörden ein schwieriges Problem dar. Ich weiß nicht, seit wieviel Jahren Claudio und Orlando schon unter Indianerstämmen leben. Sie wurden

Zeugen der ersten systematischen Ausrottungsaktionen. Man hat versucht, sie ebenso umzubringen wie ihre Schützlinge, aber das ist nie gelungen. Die Kirche wiederum billigt zwar die Aktion, ist aber mit den Methoden nicht ganz einverstanden. Sie leben auf indianische Art in leichten Hütten, die sie nach Belieben mit sich tragen und an einem anderen Ort wieder aufschlagen können. Seit dem Tod Rondons sind die Brüder Vilas Boas zu einem festen Bestandteil der indianischen Legende geworden. Als sie in Brasilien ankamen, waren sie noch zu dritt. Der jüngste Bruder starb unter ziemlich mysteriösen Umständen. Die Brüder selbst sagen, es sei Tuberkulose gewesen, aber andere behaupten, er sei durch einen Indianerpfeil getötet worden. Die Überlebenden haben das immer abgestritten, wahrscheinlich, um bei ihren weiterer Aktionen keine Schwierigkeiten zu bekommen.

Die Geistlichen, die für unsere Erziehung verantwortlich waren, verlangten von uns nicht nur, daß wir dreimal am Tag zur Messe gingen, sondern zwangen uns auch unter Androhung körperlicher Züchtigung, jede kleinste Sünde zu beichten.

In Freiburg habe ich unseren Nationalsport, das Fußballspiel, gelernt. Dank meiner von früher Kindheit an trainierten Körperkraft wurde ich rasch einer der besten Spieler der ganzen Schule. Ich spielte in der vordersten Reihe als Stürmer. Bei einem Match gegen eine Zürcher Schule hatte ich versehentlich einen Schüler der gegnerischen Mannschaft verletzt. Am folgenden Tag stellte sich heraus, daß ich ihn mit dem Fuß in den Bauch getroffen hatte und daß er operiert werden mußte. Der Direktor ließ mich in sein Büro rufen. Ich habe immer noch seine salbungsvolle Priesterstimme im Ohr. Das war so ein Männlein, kaum größer als ein Indianer, mit einem hochroten Kopf über der schwarzen Soutane. Einige Schüler behaupteten, die Vorräte an Meßwein in der Sakristei seien entschieden zu groß, um nur für gottesdienstliche Zwecke zu dienen.

»Setzen Sie sich, Bastos«, sagte der Direktor.

»Ja, mein Vater.«

»Stehen Sie auf, Bastos. Sie müßten wissen, was ein Schüler zu antworten hat, wenn ich ihn in meinem Büro auffordere, sich zu setzen: ›Mein Vater, aus Respekt vor Gott und vor Ihnen als seinem

Stellvertreter bitte ich stehen bleiben zu dürfen.‹ Nehmen Sie dieses Kruzifix da auf meinem Schreibtisch, stellen Sie sich schön brav mit dem Rücken zur Wand und sagen Sie mir zehn Vaterunser auf, das Kruzifix halten Sie dabei mit ausgestrecktem Arm.«

»So ist es recht, Bastos. Legen Sie das Kruzifix wieder auf den Schreibtisch. Jetzt können Sie sich setzen, ich habe mit Ihnen zu reden.«

»Ich höre, mein Vater.«

Der Direktor wurde noch einmal so rot. »Stehen Sie auf, Bastos!« Er stürzte auf mich zu und pflanzte sich fünf Zentimeter vor meinem Gesicht auf; die Augen blitzten vor Zorn, und aus seinem Mund roch er nach Alkohol.

»Das fehlte ja gerade noch, daß Sie nicht zuhören. In diesem Hause versteht es sich von selbst, daß man immer auf das hört, was ich sage. Hier herrscht Ordnung und Autorität, laß dir das gesagt sein, kleiner Indianer!«

Der Ton, in dem er diese letzten beiden Worte sagte, ekelte mich an. Es war mir unvorstellbar, daß der liebe Gott dieses Mannes der gleiche sein sollte, dessen Güte und Liebe mich meine Eltern im Wald gelehrt hatten. Sogar der Pfarrer im Gymnasium von Pará hatte gesagt, daß es noch viel Ungerechtigkeit auf Erden gebe, vor allem in Brasilien, daß aber eines nicht mehr fernen Tages alle Menschen glücklich sein würden, die nicht wirklich eine Todsünde begangen hätten. Als 1931 der große Christus auf dem Corcovado über der Bucht von Rio errichtet wurde, habe ich allen Ernstes geglaubt, daß er mit seinen schützend ausgebreiteten Armen nicht nur die Bucht segnete, sondern unser ganzes Brasilien, in dem es so oft keine Gerechtigkeit gab. Das war eine vergebliche Hoffnung.

»Kleiner Indianer, wenn dein Vater nicht das Schulgeld bis 1915 vorausbezahlt hätte, würde ich dich sofort nach Hause schicken. Du bist ein Schandfleck für unsere Schule. Ein Wilder bist du und sonst gar nichts, merk dir das, ein Wilder und sonst gar nichts.«

Ich sah ihm in die Augen. »Immerhin, mein Vater, bin ich in fast allen Fächern Klassenbester, vor allem in Französisch. Einige Lehrer sprechen schon von der Möglichkeit, mich eine Klasse überspringen zu lassen. Ich verstehe also nicht...«

»Mundhalten, hier rede ich!«

Er schüttelte mich wütend an den Schultern. Ich hielt weiter seinem Blick stand. Joachim hatte mich gelehrt, niemals vor einem Panther den Blick zu senken. Ich sah nicht mehr den Schuldirektor vor mir, sondern ein wildes Tier, das aus einem mir unbekannten Grund in Wut geraten war. Und wie ein Panther schlug schließlich der Direktor die Augen nieder. Ohne mich anzusehen, setzte er sich ruhig wieder hinter seinen Schreibtisch. Genau wie im Wald war das der Augenblick, zum Angriff überzugehen.

»Was den Fußball angeht, so hätte das Collège St. Jean ohne meine Hilfe die Zürcher Mannschaft nicht geschlagen. Sie selbst schienen mir sehr zufrieden mit dem Ausgang des Spiels; allerdings hat man sich mehr um Sie gedrängt und Sie mehr beglückwünscht als die Spieler im Umkleideraum.«

»Jawohl, genau davon wollen wir sprechen, vom Fußball, kleiner Indianer« – seine Stimme schlug wieder den sanften Ton an –, »denn der Junge, dem Sie absichtlich einen Fußtritt gegeben haben, liegt jetzt im Krankenhaus. Ich habe nie begriffen, wie man mir solch einen zwar intelligenten, aber vor allem verschlagenen jungen Primitiven in diese Anstalt schicken konnte. Immerhin besitzt der Vater des Opfers, ein Perser, ausgerechnet Minen in Ihrem Land, und ohne sein Geld wären Sie und viele Ihresgleichen längst verhungert. Der Direktor des Pensionats in Zürich hat mir soeben mitgeteilt, daß er, seitdem er weiß, wo Sie herkommen, Ihre ausgesucht brutale Handlungsweise als einen von offenem Rassenhaß diktierten Racheakt betrachtet. Selbstverständlich verlangt er, daß ich die erforderlichen Maßnahmen gegen Sie ergreife und daß Sie einen Entschuldigungsbrief an die Eltern schreiben. Es versteht sich, daß die Krankenhausrechnung Ihrer Familie geschickt wird – sofern man sie in ihrer Waldhütte erreichen kann, wo sie sich vermutlich mit anderen von eurer Sorte den wüstesten Orgien hingibt. Ich werde persönlich Ihren Brief lesen, ich denke, ich werde Ihnen sogar diktieren, was Sie zu schreiben haben. Es ist auch nicht ausgeschlossen, daß einige Ihrer Landsleute, die nicht wie Sie das Glück haben, studieren zu dürfen, sondern in den Bergwerken dieses Persers arbeiten, in Kürze die Konsequenzen Ihrer ebenso grausamen wie dummen Tat zu spüren bekommen. Was Sie angeht, so haben Sie selbstverständlich Ausgehverbot bis zu den großen

Ferien. Außerdem verurteile ich Sie zu vier Wochen Karzer, den Sie nur zum Unterricht und für den täglichen Spaziergang von 50 Minuten verlassen dürfen. Die Nahrung und sonstige Bequemlichkeit wird so sein, wie hartgesottene Burschen Ihrer Art, die Gott sei Dank selten sind in unserer Anstalt, es verdienen. Ich füge noch hinzu, daß Sie jede Nacht zwischen zwei und drei Uhr geweckt werden, damit Sie ein zusätzliches Gebet für Ihre arme Seele sprechen können; Sie scheinen mir das sehr nötig zu haben. Merken Sie sich aber: bei der nächsten Schandtat, die Sie sich leisten, lasse ich Sie durch die Kantonsbehörden nach Frankreich abschieben, weil Sie bei uns in der Schweiz die Ordnung stören. Dann wird sich in Frankreich die Fürsorge um Sie kümmern; dort weiß man schon, wie man so schwierige Fälle behandeln muß; man wird Sie in einen Bauernhof stecken, wo Sie nach Herzenslust Mist wenden können, was mir besser zu Ihrer Herkunft zu passen scheint als Chateaubriand zu lesen und Algebra zu lernen. Sollten wir je zu dieser äußersten Maßnahme gezwungen sein, so bleibt das Geld, das Ihr Vater bezahlt hat und von dem ich lieber nicht wissen will, aus was für Quellen es stammt, natürlich Eigentum der Schule. So, jetzt bin ich fertig, Sie können gehen.«

Das war 1913, ist also sechzig Jahre her, aber ich habe kein einziges Wort dieser widerlichen Rede vergessen.

Zwei Stunden später fand ich mich in einer Arrestzelle von drei mal vier Metern, die nur durch ein winziges Fenster Licht bekam; eine Pritsche mit einer Decke und ein Tisch für die Schulbücher, die ich hatte mitnehmen dürfen, waren die einzigen Möbelstücke. Ich war getrennt von meinen Kameraden und verzweifelt bei dem Gedanken, Hansy nicht mehr wiederzusehen, die gewiß am nächsten Samstag vergebens am Bahnhof auf mich warten würde.

Warum hätte ich über eine solche Ungerechtigkeit in Wut geraten sollen? Ganz im Gegenteil, diese Anschuldigung hat mir vielleicht außerordentlich gut getan. Ich frage mich, ob sie mir nicht als eine Lektion der Demut gedient hat, die mir später von Nutzen war, wenn ich schmerzhaftere Schicksalsschläge einstecken mußte.

Das einzige, was ich wirklich nicht begreifen konnte, war der Haß dieses Paters gegen die Indianer. Wie ist es möglich, daß sie seit Jahrhunderten in Amazonien alles tun, um diese »Heiden« zu bekehren und für die katholische Kirche zu gewinnen, daß sie sie manchmal aus lauter Angst, sie könnten ihre Entscheidung für den neuen Gott wieder bereuen, in der Eile mit Schlamm taufen, und daß gleichzeitig die Diener der gleichen Kirche in Europa uns mit soviel Verachtung behandeln?

In der Stille meiner Zelle gab ich mich Träumereien hin. Ich fahre mit der Piroge auf einem Iguarapé, das Laub der Bäume am Ufer streift meinen Kopf, und inmitten dieser gewaltigen Vegetation, die mich wie ein Ungeheuer umgibt, höre ich nichts als den Schlag meiner Ruder. Die Strahlen der Sonne dringen nur mühsam durch Bäume und Wolken, hin und wieder zerreißen sie die dämmrige Masse jäh wie ein riesiger Blitz. Ich habe die übrige Welt und die Menschen vergessen. Ich bin auf der Suche nach meinem wahren Selbst. Bin ich fromm? Bin ich überhaupt wirklich Katholik? Ganz gewiß gibt es da noch etwas anderes. Hintergedanken, die klar zu fassen mir nicht gelingen will. In der Stille meiner hellsichtigen Träumerei ahne ich schmerzlich die Zeit voraus, in der nicht mehr allzu viele von uns übrig sein werden, die den Weißen sagen können, daß sie mit der Zerstörung des Waldes und seiner Bewohner sich selbst das Grab schaufeln. Auf der Spitze meiner Piroge hat sich zutraulich ein feuerfarbener Papagei niedergelassen. Ich liebkose ihn sanft… Ich spüre das Gesicht meiner Mutter an dem meinen, und langsam schlafe ich ein.

Ich liebe die Papageien. Für uns Amazonier sind sie ein bißchen unsere Clowns, so wie wir die Clowns der Zivilisation sind.

Was mir in meiner Freiburger Arrestzelle am meisten Angst machte, war der Gedanke, der Direktor könnte seine verleumderische Version der ganzen Geschichte der Dame in Luzern erzählen, um ihr zu erklären, warum ich Ausgangsverbot hatte. Die Vorstellung, Hansy zu verlieren, bereitete mir entsetzliche Qualen. Es gab Augenblicke, wo ich meinen Vater verfluchte, weil er mich nach Europa gebracht hatte. Dann aber sagte ich mir, daß ich, wenn ich nach Brasilien zurückginge, Hansy erst recht nicht wiedersehen würde. Zugleich schmiedete ich Pläne, aus meinem Gefängnis auszubrechen, Hansy zu entführen und mit ihr zu fliehen, ohne mir Gedanken darüber zu machen, woher ich die Mittel dafür nehmen sollte und wohin wir gehen würden. Unser ganzes Taschengeld wurde von der Verwaltung des Internats verwahrt. In dieser Hinsicht wenigstens gab es eine gewisse Gleichberechtigung: Der Caboco bekam jede Woche den gleichen Betrag wie der Aga Khan. Zugegeben, von den Fahrkarten und gelegentlichen Schleckereien abgesehen brauchten wir nicht viel.

Einmal hat Hansy mir heftige Vorwürfe gemacht, weil ich ihr keinen Blumenstrauß geschenkt hatte. Ich war überhaupt nicht auf die Idee gekommen – nicht aus Sparsamkeit, sondern ganz einfach, weil Blumen in Amazonien in tausenderlei Arten, die jede ihren ganz eigenen Duft haben, in einem solchen Überfluß zu finden sind, daß sie mir kein würdiges Geschenk für Hansy schienen. Die Sprache der Blumen deuten zu wollen, wäre in Amazonien ein aussichtsloses Unterfangen.

Meine Tage gingen dahin zwischen Arrestzelle, Speisesaal und Klassenzimmer. Für die Fußballwettkämpfe holte man mich aber doch heraus aus meinem Gefängnis, denn trotz meines wirklich unabsichtlichen Fußtritts in den Bauch eines Gegners konnte die Mannschaft der Schule schwer ohne den »kleinen Indianer« auskommen. Ich sage das ohne Eitelkeit; jeder weiß, wie wichtig für uns in Brasilien der »futebol« ist. Ich war zwar nie vom Kaliber eines Pelé, aber immerhin nordbrasilianischer Meister in den Jahren 1917, 1918 und 1919 bis zu meinem Aufbruch in den Urwald. Die Diplome habe ich heute noch.

Dann kamen die großen Ferien, und endlich durfte ich Hansy wiedersehen. Tatsächlich hatte der Direktor Frau Hilberg die ganze Geschichte erzählt. Nach seiner Darstellung hatte man fast so etwas wie einen Totschläger und bösen Zauberer in der Schule, der die ganze Anstalt ins Unglück stürzen konnte. Gott sei Dank haben weder Frau Hilberg noch ihre Töchter diese Geschichte geglaubt. Wenig später, im Sommer 1913, bekam der junge Totschläger Gelegenheit, zu beweisen, wozu er wirklich imstande war.

In den See ragte ein Landesteg, der jenem von unserer Farm am Madeira ähnlich, aber besser erhalten war; er diente uns beim Baden als Sprungbrett. Im gebirgigen Teil Amazoniens reiben sich die Indianer zum Schwimmen den Körper mit Tapirfett ein, um sich gegen die Eiseskälte des Wassers zu schützen. Das ist eine sehr wirksame Methode, und ich habe sie meinen Freunden beigebracht.

Tapirfett gab es in der Schweiz zwar nicht, aber das freilich ziemlich übelriechende Rinderfett tat es auch.

An einem Julisonntag 1913 weigerte sich Hansy, sich mit dem Fett einzureiben. »Das stinkt mir zu sehr«, sagte sie.

Einer meiner Kameraden, Gérard Dumont, machte Hansys Schwester Emma ein bißchen den Hof. Gérard und ich hatten beschlossen, den etwas mehr als vierhundert Meter breiten See ganz zu durchschwimmen. Die Mädchen wollten mitkommen. Mitten auf dem See bekam Hansy, die zwischen Gérard und mir schwamm, wegen der Wasserkälte einen Krampf. Sie begann zu schreien und um sich zu schlagen. Ich brüllte ihr zu: »Versuch toter Mann zu machen, bis ich bei dir bin. Gérard wird inzwischen zum Ufer zurückschwimmen und ein Boot holen.«

Bei uns im Urwald ist es nicht schwer, jemand zu retten, der ins Wasser gefallen ist. Das Wasser ist mit ungefähr 27 Grad so warm, daß es nicht zu einem Versagen der Atmung oder des Kreislaufs kommt; die Flüsse sind kaum mehr als vier oder fünf Meter tief, und selbst wenn es am Grund wegen der vielen Abfälle fast stockfinster ist, kann ich einen Körper im Schlamm ohne weiteres finden. Das habe ich ungefähr zehnmal erlebt.

Hier in der Schweiz war die Situation weitaus bedrohlicher. Gewiß, die Klarheit des Wassers kam mir zustatten, aber die Seetiefe erreicht an einigen Stellen mehrere hundert Meter. Und außerdem erwärmte sich das Wasser, das von den Alpengletschern kam, auch im Sommer höchstens auf 20 Grad. Wenn Hansy unterging oder sich wehrte, konnte ich ihr nicht helfen. Noch etwas kommt hinzu, ein Phänomen, das ich mir nicht erklären kann: in Amazonien kommt ein Ertrinkender immer noch zweimal an die Oberfläche, ehe er endgültig untersinkt; vielleicht liegt das an der Stärke der Strömung oder daran, daß die Mengen an mitgeschwemmtem Unrat das spezifische Gewicht des Wassers erhöhen. Im Verlauf meines Lebens habe ich vierzehn Menschen vor dem Ertrinken gerettet, und bei acht davon konnte ich es deshalb, weil sie wieder an die Oberfläche kamen, so daß ich nicht lange zu suchen brauchte.

Auf dem Vierwaldstätter See bei Luzern war die Situation völlig anders. Es gelang Hansy aber doch, sich über Wasser zu halten.

Seite an Seite machten wir toter Mann und warteten darauf, daß Gérard mit einem Boot zurückkäme. Ich war jedoch auf alle Eventualitäten gefaßt, und das war gut so. Wir waren noch etwa 200 Meter vom Ufer entfernt, da bekam Hansy wieder einen Krampf im rechten Arm. Gleichzeitig im rechten Arm und im linken Bein, das ist das Schlimmste. Ich packte Hansy, sie war fast so schwer wie ich. Ich drehte mich auf den Rücken und lud sie mir buchstäblich auf den Bauch, wobei ich den Kopf über Wasser hielt.

»Laß deine Beine völlig locker auf beiden Seiten meines Körpers herunterhängen, aber schlinge die Arme mit aller Kraft um meinen Hals. Und vor allem mußt du meinen Armen volle Bewegungsfreiheit lassen, damit ich rudern kann.«

Sie hielt sich an meine Anweisungen, und so konnten wir das Ufer erreichen, noch bevor Gérard mit seinem Boot ankam. Wir waren allein. Sie brauchte ein paar Minuten, um sich von dem Schreck zu erholen, und dann bekam ich einen ganz besonders heftigen Kuß.

Im gleichen Augenblick, als Gérard mit dem Boot auftauchte, kam auch Frau Hilberg mit ihrem prächtigen chromblitzenden Auto angefahren. Das war ein Dion-Bouton, Baujahr 1912, das neueste Modell. Als sie uns alle am Leben fand, schloß sie uns weinend in die Arme. Frau Hilberg, Hansy, Emmy und ich fuhren mit dem Auto zum Haus zurück. Auf dem Weg sahen uns die Leute schockiert nach, weil wir es wagten, in Badeanzügen in einem Auto dieser Luxusklasse zu fahren.

»Sebastião«, sagte Frau Hilberg, »wir werden es dir nie vergessen, was du für uns getan hast. Wenn du nicht so mutig gewesen wärst, läge Hansy jetzt sicher tot auf dem Grund des Sees. Da, nimm diesen Federkasten aus sächsischem Porzellan, behalte ihn als Andenken an diesen Tag, der ein so schlimmes Ende hätte nehmen können und so gut ausgegangen ist. Hansy, gib deinem kleinen Freund einen Kuß.«

Hansy wurde ganz rot in ihrem Spitzenkleid, das sie angezogen hatte; sie hauchte mir einen schüchternen Kuß auf die Wange, und dann setzte sie sich ans Klavier. Ich aber hatte wieder eine Entdeckung gemacht: die Frauen können perfekt schauspielern. Wie brachte es dieses kleine Mädchen, das mir eben ein so schamhaftes

Küßchen gegeben hatte, fertig, dabei auch noch rot zu werden, wo sie mich doch in wenigen Stunden in einer ganz anderen Art liebkosen würde.

»Vielen Dank für den Federkasten, gnädige Frau«, sagte ich, »ich will ihn nicht haben. Ich habe ganz andere Wünsche. Hansy, hör auf, Klavier zu spielen, ich habe etwas Wichtiges zu sagen.«

Ich hatte eine so feierliche Haltung angenommen, daß keiner sich rührte. Alle fragten sich, was ich wohl als Lohn für eine Tat verlangen würde, die für mich eine Selbstverständlichkeit war.

»Frau Hilberg, heute, am 17. oder 18. Juli, bitte ich, Sebastião Bastos, um Ihre Erlaubnis, Hansy mit nach Brasilien auf unsere Farm am Madeira zu nehmen und sie zu heiraten.«

Das betretene Schweigen nach diesen meinen Worten dauerte mindestens zwei Minuten. Hansy brach es als erste, sie begann zu weinen.

»Aber geh, mein Kleines«, sagte Frau Hilberg, »beruhige dich. Ich bin sicher, daß Sebastião nur einen Scherz gemacht hat... In Ihrem Alter, ich bitte Sie...«

»Ich glaube, Sebastião meint das völlig ernst, gnädige Frau«, sagte Gérard. »Er kommt aus einem Land, wo man sehr früh heiratet. Ich weiß, daß er Hansy liebt. Sebastião, ich verstehe dich. Aber hier in Europa gilt man noch als kleiner Junge, solange man seinen Wehrdienst nicht abgeleistet hat, und man sieht es nicht gern, daß ein Mädchen heiratet, bevor es siebzehn oder achtzehn ist, noch dazu einen Ausländer...«

Wie üblich war mein indianischer Stolz stärker als mein Schmerz. Ich ging auf mein Zimmer.

Am Dienstag darauf wurde ich schon wieder zum Pater Direktor gerufen.

»Bastos«, sagte er, »ich weiß nicht, was Sie für eine Dummheit gemacht haben, jedenfalls hat Frau Hilberg den Wunsch geäußert, an Ihrer Stelle für einen anderen Schüler die Patenschaft zu übernehmen. Sie werden also die letzten Ferientage in der Schule verbringen; falls Sie es verdienen, werden wir dann im nächsten Schuljahr versuchen, eine Familie zu finden, die bereit ist, Sie aufzunehmen.«

Diese Drohung wurde selbstverständlich wahr gemacht. Den Winter 1913/1914 über verbrachte ich alle meine Sonntage bei einem alten Lehrerehepaar. Sie waren ganz nett und haben mich anständig ernährt, aber alle Gespräche drehten sich leider um das Unterrichtsprogramm.

Ich habe nie gewagt, Hansy zu schreiben. Auch sie hat nie von sich hören lassen. Auch Gérard hatte eine andere Patenfamilie zugewiesen erhalten. Es war November 1913, meine Rückkehr nach Brasilien war für Juli 1917 nach dem Abitur vorgesehen.

Im Verlauf des Winters 1913/14 änderte sich die Atmosphäre in der Schule. Vom Februar an reisten einige Schüler überstürzt aus Freiburg ab.

Die Professoren hüllten sich in Schweigen, aber Schüler der oberen Klassen zeigten uns französische Zeitungen, in denen nur von Krieg, Aufrüstung und Revolutionen die Rede war.

Ich weiß noch genau, wie ich die letzten Tage meines Aufenthalts in Europa im Frühjahr 1914 erlebt und vor allem verstanden habe.

Ich war ein brasilianischer Junge und kannte zwei Arten von Kriegen. Die eine Art, das waren die Kriege meiner Kindheit wie der der brasilianischen Seringueros gegen die Indianer oder der Bolivianer. Man sprach von etwa hundert Toten, und das schien uns ungeheuer viel. Wenn das *Jornal do Manaos* darüber berichtete, waren die Kämpfe im allgemeinen seit Wochen oder gar Monaten beendet. An Krankheit starben weitaus mehr Menschen als durch den Krieg.

Die andere Art Krieg lernte ich aus Geschichtsbüchern kennen, vor allem an den Feldzügen Napoleons. Waterloo und die Beresina wurden mir zum Inbild all der Zerstörungswut, die über uns hereinbrechen würde, wenn es zum Krieg kam.

Von Unterrichtsstunde zu Unterrichtsstunde hatte ich auch immer mehr den Eindruck, daß Europa von einer großen Zahl solcher Kriege heimgesucht worden war, aber ich muß zugeben, daß ich sie alle durcheinanderbrachte. Es war mir auch völlig unmöglich, mich wie einige meiner Schulkameraden über die Frage der Rückgewinnung Elsaß-Lothringens für Frankreich zu ereifern. Auf einer Landkarte nahm sich dieses Stückchen Land wirklich winzig aus. Den

Patriotismus der Bewohner dieses Landes verstand ich gut; daß man für ein Stück Erde, das kaum größer war als unsere Besitzungen in Brasilien, den Tod von Millionen Menschen in Kauf genommen hätte, wollte mir nicht in den Kopf. Genauso unfaßbar war es mir, daß im Juni 1914 am Ende des Schuljahres einer unserer französischen Lehrer feierlich erklärte, wir würden ihn im Oktober vielleicht nicht wiedersehen, denn er müsse verhindern, »daß die deutschen Schweine innerhalb eines Tages in Paris stehen«. Was war für einen Jungen, der daran gewöhnt war, auf unseren Besitzungen ganze Wochen auf den Flüssen umherzufahren, schon ein Tag? Diese Art von Reden ging von einem Zeitbegriff aus, der in keinem Verhältnis stand zu den gewiß dramatischen Konsequenzen der Ereignisse, deren unbeteiligter, aber doch etwas trauriger Zeuge ich war.

Dann ereignete sich etwas, was meine Verwirrung noch steigerte. Eines Morgens im Juni 1914 versammelte der Direktor alle Schüler im Schulhof. Das war etwas ganz Ungewöhnliches. Er schien mehr besorgt als bewegt.

»Liebe Kinder«, sagte er, »ihr wißt alle, welch einen schicksalsschweren Augenblick eure Eltern jetzt durchleben. Ich kann nur hoffen, daß die Menschen in Demut vor Gott Vernunft bewahren und es nicht zum Schlimmsten kommen lassen. Die älteren unter euch werden in ihre Heimatländer zurückkehren müssen. Wenn der Augenblick gekommen ist – falls es soweit kommen muß –, dann wünsche ich, daß ihr alle eines nicht vergeßt: daß ihr hier in dieser Schule in der Schweiz, einem Land, das seit 1291, dem Geburtsjahr der Eidgenossenschaft, seinem Ideal des Friedens treu geblieben ist, alle ein einziges und gemeinsames Vaterland habt. Die Genfer und die Zürcher mögen einander kaum. Und trotzdem haben sie sich als Mitglieder eines gemeinsamen Staatsverbandes wenn nicht aus Neigung, so doch aus Vernunft stets an das Ideal des Rütlischwures gehalten, mit dem sich unsere drei ältesten Kantone zusammenschlossen.« Er fügte noch einige Sätze an, die für die jüngsten Schüler bestimmt waren.

Das Ungewöhnliche war, all diese Schüler einem Direktor zujubeln zu sehen, den viele verabscheuten. Viele in der Menge weinten, vor allem die Großen. Trotz der etwas feierlichen Worte dieses

Mannes hatten wir den Eindruck, daß unsere Gemeinschaft vor der Auflösung stand und daß sich vielleicht manche, die heute noch Freunde waren, bald als Feinde gegenüberstehen würden. Was ist aus meinen deutschen, italienischen, russischen und französischen Kameraden geworden? Als ich im August 1914 zusammen mit zwei Argentiniern und einem Jungen aus Uruguay, dessen Vater ein Schweizer Emigrant war, in überstürzter Eile die Schule verließ, hatte ich nicht einmal Zeit, mich von ihnen zu verabschieden. Die Deutschen, die Russen und die Franzosen waren als erste abgereist.

Später habe ich erfahren, daß mein Freund Gérard 1918 an seinem 18. Geburtstag als Freiwilliger eingerückt war. Die langweilige Schüleruniform hatte er gegen eine andere, grausamere eingetauscht. Er wurde mit dem Flugzeug über der deutschen Front abgeschossen. Sein Abitur hat er wohl beim lieben Gott abgelegt.

Wir werden leicht ungerecht gegen das Leben, weil es so schnell verfliegt. Wenn ich in der Einsamkeit des Waldes ein bißchen Weisheit gelernt habe, dann besteht sie darin, mich zu erinnern. Mich zu erinnern und das Wesentliche vom Unwesentlichen zu scheiden.

Als ich noch ein Kind war, auf unserer Farm am Madeira, war ich meinen Eltern ein wenig böse, daß sie mich nicht als reinen Indianer in die Welt gesetzt hatten. Gar zu gerne hätte ich wie meine Großmutter, die Schwester des Kaziken, bei einem Stamm gelebt; ich wäre fast völlig nackt herumgelaufen, hätte mich mit Jagd und Fischfang beschäftigt und hätte mich nicht mit Lesen- und Schreibenlernen abgeben müssen, das mir völlig überflüssig erschien.

Als ich im Pará in der Schule war, sehnte ich mich nach dem Leben auf der Farm, nach der Familienatmosphäre und nach den Lehren Joachims über die Geheimnisse des Waldes. In der Schweiz wollte ich mich umbringen, weil ich so weit von zu Hause weg war, keine Nachrichten von meinen alten Freunden mehr erhielt und das Leben in diesem Internat unerträglich fand.

Als ich zurück in Amazonien war und hart kämpfen mußte, um den Lebensunterhalt für meine Familie zu verdienen, konnte ich mich doch etwas leichter durchschlagen, weil ich in Freiburg eine ganze Menge gelernt hatte. Im Vergleich zu den Problemen, denen ich mich jetzt gegenübersah, kam mir die strenge Zucht des Internats paradiesisch vor.

Immer sehnt man sich in eine frühere Zeit zurück. Auch heute noch, da ich einen Teil des Jahres in Manaus verbringen muß, vergeht kein Tag, an dem ich mir nicht wünsche, wieder allein zu monatelangen Fahrten durch das Innere Amazoniens aufzubrechen. Es gab sogar Augenblicke, wo ich des Lebens überdrüssig war, aber jetzt bin ich entschlossen, es so lange wie möglich zu bewahren, um mich immer wieder aufs neue vollzusaugen mit der Schönheit meines Waldes, um dort den Einbruch der Nacht zu erleben. Die Wasser sind so still und ruhig, daß man immer weiter fahren möchte, fahren und gehen, ohne einer Menschenseele zu begegnen oder von irgend jemand gesehen zu werden...

Viele Jahre lang habe ich anfangs begeistert, dann traurig die Verwandlungen beobachtet, die sich in meinem Land vollziehen. Ich habe gesehen, wie der Fortschritt sich ausbreitet – wie lange werde ich es außerhalb der Zivilisation aushalten? Wird es mir gelingen, jahrelang wie irgendein Indianer von der Jagd, vom Fischfang und von ein paar Pflanzen zu leben? Werde ich bereit sein, ein neues Leben zu beginnen?

Ich zögere nicht eine Sekunde. Die kleinen Vorteile, die ich jetzt am Ende meines irdischen Daseins genieße, bedeuten mir wenig. Ich bin bereit, morgen früh aufzubrechen. Hinter der ersten Flußbiegung habe ich alles vergessen, und es gibt nichts, dem ich nachtrauern würde.

Der westlichen Kultur, Ihrer Kultur, ist es gelungen – wenn man da überhaupt von Gelingen sprechen kann –, innerhalb von vier Jahren aus einem Naturkind einen aufsässigen Erwachsenen zu machen. Ich habe sechzig Jahre gebraucht, um aus dieser inneren Auflehnung zur Ruhe zu kommen und Frieden zu finden. Es waren Jahre des Kampfes und der brüderlichen Verbundenheit mit den Indianern, mit den Tieren und der Pflanzenwelt. Was man »Zaster« nennt, hat für mich, Sebastião, keine Bedeutung.

Verzeihen Sie mir diesen Ausbruch des Zornes. Ich habe zwei Seelen in mir, die eines Indianers und die eines Weißen – eines Weißen wider Willen. Seien wir ehrlich: das Abenteuer der Indianer ist eine schöne Sache. Wenn man es im Kino sieht, kommt man ins Träumen. Aber danach? Worauf warten sie denn, die Weißen? Daß wir alle krepieren? Daß die Stämme am Alkoholismus zugrunde gehen? Daß die Selva eine Dependance der New Yorker Börse wird? Der brave Indianer wird weiterhin dem kleinen Weißen seine Geschichte erzählen. Und am Ende wird auch für Sebastião Bastos mit all seinen Kenntnissen des Waldes, seinen Fähigkeiten als Jäger und dem bißchen zusätzlicher Bildung, das er sich in Freiburg erworben hat, wie für viele andere nur der Tod übrigbleiben. Er war einer von den guten Indianern, also bekommt er zwei Blumen. Daß die Indianer ihre Kinder verbrennen, das gibt es Gott sei Dank nur in den schlechten Filmen. Und wenn es mir einfällt, ein weißes Hemd anzuziehen und eine Krawatte umzubinden? Dann heißt es – ich habe es selbst gehört –: »So ein Indianer wie der da, das ist doch nichts Richtiges.«

Ich liebe die Zivilisation; ich liebe vor allem Frankreich wegen seines Freiheitsideals. Ich habe nie jemand geschlagen, man muß also verstehen, daß ich mich nur schwer damit abfinden kann, immer noch geschlagen zu werden. Wenn die Schläge nicht meinen eigenen Leib treffen, so treffen sie doch den meiner indianischen Brüder – derer, die noch am Leben sind, und das werden von Tag zu Tag weniger.

Zweiter Teil
Endlich wieder an meinem Strom

9. DER ZUSAMMENBRUCH

Die Prüfungen des Frühlings 1914 sind gerade vorüber. Ich habe immer noch Hoffnung, meine Freundin Hansy wiederzusehen. Von meiner neuen Patenfamilie höre ich, daß wir die Ferien in Österreich, in Wien, verbringen werden. Das sind sehr liebenswürdige Leute, aber die Franzosen mögen sie nicht sehr. Von ihnen habe ich die paar Worte Deutsch gelernt, an die ich mich noch erinnern kann. Man hat mir ein paar Mal gesagt, daß ich französisch mit einem leichten deutschen Akzent spreche. Wenn ich den beiden Alten von der Freiheit des Lebens im Urwald erzählte, haben sie mir regelmäßig geantwortet, die Schweizer Zucht werde schon noch einen ordentlichen Brasilianer aus mir machen. Sie glaubten, ein Sommeraufenthalt in Wien, der Hauptstadt des Kaiserreiches, werde mir als Anschauungsbeispiel dafür dienen, was man mit Disziplin und Ordnung erreichen kann. Sie glaubten fest, daß es zum Krieg kommen werde, ließen sich dadurch aber nicht in ihren Plänen stören, denn die Armee des Kaisers Wilhelm würde mit den kleinen Franzosen im Handumdrehen fertig werden.

Am Tag der Schüsse von Sarajewo – einer Stadt, von der ich nicht einmal gewußt hatte, daß es sie überhaupt gibt – gerieten sie beide in eine fürchterliche Wut; ich verstand kein Wort von dem, was sie in deutscher Sprache herumschrien. Ich erinnere mich aber noch an ein seltsames Gespräch, das der Mann mit dem Schuldirektor hatte, als er mich an diesem Abend früher als üblich zurückbrachte.

»Diesmal kommen wir um den Krieg nicht herum«, sagte er. »Dieses schändliche Attentat ist ein Anschlag der Juden und Freimaurer. Es gibt in Frankreich ja nur solches Gesindel.«

»Der Krieg ist sicher eine ganz schlimme Sache. Beten wir zu Gott, daß noch ein Wunder geschieht«, erwiderte der Direktor.

»Was wird aus Ihren Schülern?«

»Unsere französischen Lehrer sind alle dem Aufruf der französischen Armee gefolgt, und deutsche Lehrer beschäftige ich nicht. Die Schüler aber sind fast alle in die Ferien nach Hause gefahren. Ich nehme an, daß der Vater des ›kleinen Indianers‹ kommen wird, um ihn abzuholen.«

»Ich jedenfalls will ihn nicht bei mir behalten. Und wenn wirklich gekämpft werden muß, dann wage ich zu hoffen, daß viele Schweizer begreifen werden, daß es in unserem nationalen Interesse liegt, uns auf die Seite des Kaisers zu stellen. Das ist doch wohl auch Ihre Ansicht, mein Vater?«

»Nicht ganz«, erwiderte der Direktor. »Ich bin Schweizer, ich bin ein Mann der Kirche, und ich bin Direktor einer Schule, in der Kinder aus allen Ländern in Frieden miteinander leben. Ich hoffe also, daß unser Land neutral bleibt. Trotzdem aber habe ich als überzeugter Katholik meine Schüler gelehrt, daß der deutsche Dichter Heinrich Heine sein Vaterland verlassen mußte, weil er Jude war... Das ist eine Frage des Anstands...«

Mein Schulpate wurde wütend und ging türenknallend weg. Und zum ersten Mal hat der Pater Direktor mich in die Arme geschlossen. Er hat mich nicht einmal mit meinem Spitznamen »kleiner Indianer« angesprochen.

»Sebastião«, sagte er, »es ist dir nicht immer leicht gefallen, dich in die Ordnung dieser Schule zu fügen. Bald wirst du in deine Heimat zurückkehren. Die Tiere im Urwald kämpfen nur, um nicht zu verhungern. Hier, auf unserer Seite des Ozeans, sind die Menschen oft schlimmer als wilde Tiere. Einige deiner Klassenkameraden werden wohl bald aufeinander schießen, obwohl sie jahrelang Freunde waren. Als wir euren Erdteil kolonisiert haben, wollten wir euch glauben machen, daß wir eine Kultur brächten. Wir kamen mit dem Kreuz Christi. Unter dem Schutz dieses Kreuzes haben viele der Unseren Verbrechen begangen, sie haben euch euren Besitz und euer Gold weggenommen. Wenn es zum Krieg kommen soll, dann möge es Gottes Wille sein, daß es wirklich der letzte gewesen ist. Vergiß uns nicht, wenn du wieder auf der anderen Seite des Ozeans bist, denke an uns und bete für uns. Sebastião, der Frieden ist das Kostbarste und das, was die Welt am dringendsten braucht. Komm, geh schlafen, mein Junge...«

Innerhalb eines einzigen Abends hatte der Direktor des Collège St. Jean sich völlig verändert. Wie viele andere in Europa war er nur noch ein leidender Mensch...

Drei Tage später verließ ich Freiburg und fuhr nach Genf. Am Bahnhof herrschte ein unvorstellbares Gedränge. In dem Gedränge und dem Stimmengewirr hörte man alle Sprachen. Oft vergißt man die ganz wichtigen Ereignisse, und belanglose Einzelheiten haften einem jahrelang im Gedächtnis.

Ein Schweizer Lehrer begleitete mich bis zum Bahnsteig; er gab mir meine Fahrkarte und Schweizer Geld, von dem ich heute noch einen Fünf-Franken-Schein zu Hause habe, der heute wohl kaum mehr gültig ist. Dieses Geld und mein Messer, das ist alles, was ich an materiellen Erinnerungsstücken von meinem Aufenthalt in diesem Land behalten habe.

»Wenn du am Bahnhof Cornavin ankommst« – der Name blieb mir im Gedächtnis, ich weiß nicht, warum ich ihn komisch finde –, »dann halte dich beim Ausgang rechts. In dem großen Hotel, dem ›Hotel Suisse‹, wirst du mehrere Landsleute von dir finden, die in Kürze repatriiert werden. Den Treffpunkt hat uns die brasilianische Botschaft mitgeteilt.«

Das Hotel habe ich nicht gefunden, aber ich weiß noch, daß ich mich fragte, ob man zum Zeichen der Trauer über den Krieg in Europa die Fahnen umkehrte. Im Bahnhof, draußen auf dem Platz und überall sah ich große Bahnen mit einer farbverkehrten Schweizer Flagge: rotes Kreuz auf weißem Grund statt weißes Kreuz auf rotem Grund. Noch lange nach meiner Rückkehr nach Brasilien war ich der Meinung, es handle sich da um eine lokale Tradition. Erst vor zehn Jahren fiel mir beim Betrachten der Bilder einer französischen Illustrierten, die ich in Manaus gefunden hatte, auf, daß das Zeichen des Roten Kreuzes in Form und Farbe genau der Schweizer Fahne entspricht und nur die Farben vertauscht sind.

Dann aber, nachdem ich von dieser humanitären Organisation erfahren hatte, die vor etwas mehr als hundert Jahren Henry Dunant gegründet hatte, um überall in der Welt den Opfern der

Kriege zu helfen, habe ich mich doch gefragt, wie es möglich ist, daß eine so mächtige und politisch völlig unabhängige Organisation wie das Rote Kreuz niemals, wirklich niemals bis nach Manaus vorgedrungen ist. Tausende von Ingenieuren und Kapitalisten tummeln sich doch jetzt in Amazonien, warum aber hat man nie etwas unternommen, um meine Brüder, die Indianer, vor dem Völkermord zu retten? Diese Frage habe ich oft den Reisenden aus Europa gestellt, aber ich habe nie eine befriedigende Antwort erhalten. Oder sollten die Indianer außer den Managern des Tourismus wirklich niemanden mehr interessieren?

Schließlich fand ich das »Hotel Suisse« doch noch und stellte fest, daß statt »mehreren Landsleuten« fast tausend Brasilianer da waren; sie kamen aus der Schweiz, aber auch aus Frankreich, Belgien, Deutschland... Von meinem Vater hatte ich keinerlei Nachricht, aber Angst hatte ich überhaupt nicht. Wir aßen sehr gut, und zusammen mit drei Jungens meines Alters hatte ich ein schönes Zimmer mit Blick auf den See. Ich schaute diese ruhige Wasserfläche aber gar nicht so gern an, denn sie erinnerte mich an meine Freundin in Luzern, die ich sicher nie mehr wiedersehen würde. Tagsüber gingen wir in den Straßen von Genf spazieren. Überall sah man nur Soldaten mit Stahlhelm und Gewehr. Aus Gesprächen und aus den Zeitungen wußten wir, daß der Krieg schon erklärt war, aber die Schweiz sich neutral verhielt. Das beruhigte uns, obwohl wir nicht verstanden, warum man in einem Land, das sich nicht am Krieg beteiligte, so viele bewaffnete Männer sah. Waffen tragen in der Öffentlichkeit ja nur Soldaten, wenigstens in der Stadt, denn hier im Urwald sind mir Pfeil und Bogen wichtiger als Konservendosen.

Mit der Repatriierung der Brasilianer war Raoul Branco beauftragt, der Sohn des Barons Rio Branco, der zu den tüchtigsten Politikern unseres Landes gehörte. Ohne die Unterstützung der Barone von Branco wäre es dem General Rondon nicht möglich gewesen, bis zu seinem Tod die Indianer im Landesinneren zu beschützen. Zu seinem Gedächtnis hat man eine Provinz nach ihm benannt: Rondonia. Armer General Rondon! Wenn er vom Himmel aus sehen könnte, was heute in der Provinz geschieht, die seinen Namen trägt...!

Noch vor zehn Jahren fand man im Quellgebiet der Aripuana den Stamm der Cintas Largas. Dieses Volk, dessen einziges Verbrechen darin bestand, gerade diesen Landstrich zu bewohnen, war für seine besondere astrologische Begabung bekannt. Einige Ethnologen haben behauptet, es handle sich um Nachkommen der alten Mayas, die wegen der Erdbeben aus ihrer ursprünglichen Heimat hierher geflohen seien.

Dieser Stamm, der aus einigen hundert Familien bestand, wurde von einem einzigen Mann ausgerottet. Die Mittel des Völkermords waren Maschinengewehre, Dynamitbomben und Gift. Dieser Gangster, er heißt Antonio Junquera, wurde von der Regierung für den Mord verantwortlich gemacht, aber es ist ihm nie etwas geschehen; noch letztes Jahr verkaufte er Land, das ihm nicht gehörte, an Ausländer. Man holte sogar zwangsweise Arbeiter aus Nordostbrasilien nach Rondonia für den Bau einer neuen Straße, die ausschließlich den Zwecken Junqueras dient. Die wenigen Überlebenden des Gemetzels bekamen einen »Park« angewiesen. Dort lebten sie bis 1971. In diesem Jahre aber entdeckte man, daß der Boden des Parks sehr reich an Zinnerz war. Der General Medici verbot zwar eine neuerliche Deportierung, erließ aber ein Dekret, das die Jagdgebiete der Indianer um drei Viertel reduzierte. Heute sind nur noch drei oder vier Familien am Leben. Auf den Leichen der Cintas Largas errichten jetzt im Park von Aripuana zehn Unternehmen mit ausländischem Kapital das Gebäude ihrer wirtschaftlichen Macht.

In Genf dachte ich viel mehr an meine schöne Freundin in Luzern als an unsere Farm am Jamari. Nach zehn Tagen brachte uns ein Zug durch den Simplon nach Italien. Im Tunnel blieb der Zug plötzlich stehen; der Strom war ausgefallen, so daß es auch kein Licht gab. Mehrere Stunden mußten wir ohne Essen und Trinken in der Dunkelheit ausharren. Die Männer brüllten die Frauen an, die hysterisch wurden. Die kleinen Kinder schrien vor Angst. Es war auch verboten, die Waggons zu verlassen, in denen wir eng zusammengepfercht waren.

Ich aber hatte in diesem Tunnel ein ganz außergewöhnliches Erlebnis. Ich war völlig ruhig geblieben, so daß meine Nachbarin, die viel älter war als ich, sich zitternd an mich schmiegte. Sie war auf der Rückreise nach Rio, wo ihr Mann an der Einführung des elektrischen Stromes arbeitete, den man in Manaus schon seit 1905 benutzte. Ich habe sie nie wiedergesehen, aber sie hat mir geholfen, Hansy zu vergessen.

Der Zug setzte sich wieder in Bewegung, und drei Tage später kamen wir in Genua an. Der Baron Branco ließ uns sofort an Bord des Passagierdampfers »Brazil« bringen, der trotz seines Namens einer italienischen Reederei gehörte. Die Überfahrt dauerte 40 Tage und verlief ohne Zwischenfälle. Die Franzosen und die Engländer waren Brasiliens Freunde. Nur ein einziges Mal, nach der Straße von Gibraltar, begegneten wir einem Geleitzug von Kriegsschiffen. In Dakar war eine Zwischenlandung vorgesehen, um Proviant an Bord zu bringen. Als wir am Hafeneingang an der Insel Gorea vorbeikamen, stiegen schmerzliche Erinnerungen in mir auf, denn von dieser Festung aus hatten fast alle schwarzen Sklaven Brasiliens mit Ketten an den Füßen ihren Leidensweg angetreten. Sehnen ihre Nachkommen in den Favellas von Recife sich nach den Wäldern Afrikas zurück? Die meisten Touristen denken bei Brasilien nur an Carneval. Was wäre der Carneval ohne die besondere Begabung der Schwarzen für das Festefeiern? In den Sambaschulen Rios und vor allem Bahias quält man sich einundfünfzig Wochen im Jahr mit der Arbeit ab, um sieben Tage tanzen und singen zu können, um für sieben Tage wirklich zu leben. Sieben Tage der Befreiung, der wiedergefundenen Freiheit.

Die Indianer und die Schwarzen leben im Elend. Ihr Leben ist trotzdem eine ununterbrochene Folge von Festen ohne Ende. Der alte Spruch »Brot und Spiele« hat für sie immer noch Gültigkeit.

Auch ich singe unaufhörlich, wenn ich allein in meiner Piroge bin. Aus purer Lebensfreude halte ich Zwiesprache mit den Vögeln.

Kaum hatten wir Dakar verlassen, organisierte der Kapitän ein glanzvolles Fest an Bord der »Brazil«, das »Fest der Mäntel«. Es begann mit einer Rettungsübung, wie wir sie jeden Tag machten. Die Rettungsboote wurden ins Wasser herabgelassen, und von der Kommandobrücke her schrie jemand: »Alle von Bord!«

Glücklicherweise dachte nie jemand daran, diesem Befehl zu folgen. Das hätte eine hübsche Panik gegeben.

An diesem festlichen Abend aber fügte der Kapitän hinzu: »Alle Mäntel ins Wasser!«

Und dann geschah etwas Hinreißendes. Mehr als tausend Heimkehrer warfen Pelz- und Ledermäntel über die Reling, Schals und alles, was auch nur entfernt einem Überzieher gegen die Kälte glich. Wenn man daran denkt, wie viele Menschen erfrieren, war das eigentlich traurig anzusehen, aber für uns Brasilianer war das fast ein so bedeutungsvolles Ereignis wie eine Macumba. All diese Mäntel, die da so jämmerlich an unserem Schiff vorbeitrieben, waren Symbole für unsere Rückkehr in die Heimat, wo wir es nie mehr nötig haben würden, unsere Körper einzuhüllen. So wie die Schlangen im Frühjahr sich häuten, so wechselten auch wir beim Überqueren des Äquators die Haut.

Seit September 1914 weiß ich nicht mehr, was es heißt, warm angezogen zu sein. In den 62 Jahren habe ich es nie erlebt, daß die Temperatur unter 20 Grad sank, fast immer waren es mindestens 30 Grad. Gegen den Regen habe ich mich nie geschützt, ich trage nur kurzärmelige Hemden. Von meiner gesamten Kleidung sind die Stiefel das einzige, dessen Gewicht ich spüre, aber sie sind mehr eine Waffe gegen Schlangen und Skorpione als eine Fußbekleidung.

Drei Tage nach dem »Fest der Mäntel«, bei dem alle Passagiere die ganze Nacht hindurch sangen, tanzten und tranken, kamen wir in Belém an.

Auf dem Kai war ein großes Gedränge von Menschen. Männer und Frauen schrien durcheinander, streckten die Arme hoch und warfen ihre Hüte auf das Deck. Die Schiffssirene heulte ununterbrochen. Es herrschte ein unvorstellbares Tohuwabohu...

Das Anlegemanöver dauerte mehrere Stunden; erst nach Einbruch der Nacht konnten wir an Land gehen.

Diese meine erste Nacht auf brasilianischem Boden seit vier Jahren verbrachte ich auf der Straße. Ich schlief auf dem Rasen einer Allee in Belém ein.

In der Menschenmenge am Hafen war niemand, der auf Sebastião wartete. Genau wie vor dreißig Jahren sein Vater war auch jetzt wieder ein Bastos mutterseelenallein in dem großen Hafen von Belém und wußte nicht, wie die Zukunft für ihn aussehen würde.

Aber ich war vierzehn Jahre alt und schlief, den Kopf auf meinem Koffer, trotz der Müdigkeit und trotz der Ungewißheit ausgezeichnet.

Seit dieser Nacht auf dem Rasen von Belém sind 62 Jahre vergangen. Es war meine erste Nacht als Mann, der allein und ganz auf sich gestellt ist. Seitdem habe ich viele ähnliche erlebt...

Am Morgen erwachte ich völlig durchnäßt von einem Regenguß, den ich gar nicht gespürt hatte. Ich war müde, ohne zu wissen warum, und vor allem unruhig. Der Direktor der Schule hatte mir einen ziemlich großen Geldbetrag ausgehändigt, den mein Vater für den Notfall hinterlegt hatte.

Diese Schweizer Franken in Cruzeiros umzutauschen, war das erste, was ich zu tun hatte. Nachdem ich mich am Brunnen vor dem Municipio gewaschen hatte, suchte ich nach einer Bank. Ich spürte eine ganz ungewohnte Müdigkeit, wahrscheinlich eine Folge des Klimawechsels. Wenn ich wenigstens ein Guaranablatt zu kauen gehabt hätte, dann wäre ich in fünf Minuten wieder in Form gewesen. Dieses Kraut, das man im Wald fast überall findet, ist das beste Tonikum für Kreislauf und Atmung.

»Aber junger Mann, wenn Sie keinen Ausweis haben, können wir Ihr Geld nicht umtauschen... Holen Sie Ihren Vater und kommen Sie mit ihm noch einmal wieder... Sie haben doch dieses Geld nicht etwa gestohlen, vielleicht einem Passagier beim Verlassen des Schiffes, der ›Brazil‹ zum Beispiel, die gestern abend mit lauter Heimkehrern aus Europa angekommen ist?«

»Eben, auf der ›Brazil‹ bin ich ja auch gewesen... Ich komme aus der Schweiz, bin repatriiert worden... Hier ist meine Schiffskarte...«

Viele andere Menschen drängten sich vor dem Schalter, der Bankangestellte hörte mir schon gar nicht mehr zu. Ich weigerte mich aber, mich einfach so abweisen zu lassen, und verlangte nach dem Direktor. Ich war immerhin Sebastião Bastos, der Sohn von Bastos, dem Großgrundbesitzer vom Jamari... ich hatte eine lange Reise hinter mir... Ich reihte Satz an Satz, aber bloß für mich selber, es war ein Selbstgespräch wie in einem Alptraum. Mein Kopf fühlte sich an, als wollte er zerspringen.

»Also los, nun gehen Sie schon und machen Sie unseren Kunden Platz!« Und ich, war ich denn etwa kein Kunde?...

»Geben Sie mir wenigstens soviel, daß ich nach Manaus zu meiner Familie fahren kann!«

Trotz meiner Angst kam mir noch der Gedanke, daß vielleicht tatsächlich niemand meine Eltern benachrichtigt hatte, wann ich ankomme, oder der Brief verlorengegangen war. Der Schalterbeamte zögerte.

»Also gut, gib dein Geld her. Da, hier sind zweitausendfünfhundert Cruzeiros, das langt, um nach Manaus zu fahren, sogar in einer Luxuskabine«, fügte er grinsend hinzu, zufrieden mit dem glänzenden Geschäft, das er auf Kosten eines hilflosen Jungen gemacht hatte.

Was sollte ich tun? Ihm an die Gurgel springen? Schreien? Andere Kunden um Hilfe bitten? Oder schweigend annehmen? Er bot mir nicht einmal zehn Prozent des Wertes der Schweizer Franken, die ich in der Tasche hatte. Ich habe dem Kerl mein ganzes Vermögen gegeben, die zweitausendfünfhundert Cruzeiros genommen und bin hinausgegangen. Die Lektionen, die der Schuldirektor in der Schweiz mir verpaßt hatte, begannen schon Früchte zu tragen: ich lernte, den Rücken zu beugen.

Am nächsten Morgen fuhr ich mit dem »Fernando Alvarez« weiter, dem besten Dampfer Amazoniens. Ziemlich überrascht stellte ich fest, daß nur wenige Passagiere an Bord waren. Der Kapitän kannte niemand in Manaus, der Bastos hieß. Er arbeitete erst seit zwei Jahren für diese Transportgesellschaft. Ich hatte eine zweite Nacht auf dem feuchten Rasen geschlafen und war genauso felsenfest überzeugt wie am Vortag, daß ich auf dem Anlegesteg meine Angehörigen finden würde. Ich gab zweitausenddreihundert Cruzeiros für eine Kabine erster Klasse aus. Zweihundert Cruzeiros waren alles, was mir blieb – der Gegenwert eines halben Dollars.

Die lange Fahrt stromaufwärts begann... Ich dachte an die erste Reise meines Vaters: dreißig Jahre war es her, er hatte keinen Pfennig in der Tasche. Auf beiden Seiten glitten schattenhaft die grünen Ufer vorbei, von Nebelschwaden verhüllt. Es war September und regnete fast den ganzen Tag. Es war nicht die Jahreszeit der heftigen, aber kurzen Gewittergüsse. In feinen Tröpfchen nieselte es

aus den tiefhängenden Wolken, die die Wipfel der Bäume berühr-
ten. Tagsüber blieb es grau, und nachts sah man weder den Mond
noch einen einzigen Stern. Hin und wieder zogen Urubus ihre
Kreise über dem Schiff, sie warteten auf Abfälle aus der Küche.

Die Tage gehen dahin; ich vertreibe mir die Zeit damit, in meinen
Schulbüchern zu lesen. Ich versuche nicht einmal, mir auszumalen,
was nun aus mir werden soll. Ich warte einfach ab, ohne mir
übermäßige Sorgen zu machen.

In Santarem gab es einen Aufenthalt von einem ganzen Tag. Ein
heftiger Sturm peitschte den Fluß; dagegen war der Ozean still wie
ein See gewesen. Der Hafen war menschenleer. Alle hatten sich in
ihre Behausungen verkrochen. Auf dem Amazonas trieben schon
Blechdächer und Bäume von mehr als fünfzig Meter Länge, die der
Sturm entwurzelt hatte. Der Kapitän prüfte unentwegt die Taue,
mit denen das Schiff festgemacht war. Niemand hätte sich jetzt mit
einer Piroge aufs Wasser gewagt. Die übrigen Passagiere kümmerten sich nicht um mich, ich versuchte auch nicht, mit jemand ins
Gespräch zu kommen. Die Atmosphäre schien mir aber doch merkwürdig und ungewöhnlich. Niemand stieß einen Freudenschrei aus,
als der Orkan sich endlich legte und wir weiterfahren konnten.

Ein paar zerlumpte Kinder sahen dem Schiff nach. Wieder der
Fluß mit seinen Ufern, seinen Inseln und Sandbänken, seinen
Delphinen und Krokodilen. Die Männer trugen meist Anzüge aus
gutem Stoff, die offenbar an der Grenze ihrer finanziellen Lei-
stungskraft lagen. Frauen waren nur wenige an Bord. Im Speisesaal
saß ich mit drei Grundbesitzern am gleichen Tisch. Als ich mich
ihnen vorstellte, zuckten sie bei dem Namen Sebastião Bastos
zusammen. Zunächst hatte ich das kaum beachtet. Etwas später aber
wurde mir ihre Reaktion nur zu verständlich...

»Sebastião Bastos, der Sohn des Bastos vom Jamari?«

»Ja, das bin ich.«

»Was willst du tun in Manaus?«

»Ich will zu meiner Familie natürlich, was denn sonst. Ich komme
aus der Schweiz, ich war dort in der Schule. Jetzt ist Krieg in
Europa.«

In diesem Augenblick kam mir ihre Frage dumm und unpassend
vor. Die drei Männer setzten das Gespräch nicht fort; mit der

Erwähnung des Krieges hatte ich ihnen ein willkommenes Stichwort geliefert. Sie überließen mich mir selbst und diskutierten untereinander über die Kämpfe. Alle drei hofften sie auf einen Sieg Frankreichs; sie waren überzeugt, daß Frankreich zusammen mit seinen Verbündeten Deutschland in ein paar Wochen niedergerungen haben würde. Dieser Sieg war notwendig für die brasilianische Wirtschaft, denn die Franzosen waren wichtigere Handelspartner als die Deutschen. Offensichtlich wünschten sie den Sieg der Alliierten mehr aus Geschäftsinteresse als aus Freundschaft für diese Länder. Wo es um den Handel geht, zählen nicht patriotische Gefühle.

Im Augenblick aber interessierte mich dieses Problem herzlich wenig. Wie alle Indianer habe ich einen ausgeprägten Stolz, und daß die drei Männer zu fragen wagten, was ich in Manaus wolle, hatte mich tief verletzt. Schließlich kannte dort jeder meine Familie, und mein Vater genoß hohes Ansehen, nicht nur wegen seines Reichtums, sondern wegen seiner ungewöhnlichen Redlichkeit, die er in dem Milieu der Kautschuksammler bewiesen hatte. Seit vier Jahren hatte ich keine Nachricht mehr von zu Hause, aber auf den Gedanken, daß sich vieles verändert haben könnte, wäre ich nie gekommen.

Jetzt waren wir in Manaus angekommen. Mein Herz pochte heftiger. Ich erkannte alles wieder: die schwimmenden Holzhütten vor den steinernen Häusern, am Ufer das unentwirrbare Gewimmel von Booten jeder Größe, die sich in dieser Jahreszeit des hohen Wasserstandes buchstäblich übereinanderschoben, dann die aus Frankreich importierte eiserne Markthalle und den Bäcker, der mit seiner Piroge alle Boote abklapperte, um sein Brot loszuwerden. Dann die Mestizen, die sich unter der Last riesiger Pirarucus beugten, die sie zum Fischmarkt schleppten. Dann die Massen von Bananen, die zu Pyramiden aufgetürmten Mangofrüchte und Abakachis und das ganze lebhafte Treiben, in dem man so schwer unterscheiden kann, wer da eigentlich Händler und wer Käufer ist. Dieses ganze Leben, das ich mit einem einzigen Blick mir wieder aneigne – es trifft mich wie ein Peitschenhieb und läßt mich die Trostlosigkeit der Straßen und Läden von Freiburg vergessen. Ich bin also wieder zu Hause! Welch ein Glück! Schon morgen werde ich ganz gewiß wieder mit Joachim auf die Tapirjagd gehen. Endlich werde ich meinen Bogen und meine Pfeile wieder benutzen können, von denen ich mich die ganzen vier Jahre nicht getrennt hatte... Die Passagiere laden ihr Gepäck ab. Ich öffne mein ganzes Sein den Düften, den Farben und den Schreien. Wie sehr hat mir das alles gefehlt!... Stundenlang möchte ich diese Freude des Wiederfindens genießen... Der Krieg ist weit weg. Hier in Manaus ist Frieden, das Leben geht weiter, der Wald und alles, was meine Welt ausmacht, hat Bestand. Ich mache mir Amazonien zu eigen als etwas, das mir ganz alleine gehört. Und jeden Augenblick erkenne ich etwas wieder, das ich als einen Teil von mir selbst empfinde.

Kurz vor meiner Abreise nach Europa hatten mein Vater und seine Partner ein Dampfschiff gekauft, einen Doppeldecker. Diese für Amazonien so typischen Schiffe steuern alle kleinen Dörfer und Pflanzungen des Beckens an. Sie sind ziemlich schnell und können mit ihrem flachen Kiel auch Flüsse befahren, die weniger breit als die Seine und vor allem nicht sehr tief sind. Auf dem unteren Deck werden die Waren gestapelt, das obere ist den Passagieren vorbehalten. Das ist so etwas wie der Omnibus Amazoniens. Wenn man an seinem Ziel angelangt ist und aussteigen möchte, sagt man es einfach dem Kapitän. Das ist meistens ein ehemaliger Seringuero, der heilfroh ist, der Plackerei im Wald entronnen und bei der Flußschiffahrt untergekommen zu sein. Unter den Doppeldeckern, die noch heute ihren Dienst tun, gibt es ein paar, die seit einem halben Jahrhundert immer wieder zurechtgeflickt werden; sie sind offenbar unverwüstlich.

Nachdem sich die erste Wiedersehensfreude etwas gelegt hatte, begann ich nach dem Schiff meines Vaters Ausschau zu halten. Mit meinen scharfen Augen, die den Panther im dichtesten Lianengestrüpp erspähen, hätte ich es sofort entdecken müssen. Der Hafen für die großen Dampfer liegt ein gutes Stück oberhalb des schwimmenden Dorfes. Nichts ist zu sehen. In wenigen Minuten hat ein Heer von Mestizen das Gepäck und die Lebensmittel abgeladen. Das Gedränge ist hier nicht so groß wie in Belém, aber die Atmosphäre ist die gleiche. Freudenschreie werden ausgestoßen, Hüte fliegen in die Luft, man winkt mit hochgereckten Armen, Männer schlagen einander auf die Schulter und umarmen sich.

Ausländer sind oft erstaunt, daß sich in Brasilien Männer auf die

Backe küssen, wenn sie sich auf der Straße begegnen. Das Komische daran ist, daß diese Sitte eigentlich aus Europa stammt. Es ist ja nichts anderes als der Friedenskuß der katholischen Religion.

Für mich aber hatte niemand einen Kuß bereit, weder den Friedenskuß noch einen anderen. Niemand wartete auf mich an der Landebrücke oder auf dem Platz vor dem Uhrturm, einer Kopie des berühmten Londoner Big Ben. Ich sah darin die Bestätigung dafür, daß meine Eltern von meiner Rückkehr nichts wußten. Mit welcher freudigen Überraschung würden sie mich begrüßen, wenn ich unser Haus in der Rua Olivera betrat.

Wenn sie sich aber gerade auf unserer Farm am Madeira aufhielten, dann war bestimmt einer meiner Brüder oder eine meiner Schwestern in der Stadt. Ich war so voller Freude über diese unverhoffte Heimkehr, daß ich beschloß, nicht sofort zu unserem Haus zu gehen, sondern erst noch ein bißchen Toilette zu machen; man sollte mir die Erschöpfung der langen Reise nicht ansehen.

Dann hatte ich ein ganz außerordentliches Erlebnis, dessen Bedeutung oder richtiger gesagt »Botschaft« ich erst viele Jahre später verstanden habe; ich sage »Botschaft«, denn darum muß es sich gehandelt haben, davon bin ich heute noch felsenfest überzeugt. Es war da etwas Übernatürliches im Spiel, ich bekam ein Zeichen.

Als ich mir am Brunnen auf dem Platz im strömenden Wasser das Gesicht wusch, fühlten meine Finger auf dem Kinn ein leichtes Stechen. Mein Bart fing an zu wachsen! Hätte mich in diesem Augenblick jemand beobachtet, dann hätte er mich bestimmt für verrückt gehalten. Und verrückt war ich auch wirklich, ich war wahnsinnig vor Freude, Eitelkeit und vor allem Stolz. Ich hatte schon mit zwei Frauen geschlafen, aber trotzdem hatte mir noch das einzige für den Indianer überzeugende Zeichen der Männlichkeit gefehlt: die Bartstoppeln im Gesicht. Die Pubertät setzt bei uns schon sehr früh ein, bei den Knaben spätestens mit dreizehn, bei den Mädchen mit zwölf oder sogar schon mit zehn oder elf Jahren. Vor ein paar Jahren kam in Manaus ein Mestizenmädchen kurz nach seinem zehnten Geburtstag nieder, es war also bei der Empfängnis neun Jahre alt gewesen. Ein ungewöhnlicher, aber keineswegs einzigartiger Fall von Frühreife.

Die Pubertät, also die Fähigkeit zu zeugen oder zu empfangen, gilt aber bei den meisten Stämmen allein noch nicht als ausreichend, um einen Knaben zum Mann oder ein Mädchen zur Frau zu erklären. Dazu muß ein Mädchen voll entwickelte Brüste haben, und beim Knaben muß der Bart am Kinn wachsen.

Nachdem ich mir immer wieder mit der Hand über das Kinn gefahren war, um mich zu vergewissern, daß ich mich wirklich nicht getäuscht hatte, stürzte ich in die nächste Parfümerie. Zum Glück hatte ich noch zweihundert Cruzeiros. Sie reichten aus, um jenes »Käsemesser« zu kaufen, mit dem ich mich zeitlebens rasiert habe. Für Rasierseife hatte ich kein Geld mehr. Ich rannte zum Brunnen zurück und rasierte mich zum erstenmal in meinem Leben, nur mit Wasser, wie ich das bis heute immer getan habe. Daß ich meinen ersten Bartwuchs genau an dem Tag bekam, an dem ich in *mein* Land zurückgekehrt war und *meine* Familie wiedersehen sollte, hatte für mich symbolische Bedeutung.

Auf dem Weg zu unserem Haus ging ich erst einmal in die Kirche St. Sebastian. Lange habe ich dort zu Gott gebetet und ihm gedankt für all die Gnaden, mit denen er meine Kindheit gesegnet hatte. Jetzt, in dieser Minute, war es sein Wille, daß ich zum Erwachsenen wurde.

Dann ging ich weiter, am Amazonas-Theater vorbei, immer den Koffer mitschleppend und meinen Bogen über die Schulter gehängt. Die Leute sahen mir nach, wahrscheinlich wegen des Bogens, das war auf den Straßen der Stadt ein ungewohnter Anblick. Und ich sah die Leute an... Hatte ich Manaus in meinen Träumereien in der Schweiz idealisiert? Hatte ich erwartet, daß alle Leute so elegant gekleidet sein würden wie mein Vater und die Taschen voller Geld hätten? Jedenfalls waren die Fassaden der Häuser, die ich grün, blau und rosa in Erinnerung hatte, vom Regen und Schmutz ganz grau geworden. Die Fahrbahn und die Gehwege waren übersät mit Löchern, so daß man ständig aufpassen mußte, nicht zu stolpern. Von zwei oder drei Männern abgesehen, die die goldene Uhrenkette demonstrativ aus der Hemdtasche heraushängen ließen, waren alle Menschen, denen ich begegnete, schäbig gekleidet, und die Augen blickten fiebrig aus eingefallenen Gesichtern. Es fiel mir auch auf, daß an der Kuppel des Amazonas-Theaters kaum noch etwas von den goldenen Mosaiken übrig geblieben war. Das vor allem machte mich betroffen, denn als ich mit meinem Vater nach Manaus kam, war ich ganz geblendet von dem Glanz dieser Kuppel, von der es hieß, die Goldschicht der Mosaiken sei fast einen Zentimeter stark. Jeder, der in Paris gewesen war, versicherte nach seiner Heimkehr, daß auf dem Invalidendom lange nicht so viel Gold sei wie auf der Kuppel von Manaus... Außerdem waren die Säulen an der Fassade zum Teil umgestürzt; das Theater machte den Eindruck, schon lange nicht mehr in Betrieb zu sein.

Dann wurde mir plötzlich bewußt, daß noch etwas fehlte, und das war das auffallendste: unsere Straßenbahn, auf die wir so stolz gewesen waren, fuhr nicht mehr. An einigen Stellen waren sogar die verrosteten Schienen aufgerissen. Darüber bin ich wirklich erschrocken. Zum erstenmal wurde ich nun doch unruhig. Diese Straßenbahn ist für die älteren Einwohner von Manaus etwas dermaßen Bedeutungsvolles, daß die Stadtverwaltung die beiden Schienenstränge vor dem Hotel Amazonas unter Denkmalschutz gestellt hat. Die Touristen wundern sich ein bißchen über soviel Anhänglichkeit an ein Verkehrsmittel, das schließlich nur sechs Jahre in Betrieb war, nämlich von 1907 bis 1913... Die Gringos verstehen das, jedenfalls die, die aus Kalifornien kommen. Ist denn die Straßenbahn von San Francisco nicht ebenso berühmt wie die unsere? Solche kleinen materiellen Dinge sind oft für das Zusammengehörigkeitsgefühl einer Nation wichtiger als große Reden. In Frankreich würde ein Präsidentschaftskandidat, der für den Abbruch des Eiffelturmes plädierte, bestimmt keine einzige Stimme erhalten.

Endlich kam ich in der Rua Carrera an. Das Haus erkannte ich sofort wieder. Alles ist noch da: das schmiedeeiserne Gitter aus Italien, der gefliste Hof mit dem kleinen Brunnen aus Carrara-Marmor, die geschlossenen Fensterläden. Im Vergleich zu den anderen Häusern wirkt unsere rosagetünchte Fassade sauberer, jedenfalls gepflegt. Ich lasse mir Zeit, der Wirkung meines unerwarteten Auftritts bewußt. Ich setze den Koffer ab, den Bogen behalte ich auf der Schulter. Ich lausche. Drinnen rührt sich nichts. Und wenn niemand zu Hause ist? Wenn die ganze Familie jetzt auf der Farm ist?

Ich hatte keinen Pfennig mehr und hätte die Schiffsreise nicht bezahlen können. Aber ich beruhigte mich bei dem Gedanken, daß ich bestimmt einen Freund meines Vaters finden würde, ich kannte sogar die Adresse seiner Bank. Der Bankier hatte sich immer so tief vor ihm verbeugt, da würde er den Sohn von Bastos bestimmt nicht als Bettler behandeln und seinem Schicksal überlassen.

Trotzdem gelang es mir nicht, der Angst Herr zu werden, die in mir hochstieg, ohne daß ich mir klar war, warum. Ich war wie gelähmt, als hindere mich eine Kraft, die stärker war als meine Muskeln, den Glockenstrang zu ziehen, der zehn Zentimeter vor meiner Nase hing. Mut, Sebastião, sagte ich zu mir selbst, du hast jetzt Bart am Kinn, du bist ein Mann! Was für eine dumme Angst! Alle, die ich liebte, oder doch wenigstens einige von ihnen, schliefen hinter diesem Gitter!

Ich läute.

Langsam öffnet sich die Tür. Aurélien steht vor mir, mit nacktem Oberkörper, schweißbedeckt, das häßliche Gesicht mit der großen Narbe verschwindet fast hinter dem dicken Rauch seiner Zigarre.

Betont langsam steigt er die drei Stufen der Terrasse herab, überquert den Hof und bleibt hinter dem Gitter stehen, ohne es zu öffnen. Ich stehe da wie angewurzelt. Meine Ahnungen verheißen mir nichts Gutes.

»Sebastião, was für eine Freude, dich wiederzusehen! Was machst du hier? Kann ich etwas für dich tun?«

Die Stimme klingt ruhig und scheint von sehr weit herzukommen.

»Sind Papa und Mama nicht da?«

Ich stottere, verhaspele mich in meinen Sätzen. Meine ganze Selbstsicherheit ist dahin.

»In Europa ist Krieg, also... da bin ich. Wo ist Papa, wo ist Geraldo? Wissen sie nicht, daß ich repatriiert worden bin? Erwarten sie mich auf der Farm?... Und du, Aurélien, wie kommt es, daß du in *unserem* Haus wohnst?«

Aurélien antwortete nicht. Das Schweigen schien kein Ende nehmen zu wollen. Wie zum Hohn ließ sich ein Urubu, ein Unglücksvogel, auf dem Dach nieder. Ich konnte es einfach nicht fassen, daß ich, Sebastião Bastos, draußen stand auf dem Trottoir vor unserem Haus in Manaus, und daß Aurélien drinnen war und seelenruhig seine Zigarre rauchte, ohne mir aufzumachen... Das war bestimmt nur ein böser Traum, eine Folge meiner Erschöpfung... Gleich würde alles wieder ganz normal sein.

Ich verlangte nichts, ich sah nur zu gut die blitzende Klinge des Messers, das Aurélien im Ledergürtel stecken hatte... Die Tür blieb verschlossen, aber Auréliens Stimme wurde sanfter, fast liebevoll.

»Fehlt dir etwas, Sebastião? Du bist ja ganz blaß. Geh zum Krankenhaus in der Rua Major, dort wird man dir helfen. Nimm dich in acht, so fängt das an, wenn man das Fieber bekommt...«

Von drinnen hörte ich die schrille, durchdringende Stimme einer Frau. Offenbar eine Weiße.

»Aurélien, was ist, kommst du endlich, Liebling? Wer ist denn da?«

Ich wußte, daß alle Grundbesitzer in Manaus in die Bordelle gingen, auch mein Vater, und daß sie oft die Frauen mit nach Hause nahmen, wenn sie allein waren. Trotzdem, eine Nutte in unserem Haus, am Ende gar im Bett meiner Mutter, das war einfach unfaßbar.

Nach einer Weile schließlich sagte Aurélien, immer noch reglos hinter dem Gitter, fast ohne die Lippen zu bewegen:

»Ich sehe, Sebastião, du bist offenbar nicht ganz auf dem laufenden. Als dein Vater beschloß, dich in die Schweiz in die Schule zu schicken, wann war das doch, wart mal, 1910? oder 11?, ja das wars glaub ich, da hat er deine Brüder nach Rio geschickt, damit sie die Geschäfte lernen, denn er dachte, daß du, weil du mehrere Sprachen sprichst, hier in Manaus das Büro unserer Gesellschaft leiten könntest. So war das doch, nicht wahr?«

Der indianische Grundzug meines Charakters bekam schnell wieder die Oberhand. Ich fragte und antwortete jetzt ruhig und gezielt.

»Ja, Aurélien«, sagte ich. »Wenn kein Unglück geschehen ist, dann hoffe ich doch, daß mein Vater noch immer die Kautschukplantage leitet, zusammen mit seinen Partnern, zu denen natürlich auch du gehörst.«

Ehe er antworten konnte, fuhr ich fort: »Warum läßt du mich nicht herein, ich bin doch hier zu Hause.«

»Nein, Sebastião, du bist hier nicht zu Hause, genauer gesagt, du bist hier *nicht mehr* zu Hause. Es ist allerhand geschehen in der Zeit, als du weg warst, ja, eine ganze Menge. Ich habe jetzt nicht die Zeit, dir das alles zu erklären, komm morgen um neun Uhr wieder.«

Meinen Bogen hatte Aurélien so gut gesehen wie ich sein Messer. Rückwärts ging er die Stufen zur Terrasse hinauf und behielt mich im Auge. Ich hörte, wie er drinnen den Schlüssel im Schloß zweimal umdrehte und dann in ein dröhnendes Gelächter ausbrach, in das die Frau wie ein Echo einstimmte.

Ich stand allein vor der verschlossenen Tür. Meine Verachtung war größer als mein Abscheu vor diesem Menschen. Aber wenn er sich umgedreht hätte, hätte ich wahrscheinlich zu Pfeil und Bogen gegriffen und wäre mit vierzehn Jahren aus Haß zum Mörder geworden. O, ich wäre deswegen vermutlich nicht ins Gefängnis gekommen; den Richtern in Amazonien war eine Abrechnung »unter Männern« schon immer lieber als ein ordentliches Gerichtsverfahren. Zu oft ist es vorgekommen, daß selbst nach einem völlig gerechten Urteilsspruch die Leiche des Richters auf dem Rio Negro oder dem Amazonas trieb. Ohne daß man sich groß darüber aufgeregt hätte. Höchstens ein paar Zeilen in der Zeitung, und schnell ist die Sache vergessen.

»Dreckskerl! Schweinehund! Schuft!« schrie ich und spuckte aus vor Empörung. Der Urubu sah mir gleichgültig zu.

Ich nahm meinen Koffer wieder, schulterte den Bogen und ging zur Kirche zurück. Es hatte zu regnen begonnen. Die Tragik meiner Lage wurde mir gar nicht bewußt. Ich hatte mich auf das sanfte Gesicht meiner Mutter gefreut, und statt dessen hatte mich die Fratze Auréliens angeblickt... Nur er allein war mir also geblieben von dem, was ich vor vier Jahren verlassen hatte. Vielleicht hatte er die ganze Familie umgebracht. Denn wie sonst hätte er sich dieses Haus aneignen können, an dem wir so sehr hingen und zu dem er mir jetzt den Zutritt verwehrte?

Meine Wut wich der Trauer und der Entschlossenheit. Schlagartig brach die Nacht herein, ohne Dämmerung, wie immer am Äquator.

Das war der Augenblick, in dem ich in der Pfütze niederkniete und Sebastião Bastos, der Mann ohne Hut, wurde. Ich habe meine verlorene Kindheit zu Grabe getragen; über einem Friedhof würden von nun an die Kautschukbäume ihre langen Zweige breiten, bis ich uns Gerechtigkeit geschafft hätte.

Jetzt mußte ich mein ganzes indianisches Temperament zusammennehmen und beherzt der Zukunft ins Auge sehen. Es gab keinen Weg zurück in das bequeme Glück.

10. DIE ENTSCHEIDUNG

Die Worte, die ich gesprochen hatte, waren ein feierlicher Eid. Die Entschlossenheit, ihn augenblicklich in die Tat umzusetzen, verscheuchte meinen Zorn und gab mir neue Zuversicht. Wie ein Bogen war ich für einen kurzen Moment erschlafft gewesen und hatte jetzt meine mächtige Spannkraft wieder. Jedenfalls aber mußte ich erst einmal bis morgen früh warten, zumindest um Näheres zu erfahren. Ich machte mir nicht einmal klar, daß ich völlig ohne Geld in Manaus war und weder etwas zu essen hatte noch ein Dach über dem Kopf noch eine Gelegenheit, meine durchnäßten Kleider zu trocknen.

In der Hoffnung, Freunde meines Vaters zu finden, ging ich wieder zum Hotel Amazonas zurück, das in der Nähe des Hafens liegt. Immer noch war ich betroffen von dem traurigen Anblick der Stadt und der Niedergeschlagenheit ihrer Bewohner. Vor vielen Geschäften waren die Läden heruntergelassen. Zwischen 1914 und 1915 ist die Einwohnerzahl von Manaus tatsächlich um 50 Prozent zurückgegangen.

Auf der Terrasse des Hotels Amazonas, das noch heute das beste Hotel von Manaus ist, sah ich Firmino. Das war ein Mestize aus dem Staat Pará, der zu uns gekommen war, kurz bevor ich nach Belém in die Schule ging. Von ihm hatte ich viele nützliche Informationen über seine Heimat erhalten, über die Tier- und Pflanzenwelt und vor allem über die Stadt Belém. Dort war ich ziemlich entsetzt, als man uns einmal in den Zoo führte, der zu den reichhaltigsten der Welt gehört. Alle Tierarten Südamerikas fand man da, aber eingesperrt in Käfige. Ich weiß nicht, ob dieser Zoo heute noch existiert, aber beim Anblick all dieser Tiere, die ihre Freiheit verloren hatten, wurde mir übel.

»Sebastião«, rief Firmino, »was für eine Freude, dich wiederzusehen! Komm, laß uns auf der Hotelterrasse einen Cafezinho trinken. Welche Freude, dich wiederzusehen! Aber was für ein furchtbares Unglück, nicht wahr?«

»Welches Unglück? Firmino, erzähl mir schnell, ich weiß ja gar nichts, ich habe niemand gesehen außer Aurélien. Er hat mir nur gesagt, daß uns das Haus nicht mehr gehört, und mir die Tür vor der Nase zugemacht. Wirst du mich beruhigen oder mir noch mehr Angst machen?«

»Der Dreckskerl...«

»Was ist mit meinem Vater, meiner Mutter?«

»Deine Mutter wohnt zwei Quadras von hier in einem Häuschen, das sie gemeinsam mit Joachim gemietet hat. Deine Schwestern sind in Belém, deine Brüder haben sich in Rio niedergelassen und kümmern sich wenig um das Unglück der Familie.«

»Und mein Vater?«

»Ach, Sebastião, als ob die Gummikrise nicht schon genug gewesen wäre, um ihn krank zu machen! Dann ist er auch noch ausgerutscht oder *jemand* hat dafür gesorgt, daß er ausrutschte, an dem kleinen Wasserfall, du weißt schon, der hinter der Lagerhalle, und hat sich zwei Rückenwirbel gebrochen. Man hat ihn nach Manaus gebracht, aber weil er viel hustete, ist er letztes Jahr nach Lissabon gefahren, um sich dort in einem Krankenhaus behandeln zu lassen.«

»Ja, richtig, aus Lissabon habe ich tatsächlich einen Brief bekommen. Aber mein Vater sprach darin weder von seiner Krankheit noch von seinen Schwierigkeiten.«

»Er wollte wohl nicht mehr sagen, um dich nicht zu beunruhigen. Er wünschte sich, daß du die Schule abschließen solltest, um dann zu retten, was noch zu retten war. Und dann ist dieser verdammte Krieg dazwischengekommen. Das hat die Sache für uns nicht gerade besser gemacht.«

»Sag mir alles, bevor ich zu meiner Mutter eile, um sie zu umarmen. Ich bin ein Mann. Ist mein Vater noch in Lissabon?«

»Nein, man hat ihn heimgebracht in das Dorf, wo er geboren ist, im Staat Ceara. Er wollte lieber dort sterben.«

»Ist er tot?«

»Ich weiß es nicht, Sebastião. Schon seit Wochen habe ich deine Mutter nicht mehr gesehen, ich glaube nicht, daß ich ihr viel helfen kann. Sicher ist nur, daß es ihm vor ungefähr einem Monat sehr schlecht ging, aber er war noch am Leben.«

»Und unsere Besitzungen?«

»Die gibt es nicht mehr, Sebastião. Nichts, absolut nichts. Nachdem dein Vater nach Portugal gegangen war, kam Aurélien mit einem Stück Papier zu deiner Mutter. Das trug den Briefkopf eines Notars in Manaus, und mit der Schreibmaschine stand da geschrieben, daß die Schulden deines Vaters gegenüber seinen Geschäftspartnern größer waren als sein Anteil am Grundbesitz und daß er, wenn er sich nicht mehr um die Geschäfte kümmern könnte, alles den vier anderen oder ihren Erben abtreten würde. Die Unterschrift deines Vaters war perfekt imitiert. Deine Mutter hat Aurélien geglaubt, trotz der Hartnäckigkeit, mit der Miguels Frau das Gegenteil beteuerte. Leider können Miguel und die beiden anderen nicht mehr befragt werden. Als sie gerade in der Lagerhalle darüber diskutierten, wie sie sich gegen Aurélien verhalten sollten, brach dort »zufällig« Feuer aus, und im Nu war alles verbrannt. Ja, Aurélien hat rasch gehandelt. Er hat noch einmal den schweinischen Notar in Manaus aufgesucht, und jetzt ist er also Alleinbesitzer der ganzen Ländereien und Häuser... Die Frauen haben das bißchen persönliche Habe genommen, das sie hatten, und sind nach Manaus gekommen. Ich habe eine Anstellung als Buchhalter auf dem Fischmarkt gefunden, davon kann ich leben, ich brauche ja nicht viel. Besonders glänzend ist die Lage aber auch für Aurélien nicht. Seit zwei Jahren verkaufen die Engländer ihren asiatischen Kautschuk, und seitdem ist der unsere im Preis um 90 Prozent gefallen. Die Seringueros haben die Pflanzungen verlassen und arbeiten jetzt an der Eisenbahnlinie von Porto Velho. Als ob wir in Amazonien Züge bräuchten. Dabei sind noch einmal ein paar Tausend Menschen umgekommen, aber die Militärs und Indianermörder haben es jetzt seit dem 30. April 1912 bequem und können mit der Bahn herumfahren... Ich bin fertig, Sebastião, ich habe dir alles gesagt. Es hat mir gut getan, darüber sprechen zu können, seit zwei Jahren schleppe ich das wie einen Alptraum mit mir herum.«

Ich war wie ein verwundetes Tier. Die Wunde tat sehr weh, aber inzwischen ist sie vernarbt, es sind viele Jahre darüber hingegangen. In der Natur habe ich den Frieden gefunden. Morgen bin ich vielleicht Urgroßvater; das, worauf es letztlich ankommt, ist also außer Gefahr. Für Aurélien war nur der tote Partner ein guter Partner. Vor allem, wenn er Indianer war...

Ich habe seitdem kein einziges Mal einen Hut getragen, und ich gebe die Hoffnung nicht auf, daß ich lange genug lebe, um meinen Schwur zu halten. Wie stolz werde ich sein, wenn ich als mein Erbe das aufgeschlagene Buch eines Lebens hinterlasse, das zwar voller Fehler ist, denn schließlich bin ich ein Mensch, aber bis zum letzten Atemzug frei von Charakterlosigkeit. Ich brauchte dazu nur dem Beispiel meines Vaters zu folgen.

Wie alle mutigen Seringueros, die dem Alkohol widerstanden und vom Fieber verschont blieben, war mein Vater sehr schnell reich geworden. Innerhalb von nicht einmal fünf Jahren war er einer der wohlhabendsten Plantagenbesitzer des Amazonasbeckens und hatte zusammen mit seinen Partnern den größten Grundbesitz des Jamari-Gebiets...

Das wenige, was ich von den Schwierigkeiten, Kämpfen und Leiden wußte, die er durchstehen mußte, bis er es geschafft hatte, kannte ich nur indirekt aus den Erzählungen meines Vaters und seiner Teilhaber. Von dem Tag an, wo ich alt genug war, um die Grundzüge des Lebens zu verstehen, bis zu meiner Begegnung mit Firmino am Abend meiner Heimkehr war mir alles sehr einfach vorgekommen. Von der Mutter her war ich Indianer und vom Vater her Caboco, aber die Arbeit und die Rechtschaffenheit meiner Eltern hatten mir die Armut der Indianer und die Leiden der Seringueros erspart. Ich hatte kein anderes Ziel im Leben, als den Familienbesitz zu verwalten und mir dabei meine doppelte Lehrzeit zunutze zu machen: die bei Joachim für das Leben im Wald, die der Schuljahre für eine gute Geschäftsführung.

Keinen Augenblick wäre ich auf den Gedanken gekommen, daß

ich eines Tages genauso mittellos dastehen könnte wie mein Vater, als er in Belém arbeitete... Ja, gewiß, Aurélien traute ich nicht recht, aber ich fühlte mich trotz allem stark genug, mich meiner Haut zu wehren.

Was Firmino mir erzählt hatte, lastete so schwer auf meinen jungen Schultern, als wäre der ganze Urwald über mir zusammengebrochen und ich für immer darunter begraben.

»Hör zu, Sebastião, deine Mutter und Joachim rechnen nicht mit dir. Es hat keinen Zweck, jetzt Dummheiten zu machen.«

»Ich will Aurélien töten.«

»Na gut, Sebastião, du brauchst ja nicht auf mich zu hören. Du hast deinen Bogen und deine Pfeile, das Holz ist noch gut, der Aufenthalt in Europa hat ihm nichts ausgemacht. Du legst dich an der Straßenecke auf die Lauer. Aurélien kommt heraus, du zielst aufs Hirn, Aurélien fällt um. Morgen früh stehen dann fünf Zeilen in der Zeitung, daß der junge Sebastião Bastos den Gläubiger seiner Familie ermordet hat, dem sein total verschuldeter Vater seine ganzen Besitzungen verkaufen mußte. Das Risiko, das du eingehst, ist in deinem Alter und in deiner Lage nicht sehr groß. Schlimmstenfalls stirbst du in einer Gefängniszelle am Sumpffieber...«

»Das alles ist nicht wahr!« schrie ich und stampfte mit dem Fuß auf. »Nie im Leben wäre mein Vater fähig gewesen, das Hab und Gut der Seinen zu verprassen. Aurélien ist ein Räuber und Mörder; auch mich hat er schon einmal umbringen wollen, weil er Edelsteine vor seinen Partnern verheimlichte und sie zum eigenen Profit verkaufen wollte. Ich hatte ihn ertappt, und er schwor mir den Tod, falls ich nicht den Mund hielte. Ich habe das Recht, Rache zu nehmen, oder nicht? Und die Richter, der Gouverneur, alle korrupt, alle bestochen, von Aurélien natürlich, er hat sie gekauft, diese Lumpenhunde...«

»Schrei nicht so laut, Sebastião. Heute hat Aurélien tatsächlich mehr Freunde in Manaus als du und ich. Du triffst mit deinen Pfeilen selten daneben, aber andere können vielleicht mit dem Gewehr genauso sicher zielen. Warum weinst du?«

»Ich weiß nicht, ich weine doch gar nicht, ich versuche nur, zu begreifen...«

»Ich verstehe deinen Schmerz. Du hast mich getroffen, du warst nicht darauf gefaßt. Heute abend kommst du zu mir, viel Platz habe ich nicht, aber für eine weitere Hängematte wird es wohl noch reichen. Und dann überlegen wir zusammen, wie wir uns zu verhalten haben.«

»Firmino, ich muß zu meiner Mutter... Warum nur hat mir mein Vater nie geschrieben? Zwei Briefe in den ganzen vier Jahren...«

»Was hätte das schon genutzt? Los, komm, wir werden uns den Tucunaré braten, den ich heute früh geangelt habe. Morgen werden wir weitersehen... Und vor dem Schlafengehen nehmen wir einen tüchtigen Schluck Cachassa. In deinem Alter kannst du schon mal ein Glas trinken, ohne deshalb gleich Alkoholiker zu werden.«

Trotz meines glühenden Verlangens, so schnell wie möglich meine Mutter wiederzusehen, nahm ich Firminos Vorschlag an. Er bewohnte im zweiten Stock eines kleinen Hauses ein einziges Zimmer, in dem er arbeitete und schlief – ein bißchen wie meine kleine Baracke am Rio Negro. Den ganzen Abend hatte ich angestrengt versucht, zu lächeln. Firmino erzählte Geschichten, von der Tapirjagd, von einer Schlange, die er im Zimmer der Frau von Miguel, der Schwester meiner Mutter, stundenlang zu fangen versucht hatte. Er tat, was er konnte, um mich abzulenken. Es gelang mir nicht, meine Trauer zu verbergen, und noch weniger, auf all die vielen Fragen eine befriedigende Antwort zu finden. Schließlich war ich aber doch eingeschlafen. Der Duft eines guten Kaffees weckte mich auf.

Firmino, frisch rasiert und in einem geblümten Hemd, saß an einem aus alten Cognackisten gebastelten Tisch und war in seine Rechnungen vertieft. Ich nehme an, er war darauf gefaßt, daß ich ihn ausfragen würde; um mir zuvorzukommen, brachte er mir eine Tasse Kaffee und setzte sich ans Ende der Hängematte.

»Hör zu, Sebastião, die Abrechnung mit Aurélien ist etwas, das sich nicht an einem Tag erledigen läßt. Das kann Monate oder auch Jahre dauern. Das Schuldanerkenntnis deines Vaters ist gefälscht, da bin ich ganz sicher. Aber man muß es beweisen können. Das Papier für den Verkauf des Gutes, von deiner Mutter unterzeichnet und beurkundet, ist echt und gültig. Du verstehst?«

»Ganz und gar.«

»Gut. Das von Frau Bastos unterschriebene Dokument kann erst für ungültig erklärt werden, wenn Aurélien überführt ist. Anwälte gibt es genug, aber sie sind alle oder fast alle Freimaurer, und diesem allmächtigen Orden gehört auch Aurélien an. An den Freimaurern kommst auch du nicht vorbei, wenn du irgend etwas bei den Richtern beweisen willst.«

Es war das erste Mal, daß ich von den Freimaurern reden hörte. Das erste, aber nicht das letzte Mal... So merkwürdig das auch klingen mag, die Loge von Manaus war immer eine der bedeutendsten in ganz Südamerika. Ihre Riten, die von den Holländern und Portugiesen nach Brasilien importiert wurden, haben sich mit einheimischen Traditionen wie der Macumba verschmolzen. Auch wenn niemand es zuzugeben wagt: außer den Indianern sind alle Brasilianer von Geburt an Macumbisten.

»Versuch also, Aurélien zu vergessen«, fuhr Firmino fort. »Auf jeden Fall kannst du juristisch ohne Einwilligung deiner Mutter nichts unternehmen, bis du sechzehn bist, und es wäre Wahnsinn, deine Mutter da mit hineinzuziehen.«

»Warum hat meine Mutter sich damit abgefunden, daß nichts zu machen ist?«

»Sie hat sich nicht abgefunden, und ganz bestimmt braucht sie dich sehr. Aurélien kennt kein Erbarmen. Im Augenblick darf keiner von uns auch nur den kleinsten Fehler machen, das wäre der Tod.«

»Er erwartet mich heute morgen.«

»Geh nicht hin. Das wichtigste ist jetzt, nach Humaytha zu gehen. Dort triffst du José, er hat deinen Vater nach Ceara begleitet. Ich habe gehört, daß er vor einem knappen Monat zurückgekommen ist. Er arbeitet im Rathaus, dort kannst du ihn finden. Von dort fährst du weiter nach Porto Velho und nimmst das erste Schiff nach Belém. Dort mußt du selber sehen, wie du zurecht kommst. Wenn dein Vater noch lebt, mußt du so schnell wie möglich zu ihm, denn er ist der einzige, der die Lage noch retten kann. Er hat bestimmt noch Dokumente, einen Teilhabervertrag oder was weiß ich, irgendein Papier, aus dem eure Eigentumsrechte hervorgehen. Seitdem Aurélien von Manaus aus die Plantage leitet, sind auch noch die letzten Seringueros abgehauen, die Produktion ist praktisch zum

Stillstand gekommen. Keine drei Schiffsladungen im Jahr, herange-schleppt von ein paar erschöpften Mestizen, die ein paar schäbige Groschen für ihre Ware bekamen und nicht mehr die Kraft hatten, zu den Bäumen zurückzukehren. Wenn es aber das Unglück will, daß dein Vater tot ist, dann komm zurück, und wir werden weiterse-hen. Hier hast du zehntausend Cruzeiros. Hör aber auf meinen Rat und geh heute nicht aus; ich werde für dich einen Platz auf dem Schiff besorgen. Wenn du ausgehst, könntest du zufällig deiner Mutter oder Joachim begegnen. Das würde unseren ganzen Plan über den Haufen werfen, das Unternehmen wäre gescheitert, ehe es begonnen hätte.«

»Aber Aurélien weiß, wo meine Mutter wohnt, und wenn ich heute nicht komme, geht er zu ihr und erzählt ihr die ganze Geschichte von gestern abend. Sie wird vor Gram sterben, wenn sie erfährt, daß ich in Manaus bin, ganz in ihrer Nähe, aber nicht zu ihr geeilt bin.«

»Kann sein. Für einen Tag müssen wir das Risiko in Kauf nehmen. Morgen aber, sobald das Schiff den Anker gelichtet hat, gehe ich zu deiner Mutter und sage ihr die Wahrheit. Sie liebt dich innig und leidet so sehr unter der Ungewißheit, ob ihr Mann noch lebt, daß sie verstehen wird, daß es für dich das wichtigste war, sofort an das Krankenlager deines Vaters zu eilen.«

»Ohne sie auch nur für eine Minute gesehen zu haben?«

»Überleg mal, Sebastião: indem du es über dich bringst, diese Stadt zu verlassen, ohne die unglückliche Frau, die dir das Leben gegeben hat, auf die Stirn zu küssen, beweist du eine gewaltige Willenskraft, die für einen Jungen deines Alters bewundernswert ist. Stimmts? Ja, es stimmt. Also werde ich ihr erzählen, wie stark und mutig du bist, und das wird sie nach so vielen Leiden eher trösten, denke ich... Gut, ich lasse dich jetzt allein, du hast ja deine Bücher. Aber hör auf mich und überleg es dir nicht plötzlich wieder anders, es geht hier nicht nur um dich, sondern um die Interessen aller, die seit fast dreißig Jahren am Jamari gearbeitet haben. Ich war bei den letzten, die kamen, als es schon ziemlich vorbei war, aber ich habe doch auch ein bißchen mein Herz dran verloren... Ich geh jetzt ins Büro, und du BLEIBST HIER, verstanden? Es ist noch etwas Tucunaré da und Maniokfladen.«

Die letzten Sätze hatte Firmino mit großem Nachdruck gesagt. Ich hatte Vertrauen zu ihm, er war nicht wie Aurélien. Er kam aus Pernambuco, und mein Vater war mit seiner Arbeit immer zufrieden gewesen.

Kann man sich vorstellen, was ein Junge von vierzehn Jahren empfindet, wenn so das Unglück über ihn hereinbricht und eine Verantwortung auf ihn zukommt, die er gar nicht tragen kann? Es war aber doch ein großer Unterschied zwischen diesem Schmerz, dieser Angst, und meinen Gefühlen bei der Ankunft in der Schweiz. Hier in Amazonien war ich mir der Gefahren immer bewußt; mit dem Instinkt des Indianers habe ich sie vorausgeahnt, ehe sie sich einstellten. Die Schlange am Weg wittere ich, bevor ich sie sehe; wenn Sie so wollen, kann man sagen, daß ich mich hier aktiv fühle, während ich in der Schweiz die Empfindungen und Informationen nur passiv registrieren konnte. Sich in einem so grenzenlosen Universum wie Amazonien ein bißchen auskennen, ist keine Sache des Intellekts; nur durch sehr viel Erfahrung kann man in diese Wirklichkeit ein wenig eindringen.

Einen Tag nach dieser Heimkehr, die so ganz anders verlief, als ich sie mir vorgestellt hatte, war ich wieder völlig Herr meiner Fähigkeiten und hatte die Haut eines europäisierten Indianers abgestreift. Meine Verwirrung und auch meine Angst verschwanden, als Firmino das Haus verlassen hatte und zu seiner Arbeit auf dem Fischmarkt gegangen war. Ich sah ihm nach, wie er langsam wegging und immer wieder stehen blieb, um Leute zu begrüßen, die ihm begegneten; im allgemeinen waren sie ziemlich schäbig gekleidet. Vielleicht täuschte ich mich, aber ich hatte den Eindruck, daß Firmino ihren Gruß mit einer gewissen Herablassung erwiderte.

Der Indianer versteht auch ohne Worte, wer von den Weißen als Freund kommt und wer nicht. Die Stämme, die man ausgerottet hat, waren sich der Gefahr, die ihnen drohte, völlig bewußt; sie wehrten sich nur deshalb nicht, weil gegen die materielle Übermacht des Feindes jeder Widerstand zwecklos war. Was können schon Pfeil und Bogen gegen Flugzeuge und Hubschrauber ausrichten, die die Dörfer mit Maschinengewehren zusammenschießen?

Nach so langer Zeit kann ich nicht mehr exakt angeben, wann

genau die Dinge sich abgespielt haben. Jedenfalls aber habe ich nicht meine Bücher genommen, als Firmino gegangen war, sondern alles überschlagen, was er mir mitgeteilt hatte, auch seinen Wunsch, daß ich Manaus so schnell wie möglich verlassen und nach meinem Vater suchen sollte. Bei ruhiger Überlegung kam es mir doch ziemlich unglaubwürdig vor, daß meine Mutter, die weit über das durchschnittliche Maß an Familienbindung hinaus an ihrem Mann und ihren Eltern hing, hier in Manaus leben sollte, ohne sich darum zu kümmern, was aus dem Mann geworden war, dem sie ihre Jugend geschenkt und für den sie auf alle Privilegien einer Schwester des Kaziken verzichtet hatte. Warum sollte sie hierhergekommen sein, statt zu ihrem Stamm im Wald zurückzukehren, wo sie es gewiß besser gehabt hätte als in einer feindseligen Stadt? Ich beschloß hinauszugehen.

Mein Instinkt hatte mich nicht getrogen, und darüber empfand ich nicht nur Stolz, sondern auch eine gewisse Genugtuung. Versteckt hinter den Kokospalmen der Allee in der Nähe unseres Hauses, wartete ich, daß Aurélien herauskäme. Es dauerte keine Viertelstunde, bis die Tür aufging. Da stand Aurélien mit nacktem Oberkörper, so häßlich wie immer, und wie am Tag zuvor hatte er das Messer im Gürtel stecken. Vor irgend etwas hatte er also Angst, denn wer ein ruhiges Gewissen hat, braucht in seiner Wohnung keine Waffe zu tragen.

Ihm gegenüber Firmino. Natürlich konnte ich nicht hören, was die beiden Männer sagten. Aber die Art und die lange Dauer der Umarmung, mit der sie zum Abschied ihre beiderseitige Zufriedenheit ausdrückten, genügte mir.

Es gab keinen Zweifel mehr: Firmino arbeitete für Aurélien. Die beiden Schufte lachten sich wohl ins Fäustchen, daß ich nach meiner kurzen Begegnung mit Aurélien zufällig am Hotel Amazonas dem ehemaligen Buchhalter der Plantage über den Weg gelaufen war.

Meine Intuition als Indianer und die analytische Rationalität, die ich bei den Schweizer Professoren gelernt hatte, ergänzten sich zum erstenmal vollkommen. Innerhalb einer Sekunde hatte ich mir Gewißheit verschafft, wie die Dinge wahrscheinlich lagen. Alles, was Firmino gesagt hatte, war vermutlich richtig. Wenigstens in seinem wesentlichen Kern: der wirtschaftliche Niedergang auf unseren Besitzungen, die Krankheit meines Vaters, die Verbrechen Auréliens, auch daß meine Mutter und Joachim in Manaus lebten, schließlich die Gefahren dieser Stadt, wo wie im Dschungel der schlaueste oder am besten Bewaffnete überlebte. Die Sache mit den Freimaurern verstand ich nicht ganz, aber alles übrige war auf eine deprimierende Weise logisch.

Arbeitete Firmino aus freien Stücken oder gezwungenermaßen für Aurélien? Er wußte, wie sehr ich meine Eltern liebte, und kannte meine durch die Studien entwickelte Intelligenz, wie ich es ohne falsche Bescheidenheit nennen muß. Deshalb wollte er um jeden Preis verhindern, daß ich meine Mutter und Joachim sehe, dessen treue Verläßlichkeit offensichtlich war. Also schien es ihm notwendig, daß ich so schnell wie möglich aus Manaus verschwinde. Ich war dumm genug gewesen, in die Falle zu gehen, und mußte nun sehen, wie ich wieder heraus kam. Dazu mußte ich zum Schein Firminos Spiel mitspielen, sei es auch nur des Geldes, das er mir gegeben hatte, und der Schiffskarte wegen, die er mir am Abend bringen wollte. Ich hatte auch gesehen, wie Aurélien Firmino ein Bündel Cruzeiroscheine gab. Daraus schloß ich, daß Firmino zu Aurélien gegangen war, um sich für seine Intrige honorieren zu lassen. Vielleicht war es gar nicht ein abgekartetes Spiel zweier Gangster, sondern Firmino wurde mehr aus Geldgier und Angst zum Komplizen Auréliens.

Firmino sah mich nicht, als er an meinem Versteck vorbeiging; ich hatte noch Zeit, hinter meinem Baumstamm zu verschwinden. Er ging zum Theater zurück, ich aber lief zum Tor und zog die Glocke...

Aurélien kam heraus. Er versuchte zu lächeln und zeigte sich überhaupt nicht überrascht, daß ich kam, schließlich hatte er mich ja herbestellt. Ich konnte also immerhin eine gewisse Selbstbeherrschung an ihm feststellen. Denn sicher hatte Firmino ihm versichert, daß ich nicht käme, da er mir ja eingeschärft hatte, den ganzen Tag das Haus nicht zu verlassen...

Diesmal öffnete Aurélien das Tor, aber ins Haus ließ er mich nicht. Wir setzten uns nebeneinander auf den Rand des Brunnens.

»Sebastião«, sagte er, »eben war Firmino bei mir. Er sagt, er habe dir von all dem Unglück erzählt, das über uns hereingebrochen ist.«

Dumm war er nicht, dieser Aurélien! Ich mußte den noch Gerisseneren spielen.

»Aurélien, seit dem Tag, an dem ich erfuhr, daß du meinen Vater, die anderen Geschäftspartner und damit auch alle unsere Arbeiter bestohlen hast, die sich an den Bäumen abplagten, habe ich dich immer verabscheut. Du weißt, ich hätte dich töten können, aber ich habe es nicht getan; im Gegensatz zu dir werde ich niemals zum Mörder werden.«

»Ich habe nie von dir verlangt, daß du mich gern hast. Im übrigen habe ich niemanden bestohlen, ich habe nur meine Rechte gewahrt und mein Geld nicht wie dein Vater und andere hier in Manaus mit Weibern und Champagner verjubelt.«

»Du Lump!«

Das Wort war mir wider Willen herausgefahren, aber ich habe es nicht bereut, um so weniger, als Aurélien sich beherrschen konnte.

»Mit einem Messerstich könnte ich dich zum Schweigen bringen, mein Junge, aber ich werde dich nicht töten, ich lege keinen Wert darauf, Unannehmlichkeiten zu bekommen. Obwohl es genügen würde, dir einen Stein um den Hals zu binden; die Piranhas würden schon dafür sorgen, daß keine Spur von dir bleibt. Deine Mutter tut mir leid, und in Erinnerung an deinen Vater lasse ich dich laufen. Aber ich gebe dir heute den gleichen Rat wie vor zehn Jahren: misch dich nicht in meine Angelegenheiten, das ist alles. Was dieses Haus angeht, so wird dir deine Mutter bestätigen, daß sie es mir völlig freiwillig überlassen hat, um die Schulden deines Vaters zu zahlen... Dein Vater war ein Ehrenmann, aber seine Geschäfte hat er ziemlich schlecht geführt.«

Dieses nach Alkohol stinkende Vieh hatte die letzten Worte mit einem so zärtlichen Tonfall gesagt, daß ich, wenn ich nicht gewußt hätte, daß er zu allem fähig war, beinahe tatsächlich geglaubt hätte, daß mein Vater nicht imstande war, die Plantage zu verwalten.

»Morgen fährst du also nach Humaytha. Es hat keinen Zweck, zur Farm zu gehen, dort ist alles vorbei, es gibt keinen Markt mehr für den Kautschuk. Die Borracha-Ballen verrotten im Hafen. Noch ungefähr zehn Seringueros sind dageblieben; sie glauben wohl, daß es irgendwann wieder aufwärts geht. Wenn du willst, obwohl du noch so jung bist, dann schenk ich dir die Hütte eines Seringuero, der tot oder weggegangen ist; in Porto Velho habe ich einen Korrespondenten, der dir den Gummi abkaufen kann. Natürlich nicht teuer; reich werden wie dein Vater wirst du nicht, aber du bist ja ein guter Jäger und ausgezeichneter Fischer und wirst nicht verhungern. Siehst du, Aurélien ist nicht so schlecht, wie du denkst... Entscheidend ist, daß du nicht so viel Wind machst – du verstehst schon, was ich meine. Also bis bald, machs gut. Gratuliere zum Anzug, unter den Bäumen wird er bald ruiniert sein. Im Wald lebt sichs halt anders als auf der Schulbank...«

Der Schuft konnte es nicht lassen, sich über mich lustig zu machen. Absichtlich versuchte er, mich zu provozieren. Der tödliche Messerstich wäre dann Notwehr gewesen. Aber es gelang mir, mich bis zuletzt zu beherrschen.«

»Wir sprechen uns noch, Aurélien.«

Diesmal war ich es, der ging. Betont langsam machte ich das Tor zu und schlenderte die Allee hinunter. Die ganze Zeit fühlte ich Auréliens Blick im Rücken. Ich bin sicher, daß er in diesem Augenblick mehr Angst hatte als ich.

11. DIE VERRÄTER

Seit ich Firmino und Aurélien dabei ertappt hatte, wie sie sich schamlos das Geld teilten, das sie den Meinen gestohlen hatten, stand für mich fest, daß der Wald für mich viel wichtiger war als alle Banknoten der Welt. Das war kein Trost; es war einfach die Gewißheit, daß ich unter Bäumen und Tieren ein ehrliches Leben ohne Kompromisse, Korruption und Heuchelei zu führen hatte. Ein Krokodil oder ein Jaguar ist absolut ehrlich. Sie wissen, daß unser Verstand ihre Absicht durchschaut, uns zu töten. Da hilft also keine List. Noch nie hat ein Scheck den Biß eines Krokodils verhindert. Eine Armee kann man kaufen, die Polizei kann man kaufen, die Beamten des F.U.N.A.I. (Indianerschutzbehörde) kann man kaufen, aber eine Klapperschlange ist niemals käuflich.

Als Firmino gegen ein Uhr mittags vom Fischmarkt heimkam, lag ich schlafend in der Hängematte. Ich entschied mich, als erster anzugreifen. Da die Einwohner von Manaus sich wie die Tiere im Dschungel aufführten, mußte man ihnen gegenüber die gleiche Strategie anwenden wie gegenüber wilden Tieren: Angriff oder Tod. Bevor man schießt, muß man ruhig das Gewehr anlegen, sich sichern und genau zielen. Ich legte an.

»Firmino, du bist mein Freund. Dir verdanke ich es, daß ich jetzt Bescheid weiß über das Unglück, das meine Familie während meiner Abwesenheit getroffen hat; du hast mir alles genau erzählt. Du hast mir nützliche Ratschläge erteilt, an die ich mich selbstverständlich halten werde.«

»Du zögerst, zweifelst du etwa an meiner Ehrlichkeit? Hast du es dir anders überlegt? Das wäre eine große Dummheit. Wenn Aurélien dich sieht, findet er ein sicheres Mittel, dich schnell und unauffällig verschwinden zu lassen, davon bin ich überzeugt.«

»Meinst du, mich wegzuschaffen oder mich umzulegen?«

Auge in Auge mit dem Panther Firmino hatte ich angelegt. Kaltblütig wartete ich ab, wie er reagieren würde, um dann zu zielen. Wie ein Panther war Firmino durch die Plötzlichkeit des Schusses überrascht worden, und wie ein Panther zeigte er sofort die Krallen.

»Ich verstehe. Du hast nicht auf mich gehört und bist zu Aurélien gegangen, weiß Gott was er dir erzählt hat.«

Man muß den Panther ermüden, ihm das Gefühl geben, daß jeden Augenblick die Kugel aus dem Gewehrlauf kommen kann...

»Firmino, du hast mir gesagt, meine Mutter wohne zwei Quadras von hier. Hast du die genaue Adresse? Nur für den Fall, daß du nicht mehr da bist, wenn ich zurückkomme, denn zurück komme ich ganz bestimmt. Du hast ja auch gesagt, daß seit einiger Zeit mehr Leichen als Baumstämme auf dem Amazonas treiben. Man kann nie wissen, auch du hast vielleicht Feinde, die auf eine Gelegenheit warten, dich aus dem Weg zu räumen – Aurélien zum Beispiel. Du kennst die Buchhaltung unserer Farm und weißt über eine ganze Menge Dinge Bescheid; mir als deinem Freund kannst du das doch sagen, nicht wahr?«

»Sebastião, warst du bei Aurélien, ja oder nein?«

»Firmino, kann ich auf dich zählen, ja oder nein?«

Ich schaukelte ruhig in meiner Hängematte. Es gibt einen Moment, wo ein für ganz normal gehaltener Mensch plötzlich zum Mörder wird, und es ist nicht schwer, das aus den Augen abzulesen. Firmino konnte sich nicht genug beherrschen, die Mordlust stand ihm im Gesicht. Ehe er Zeit hatte, die Riffle 44, die er von der Wand gerissen hatte, anzulegen und abzudrücken, lag ich, wendiger als er, schon flach auf dem Boden. Die Kugel streifte die Hängematte, prallte an der Wand ab und schlug blödsinnigerweise in einen Topf auf der kleinen Kochplatte. Wären die Rollen anders verteilt gewesen, dann wäre das Ergebnis mit Sicherheit nicht ein durchlöcherter Kochtopf, sondern eine Leiche gewesen. Der Jaguar springt seine Beute zielsicherer an als die menschliche Bestie. Ich stand seelenruhig auf, schüttelte mir den Staub vom Hemd und legte mich wieder in die Hängematte.

Auréliens Handlanger stand da und rührte sich nicht, ein Opfer seiner Ungeschicktheit. Aus dem Gewehrlauf kam ein bißchen Rauch, und der Geruch des Pulvers überdeckte den des Schimmels in der Baracke. Das Tier war wund. Ich nahm die für den Jäger einzig mögliche Haltung ein: in solchen Situationen muß man den Gegner spüren lassen, daß man sich völlig sicher fühlt. In Wirklichkeit hatte ich ziemlich Angst. In sieben Sekunden konnte er seine Riffle wieder laden und erneut abdrücken, und ob ich ein zweites Mal davon kam, war nicht ganz so sicher. Ich mußte alles auf eine Karte setzen.

Firmino legte das Gewehr auf den Tisch; er unterließ sogar die elementare Vorsichtsmaßregel, eine Kugel in den Lauf zu schieben.

»Sebastião«, sagte er, »obwohl du keine Beweise gegen mich hast, gebe ich mich geschlagen. Wenn du so weiter machst, wirst du es weit bringen.«

Er goß ein Glas Cachassa hinunter um sich Mut zu machen.

»Ich hätte nicht geglaubt, daß ein Junge deines Alters so willensstark und kaltblütig sein kann. Aber ich kenne dich natürlich nicht sehr gut. Ich möchte lieber wirklich dein Bundesgenosse werden, alles in allem kann das für meine künftige Sicherheit gut sein.«

»Nicht Sebastião kennst du schlecht, sondern die Indianer ganz allgemein. Wir sind von Geburt an mißtrauisch, wir lernen schon als Kinder, daß die Weißen und die Mestizen zu allem fähig sind, wenn es darum geht, ›Geld zu machen‹. Ihr haltet euch für zivilisierte Menschen, weil ihr aus Rio oder Lissabon kommt, und die Welt der Indianer scheint euch fremd und unzugänglich. Diese Illusion hat schon manchen das Leben gekostet, vergiß das nicht. Was du mir gestern abend erzählt hast, hat mich bedrückt; du wolltest mir helfen, hast mich mitgenommen, mir zu essen gegeben und mich hier schlafen lassen. Ich mußte dir also vertrauen. Tausende und Abertausende von Indianern sind in Amazonien schon gestorben, weil sie den Versprechungen der Weißen und der Mestizen Glauben geschenkt haben. Aber wir haben gelernt, zu beobachten und jedes kleinste Detail wahrzunehmen. Was man uns erzählt, glauben wir erst, wenn wir es nachgeprüft haben. Ich bin der Sohn einer Indianerin und eines Halbindianers, Enkel eines Kaziken und indianisch erzogen. Die vier Jahre in der Schweiz haben mein Hirn und mein Blut nicht verändert. Das hättest du dir überlegen müssen, bevor du dein ›Spiel‹ mit mir angefangen hast. So, und jetzt versuch doch, mich zu töten. Schau her, da unter der Hängematte liegen mein Bogen und meine Pfeile. Ich habe sie in der Schweiz mitgehabt und werde sie auch morgen mitnehmen.«

»Du wirst gehen, trotz allem, was du jetzt weißt! Und lebend kommst du nicht zurück!«

»Du hast mir doch selbst diesen Rat gegeben. Ich will meinen Vater wiedersehen, entweder tot oder lebendig. Wo ist er? Lebt er noch?«

»Das weiß ich wirklich nicht. Was ich sage, ist die reine Wahrheit. Ich habe überhaupt keinen Respekt vor Aurélien; er ist ein Freibeuter und sonst nichts. Es stimmt, daß er für den Untergang der Plantage verantwortlich ist, aber man kann ihm auch nicht alles anlasten. Seit 1912 war dein Vater nicht mehr wirklich in der Lage, die Geschäfte zu führen. Daß Aurélien dann versucht hat, sein Schäfchen ins trockene zu bringen, steht auf einem anderen Blatt. Er hat die Situation ausgenützt, die schon ziemlich verzweifelt war. Seitdem ich nach Manaus zurückgekehrt bin, hat er mich richtig erpreßt. Als ich merkte, daß es bald aus war mit den Geschäften, habe ich ein bißchen in die Kasse gegriffen; es war keine große

Summe, nur so viel, um mich ein paar Monate über Wasser halten zu können. Aurélien hat es gemerkt; er ließ mich ungeschoren, verlangte dafür aber gewisse Dienstleistungen. Heute morgen bin ich zu ihm gegangen, um ihm zu melden – nicht, daß du zurück bist, das wußte er schon, er hat dich ja gestern abend gesehen, sondern wie ich es geschafft hatte, dich zu überreden, daß du Manaus verläßt, ohne deine Mutter aufzusuchen. Er hat mir die Cruzeiros erstattet, die ich dir gegeben habe, und noch ein schändliches Trinkgeld dazugelegt, von dem ich ein oder zwei Wochen leben kann. Ich bin ein elender Kerl ohne Saft und Kraft, das ist alles.«

Firmino mußte etwa dreißig Jahre älter gewesen sein als ich. Diese schmierige, feige Art, die so ganz im Gegensatz zu den Gesetzen des Dschungels stand, dieser Mangel an Mut und Intuition regte mich mehr auf als alles andere und bestärkte mich in meiner Entschlossenheit, eine andere Art Leben zu leben als Firmino. Niemals könnte ich mich auf schmutzige Geschäfte und schäbige Intrigen einlassen. Ich war sicher, daß es andere Mittel und Wege für mich gab. Schwerer mochte das sein, aber auch würdiger.

Das Tier hatte jetzt sein ganzes Gift verspritzt, ich konnte also fortfahren.

»Firmino, du gehst jetzt!«

»Wohin?«

»Erst zu Aurélien, dann zu meiner Mutter.«

Ich wünsche Ihnen aufrichtig, daß Ihnen erspart bleibt, was ich dann erleben mußte.

»Töten Sie mich, schaffen Sie mich in den Wald« – er wagte schon nicht mehr, mich zu duzen –, »aber liefern Sie mich nicht Aurélien ans Messer. Im Wald komme ich schon zurecht. Aber wenn Aurélien erfährt, daß ich ihn verraten habe, wird er in eine so furchtbare Wut geraten, daß ich kein Viertelstündchen mehr zu leben habe. Ich will auch nicht zu deiner Mutter gehen, Sebastião. Joachim weiß, wie tief ich durch den sozialen Abstieg gesunken bin. Und lieber will ich im unermeßlichen Amazonas ertrinken als von Aurélien oder seinen Handlangern gequält werden. Denn an seinen eigenen Händen klebt kein oder fast kein Blut. Er verfügt über ein ganzes Netz von Totschlägern; der Mann in Humaytha, zu dem ich dich schicken wollte, gehört auch dazu.«

Der arme Kerl winselte und weinte, warf sich auf die Knie und rang die Hände. Die Brasilianer haben einen ziemlich ausgeprägten Sinn für das Melodramatische; die Szene dauerte eine gute Weile. Dann wurde es ganz still, als ob Firmino plötzlich überrascht wäre, daß wir beide einander lebend gegenüberstanden.

»Firmino, ich breche morgen früh auf. Du packst mir Essen für vierzehn Tage in den Sack: Maniokmehl, Zucker, Guaran, Bananen. Du gibst mir dein Gewehr, es kann sein, daß ichs brauchen werde, und verschaffst mir fünfhundert Patronen. Außerdem eine Machete. Hier sind meine Schuhe, du bringst mir zwei Paar Stiefel der gleichen Größe, eine Leinenhose und drei Jutehmenden. Dann gehst du zu Aurélien und sagst ihm, daß ich morgen wie ausgemacht nach Humaytha fahre. Du gehst dann – verziehe nicht das Gesicht –, ja ich wiederhole es: du gehst dann zu meiner Mutter und sagst ihr Folgendes: daß du beim Hotel Amazonas einen aus Europa Repatriierten getroffen hast, einen, der weiß, daß mein Vater im Staat Ceara ist, und sofort zu ihm geeilt ist, weil er weiß, daß er krank ist. Ich warte hier auf dich. Wenn du willst, daß du morgen noch den Mund bewegen kannst, dann rate ich dir, meine Aufträge gewissenhaft zu erledigen. Ich komme wieder. Sollte mir etwas zustoßen, so verlaß dich drauf, daß ich dafür gesorgt habe, daß auch du schnell auf dem Friedhof landest...«

Fast aufs Wort genau haben sich diese Szenen vor zweiundsechzig Jahren so abgespielt, wie ich sie jetzt erzähle. Ich brauchte mir nur bewußt zu werden, wie prekär meine Lage war, um dem Gang der Ereignisse meinen Willen aufzuzwingen. Ich weiß nicht, ob ich heute nach so vielen Erfahrungen gegenüber Menschen noch die gleiche Autorität habe; gegenüber Tieren habe ich sie behalten. Meine Jugend gab mir noch mehr Entschlossenheit.

Als ein seelenschwacher, jämmerlicher Kerl, der sich mir völlig ausgeliefert fühlte, tat Firmino alles genau, wie ich es ihm befohlen hatte. Ich habe ihn nicht einmal gefragt, wie meine Mutter ihn empfangen hatte. Er hat mir nur gesagt, daß sie trotz der geringen Mittel, die ihr zum Leben blieben, dank der Unterstützung Joachims, der auf dem Obstmarkt am Hafen arbeitete, einigermaßen anständig zurecht kam und daß es ihr gut ging.

Am nächsten Morgen fuhr ich wieder auf dem Amazonas, diesmal in umgekehrter Richtung und zweiter Klasse, was noch erträglich war, und nicht nach Porto Velho, sondern nach Belém. Dort wußte ich ein ziemlich sicheres Mittel, die Spur meines Vaters zu finden.

Firmino habe ich nicht wiedergesehen. Er starb bald danach an einem Anfall von Sumpffieber. So jedenfalls hat man es mir erzählt. Joachim behauptet, die Leiche sei völlig von roten Ameisen und Termiten zerfressen auf dem Boden der Hütte gefunden worden. Unter diesen Umständen war von einem etwaigen Messerstich kaum mehr eine Spur zu erkennen; das wäre aber wohl die wahrscheinlichere Version des jämmerlichen Endes eines jämmerlichen Menschen.

Es ist Ende September 1914. In drei Monaten bin ich fünfzehn. Ich liege in einer Hängematte in der zweiten Klasse eines Schiffes nach Belém. Über die Fahrt den Strom hinab, was sie für meinen Vater und was sie für mich bedeutet hat, ist nichts zu sagen; der Amazonas bleibt sich immer gleich. Grüne Ufer, die Mauer des Urwaldes, die auch für das schärfste Auge undurchdringlich bleibt. Kaum noch menschliche Siedlungen, viel weniger Krokodile. Ab und zu die etwas moderneren Gebäude einer erst in neuerer Zeit errichteten Missionsstation. Ansonsten Klimaanlage in den besseren Kabinen und ein Coca-Cola-Automat auf dem Unterdeck – das sind die einzigen auffallenden Veränderungen innerhalb eines Jahrhunderts. Meinetwegen kann man von einem »Wettlauf um Amazonien« sprechen, können gewisse Zeitungen von großen Industrie- und Landwirtschaftsprojekten berichten, die man entwickeln will. Das hat gar nichts zu bedeuten. Der Amazonas fließt langsam zum Meer, und wenn man seinen Lauf beschleunigen oder in seine Gewohnheiten eingreifen will, dann wird er wild.

Nur ein Beispiel: Am äußersten Ende der Landspitze von Manaus zwischen den beiden Strömen hat man diese Raffinerie gebaut, deren Rauch bei tiefhängenden Wolken die ganze Stadt verdreckt. Mit aggressiven Erklärungen haben die Behörden den Leuten eingehämmert, daß der Bau dieser Raffinerie durch Petrobras, die staatliche brasilianische Erdölgesellschaft, Arbeitsplätze für tausend Menschen schaffen würde. Wenn ich als Amazonier mich dazu äußern würde – aber ich habe mir geschworen, nie in diese Falle zu gehen –, dann würde ich zwei Einwände erheben.

Erstens einmal zu den Arbeitsplätzen. An Fabrikarbeit sind die Leute von Manaus überhaupt nicht gewöhnt. Sie arbeiten lieber im Freien, auch wenn die Arbeit noch so hart ist. Die meisten Arbeiter, die man angestellt hat, kommen aus dem Nordosten, aus Recife oder Fortaleza. Praktisch also kein einziger Arbeitsplatz für die Leute von hier.

Der zweite Einwand betrifft unmittelbar die Stadt Manaus selber. Ich muß da etwas ganz Banales sagen. Wenn der Amazonier nicht in seiner Jugend stirbt, dann wird er sehr alt. Ich will das erklären. Als Säugling bekam ich das Sumpffieber, in der Schweiz Bronchitis, sechsmal hintereinander war ich durch den Stich eines Skorpions gelähmt, mit 29 hatte ich Gelbfieber, und damals war ich am Madeira völlig allein und auf mich selber angewiesen. Sicher hatte ich noch einige andere Krankheiten, die heilten, ohne daß ich sie überhaupt bemerkte.

Und jetzt stehe ich hier. Ich bilde mir nicht ein, unsterblich zu sein, ich habe nur in einer Welt gelebt, in der es keine Umweltverschmutzung gibt. Daß die Lungen durch die Feuchtigkeit angegriffen werden, ist unvermeidlich, dagegen muß man sich durch Gymnastik schützen. An keinem einzigen Morgen habe ich meine Übungen versäumt, gleichgültig, wie die Umstände waren und wo ich mich gerade befand.

Mit neunundsechzig habe ich noch an der amazonischen Meisterschaft im Schwimmen teilgenommen und bin Zweiter geworden, nach einem jungen Mann von dreiundzwanzig Jahren.

Wenn ich heute noch einmal an dieser Meisterschaft teilnehmen würde, dann hätte ich keinen Erfolg. Und zwar nicht so sehr meines Alters wegen, sondern weil ich im Wasser des Stromes nicht mehr so atmen könnte wie früher, und am Atem hängt das Leben. Das ist mein zweiter Einwand. Die neue Raffinerie leitet ihre Abwässer in den Rio Negro. Wenn die Strömung sehr stark wäre, würden die Abfälle weggeschwemmt und könnten sich mit dem Schlamm vermischen. Das ist aber nicht der Fall; nur die Wassermenge ist enorm, nicht aber die Strömung. Der ganze Schmutz bleibt bei Manaus hängen und vermischt sich mit den natürlichen Abfällen.

Diese hat es immer gegeben. All die Baumstämme, die Äste, das Gemenge aus Gras, Obstschalen, Fischköpfen und noch vielem anderen ließ den schwimmenden Markt ziemlich schmutzig aussehen. Aber bis in die letzten Jahre hatten alle Fischer in der Umgebung von Manaus ausgezeichnete Fangergebnisse. Die natürlichen Abfälle töteten keine Fische. Im Gegenteil, sie bildeten eine Art Dünger, der die Fische nährte. Damit ist es jetzt vorbei! Seitdem die Raffinerie gebaut wurde, wagt kein Mensch mehr, im Fluß zu baden, man sieht immer mehr tote Fische mit dem Bauch nach oben, und die anderen sind in reinere Gewässer entschwunden. Das sind die Wohltaten des Fortschritts!

Seit meiner Schulzeit in der Schweiz habe ich keinen Chemieunterricht mehr gehabt; es genügt mir, zu beobachten, was um mich herum geschieht, und daraus die logischen Folgerungen zu ziehen. Tauchen Sie einmal im Rio Negro etwas oberhalb von Manaus; dicht unter der Oberfläche ist das Wasser schwarz wie Kohle, Sie können ganz unbesorgt davon trinken. Aber versuchen Sie das gleiche nicht weiter flußabwärts. Es könnte sein, daß Sie sich beim Baden eine Dysenterie holen...

Das sind Überlegungen, die sich aus der Beobachtung der Natur ergeben. Jene Politiker, die behaupten, die Natur schützen zu wollen, sind meistens Lügner oder Ignoranten.

Ich behaupte nicht, daß man keine Straßen braucht, ich habe auch nichts dagegen, daß man den Reichtum der Erde nutzt und die Bodenschätze ausbeutet. Aber ich meine, daß man nicht nur Ingenieure einsetzen sollte, die sich mit Erdöl und Zinn auskennen, sondern auch Kenner der Lebensverhältnisse im Wald. Statt die Indianer auszurotten und sie mit Verachtung zu behandeln, sollte man ihre überlegene Kenntnis des Landesinneren nutzen. Damit wäre allen gedient, nicht zuletzt auch ihnen selber, denn sie fänden leichter Anschluß an den Fortschritt.

Es liegt mir fern, den Moralapostel spielen zu wollen, aber es gibt Dinge, die mich empören. Darüber spreche ich nur mit mir selber. Auf die einfachen Menschen will ja niemand hören. Daran denkt man erst, wenn es zu spät ist.

Tatsache ist: Als ich Manaus verließ und in der Hoffnung, die

Spuren meines Vaters zu finden, nach Belém zurückfuhr, habe ich ganz schön das Schicksal herausgefordert.

Belém hatte sich in vier Jahren nicht verändert, warum also sollte es jetzt nach zwei Wochen ein anderes Gesicht zeigen? War es noch der gleiche Sebastião, der da in aller Herrgottsfrühe das Schiff verließ? Vor vierzehn Tagen war es die Hoffnung des Wiedersehens mit meinen Landsleuten, auch mit dem Wald. Schon malte ich mir aus, wie mich mein Vater die richtige Führung der Geschäfte lehren würde... Zwei Jahre Lehrzeit, ein Jahr Wehrdienst – der war mit sechzehn Jahren obligatorisch für alle in Manaus registrierten jungen Männer; nur die Indianer waren befreit, aber sie haben es ja auch nicht nötig, sich in der Kriegskunst von irgend jemand belehren zu lassen –, also Wehrdienst und danach der Wald, die Jagd, der Gummihandel mit Manaus, kein Alkohol, aber hübsche Mädchen, denn ich war entschlossen, das Leben erst einmal zu genießen, bevor ich ans Heiraten dachte...

Hin und zurück, Belém–Manaus–Belém. Sonnenschein und Gewitter lösen sich ab in meinem Leben. Bei der Ankunft aus Europa schaute ich die großen Banken und die schönen Geschäfte an, jetzt sah ich bloß noch die Schuhputzer und die Losverkäufer. Hätte ich bloß nicht mein ganzes Schweizer Geld umgetauscht, dann hätte ich jetzt ein paar Monate davon leben können. Was Firmino mir gegeben hatte, reichte höchstens für vierzehn Tage; fand ich bis dahin meinen Vater nicht, dann ging es mir bald so wie den Jungen, die ich am Hafen herumlungern sah. Hatten sie das Betteln satt, wurden sie zu Dieben. Kurz gesagt: Ich hatte keine Zeit zu verlieren.

Ohne Mühe fand ich das Gymnasium, an dem mein älterer Bruder Geraldo seine Studien abgeschlossen hatte, während ich in dem kleinen Pensionat außerhalb der Stadt war. Das Gymnasium, ein mächtiges Gebäude, das von Geistlichen errichtet war, lag in einer vornehmen Wohngegend und sah fast ebenso trostlos aus wie das in Freiburg.

Die Leiter der Schule gehörten einer franziskanischen Mission an, die behauptete, für den Schutz der Indianer einzutreten; das war auch der Grund, warum mein Vater diese Anstalt gewählt hatte. Mich dagegen hatte er in eine kleine Staatsschule geschickt, denn meine religiöse Erziehung sollte ich ja in Freiburg erhalten, und außerdem wurden dort keine Fremdsprachen gelehrt.

Damals fragte man in den öffentlichen Schulen nicht nach der Identität der Eltern und Schüler; die meisten Kinder haben ihren Vater oder ihre Mutter nie gekannt. Die Vollwaisen wurden im Prinzip in besonderen Anstalten betreut, aber es fehlte an Mitteln, und so streunten sie elend in den Straßen der Stadt umher. Wenn es ihnen gelang, sich mit Bettelei oder Diebstahl durchzubringen, dann bildeten sie eine Reservearmee von analphabetischen Hilfsarbeitern, die für ein paar Cruzeiros die Arbeiten verrichteten, die sonst niemand tun wollte. Zehntausende dieser Armen fühlen sich dabei sogar glücklich und haben gar nicht das Bedürfnis, zu arbeiten; in den Favellas der großen Städte schließen sie sich zu organisierten Banden zusammen. Um diese Unglücklichen bemüht sich Dom Helder Camara, ihnen widmet er seine Zeit und seine Glaubenskraft.

In den religiösen Schulen dagegen nahmen es die Geistlichen mit den Familienverhältnissen äußerst genau. Nur legitime Kinder wurden als Zöglinge aufgenommen. Kein Jahr verging, in dem nicht irgendwelche Eltern »vergaßen«, ihre Buben wieder abzuholen – ich sage Buben, denn für Mädchen gab es keine Schulen, sie wurden zu Hause erzogen. Um nicht solche »vergessenen« Kinder auf dem Hals zu haben, registrierten die Geistlichen mit strenger Sorgfalt alle Details der Familiensituation und die Adresse. Hier war also eine verläßliche Spur, der ich unbedingt folgen mußte.

Ich klopfte ans Tor, ein Frater öffnet halb ein kleines Guckloch. Ungefähr vierzig; wenn er schon mehr als fünf Jahre hier ist, kennt er Geraldo bestimmt.

»Ich bin Sebastião Bastos, der Bruder von Geraldo Bastos.«

»Sohn des Bastos vom Jamari?«

»Ja...«

Die Tür geht auf, und der Frater, ein Holländer namens Vanhingen, nimmt mich in die Arme und drückt mich an sich wie einen Sohn. Das war die erste Äußerung ehrlicher Zuneigung, seit ich brasilianischen Boden betreten hatte. War mein Gedanke also richtig gewesen? Gab mir der liebe Gott eine kleine Chance? Wir gehen einen langen kühlen Flur entlang. Durch die Fenster sehe ich

Schüler, die trotz der frühen Morgenstunde schon brav auf den Schulbänken sitzen, in schwarzen Kitteln mit weißem Kragen. Ich stelle mir vor, daß Geraldo auf einer der Bänke sitzt. Ich denke an Freiburg. Gerne würde ich ein Schulheft aufschlagen... Das ist die Vergangenheit, besser nicht daran denken... Trotzdem fühle ich mich irgendwie erleichtert. Ich habe den Eindruck, auf dem richtigen Weg zu sein.

Im Zimmer des Fraters Vanhingen herrscht eine Atmosphäre von Gelehrsamkeit und Liebe zur Natur zugleich. Lauter Bücher über die Geschichte Brasiliens und ebenso viele Blumen, Glaskästen mit Schmetterlingen und Insekten. Die Herzlichkeit, mit der der Frater mich empfängt, tut mir gut. Ein bequemer Sessel, ein heißer Kaffee... Mit dem Handrücken schiebt der Frater einen Stapel Bücher beiseite, um mich besser zu sehen. Papiere fallen auf den roten Ziegelboden. Ich springe auf.

»Laß nur, mein Junge, laß, ich hebe das schon auf. Was kann ich für dich tun?«

»Ich möchte wissen, wo mein Vater geboren ist.«

Die ungewohnte Klarheit meiner Frage läßt den Frater in ein dröhnendes Gelächter ausbrechen, das den Tisch mit allem, was darauf ist, zum Wackeln bringt. Völlig konsterniert wiederholt er meine Frage, um sicher zu sein, daß er sich nicht verhört hat.

»Der Geburtsort deines Vaters? Kannst du ihn das denn nicht selber fragen?«

Ich erzähle ihm meine Geschichte, sage aber wenig von Aurélien, denn ich will nicht, daß offiziell gegen ihn vorgegangen wird. Vor allem muß ich selbst erst noch mehr darüber wissen.

»Du bist also weggefahren, ohne deine Mutter gesehen zu haben... Es würde mich aber doch sehr wundern, wenn dein Vater, auch wenn er krank ist, keine Adresse hinterlassen hätte. Das ist nicht seine Art, die Krankheit müßte seinen Charakter dann schon sehr verändert haben. Ich erinnere mich noch gut an Geraldo und seine Eltern. Zusammen mit ihnen habe ich das Inventar seiner Sachen aufgenommen. Jedesmal hat mich die ganz ungewöhnliche Harmonie dieses Paares aufs neue beeindruckt und bewegt. Die Zartheit, mit der dieser Mann seine Frau behandelte, stach entschieden ab von dem, was wir hier zu sehen gewöhnt sind. Vor allem ihre indianischen Frauen behandeln die Männer nicht wie die Mütter ihrer Kinder, sondern eher wie Sklavinnen. Im übrigen, Sebastião, verlier den Mut nicht.«

»Ich verliere nicht den Mut. Halten Sie meine Entschlossenheit bitte nicht für Verzweiflung.«

»Du bist mir ein stolzer junger Mann«, sagte er lachend. »Stellt sich auf die Hinterbeine wie der Hahn im Hühnerhof, nein, natürlich wie ein wilder Hahn aus dem Wald.«

»Sie haben recht, ich will nichts mehr hören von Traurigkeit oder Rache. Vor allem will ich die Wahrheit erfahren.«

»Es tut mir leid, Sebastião. Ich meine nur, daß Gott dem Schwachen beisteht. Vor seinem Angesicht sind wir alle schwach. Manchmal hilft er uns in unserer Schwachheit und unserer Angst.«

Vom lieben Gott hatte ich vier Jahre lang in der Freiburger Schule mit all den vielen Messen und Predigten genug gehört; ich fand, daß man ihn ein bißchen zu oft benutzte, um schreiende Ungerechtigkeiten zu erklären. Unter den Mördern der Indianer waren viele gute Katholiken! Ich hatte nicht die Absicht, mich mit Trostsprüchen abspeisen zu lassen, dafür war ich nicht gekommen.

»Was können Sie wirklich für mich tun? Wenn ich meinen Vater nicht finde, wird es mir gehen wie all diesen Jungen, die betteln und stehlen, um nicht zu verhungern. Werden Sie mich dann aufnehmen? Sicher nicht. Wenn Sie mir nicht helfen, werde ich mich eben alleine durchschlagen, aber durchschlagen werde ich mich.«

»Ich nehme dir deine Aggressivität und dein Verlangen nach Rache nicht übel. Du bist ein echter junger Indianer, der immer dazu neigt, den Weißen, vor allem wenn er sich auf Gott beruft, als Feind zu betrachten, der ihn hereinlegen will. Das ist manchmal berechtigt, aber zum Glück nicht immer. Wenn du mich später wieder einmal besuchst, was ich hoffe, dann werde ich dir ausführlicher von der schwierigen Aufgabe unserer Missionare im Wald erzählen. Anfangs kamen sie mit den Eroberern und haben schwere Fehler begangen; manchmal wurden sie zu Komplizen ebenso sinnloser wie unverzeihlicher Verbrechen. Aber seitdem hat sich viel geändert. Du bist auf der Suche nach deinem Vater; wollen wir davon jetzt ganz praktisch und konkret sprechen?«

»Ich möchte, wenn es möglich ist, genau wissen, wo er geboren ist, das habe ich Ihnen ja schon gesagt. In Ihren Archiven müßte das verzeichnet sein.«

»Ich kann dir einen besseren Vorschlag machen. Warte einen Augenblick.«

Er ging hinaus. Es tat mir leid, so grob zu diesem Mann gewesen zu sein, der mir ganz bestimmt helfen wollte. Aber alles, was ich in den letzten Monaten erlebt hatte, auch das Schweigen Hansys, der ich doch das Leben gerettet hatte, hatte mich so mißtrauisch gemacht, daß es mir unmöglich schien, noch an die Aufrichtigkeit und Uneigennützigkeit irgendeines Menschen zu glauben.

Der Frater kam mit einem Brief in der Hand zurück. Er nahm sich Zeit, setzte sich ruhig an seinen Schreibtisch, ordnete einige Papiere und hob die anderen auf, die zu Boden gefallen waren. All das tat er absichtlich betont langsam, um mich zu nötigen, meine Ungeduld, die er spürte, zu bezähmen.

Ich war mir seiner Absicht bewußt und nahm mich zusammen. Ich atmete tief durch und konzentrierte meine Aufmerksamkeit auf meine Fußspitzen, um die Nerven des ganzen Körpers zu entspannen. Das hatte ich einst auf der Farm von Joachim gelernt. Bevor die Indianer auf die Jagd gehen, drücken sie immer ihre Freude und ihre Ungeduld mit heftigen Gesten aus. Der Kazike, der oft ein ausgezeichneter Medizinmann ist, fordert sie dann auf, einen Kreis um ihn zu bilden und ihre ganze Aufmerksamkeit auf ihre Fußspitzen zu konzentrieren. Das wirkt immer sehr schnell; die Jäger beruhigen sich, manche sinken sogar zu Boden und schlafen ein. Das ist eine der zahlreichen Methoden, die sie von niemand zu lernen brauchten und die sie auch anwenden, um die Kontrolle über sich selbst zu behalten.

Ich glaube, ein paar Jahrtausende später werden auch die Zivilisierten diese Methoden zu schätzen wissen. Das Gehirn muß wach bleiben, damit man gegen alle Gefahren gewappnet ist, aber das Nervensystem erträgt die totale Anspannung nicht lange. Man muß es entspannen; damit erreicht man, daß man tief schlafen kann und das Gehirn doch hellwach bleibt und sofort reagieren kann, wenn es nötig ist.

Im Büro des Franziskaners löste sich mein Körper völlig von der

Gegenwart, als säße er gar nicht in diesem Sessel. Nur mein Geist wartete auf den Augenblick, da er handeln mußte. Das Aufräumen dauerte gut zehn Minuten. Es sah aus, als wolle er meine Anwesenheit einfach vergessen. Aber meine Intuition sagte mir, daß er sich nur bemühe, mich nicht zu beachten, um meine Ungeduld zu bändigen. Wer Geduld hat, kommt ans Ziel. Also wartete ich.

»Sebastião, du hast deine Ruhe wiedergewonnen, also kann ich dir jetzt sagen, daß du zugleich Glück und Pech hast. Das Glück ist dieser Brief, dessen Inhalt dich bestimmt interessieren wird. Der Direktor hat ihn vor knapp vierzehn Tagen erhalten. Das Pech liegt vielleicht in dem, was er an Nachrichten enthält. Geraldo schreibt uns gelegentlich; zwischen Rio und Belém funktioniert die Post besser als zwischen Rio und dem Jamari. Hör zu:
›Mein Vater,
endlich habe ich hier in Rio im Stadtteil Botafogo eine Anstellung als Hilfssekretär bei einem bekannten Anwalt, Maitre Antoneira, gefunden. Das wird mir Gelegenheit geben, mich in der Kenntnis der Gesetzestexte zu vervollkommnen, einem Gebiet, das ich sehr liebe. Ich verdiene genug, um mich zu ernähren und die Miete für mein kleines Zimmer zu zahlen. Für die Freizeit habe ich den Strand, ich gehe fast jeden Morgen hin, wenn es nicht regnet; ich schwimme und spiele Fußball, ein in Rio sehr beliebter Sport. Aus Altamira‹ – hör gut zu, Sebastião – ›habe ich neue Nachrichten, meinem Vater geht es nicht gut. Ich habe aber in der Stellung, von der ich Ihnen erzählt habe, gerade erst zu arbeiten angefangen und kann deswegen nicht hinfahren. Ist es Ihnen möglich, sich nach dem Gesundheitszustand meines Vaters zu erkundigen und mir darüber zu schreiben?

Ich weiß auch nicht, ob mein Bruder Sebastião trotz des Krieges in der Schweiz geblieben ist. Es könnte sein, daß er überhaupt nicht mehr nach Brasilien zurückkommt, sondern sich in Frankreich niederläßt; er liebt dieses Land sehr, und auch ich würde es gerne kennenlernen...‹ usw., usw., der Rest ist unwichtig.«

Ich hörte zu und rührte mich nicht, obwohl dieser Brief die unwiderlegliche Bestätigung gab, daß mein Vater sehr krank war. Trotzdem empfand ich eine doppelte Genugtuung, konnte das Gefühl aber beherrschen: erstens erwies sich meine Idee, nach Belém zu fahren, als über alle Erwartung fruchtbar, und zweitens war mein Vater zwar krank, aber in Altamira, einer kleinen Stadt im Staat Pará, die man mit dem Schiff in zwei Tagen erreichen konnte und wo ich ihn mühelos finden würde...

»Was hast du vor, Sebastião?«

»So schnell wie möglich nach Altamira fahren.«

»Und dann?«

»Mit meinem Vater sprechen, sehen, was er braucht, für ihn sorgen und ihn retten, wenn es noch möglich ist.«

»Wenn es das ist, dann fürchte ich allerdings, daß es leider schon zu spät ist, ihn noch zu retten. Meiner Ansicht nach dürfte er im Missionskrankenhaus in Altamira sein. Von hier aus bräuchte ich acht Tage, um das zu überprüfen. Wir haben vor, uns eine telegraphische Verbindung legen zu lassen, aber das ist sehr teuer, und seit der Kautschukkrise gibt uns der Gouverneur keine Zuschüsse mehr. Also begnügen wir uns mit der normalen Schiffspost, und da müssen wir froh sein, wenn die Pakete mit den Briefen nicht ins Wasser geworfen werden, um Platz für Manioksäcke zu schaffen. Geh also nach Altamira. In der Missionsstation bekommst du Kost und Logis umsonst. Ich werde dir einen Brief mitgeben; wenn dein Vater noch lebt und du als Trost und Stütze bei ihm bleiben willst, dann zögere nicht, es zu tun; der Pater Plinio wird dir gern helfen. Wenn es aber Gottes Wille war, ihn zu sich zu rufen, dann komm zurück, und wir wollen gemeinsam überlegen, was zu tun ist... Ich leihe dir etwas Geld; wenn du eines Tages reich wirst, ist immer noch Zeit, daran zu denken, was du für unsere Schule tun kannst; einstweilen mach dir deswegen keine Sorgen. Geh zum Hafen und erkundige dich nach den Abfahrzeiten, nach Altamira fahren weniger Schiffe als nach Belém. Ich muß jetzt zum Unterricht; laß deine Sachen in meinem Büro und komm um ein Uhr zum Mittagessen, für den Sohn von Bastos ist der Tisch immer gedeckt.«

Die Fahrt nach Altamira kam mir endlos vor. Die Schiffe auf dem Aracuyu sind erheblich kleiner als die Dampfer auf dem Amazonas. Es sind Doppeldecker ähnlich wie in der Provinz von Manaus. Bis 1972 waren sie die einzige Verbindung zum Landesinneren, aber seit der Eröffnung der Straße Brasilia–Belém ist der Verkehr beträchtlich zurückgegangen. Der Aracuyu ist einer der gefährlichsten Flüsse Amazoniens. Er kommt aus dem Xinju und hat zahlreiche Stromschnellen; immer wieder muß man mit einer großen Stange den Grund abtasten, um den Sandbänken auszuweichen, deren Lage sich je nach Jahreszeit und Wasserstand ständig ändert. Wenn das Boot aufläuft, muß man warten, bis ein anderes Schiff vorbeikommt; alle helfen dann mit, man zieht an Tauen, und mit etwas Geduld und genügend Kraft bekommt man das Boot wieder flott.

Ich war auf dem Aracuyu-Steamer wohl der einzige Reisende, der nicht in irgendwelchen Geschäften unterwegs war.

Zur Zeit der Seringueros war Altamira berüchtigt für seinen Menschenhandel.

In kleinen hölzernen Baracken, die völlig wahllos an den Straßen lagen, lebte eine Bevölkerung von etwa fünfzehntausend Menschen. Fast alle handelten mit irgend etwas, mit getrocknetem Fisch, mit Schmetterlingen, mit lebenden Affen oder auch mit halluzinogenen Drogen. Schon im 19. Jahrhundert fing man in Altamira an, ganze Felder mit einer Pflanze zu bebauen, die dem Marihuana nahe verwandt ist und noch heute von den Asurini-Indianern bei gewissen rituellen Festen verwendet wird. Altamira wird sicher einen ähnlichen Aufschwung erleben wie Manaus. Wie auch in Porto Velho soll dort einer der wichtigsten Verkehrsknotenpunkte im amazonischen Straßennetz geschaffen werden.

Im Jahre 1914 gab es an den Ufern des Aracuyu viel mehr Ansiedlungen als heute. Deshalb mußte das Schiff unbedingt überall anhalten. Der Kapitän scherte sich wenig um den Fahrplan und lehnte nie ab, ein Glas Cachassa mit dem Caboco zu trinken, dem er Lebensmittel und Post lieferte und manchmal auch Geld brachte, den Erlös der Waren des Caboco in Belém, von dem der Schiffer selbstverständlich eine saftige Provision abzog.

Endlich waren wir in Altamira. Scharen von zerlumpten Kindern drängten sich auf den Docks, um für ein paar Cruzeiros beim Abladen der Waren zu helfen. In den Jahren 1914 und 1915 erfreute sich der Staat Pará noch einer bedeutenden Handelstätigkeit. Die berühmten »Paranüsse«, die eher wie Kastanien als wie Nüsse aussehen, fanden einen guten Absatz. Viele ehemalige Seringueros hatten den Kautschuk aufgegeben und arbeiteten als »Castanheiros« in der Nußernte. Es gab so viele von ihnen, daß man sie hier noch schlechter zahlte als im Wald. Ihre Lebensbedingungen waren weit härter als auf den Gummiplantagen, denn die Paranüsse werden in Gebieten gesammelt, die schon immer den Indianern gehörten. Ständig kam es zu Gefechten zwischen Indianern und Castanheiros. Die Missionare in Altamira standen mehr auf der Seite der katholischen Castanheiros als auf der der Indianer, die ihrer traditionellen Religion, der Oikumene, treu geblieben waren.

Statt eines Krankenhauses fand ich nur ein paar aneinandergereihte Hütten aus getrocknetem Lehm, vor denen sich vergnügt schwarze Ferkel tummelten. Fenster gab es nicht; durch die offenstehenden Türen sah ich menschliche Leiber auf dem Fußboden ausgestreckt, trotz der drückenden Hitze waren Decken über sie gebreitet. Männer und Frauen lagen ohne Unterschied durcheinander. Ich kann mir nicht vorstellen, daß mein Vater unter diesen ausgemergelten Skeletten sein soll, die nicht einmal mehr die Kraft haben, sich nach mir umzudrehen, als ich suchend durch die Reihen gehe. Ich schließe noch die Möglichkeit aus, daß das Schicksal ihn in dieses Haus der Verzweiflung verschlagen haben könnte, in dem Krankenpfleger im Priesterrock mehr aus Pflicht als aus Überzeugung Medikamente verteilen, die manche der Kranken schon gar nicht mehr schlucken können. Wie sollte man es ihnen verdenken? Wie viele Stunden haben diese Unglücklichen noch zu leben, die leise vor sich hinwimmern oder ein langgezogenes Stöhnen hervorstoßen? Jetzt hoffe ich sogar, den starken Mann, den ich gekannt habe, nicht hier zu finden, nicht auf diesem Niveau des körperlichen und, wer weiß, wahrscheinlich auch geistigen Verfalls. Was könnte ich noch für ihn tun? Die Mittel, die ich hätte, seine Leiden zu lindern, sind lächerlich gering.

An der Fassade einer verfallenen Hütte ist direkt aufs Holz ein rotes Kreuz gemalt, wie ich es schon am Genfer Bahnhof gesehen habe. Ich trete ein. Hinter einem Tisch sitzt ein Pater ohne Soutane, er trägt eine Hose und ein offenes Hemd und die Tonsur, die ihn als Mitglied seines Ordens aufweist. Auf dem Fußboden aus gestampftem Lehm liegen medizinische Bücher. Ein paar Kisten mit Medikamenten, zwei Macheten und Raubtierfallen. Mit dem eisernen Bett, der Waschschüssel aus Stahl und mit ihren Mauern, deren vom Regen oder Sturm weggerissene Bohlen durch Palmzweige ersetzt wurden, nimmt sich die Hütte des Paters gegenüber den Elendslöchern der Kranken geradezu fürstlich aus.

Ich stelle mich dieser lebenden Statue vor. Sie rührt sich nicht. Ich reiche ihr das Empfehlungsschreiben des Paters Vanhingen aus Belém. Derjenige, den ich für den Pater Plinio halte, liest und legt den Brief mit ausdruckslosem Gesicht auf den Tisch. Ich bin außer mir, nehme mich aber zusammen. Warum pocht mir das Herz so heftig? Meine Brust will zerspringen.

»Tut mir leid, junger Mann, ich kann nichts für Sie tun. Der Pater Plinio hat sich vor einer Woche das Bein gebrochen und ist heute früh mit dem Schiff nach Belém gefahren. Er wird ungefähr drei Monate dort bleiben müssen. Ich kenne alle unsere Kranken, keiner heißt Bastos. Ich werde mich trotzdem noch beim Bruder Contel vergewissern, er führt das Verzeichnis der Zu- und Abgänge.«

»Darf ich es wagen, nach Ihrem Namen zu fragen, mein Vater?«

»Wozu das? Die Indianer können sich die Namen der Zivilisierten doch nicht merken. Daß Sie dieser Rasse angehören, sehe ich an Ihrem Gesicht. Gewiß ein guter Indianer, das erkenne ich an der Entschlossenheit, mit der Sie sprechen, aber eben doch ein Indianer... Nennen Sie mich ›mein Vater‹, das genügt. Ich habe übrigens kaum Zeit, mich mit Ihnen und Ihren Familienproblemen zu beschäftigen. Im Augenblick haben wir mit einer doppelten Epidemie zu tun: Grippe und Geschlechtskrankheiten. Ich muß Vorbereitungen für die Ankunft der Ärzte treffen. Wenn die Castanheiros endlich einmal aufhören würden, mit Indianerinnen zu schlafen, dann hätten wir vielleicht nicht so viele Lustseuchen in unserem Krankenhaus zu versorgen. Erst zahlt man dafür, sich die Krankheit zu holen, und dann geht man zu den braven Missionaren und will sich heilen lassen. Aber irgendwann einmal ist Schluß damit.«

»Damit ist dann Schluß, wenn unsere indianischen Schwestern nicht mehr von gewissen Castanheiros angesteckt werden.«

»Wo kommst du her? Weit genug, daß ich dir diese Frechheit verzeihe. Aber du solltest wissen, daß die Polizei nicht mit sich

spaßen läßt, wenn die Kirche, die Armee oder die Polizei von
Indianern beleidigt oder angegriffen wird. Ich rate dir, schleunigst
zu verschwinden. Das Schiff, das dich hergebracht hat, ist sicher
noch nicht fertig beladen, du kannst wieder an Bord gehen und nach
Belém zurückkehren. Das ist das Klügste, was du tun kannst.«

Ganz ruhig fahre ich fort:

»Ich habe einen Brief für Pater Plinio, Sie sind nicht Pater Plinio.
Geben Sie mir den Brief zurück und sagen Sie mir, wo ich Pater
Plinio in Belém finde.«

»Die Kirche schuldet ihren Söhnen keine Rechenschaft darüber,
wohin es ihren Dienern gefallen hat, sich zurückzuziehen.«

»Erlauben Sie mir wenigstens, die Verzeichnisse durchzusehen.
Danach werde ich sofort wieder gehen. Vielleicht verstehen Sie, daß
selbst ein Indianer das Recht hat zu wissen, ob sein Vater noch am
Leben ist oder nicht. Die Sohnesliebe ist ein Gefühl, das Sie nicht
kennen. Hat denn in Ihrer Seele gar nichts anderes mehr Raum als
der Dienst an Gott?«

Vergeblich versuche ich, ihn umzustimmen. Er erhebt sich und
zerrt mich hinaus, ohne ein Wort des Abschieds. Was tun? Am
liebsten würde ich dieser widerwärtigen Person die Hütte über dem
Kopf anzünden. Aber das darf ich nicht. Ich muß mich also darauf
einstellen, wieder wegzufahren, wenn nicht...

Man lernt nicht an einem Tag, den Rücken krumm zu machen. Am
Ende der Hauptstraße von Altamira liegt ein ärmliches Lager, in
dem ein paar hundert Castanheiros leben. Eine Feuerstelle in der
Mitte mit halbverkohlten Scheiten deutet darauf hin, daß man die
Mahlzeiten gemeinsam einnimmt. Gleich hinter dem Lager liegt der
Friedhof... Über den Gräbern schlichte Steine zum Verschließen
der Löcher, in die man die Särge versenkt hat, ziemlich tief, wegen
der Gefahr der Ansteckung. Nur Namen auf den Steinen, weder
Geburts- noch Todesdatum. Wohl lauter Seringueros, deren Leichen man hierher hat schaffen können.

Der erste Mensch, der mir begegnet, ist natürlich ein Friedhofs-
wärter, wahrscheinlich zugleich Totengräber. Schwankend geht er
zwischen den Gräbern. Das Gesicht dieses Mestizen ist so sehr vom
Alkohol gezeichnet, daß es mir schwierig scheint, mit ihm ins

Gespräch zu kommen. Einige Steine sind vom Gras ganz zugewachsen; ich schabe sie alle frei, um sicher zu sein, nichts übersehen zu haben. Nichts, absolut nichts.

Es ist Zeit zu gehen, wenn ich das Schiff nach Belém noch erreichen will. Im Lager machen sich die Castanheiros für die Nachmittagsarbeit fertig. Mit großen, aus Lianen geflochtenen Körben. Es regnet jetzt sehr stark. Ein Arbeiter sieht mich; ich muß wohl einen recht verlorenen Eindruck machen, denn er redet mich an:

»He, mein Junge, wenn du bei solch einem Regen nichts auf den Kopf setzt, wird man dich in acht Tagen auf den Friedhof da tragen. Ich habe dich noch nie gesehen, wohnst du in Altamira?«

»Nein.«

»Ja, deine Kleider sind zwar ganz durchnäßt, aber sehr abgetragen sehen sie nicht aus, du bist wohl an das Leben im Wald nicht gewöhnt. Kommst du aus Belém? Du siehst mir noch ein bißchen zu jung aus für die harte Arbeit bei der Nußernte. Ich heiße Kaiapos, ich komme jetzt aus Recife und hatte das Glück, gleich Arbeit zu finden. Die Nüsse bringen denen, die sie ernten, nicht viel ein, aber man kann davon leben. Wenn du willst, stell ich dich dem Chapata vor; du bist jung und gut gebaut, und wenn du mir ein Viertel deines Lohnes gibst, sorge ich dafür, daß du angestellt wirst... Darfst natürlich nicht faul sein, mein Lieber... Im Wald gehts anders zu als auf den Trottoirs von Belém.«

»Ich heiße Sebastião Bastos und bin im Wald geboren, mein Vater hat Besitzungen am Jamari. Den Wald kenne ich bestimmt besser als du. Sag mir doch mal, wie viele Arten von Lianen du kennst?«

Der Typ, der sich Kaiapos nannte, blieb stehen, schob den Sombrero aus der Stirn und stellte seinen Korb ab. Der Regen floß in Strömen auf uns nieder.

»Nein, so was! Sebastião, glaubst du an Gott?«

»An Gott mehr als an einige von denen, die ihn auf Erden vertreten.«

»Ich weiß nicht, was du gegen die Pfarrer hast.«

»Nicht gegen alle, nur ein paar.«

»Naja... Jedenfalls kann dich nur der liebe Gott zu mir geschickt haben. Kannst du dir das vorstellen? Bis 1912 habe ich für deinen

Vater gearbeitet, ich war Seringuero. Dein Vater war ein guter Boß und hat immer pünktlich gezahlt. Wenn da nicht dieses Schwein namens Aurélien auf der Farm gewesen wäre, würden wir heute noch dort arbeiten. Denn Bastos war ein Boß, wie man ihn so schnell nicht wieder findet. Nie hätte es das bei ihm gegeben, daß wir kein Trinkwasser gehabt hätten. Bastos, ja Donnerwetter, Bastos, das war ein Kerl! Und das Muster eines Ehemannes. Und deine Mutter, was für eine Schönheit!«

Der Mann überließ sich seinen Erinnerungen, ich den meinen. In der Stille sprach ich rasch ein Gebet.

»Und weiter, was weißt du sonst noch von Bastos? Vergiß nicht, er ist mein Vater...«

»Wenn nur dieser Lump Aurélien nicht immer um ihn gewesen wäre. Er lauerte auf alles, was Bastos tat, und kaum war er allein, peitschte er uns aus. Krank wäre Bastos wohl auch so geworden, aber dieses Aas hat viel dazu beigetragen, daß sein Zustand sich verschlimmerte... Als er vor zwei Jahren nach Lissabon ging, hat er uns bei der Lagerhalle zusammengerufen und hat jeden von uns umarmt, und vor der Abfahrt hat er die Piaster, die er bei sich hatte, an die Kinder verteilt. So einen Mann, dem die Tränen kommen, weil er den Wald verläßt, wo er zwanzig Jahre geschuftet hat, findet man am Amazonas nicht alle Tage. Vor drei Monaten ist er gestorben, im Haus der Schwester seiner Mutter, die ist die Tochter einer Indianerin und lebt etwas außerhalb der Stadt am Fluß. Ich weiß nicht einmal mehr genau, wo wir ihn begraben haben. Er hatte verlangt, daß wir von der Familie niemand benachrichtigen. Bei der Trauerfeier hat der Pfarrer den Segen über ihn gesprochen. Wir waren ungefähr zehn, lauter Ehemalige vom Jamari, und haben ihn zum Grab geleitet. An diesem Tage waren wir es, die weinten – wir, die hartgesottenen Burschen. Er wollte keinen Namen auf dem Stein. Da er kein Geld hatte, haben wir zusammengelegt, um ihm den Grabstein zu zahlen. Bastos im Armengrab, das hätten wir nicht zugelassen. Wir wußten, daß er Frau und Kinder hatte, aber es ist nie jemand gekommen, du bist der erste. Er ist ganz allein gestorben, wie ein Seringuero im Wald. Daß der liebe Gott dich geschickt hat, ist fast ein bißchen, als wenn er ihn wieder zum Leben erweckt hätte. Komm, wir trinken einen Cafezinho, nach Arbeit ist mir heute nicht. Erst recht nicht, wenn ich dran denke, daß er an dir ganz besonders hing. Er wollte einen ›Herrn‹ aus dir machen, hat er immer gesagt...«

12. DER KAMPF GEHT WEITER

In Wirklichkeit hatte ich für mich selbst kaum Angst gehabt, als ich in Altamira als vaterlose Halbwaise dastand. Ich hatte sofort das Gefühl, daß ich irgend etwas tun mußte, wußte aber nicht genau, was. Die vernünftigste Lösung wäre wohl gewesen, unverzüglich zum Collège in Belém zurückzukehren und Pater Vanhingen um die Erlaubnis zu bitten, meine Studien als Externer abzuschließen; um das Schulgeld zu zahlen und meinen Unterhalt zu bestreiten, hätte ich eine bezahlte Arbeit suchen können. Vielleicht gab es noch das französisch-brasilianische Unternehmen, bei dem mein Vater seine erste Stelle gehabt hatte. Der Name der Firma würde mir schon wieder einfallen, und meine Französischkenntnisse wären ein großer Vorteil. Das verlockende Projekt stand jedoch auf ziemlich schwachen Füßen; dieser Ansicht war jedenfalls Kaiapos. Nachdem sich unsere ersten Gefühlsstürme etwas gelegt hatten, waren wir zu dem Lager zurückgekehrt, wo er in einer ziemlich abgelegenen Ecke eine Bambushütte bewohnte, deren Dach aus Palmblättern kaum einen ernsthaften Schutz gegen den Regen bot. Die verfaulten Planken des Fußbodens konnten das hereinströmende Wasser gar nicht aufsaugen. Während der Kaffee heiß wurde, hockten wir uns auf den völlig durchweichten Boden vor der Tür der Hütte, um die Lage gründlich zu bedenken. Der Regen hatte aufgehört; die untergehende Sonne trocknete die Segel der Fischerboote. Ich verlor noch einmal meine Gelassenheit und wurde von einem tiefen Verlangen nach Rache geschüttelt; das traurige Schicksal meines Vaters ließ mich nicht los. Ich hatte auch die Gewißheit gefunden, daß ich Amazonien niemals verlassen könnte, daß ich an diesem Land hing wie die Liane an dem Baum, um den sie sich rankt.

Den Gedanken, zu meinen Brüdern nach Rio zu gehen und dort eine Arbeit zu suchen, schob ich sofort beiseite. Ich war es mir schuldig, zu verstehen, zu kämpfen und zu siegen.

»Was hast du vor?«, fragte Kaiapos. »Ich habs dir gesagt, du kannst hier bei uns in der Nußernte arbeiten und bei mir in meiner Hütte schlafen; der Chinese in der Stadt verkauft dir für dreimal nichts ein Bett und eine Decke. Das Gestell ist vielleicht ein bißchen verrostet, aber was macht das. Mit sechzehn machst du deinen Wehrdienst, also bleibt dir für hier etwas mehr als ein Jahr, daran stirbst du nicht. Wenn du die Uniform ausziehst, ist immer noch Zeit, sich über die Zukunft Gedanken zu machen. Bis dahin fließt noch viel Wasser den Amazonas hinunter.«

»Und meine Mutter in Manaus? Sie hat Anspruch darauf, daß ich ihr helfe. Von der Paranuß-Plantage aus hätte ich dazu keine Möglichkeit. Und außerdem weigere ich mich, Aurélien ungestört die Früchte seiner Verbrechen genießen zu lassen.«

»Wenn du vernünftig handeln willst, dann ist das jetzt nicht der richtige Augenblick, um nach Manaus zurückzukehren. Die Borracha liegt stapelweise im Hafen herum; die Asiaten produzieren jetzt viermal soviel Gummi wie wir in unserem Rekordjahr 1912 und verkaufen ihn für weniger als ein Drittel unserer Tiefstpreise. Du hast es vielleicht nicht gemerkt, aber in Manaus herrscht wirklich Panik. Alles, was nicht ein bißchen amazonisches Blut in den Adern hatte, hat die Stadt fluchtartig verlassen. Zum Ausgleich für die gestohlenen Samenkörner haben uns die Engländer ›Little Ben‹, den Uhrturm am Hafen, gelassen. Jetzt ist gerade die Zeit, wo das Läuten von Little Ben den Marktbeginn anzeigt. In Manaus kannst du dich allenfalls von Bananenschalen ernähren; dort wartet der Hungertod auf dich. Was deine Mutter angeht, so wird Aurélien sie in Ruhe lassen, solange er weiß, daß sie alleine ist; wenn du dich zu viel blicken läßt und dir in den Kopf setzt, deine Nase ein bißchen in die alten Geschichten zu stecken, dann fließt Blut. Er hat schnell einen Plan fertig, der ihn zum alleinigen Überlebenden der Plantage Bastos macht... Belém ist glaube ich auch nicht das Richtige, selbst wenn du mit deinem Freund, dem Pfarrer, zurecht kommst, was machst du in einem Jahr? Deinen Wehrdienst machst du, und danach fängst du wieder bei Null an. Hier im Pará verdienst du vielleicht nicht furchtbar viel, aber du hast wenigstens zu essen, das ist schon nicht schlecht, und Krankheiten sind hier selten, im Krankenhaus gibt es reichlich Chinin...«

»Das ist offenbar das einzige, was sie haben, denn im übrigen...«

»Für die Pfaffen habe ich im allgemeinen nicht viel übrig; es ist bestimmt nicht ihre Schuld, daß es in den Garimpos immer noch Gold gibt. Hier haben sie aber einen, der wirklich ein patenter Kerl ist, der Pater Plinio.«

»Das ist der, der sich ein Bein gebrochen hat?«

»Ein Bein gebrochen? Wer hat dir denn diesen Unsinn erzählt? Wenn der Pater Plinio sich das Bein gebrochen hätte, dann hätte ich das als allererster erfahren, denn ich bin von ihm mit der Verteilung von Chinin im Lager beauftragt. War das nicht vielleicht der Schuft Bemoti, der dir dieses Lügenmärchen aufgetischt hat?«

»Jedenfalls ein Pfaffe, seinen Namen wollte er mir nicht sagen. Er hat mich glatt rausgeworfen, als ich ihn fragte, ob es in diesen Elendshütten, die sie Krankenhaus zu nennen wagen, einen Bastos gibt...«

Kaiapos schien nachdenklich. »Warte auf mich, ich bin in fünf Minuten zurück.«

Ich wartete. Was hätte ich schon anderes tun können? Die Nacht brach herein, das Schiff nach Belém war längst ohne mich abgefahren. Kaiapos kam in Begleitung eines blondhaarigen Burschen von kräftigem Körperbau und offenbar hervorragender Gesundheit zurück.

»Hier, Frankenheim, das ist der Junge. Das ist der Sohn von unserem Boß, von dem ich dir schon erzählt habe.«

»Guten Tag, junger Freund.«

Ich erkannte sofort den Akzent des Mannes, es war der gleiche wie der meiner Schulpaten in Freiburg...

»Guten Abend. Sie sind Schweizer oder Deutscher?«

Die Art meiner Frage hatte durchaus nichts Liebenswürdiges. Der Kerl war so verblüfft, daß sein Gesicht rot wurde wie die untergehende Sonne.

»Ja, Sebastião, Frankenheim ist Deutscher. Er kam über Guyana und die Isla Marajó bei Belém, er hat die ganzen dreihundert Kilometer des Amazonasdeltas mit einer winzigen Piroge durchfahren, und das gegen die Strömung; dann fand er keine Arbeit und landete wie wir alle hier bei den Paranüssen...«

Für mich paßte dieser Mensch nicht recht nach Amazonien. Er spürte meine Vorbehalte und versuchte, sich zu rechtfertigen.

»Ja, junger Mann, es stimmt, ich bin Deutscher. Macht Ihnen das wirklich etwas aus? Kennen Sie die Deutschen? Allzu viele dürfte es in eurem gewaltigen Urwald wohl nicht geben.«

»Ich mag die Deutschen nicht.«

»Hör zu, Sebastião, Frankenheim ist unser Freund und kann uns sehr nützlich sein. Ich verstehe deine Haltung nicht. Dein unglücklicher Vater hätte nicht geduldet, daß du so sprichst.«

»Laß meinen Vater in Frieden, er ist tot. Ich habe vier Jahre in einem Schweizer Internat verbracht, und ich bin nach Brasilien zurückgekehrt, weil die Deutschen Krieg gegen die Franzosen führen. Die Franzosen sind meine Freunde, und ich hoffe, sie werden alle Deutschen töten.

Allons enfants de la Patrie
Formez vos bataillons...«

Ich konnte den Vers nicht zu Ende singen. Ein wuchtiger Fausthieb von Kaiapos streckte mich zu Boden, ich fiel mit dem Gesicht in den Schlamm. Ich hatte die Kraft, mich wieder aufzurappeln, und hörte Frankenheim mit der größten Seelenruhe fragen: »Haben Sie vielleicht Hunger? Ich auch. Und du, Kaiapos?«

»Sebastião, diesen Faustschlag hast du dir verdient, das ist alles. Ich dachte, die Indianer hätten mehr Selbstbeherrschung. Vielleicht wird es Zeit, daß du Europa wirklich vergißt. Dieser Deutsche, den du als deinen Feind betrachtest, wird vielleicht morgen der allerbeste Freund sein... Reden wir nicht mehr davon, komm essen.«

Trotzdem war Frankenheim für das Lager viel zu gut gekleidet. An der Hose wie am Hemd war nicht die leiseste Spur von Schmutz zu sehen.

»Sebastião, hören Sie mir zu, ich bitte Sie. Gut, ich bin Deutscher, und meine Landsleute führen Krieg gegen die Franzosen, das ist eine Tatsache. Aber glauben Sie etwa, daß alle Indianer friedliebend sind? Daß es unter ihnen nicht auch solche gibt, deren einziger Lebenszweck es ist, die Weißen zu töten? Glauben Sie, daß alle Unternehmer, die Bankrott gemacht haben, schlechte Chefs gewesen sind, die ihre Seringueros, die nicht genug arbeiteten, auspeitschten und hungern ließen? Ihr Vater hat das zum Beispiel nie gemacht, habe ich mir sagen lassen. Die Deutschen sind nicht alle schlecht. Ich habe mein Land verlassen, weil ich Jude bin und weil man in Deutschland etwas gegen die Juden hat... Das Leben wird Sie noch lehren, Ihre Leidenschaften zu mäßigen und den Glauben aufzugeben, die Menschen dieser Erde seien entweder sehr gut oder sehr böse.«

»Die Priester in der Schweiz haben mir im Religionsunterricht auch beigebracht, daß die Juden Jesus gekreuzigt haben; Jude und Deutscher, das ist ein bißchen viel, nicht?«

»Sebastião, darauf möchte ich nicht antworten. Lassen Sie mich Ihnen nur das sagen: In Deutschland würde man den Juden gerne das gleiche Schicksal bereiten, das einige brasilianische Bosse Ihren indianischen Brüdern wünschen: die Liquidierung. Juden und Indianer, beide Erben einer hohen Kultur, werden vielleicht schon bald aussterbende Rassen sein. Sie werden völlig ausgelöscht. Intelligenz und Intuition, das ist etwas, was die Mächtigen selten verzeihen, und das haben Indianer und Juden gemeinsam.«

In Frankenheims Blick und im Klang seiner Stimme war so viel Traurigkeit, daß ich meinen Irrtum bereute. In Wirklichkeit wußte ich kaum mehr über die Juden als über die Freimaurer.

»Hier ist meine Hand, Herr Frankenheim. Verfügen Sie künftig über meinen Bogen und meine Pfeile. Das ist bei den Indianern das einzige Zeichen einer endgültigen Aussöhnung. Sie müssen mir die Geschichte des jüdischen Volkes erklären.«

»Gerne. Wir sind also Freunde.«

»Wir sind es und bleiben es, darauf gibt Sebastião Bastos Ihnen sein Wort.«

Später habe ich erfahren können, daß Frankenheim mir die Brüderlichkeit des Europäers schenkte, so wie Joachim mir die Freundschaft des Indianers gab. Vor drei Jahren ist er in Rio gestorben, dorthin hatte er sich zurückgezogen. Er war nie nach Europa zurückgekehrt und hatte ebenso wie ich sehr darunter gelitten, daß so viele Nazis in Brasilien Zuflucht fanden. Frankenheim war für mich ein Grandseigneur.

Kaiapos hatte Fisch braten lassen. Ein ereignisreicher Tag ging zu Ende; ich hatte einen großen Schmerz erlebt, den Tod meines Vaters, und einen neuen Freund gefunden, auf den ich zählen konnte; ich wußte nicht recht, warum, aber ich fühlte es. Jetzt war ich müde.

»Frankenheim, Sebastião, das ist ein Tag für einen Despacho.«

Auf unserer Farm hatte mein Vater diese sehr eigenartigen Riten stets abgelehnt, aber oft hatte ich, wenn ich nachts den Weg entlangwanderte, kleine Kerzen unter den Hevea-Bäumen brennen sehen. Einmal wollte ich eine davon ausblasen, aber Joachim packte mich hart am Arm.

»Sebastião, rühr das nicht an, das ist sehr gefährlich. Tritt auch nie in einen Reisteller, der auf dem Boden steht, achte diese Traditionen... Wer die Macumba nicht ehrt, dem wird es übel ergehen.«

Ich hatte damals trotz meiner dringenden Bitten nicht mehr erfahren können. Ich war in die Schweiz gefahren, ohne über den übernatürlichen Sinn der Macumba Genaueres zu wissen. Heute kann ich versichern, daß jeder Brasilianer gleich welcher Hautfarbe mindestens einmal am Abend eine Kerze angezündet hat, um sich damit von einer Sünde loszukaufen. Und haben schließlich die Kerzen, die man in der Kirche anzündet, nicht genau die gleiche Bedeutung?

In Rio feiert man am Abend des 31. Dezember auf dem Strand von Copacabana eine Art kollektive Macumba. Die Schwarzen kommen aus ihren Favellas herunter und gehen an den Palästen des berühmten Strandes vorbei, um sich in den bloßen Sand zu knien. Jeder zündet seine kleine Kerze an und vermischt Reis mit weißem Sand. Derjenige, der in der Favella der »Pfeifer« genannt wird und beim Karnevalsumzug den Rhythmus der Samba angibt, geht um Schlag Mitternacht bis zum Rand des Wassers vor und wirft eine riesige Blumengarbe in den Ozean. Und dann steigt aus dem Meer von Kerzen zu Füßen ultramoderner Gebäude ein langer Klagegesang auf, zu dem die jungen Leute den typisch afrikanischen Rhythmus auf alten Benzinkanistern hämmern. Ich habe diese Zeremonie nie miterlebt, und das bedauere ich. In den etwas okkulten Riten dieser Art drücken die Schwarzen ihre Zärtlichkeit aus.

· Man sieht am 31. Dezember nur Schwarze und ein paar Mestizen am Strand. Aber man wäre wohl sehr erstaunt, wenn bekannt würde, wieviele weiße Brasilianer vor einer Kerze und einem Teller Reis niederknien, um sich ein gutes neues Jahr zu wünschen. Die Schwarzen bleiben bis zum Morgen des 1. Januar auf dem Strand. In Bahia und Recife spielt sich genau das gleiche ab.

Die Leute glauben, daß der Himmel die Bewohner der Favellas das ganze Jahr beschützen wird, wenn die Blumengarbe ins offene Meer hinaustreibt. Wenn die Flut sie aber auf den Sand zurückspült, dann bedeutet das Krankheit und Arbeitslosigkeit. Auf jeden Fall aber werden in dieser Nacht, die die Brasilianer auch »kleiner Karneval« nennen, Kummer und Hoffnungen mit Cachassa ersäuft...

Man kann sich also vorstellen, wie neugierig und gespannt ich darauf war, mit Kaiapos und Frankenheim einer Macumba beizuwohnen oder sogar an ihr teilzunehmen. Die Macumba war in Brasilien schon immer heimisch, nicht nur in Rio mit seiner schwarzen Mehrheit, sondern auch im Norden des Landes. In Belém ist so gut wie jedes Haus ein Zentrum des Macumbismus.

An jenem Abend fand die Macumba auf einer Waldlichtung statt, nur wenige hundert Meter vom Lager entfernt. Es handelte sich also um eine kollektive Macumba. Mitten in der Menge, die auf dem nackten Erdboden hockte, erkannte ich Bemoti. Seine Tonsur war ein heller Fleck in der Dunkelheit.

»Kommen denn die Pfarrer auch zur Macumba?«

»Es handelt sich heute abend um eine Macumba von ganz besonderer Art. Es wird dir auffallen, daß viele der Teilnehmer, vor allem die Frauen, ein kleines Kreuz in der Hand halten und das Gesicht mit einem Schleier verhüllt haben. Es handelt sich um ein Umbanda-Ritual. Das ist eine Mischung aus christlichem Kult und afrikanischer Magie. Ich nehme an, daß der Pater Plinio die Zeremonie leiten wird. Auf diese Weise mache ich dir die Haltung Bemotis dir gegenüber begreiflich. Da er dich nicht kannte, nahm er wahrscheinlich an, du seist gekommen, um das Terreiro, für das Pater Plinio verantwortlich ist, auszuspionieren. Daß er dir die Geschichte von dem gebrochenen Bein erzählte und dich nach Belém zurückschicken wollte, verfolgte die Absicht, eine Neugier zu beschwichtigen und abzulenken, die ihm gefährlich schien. Bemoti ist im Grunde kein schlechter Kerl; im Lager wirft man ihm vor, daß er sich ein bißchen zu viel um die Frauen und Töchter der Castanheiros kümmert. Denen, die sich darüber beklagt haben, antwortete Pater Plinio, daß Bemoti nur freiwillig in der Mission arbeite, daß er keine Gelübde abgelegt habe und daß wir groß genug seien, uns zu wehren. Bis jetzt ist nicht allzuviel passiert, und jeder hat seine Arbeit behalten.«

Frankenheim war bis zur Mitte der Lichtung gegangen, wo schon die ersten Kerzen angezündet wurden.

»Du hattest sehr unrecht, ihn anzugreifen, der Faustschlag war verdient. Du hast ihn verletzt, du hast ihm wehgetan, aber sprechen wir nicht mehr davon. Er ist ein großartiger Kerl. Deutschland hat er vor zwei Jahren verlassen; erst ist er nach Paris gegangen. Er hat die verschiedenen Rassen der Erde studiert. Er ist zu der Überzeugung gekommen, daß die Juden und die Indianer zwei von Gott auserwählte Völker sind und daß das das Bedürfnis erklärt, sie auszurotten. Übrigens ist auch Jesus Jude gewesen, und viele Priester, die in der Mission arbeiten, vermeiden es, von Judas als von einem Verräter zu sprechen. Frankenheim möchte Bücher schreiben und Artikel veröffentlichen, um seine Idee zu verbreiten. Wenn man das Leben der Indianer, die als primitiv gelten, etwas besser kennt, versteht man ihre panische Angst vor den Weißen. Wie viele Jahre noch? Wieviel Geduld wird er haben müssen!«

Mitten in der Lichtung stehen ein Kruzifix und Räucherstäbe auf einer alten französischen Champagnerkiste, und eine riesige Kerze auf einem Palmblatt brennt bereits. Männer mit enblößtem Oberkörper verbrennen Weihrauch zur Reinigung der Seelen und der Leiber. Ich schätze, daß sich etwa tausend Menschen im Halbdunkel drängen. Neben dem »Altar« steht eine junge Frau in einem kurzen weißen Rock und mit nackten Brüsten; in ihren sehr feingliedrigen Händen hält sie die Statuette eines Heiligen, der merkwürdigerweise gleichzeitig ein Kreuz und Pfeil und Bogen trägt.

Ein Trommelwirbel. Ich bin so ziemlich der einzige, der keine Kerze hat. Kaiapos erklärt mir, daß eine Frau das Monopol für den Verkauf der Kerzen an die »Initiierten« hat. Der Gewinn wird unter allen Mitgliedern des Terreiros aufgeteilt. Tatsächlich verwendet Pater Plinio das Geld jedoch für den Kauf von Medikamenten. Jeder findet das ganz natürlich, denn mit diesen Medikamenten kann man auch das Leben von Nicht-Initiierten retten.

Ganz im Hintergrund der Lichtung tritt jetzt der Priester vor, er trägt die Kutte der Franziskaner und darüber ein Chorhemd aus weißer Seide, eine Gruppe von Tänzern mit bunten Bändern um die Brust und mehrere Dutzend Kerzenträger schreiten vor ihm her. Im flackernden Licht der Kerzenflammen erkenne ich sein rundes, etwas gerötetes Gesicht. Daß er Pfeife raucht, ist wohl ein Überbleibsel der alten indianischen Stammeszeremonie der Friedenspfeife. Neben mir ist Frankenheim in die Knie gegangen, hat sich vollkommen niedergeworfen und zittert an allen Gliedern.

Kaiapos zieht mich am Arm fort. »Gleich geht die Zeremonie los. Wir sind beide nicht initiiert. Der Respekt gebietet, daß wir die Lichtung verlassen, auch wenn niemand uns beachtet.«

Ich habe seitdem andere Macumbas erlebt. Man schätzt, daß es in Manaus ungefähr zehntausend »Zentren« gibt. Manche bestehen nur aus einer einzigen Familie oder einem Paar. Die meisten wurden von mächtigen Freimaurerlogen »geschluckt«. Mit ein bißchen Geld findet man leicht Zutritt zu diesen Zentren, aber ich habe mich stets geweigert mitzumachen. Ich kenne sogar ein Zentrum, das von einer ehemaligen Missionarin geleitet wird; die Zeremonien folgen dort strikt der macumbistischen Tradition.

Kaiapos bestand darauf, daß ich in seinem Bett schlafen sollte; er wollte sich in eine Decke rollen und auf den blanken Boden legen. Ich nahm an und wälzte mich trotzdem die ganze Nacht hin und her. Ich mußte jetzt die nüchterne Bilanz dieses Tages ziehen: Ich hatte nicht nur die Gewißheit erhalten, daß mein Vater unter erbärmlichen Umständen gestorben war, sondern dieses tragische Ereignis hatte auch die letzte Hoffnung zerstört, auf legalem Wege zurückzugewinnen, was Aurélien uns geraubt hatte.

Am nächsten Morgen stand mein Entschluß fest. Da ich vor der Kirche St. Sebastian geschworen hatte, meinen Vater zu rächen, war mein Platz allen Gefahren zum Trotz künftig in Manaus an der Seite meiner Mutter und nicht hier in Altamira, wo ich ohnehin wenig Zukunftschancen hatte. Ich hatte keine Zeit zu verlieren, ich mußte unverzüglich handeln. Kaiapos verbarg nicht seine Enttäuschung, aber er verstand meine Entscheidung.

»Du bist frei, Sebastião«, sagte er. »Ich verstehe, daß du jetzt zuerst an deine Mutter denkst, und es ist klar, daß sie dich braucht. Ich schlage dir nicht vor, nach Altamira zurückzukommen, wenn du das Gefühl haben solltest, mich zu brauchen. Wer weiß, ob ich morgen oder in acht Tagen noch am Leben bin. Frankenheim wird es leid tun, daß du gehst, seit dem Vorfall von gestern hat er dich ins Herz geschlossen. Da ist er, sag ihm selber, was du beschlossen hast.«

Tatsächlich kam er gerade daher, das blonde Haar vom Regen verklebt, doch ohne die geringste Spur von Übermüdung oder Unausgeschlafenheit nach den Anstrengungen dieser Nacht. Als ein echter Initiierter, der weiß, wie er sich zu verhalten hat, erwähnte er die Macumba mit keinem Wort, fragte mich nicht nach meinen Eindrücken – es war gerade so, als hätte diese berückende Zeremonie nur in meinen Träumen stattgefunden.

»Wie geht es unserem neuen Freund heute morgen?«

»Er ist sprungbereit zur Abreise, sobald er nur ein Schiff nach Belém auftreiben kann.«

»Darf man fragen, was der Grund dieser überstürzten Abreise ist? Gefällt es Ihnen hier nicht? Oder ist die Gegenwart eines Deutschen für Sie noch immer so störend, daß es Ihnen unerträglich scheint, zu bleiben.«

»Machen Sie sich nicht lächerlich, ich habe bloß nachgedacht. Ich bin zu der Überzeugung gekommen, daß meine Mutter in Manaus mich braucht und daß ich ihr helfen muß. Wie, das weiß ich noch nicht, das werde ich sehen, wenn ich dort bin.«

»Gestern haben Sie mir versichert, daß wir künftig Freunde sind, Sebastião. Das gilt noch?«

»Ich habe meine Meinung nicht geändert. Und ich wiederhole es: Es gibt zwischen Ihnen und meiner Abreise kein Verhältnis von Ursache und Wirkung.«

»Würden Sie erlauben, daß ich Sie als Freund begleite, Ihnen im Rahmen meiner Möglichkeiten vielleicht helfe? Auf Gegenseitigkeit natürlich: meine Hilfe für Sie in Manaus, die Ihre für mich im Urwald.«

»Einverstanden.«

Ich habe nicht eine Sekunde gezögert. Immer wieder die gleiche

Macht des Instinkts, die mich mein ganzes Leben hindurch gedrängt hat, mich auf der Stelle zu entscheiden, ohne alle möglichen Folgen meines Handelns abzuwägen.

Kaiapos war etwas traurig, als er uns zwei Tage danach zum Schiff begleitete. Wir fuhren den kleinen Fluß wieder hinunter und erreichten Belém über den Pará, um der Flut auszuweichen. Ich war abgereist, ohne den Pater Plinio getroffen zu haben – ein wenig auch aus Feigheit, denn ich hatte keine Lust, mich auf die Sache mit dem gebrochenen Bein einzulassen und noch einmal in diese elenden Hütten zu gehen, die als Krankenhaus dienten und wo irgendein Unbekannter das langwierige Leiden meines Vaters beobachtet hatte, ein Unbekannter, dem ich vielleicht im Lager begegnet war.

In Belém blieben wir nur zwei Stunden. Auf einer Tafel war ein Schiff angekündigt, das sofort nach Manaus abgehen sollte.

Und so fuhr ich zum zweiten Mal innerhalb eines Monats den Amazonas hinauf. Frankenheim hatte Fahrkarten zweiter Klasse genommen. Wir hatten zusammen eine Kabine. Er redete wenig, aus seinem Gesicht sprach tiefe Melancholie.

Warum blieb es uns unmöglich, einander zu duzen? Ein gewisses Unbehagen, das durch nichts zu zerstreuen war und an dem ich die Schuld trug. Wenn man sich um jeden Preis beherrschen will, wird man unwillkürlich aggressiv und grausam.

»Tut es Ihnen leid, daß Sie mit mir gekommen sind? Sie können immer noch umkehren. Ich habe Ihren Vorschlag angenommen, aber der Gedanke, daß Sie ihn jetzt vielleicht bereuen könnten, macht mir Kummer. Schließlich kennen Sie mich ja kaum.«

»In den Zeitungen, die ich in Belém gekauft habe, stehen schlechte Nachrichten aus Europa. Der Krieg dauert jetzt schon drei Monate. Die Deutschen haben einen Teil von Frankreich besetzt. Ich bin froh, daß ich hier bin.« Er sagte immer »die Deutschen«, nie »meine Landsleute«.

»Und die Amerikaner, statt daß sie Europa zu Hilfe eilen, haben inzwischen nichts Besseres zu tun, als den alten Theodore Roosevelt auf diesem Strom, auf dem Amazonas, spazierenfahren zu lassen. Sie werden sehen, eines Tages wird Amazonien eine Kolonie der Vereinigten Staaten.«

Ich zitiere diesen Satz nicht, weil er vor sechzig Jahren ausgesprochen wurde, sondern weil ich schon damals nicht der einzige war, der so dachte. In der Glanzzeit des Kautschuks wäre es für die Plantagenbesitzer und die Händler viel bequemer gewesen, in den Ferien nach Florida oder New York zu fahren. Aber nein, was gut und vornehm sein sollte, konnte nur aus Europa kommen. Alle echten Brasilianer haben in diesem letzten halben Jahrhundert lebhaft an den Leiden Europas Anteil genommen. Natürlich haben wir das Geld der Amerikaner gebraucht, und wir haben auch gewußt, daß niemand Geld leiht, wenn er sich keinen Gewinn davon verspricht. Warum hat Europa uns den Gringos überlassen? Darüber komme ich einfach nicht hinweg.

Neulich las ich im *Jornal do Manaos*, daß die amerikanische US Steel, die seit zehn Jahren verspricht, in Carrajas Eisenerz abzubauen, jetzt erst frühestens 1980 oder 1982 mit der Produktion beginnen will. Worauf warten denn dann die Brasilianer noch? Warten sie darauf, den Preis für ihre Dummheit bezahlen zu dürfen? Das wird eine ziemlich teure Rechnung werden. Jetzt schimpfen die Zeitungen, aber es ist zu spät.

Der Aufsichtsrat der Amerikanisch-Brasilianischen Gesellschaft besteht aus neun Mitgliedern, fünf davon sind Gringos. Die Brasilianer sind also in der Minderheit und praktisch ohne wirklichen Einfluß. Als die amerikanischen Bohringenieure abgezogen wurden, standen mit einem Schlag mitten im Urwald fünftausend Arbeiter ohne Arbeit da. Sie lebten in einem Lager, per Flugzeug brachte man ihnen ein Minimum an Verpflegung, und schließlich schaffte man sie in die Städte an der Küste zurück, wo sie keine Existenzgrundlage haben. Ein schönes Ergebnis für ein Land, in dem unaufhörlich vom wirtschaftlichen Boom geredet wird. Währenddessen baut die US Steel die Eisenvorkommen in Venezuela ab, allerdings wird die Produktion begrenzt, damit die Finanzleute in New York die Kontrolle über die Weltmarktpreise behalten.

Die Indianer hat man aus der Gegend von Carrajas verjagt, dafür hat man Mischlinge als Arbeiter geholt, und jetzt schickt man auch die wieder nach Hause. Die Brasilianer haben keinerlei Kontrolle über das Unternehmen. So also stellen die Gringos sich die Entwicklung Amazoniens für das Jahr 2000 vor.

Und wir nehmen das hin und schweigen.

Seit mehr als hundert Jahren überlassen wir unseren Wald allen möglichen Freibeutern. Mal heißen sie Aurélien, mal US Steel, die Mittel sind verschieden, aber in der Zielsetzung gleichen sich die Methoden aufs Haar. Sich das auszumalen, genügte weiß Gott, um Frankenheims Züge zu verdüstern und einem Waisenknaben von fünfzehn Jahren, der keine andere Aussicht vor sich hatte, als auf dem Markt von Manaus Fischkisten zu schleppen, eine gewisse Angst einzujagen.

Zum Glück aber ließ der liebe Gott weiter sein Auge auf mir ruhen. Er wollte mir, mir ganz allein, etwas schenken: den Wald.

Als wir in Manaus ankamen, stiegen wir im Hotel Amazonas ab. Ich verbrachte dort mit Frankenheim eine Nacht – die einzige bis zum heutigen Tag.

Während unser Gepäck hereingetragen wurde, sah ich auf der Terrasse Aurélien; er saß da mit zwei Kerlen und nippte an einer Guarana. Er steckte schnell die Nase ins Glas, aber doch nicht schnell genug, um den Ausdruck von Überraschung und Wut in seinen geröteten Augen vor mir zu verbergen. Ich meinerseits war für die Rettung des Kautschukbaumes zu allem entschlossen – ausgenommen das Verbrechen.

Dritter Teil
Meine Brüder, die großen Bäume

13. HEIMKEHR ZU MEINER MUTTER UND IN DEN WALD

Da bin ich also wieder auf dem Platz vor St. Sebastian. Gegenüber der Kirche steht das Theater. Von wem stammt der Satz, daß die Religion und die Schauspielerei am gleichen Tage geboren sind?

Dieser Platz ist der Inbegriff meines Lebens. Ich trage den Namen des Heiligen dieser Kirche, und dieses Theater kannte ich schon, als meine Familie reich war und ich allen Grund hatte zu glauben, die schönen Tage würden bis zum Ende, bis zum Ende meines Lebens dauern.

Und auf diesem Platz habe ich am Tage nach der Rückkehr mit Frankenheim noch einmal Aurélien getroffen. Er war allein. Ohne zu zögern gingen wir auf ihn zu.

»Aurélien« sagte ich, »dies hier ist mein Freund Dr. Frankenheim, eine Kapazität in Rechtsfragen. Er ist eigens aus Deutschland gekommen, um meine Angelegenheiten zu klären. Ich bin sicher, daß du uns helfen wirst. Das willst du doch immer noch, nicht wahr? Es eilt übrigens überhaupt nicht, wir haben sehr viel Zeit.«

Aurélien ließ sich nicht aus der Ruhe bringen. Frankenheim, mit dem zusammen ich diesen Auftritt inszeniert hatte, pflanzte sich ihm gegenüber in steifer Haltung auf. Wie zwei zum Angriff bereite wilde Tiere blickten sie sich an, belauerten sie einander.

»Ich sehe, Sebastião, du hast dich nicht an meinen Rat gehalten, vernünftig zu sein. Du bist nicht nach Humaytha gegangen. Vielleicht hattest du Angst um dein Leben... In diesem Falle hat deine Intuition gut funktioniert; du hättest dort Unannehmlichkeiten haben können, von denen nie jemand etwas erfahren hätte. Aber merke dir: hier weiß kein Mensch mehr, daß es am Jamari einmal einen Grundbesitz der Familie Bastos gegeben hat. Und was Sie angeht, mein Herr: Sie kommen aus Deutschland, um die Rechte unseres jungen Freundes zu vertreten. Ich hoffe, Sie machen sich keine Illusion über das Honorar, denn seine finanzielle Lage ist in dieser Zeit der Absatzkrise und der Arbeitslosigkeit nicht sehr rosig.«

»Ich vertrete die materiellen und die moralischen Rechte von Sebastião und seiner Familie. Das Honorar, mein Herr, lassen Sie ganz allein meine Sorge sein. Wir haben Glück, der Zufall läßt uns bei diesem Spaziergang mit Ihnen zusammentreffen; darf ich die Gelegenheit benützen, Sie um eine Unterredung zu ersuchen? Den Zeitpunkt mögen Sie nach Belieben festsetzen; ich wünschte allerdings, daß es möglichst bald sein könnte, selbstverständlich, soweit sich das mit Ihren vielseitigen Aktivitäten verträgt, die ich respektiere... Ich erwarte Ihre Antwort.«

Frankenheim hatte jedes Wort scharf artikuliert. Der gewollt affektierte Ton zusammen mit dem deutschen Akzent gab seinen Worten mehr Gewicht, als die körperliche Erscheinung erwarten ließ.

»Ersuchen Sie ruhig, mein Herr. Leider ist es mir schwer möglich, Sie bei mir zu Hause zu empfangen. Aber ich verfüge am Hafen über ein Schiff mit zwei Decks, die »Heredon«; es liegt am Ende des Quais, Sie werden es ohne Mühe finden. Ich verlange von der Mannschaft, lauter ungewöhnlich tüchtige Leute, daß sie es tipptopp in Ordnung halten. Man wird Sie an Bord empfangen, wenn Sie es wünschen, morgen um zehn.«

»Wir werden kommen.«

»*Sie* werden kommen, mein Herr. Ich bin zwar nicht vom Fach, aber ich glaube doch zu wisssen, daß die Anwesenheit unseres Freundes Sebastião nicht unbedingt notwendig ist, da Sie ja seine Interessen vertreten.«

»Ich werde es mir überlegen.«

»Tun Sie das.«

»Darf ich es wagen, mein Herr, Ihre Geduld noch für einen Augenblick in Anspruch zu nehmen? Sie kennen die Adresse von Frau Bastos?«

»Darf ich mit einer Gegenfrage antworten, ehe wir uns für heute verabschieden: Kennen Sie die Bräuche in Manaus? Ich vermute, Sie kennen sie nicht, denn ich sehe, Sie sind ohne Waffe ausgegangen. Nehmen Sie sich also in acht...«

Aurélien verschwand hinter dem Theater. Er wirkte wie ein Mann, der sich absolut sicher fühlt. Er hatte weder gegrüßt noch sich umgedreht, um die Wirkung seiner letzten Worte zu prüfen, die nichts anderes als eine Drohung waren.

Zu reden gab es nichts. Frankenheim hatte ebensogut wie ich verstanden, was Aurélien mit »tüchtigen Leuten« meinte. Vermutlich war das eine Bande eiskalter Verbrecher, die uns im Handumdrehen mit einem Stein um den Hals den Piranhas vorgeworfen hätten, und kein Mensch hätte je etwas erfahren.

Bei der Suche nach der Adresse meiner Mutter erwies sich die einfachste Lösung als die beste. Heute versuchen zehn Briefträger eher schlecht als recht, die Post in der ganzen Stadt zu verteilen. In der Innenstadt ist das ziemlich schwierig, denn es gibt keine Hausnummern, oder sie sind längst verschwunden. Außerhalb der Stadt dienen die Kapitäne der Flußdampfer als freiwillige Postbeamte. Die meisten Einwohner von Manaus, die regelmäßig Briefe oder Zeitungen erhalten, haben immer ein Postfach gehabt. Dort können die Sendungen drei Monate oder auch ein Jahr lagern; nach einem Jahr aber läßt die Verwaltung sie einstampfen, in der Annahme, daß der Empfänger gestorben ist oder Amazonien verlassen hat.

Das Postamt ist immer gerammelt voll gewesen; selbst wenn man nur eine Briefmarke kaufen will, muß man manchmal eine Stunde warten. Auch das ist typisch für Brasilien. Nur die Post hat das Recht, Briefmarken zu verkaufen; ich weiß das, denn ich habe selbst einmal vier Wochen dort gearbeitet. Noch nie ist einer auf die Idee gekommen, anderen Geschäften den Verkauf der Marken zu gestatten, ohne Gewinn natürlich, nur zur Entlastung der Postbeamten. Und das bei einem einzigen Postamt für 400 000 Einwohner...

Nur der Portier des Hotels Amazonas hat ein paar Marken für die Touristen. Von Manaus nach Paris braucht ein Brief höchstens vier oder fünf Tage. Von Manaus nach Rio kann es schon drei Wochen dauern. Die Auslandspost wurde immer zuerst sortiert, einfach weil das der Lebensnerv des Außenhandels von Manus ist, vor allem seit 1971 der Freihafen geschaffen wurde.

Wie erwartet hatte auch meine Mutter ein Postfach. Man brauchte also nur einen Beobachtungsposten zu beziehen – in der Hoffnung, daß sie oder Joachim regelmäßig zur Post gehen würden.

Wir brauchtes nicht lange zu warten...

Ehe wir uns auf die Lauer legten, wollte ich Frankenheim ein wenig die Stadt zeigen. Wir hatten gerade das Gebäude verlassen und bogen in die Poststraße ein, die zum »Little Ben« und zum großen Platz hinunterführt. Da, an der Ecke, uns entgegenkommend: Joachim! Ich hatte das Gefühl, ohnmächtig zu werden.

Für dieses Wiederfinden fehlen mir die Worte. Man muß sich einfach vorstellen, was alles vorgefallen war seit jenem Augenblick, da ich auf dem Jamari mit dem Taschentuch zu unserer Farm hinüberwinkte. Vier Jahre waren seitdem für uns beide vergangen – eine Ewigkeit.

Ich kann mich noch an jede Stunde meines Lebens erinnern – mit Ausnahme vielleicht dieser einen. Joachim weinte, ich redete, ich erzählte alles, was er sicher längst wußte, Belém, Freiburg, mein Vater, Kaiapos, alles durcheinander. Nach einer Viertelstunde, vielleicht etwas weniger, vielleicht etwas mehr, fiel mir schließlich wieder ein, daß hinter uns Frankenheim in der glühenden Hitze geduldig wartete. Große Freude, eine heftige Gemütsbewegung läßt den Menschen völlig das Gefühl für die Zeit und für die Realität verlieren.

Joachim sagte immer wieder vor sich hin: »Sebastião, Sebastião, Sebastião...«

»Das ist Frankenheim, ein noch ganz neuer Freund, aber ein zuverlässiger Freund. Seine Muttersprache ist deutsch, er spricht aber sehr gut portugiesisch. Er mußte seine Heimat verlassen... Und das ist Joachim, ein Indianer und mein Bruder...«

Ich glaube nicht, daß das Vorstellen wirklich nötig gewesen war. Ich war körperlich und seelisch so erschüttert und fühlte mich so schwach auf den Beinen, daß es mir unmöglich war, zwei zusammenhängende Sätze zu sprechen.

Ich wollte, ich könnte das Abendessen mit meiner Mutter und

Joachim an diesem Tag des Wiederfindens vergessen. Ich möchte diese Umarmungen aus meinem Gedächtnis löschen, in denen ich, ein fünfzehnjähriger Junge, an eine Brust gepreßt wurde, auf die unaufhörlich Freudentränen niederfielen. Auch die Kraft dieser zarten Hände möchte ich vergessen, die die meinigen fast zerquetschten. Könnte ich das alles aus der Erinnerung tilgen! Es tut einfach zu weh.

Das kleine Zimmer war vorbildlich sauber; es hatte hübsche Blumenvorhänge, und da war auch die Fotografie meines Vaters im weißen Anzug und mit dem großen Sombrero auf der Terrasse unserer Farm. Diese Fotografie, die ich als meinen kostbarsten Schatz hüte, und eine Haarsträhne meiner Mutter sind der einzige Besitz, den ich gerne ins Totenreich mitnehmen würde. Könnte ich doch meine Ohren vor dem Klappern der feinen Porzellanteller verschließen, die Joachim – sie hatten die Katastrophe überdauert – aus der Kommode holte, in der mein Vater, als ich Kind war, die Zeitungen aufbewahrte. Dieses Klappern hat mich mein Leben lang verfolgt. Noch mitten im Urwald war es durch nichts aus meinem Hirn zu vertreiben.

Es gibt in dem großen Kreis meines Lebens, der sich vermutlich nun bald schließen wird, einen verborgenen Mittelpunkt, um den alles übrige sich dreht. Dieser seiner zeitlichen Ausdehnung nach winzige, aber in der Intensität seines Fortwirkens unendliche Punkt ist dieser Abend, an dem ich zum erstenmal seit vier Jahren wieder gemeinsam mit meiner Mutter und Joachim aß... Ich sehe noch meine Mutter mit der gleichen Genauigkeit wie in den Tagen meiner Kindheit die Abakachi-Frucht schneiden. Sie war Linkshänderin und hielt die Frucht fest in der rechten Hand, während die linke das Messer führte. Natürlich war das eine automatisch gewordene Bewegung und hatte keine besondere Bedeutung. Man braucht Fingerspitzengefühl, um eine frischgepflückte Abakachi-Frucht richtig aufzuschneiden. Niemand sprach in diesen Stunden von unseren Problemen. Frankenheim hatte sich taktvoll zurückgezogen, nachdem ich ihn meiner Mutter vorgestellt hatte. Wir waren wirklich und vollständig unter uns, tief geeint durch den gleichen Schmerz und die gleiche Verzweiflung.

Sehr spät in der Nacht holte meine Mutter drei Perlenketten ihres

Stammes aus der Kommode. Sie gab eine Joachim und eine mir, die dritte mit den drei Smaragden in der Mitte behielt sie selbst; es war die Kette, die ihr Vater, der Kazike, bei den großen rituellen Festen trug. Sie blies die Kerzen aus und zündete ein weißes Wachslicht an, das sie vor das Bild meines Vaters stellte. Im Licht der kleinen Flamme schien das Gesicht sich zu bewegen. Sie ließ uns erst ein katholisches Totengebet sprechen, dann hieß sie uns niederknien. Sie trat etwas vor, genau dem Bild gegenüber, und sprach:

»Iansa, Göttin der Toten,

Iansa, auf deinen Flügeln die Seele unseres Verstorbenen,

Iansa, eile mit der Schnelligkeit des Blitzes,

Iansa, bleibe leuchtend und rein wie Eis,

Iansa, laß dich niemals beirren, weder von den Deinen noch von den Weißen noch von irgend jemand,

Iansa, du Kühle, Ferne, Unerbittliche, hilf uns, die Hindernisse des Weges zu überwinden,

Iansa, halte die Bösen uns fern und gib uns die Weisheit zum Guten...«

Dann trat ich vor und sprach:

»Iansa, vor dir und vor Jesus erflehe ich deinen Schutz. Mach, daß an dem Tag, an dem dein Sohn Sebastião wieder einen Hut aufsetzt, mein Vater an deiner Seite im Land der Seligen ist.«

In der feierlichsten Form wiederholte ich, von niemand gehört als den Meinen, den Eid, den ich auf dem Platz geleistet hatte.

»Joachim, jetzt du.«

Und Joachim sprach:

»Iansa, die du die Meinen verstreut und meine Brüder zu Sklaven gemacht hast,

Iansa, hab ein Auge auf die Bösen,

Iansa, entreiße ihnen das Leben, strafe sie streng,

Iansa, Göttin der Toten, möge die Seele dieses Verstorbenen über die Seelen dieser beiden Lebenden wachen.«

Es versteht sich von selbst, daß wir nicht zu der Unterredung mit Aurélien gegangen sind.

Ich weiß nicht, ob die seelischen Erschütterungen die Ursache waren, jedenfalls bekam ich bald nach der Rückkehr nach Manaus, während Frankenheim nach Möglichkeiten suchte, Aurélien in die

Enge zu treiben, fürchterliche Schmerzen im Bauch und in der Blase.

Joachim hatte ein kleines Häuschen zu einem sehr günstigen Mietpreis aufgetrieben. Es gehörte einem Latexhändler, der wie viele andere vor dem Bankrott stand und froh war, Mieter zu finden, die ein paar Cruzeiros bezahlten. Wir hatten jeder von uns ein eigenes Zimmer, meine Mutter kümmerte sich um den Haushalt, und Joachim machte die Besorgungen. Frankenheim und ich versuchten, die Lage zu klären. Wir hatten keine Eile, denn meine Mutter hatte doch so viel mitnehmen können, daß wir eine gewisse Zeit davon leben konnten, zumal in dieser Zeit der Krise Lebensmittel und Kleider nicht sehr teuer waren. Ein neues Bett bekam man leicht für ein Kilo Maniokmehl.

Ich versuchte, meine Leibschmerzen zu unterdrücken. Aber sie waren so heftig, daß wir schließlich doch den Arzt holten.

»Temperatur?«

»Erhöht.«

Natürlich hatten wir kein Thermometer; meine Mutter hatte mir bloß die Stirn gefühlt und danach das Fieber geschätzt.

Nachdem der Arzt mich unter den sorgenvollen Blicken meiner Mutter von allen Seiten abgehört, abgetastet und durchgewalkt hatte, verkündete er:

»Blasensteine, natürlicher Abgang unmöglich... Muß operiert werden. Der Stein scheint groß zu sein.«

Ich stieß einen durchdringenden Schrei aus, alle zuckten zusammen...

»Du mußt keine Angst haben, mein Kleiner... Das gibt bloß eine ganz kleine Narbe, das ist alles.«

Ich wollte aber von einem chirurgischen Eingriff absolut nichts wissen, und das aus zwei Gründen, die für mich schwerwiegend waren. Erstens kannte man im Jahre 1914 noch nicht die heutigen Methoden der Anästhesie. Man ließ die Patienten einfach Äther einatmen, und daran starben manche schon vor der Operation. Aber das war der weniger wichtige Grund. Vor allem wußte ich, daß eine Narbe in der Bauchdecke meine Pläne für ein Jägerleben im Urwald über den Haufen zu werfen drohte, für das ich sportlich trainiert und gut zu Fuß sein mußte.

Um mir die Zeit der Mußestunden zu vertreiben, war ich in den Fußballverein von Manaus eingetreten. Mit meinen scharfen Indianeraugen wurde ich bald ein guter Torschütze, der den Ball fast immer ins Netz brachte. Aurélien hatte die Gewohnheit gehabt, sich die Wettkämpfe anzusehen, aber seit er mich unter den Spielern wußte, blieb er weg. 1915 gewann ich den Titel des Jugendmeisters für den Staat Manaus, und wir freuten uns alle bei dem Gedanken, daß Aurélien darüber verrückt vor Wut gewesen sein muß.

Trotz meiner Schmerzen schien mir die Aussicht auf eine Operation, die all das in Frage stellen würde, schlechthin unerträglich.

Da hatte meine Mutter eine Idee. Joachim verschwand für eine Woche unter dem Vorwand, er gehe in den Wald, um zu jagen und zu fischen. Als er zurückkam, brachte er eine Pflanze mit, aus der er einen bitter schmeckenden Aufguß bereitete. Zwei Wochen lang wurde ich viermal am Tag damit behandelt, und Tropfen für Tropfen wurde der Stein ausgetrieben, unter heftigen Schmerzen, aber ohne Operation. Amazonien ist die Universität der Natur und auch die reichhaltigste Apotheke.

In den letzten Monaten des Jahres 1915 ging das Leben dahin, ohne daß die Lage sich wesentlich änderte. Der Notar, bei dem sämtliche Papiere der Familie, auch das berüchtigte Schuldanerkenntnis, hinterlegt waren, war im vergangenen Jahr tatsächlich an Leberzirrhose gestorben, die er sich natürlich durch seine Trunksucht zugezogen hatte.

Ich meinerseits suchte nicht allzu ernsthaft nach Arbeit, da ich ja ohnehin im Jahr darauf zum Wehrdienst einrücken mußte. Ich nutzte die freie Zeit, um Frankenheim und Joachim auf einer zwei- oder dreiwöchigen Expedition auf den Nebenflüssen des Rio Negro zu begleiten; sie diente vor allem der Suche nach den Orejones-Indianern, für deren Gesellschaft der Gütergemeinschaft unser deutscher Freund sich begeisterte. Um Zeit zu gewinnen, hatte er für die Piroge einen kleinen Außenbordmotor gekauft, der viel Lärm und Rauch machte und wenig Vertrauen einflößte.

»Sebastião«, sagte Frankenheim, »du mußt dich mit dem Gedanken vertraut machen, daß der Fortschritt nicht in jeder Hinsicht schlecht ist. Du sagst – und darüber sind wir uns vollkommen einig –, daß wir mit zwei Pirogen, einer für dich und die Ausrüstung und einer für Joachim und mich, mindestens siebzehn Tage brauchen, um den Ort zu erreichen, wo wir die Dörfer der Orejones, der Langohr-Indianer, vermuten. Rechnen wir drei oder vier Tage für den Aufenthalt dort, nur dreizehn Tage für die Rückfahrt, da es ja stromabwärts geht, und dazu noch zehn Tage für Unvorhergesehenes, so kommen wir auf siebzehn plus dreizehn plus vier plus zehn, also vierundvierzig Tage für die ganze Reise.«

»Was sind in Amazonien schon 44 Tage! Lieber 44 Tage in Sicherheit als zehn Tage in Lebensgefahr.«

»Ich wüßte nicht, wieso die Expedition mit diesen winzigen Motoren gefährlicher sein sollte, als wenn wir rudern. Sie sind neu und ein hervorragendes englisches Fabrikat.«

»Wieviel Tage rechnest du mit deiner Mechanik?«

»Ich schätze, daß wir zwei Drittel der Zeit einsparen können. Sagen wir drei Wochen, dann sind wir zurück.«

»Für wie lange Zeit nimmst du Proviant mit?«

Die Frage war nicht ernst gemeint, ich wollte Frankenheim nur in Verlegenheit bringen, denn wenn ich allein im Wald bin, genügen mir mein Gewehr und Pfeil und Bogen, um mich zu verpflegen. Nein, diese Motoren gingen mir einfach gegen den Strich. Ich vertraue lieber meinen Rudern als dieser Maschine, erst recht im Dezember, wo es fast den ganzen Tag regnet, die Flüsse Hochwasser haben und wir ständig in Gefahr sind, Gegenstände zu rammen, die die Flut mit sich gerissen hat. Da kann der geringste Navigationsfehler das Boot zum Kentern bringen und uns alle in die Tiefe ziehen.

»Als Vorsichtsmaßnahme nehmen wir Benzin für einen Monat und genügend Patronen; außerdem verlassen wir uns auf deinen Bogen und deine Pfeile.«

Ob ich wollte oder nicht, ich mußte nachgeben und bereitete die Abreise vor. Ich wählte besonders kleine Pirogen, deren Festigkeit und Wasserdichtigkeit Joachim Zentimeter für Zentimeter genau prüfte. Frankenheim blieb die meiste Zeit in seinem Zimmer. Es war ihm gelungen, in der einzigen Buchhandlung von Manaus ein paar Karten des Amazonasgebietes – meiner Ansicht nach waren sie ziemlich lückenhaft – und eine Dokumentation über die bereits bekannten Indianerstämme aufzutreiben.

Heute kann man davon ausgehen, daß das Amazonasbecken im großen und ganzen einigermaßen korrekt kartographisch aufgenommen ist, obwohl man ja immer noch täglich ein neues Gesicht dieser Landschaft entdeckt. Im Jahre 1915 war das ganz anders. Auf den Karten gab es noch zahlreiche weiße Flecken – Gegenden, wohin kein Mensch sich je gewagt hatte. Wer könnte schon von sich behaupten, ein Gebiet von acht Millionen Quadratkilometern genau zu kennen, in dem jeder Neuling sich sofort hoffnungslos verirrt, sobald er den ersten Schritt in das Dickicht der Lianen getan hat?

Ich legte trotz allem einen Vorrat an frischen Früchten an und verstaute Patronen in Kisten, von denen ich hoffte, aber nicht recht glaubte, daß sie notfalls auch einem Bad im Fluß standhalten würden.

Am Vorabend der Abreise war die Atmosphäre beim Essen ziemlich gespannt; das ist das mindeste, was man sagen muß.

Trotz des Motors, der für Frankenheim eine fixe Idee war, so daß er kaum noch von etwas anderem sprechen konnte, kam mir das ganze Unternehmen schlecht vorbereitet vor. Wir hatten einen Mestizen namens Ferreio engagiert, der behauptete, genau zu wissen, wo sich die Dörfer der Orejones befanden, denn er sei schon einige Male dort gewesen, um Pekari-Häute zu kaufen, die für diesen Stamm das wichtigste Handelsobjekt im Verkehr mit den Weißen darstellten. Konnte man in Manaus, wo es von Spitzbuben und armen Schluckern wimmelte, wirklich diesem Burschen Vertrauen schenken, dessen Selbstsicherheit mir nicht recht zu der Unberechenbarkeit des Urwaldes zu passen schien?

Und außerdem war ich besorgt, weil wir Joachim meiner Mutter wegnahmen, deren einzige Stütze er war. Frankenheim ging so vollständig auf in seinem Abenteuer, daß er überhaupt nicht an die Möglichkeit dachte, daß Aurélien unsere Abwesenheit für irgendeinen schlimmen Streich nützen könnte.

Meine Mutter war ebenso besorgt wie ich, aber aus anderen Gründen. In den Zeitungen von Manaus war immer wieder von Gefechten zwischen Indianern und Weißen die Rede, die ihnen Frauen geraubt hatten; Gefechten, bei denen die Indianer dank ihrer Curare-Pfeile stets Sieger blieben. Gegen dieses tödliche Gift, das viel gefährlicher ist als alle wilden Tiere des Urwaldes, hat man bis heute noch kein wirksames Gegenmittel gefunden; es lähmt sämtliche Nervenzentren und führt zum sofortigen Tode.

Joachim als einziger trug eine scheinbare Ruhe zur Schau, während er die letzten Vorbereitungen zum Beladen der Pirogen traf.

Als wir in der Morgendämmerung aufbrachen, schlief meine Mutter noch oder tat wenigstens so, als schliefe sie, so daß uns der Schmerz eines Abschieds erspart blieb, bei dem man nie weiß, ob es nicht ein Abschied für immer ist.

Wenn Joachim nicht dabei gewesen wäre, hätte ich ganz bestimmt auf diese Expedition verzichtet, so faszinierend sie auch sein mochte und sosehr ich mich darüber freute, wieder tief ins Innere des Urwaldes zu kommen.

Man verstehe mich recht. Ich kann versichern, daß das Reisen im Wald absolut ungefährlich ist, allerdings unter einer Bedingung, die mein Vater sich zur eisernen Regel gemacht hatte: nichts dem Zufall zu überlassen. Alles muß bis ins Kleinste vorhersehbar sein; die geringste Fehleinschätzung, sei es auch nur beim Passieren eines Strudels in der Mitte des Flusses, kann verhängnisvolle Folgen haben.

Ferreio wartete bei den Pirogen auf uns. Obwohl es noch ganz früh am Morgen war, mußten wir uns mühsam durch das Marktgetümmel am Ufer des Rio Negro zwängen. Ich bemerkte, daß nicht wenige Pirogen mit einem Motor von der gleichen Art ausgerüstet waren wie die unseren. Natürlich machte Frankenheim mich darauf aufmerksam.

»Gewiß«, sagte ich. »Aber hast du auch bemerkt, wie tief die Wolken hängen? Sie bleiben schon fast an den Wipfeln der Bäume am anderen Ufer hängen, und die Sonne dringt nicht durch. Jeder weiß: Wenn man die Sonne im Osten aufgehen sehen kann, dann kommt der Regen niemals am Vormittag. Daß man die Sonne heute überhaupt nicht sieht, bedeutet ein heftiges Unwetter in spätestens ein paar Stunden. Es wäre ein Gebot der Vernunft, die Abfahrt auf morgen zu verschieben. Im Wald ist ein Tag nicht mehr als eine Sekunde.«

»Kommt nicht in Frage«, antwortete Frankenheim. »Wenn wir uns schon bei der Abreise verspäten, werden wir nie ankommen.«

Ich hatte nicht mehr die Zeit, in den Augen Joachims oder im

Klang seiner Stimme nach Zeichen der Zustimmung zu suchen; Frankenheim war zwischen Sackträgern und Bananenbüscheln schon in Richtung Hafen verschwunden. Zu sprechen war bei dem Lärm des Markttreibens, dem brausenden Stimmengewirr der Käufer und Verkäufer unmöglich. Unter dem Dach der eisernen Markthalle gruppierten sich die Pirarucu-Verkäufer; hier herrschte ein strenger, aber durchaus nicht unangenehmer Geruch, solche Mengen frischgefangenen Fisches flößen Vertrauen ein. Sie sind die phlegmatischsten Verkäufer, sie warten einfach ruhig auf die Kunden, und wenn sie das Pech haben, ihre Ware nicht loszuwerden, dann kippen sie alles in den Fluß und versuchen es am nächsten Tag wieder mit frischer Ladung. Man muß nicht besonders geschickt sein, um den Pirarucu zu fangen, das kann eigentlich jeder schaffen.

Resigniert folgte ich meinen Gefährten. Mitten zwischen all den ineinander verkeilten Booten, die von den Bugwellen der großen Dampfer geschüttelt wurden, brachen wir auf. Die Einmündung des Rio Negro in den Amazonas war schnell erreicht, und nun begann die lange Fahrt stromaufwärts, gegen die Strömung. Frankenheim war in die Piroge gestiegen, die dieser Ferreio steuerte, und die Art, wie er den ersten Sandbänken auswich, gab mir wieder etwas Zuversicht. Joachim seinerseits umfuhr Strudel, in denen gewaltige Baumstämme versanken, mit einer wirklich erstaunlichen Gewandtheit.

An den ferngerückten Ufern, die im Regendunst verschwimmen, werden die hölzernen Häuser immer seltener. Die beiden Pirogen liegen nebeneinander im Strom, die Motoren laufen ruhig, ich schätze unsere Geschwindigkeit auf vier bis fünf Kilometer in der Stunde.

Ferreio und Joachim sind beide voller Erwartung und sprechen kaum. Höchstens mal ein paar Worte zur Verständigung über den richtigen Kurs: »Steuere nach rechts, links treiben Kokosbäume, die uns zum Kentern bringen können. – Links an dem Dampfer vorbei, der Sog ist dort weniger stark.«

Vor uns steht Frankenheim aufrecht im Boot wie Christoph Kolumbus bei der Entdeckung Amerikas. Jeder der drei Männer trägt einen breiten Sombrero zum Schutz gegen die Sonne, deren

Strahlen brennen, obwohl man sie hinter der Wolkenschicht gar nicht sieht. Nur ich, getreu meinem Schwur, behalte den Kopf unbedeckt. Seit meiner Rückkehr habe ich mich daran schon gewöhnt und habe kaum Angst vor einem Sonnenstich.

Endlose, ermattende Monotonie, diese Fahrt den Strom hinauf! Die letzten Hütten von Cabocos sind hinter uns geblieben. Es regnet, aber Frankenheim triumphiert, denn das Gewitter hat sich verzogen. Ein paar Blitze über den Wipfeln der Kautschukbäume, deren kostbarer Saft hier längst nicht mehr fließt, das war alles.

Um vier Uhr nachmittags bricht die Dämmerung herein. Schon von weitem hat Joachim einen Uferstreifen ausgemacht, an dem wir, geschützt durch eine Reihe hoher Imbauba-Bäume, die Nacht verbringen können. Bei der Landung empfängt uns ein Geschoßhagel von Kokosnüssen – die erste Überraschung für Frankenheim, der im Tropenwald des Amazonas noch Neuling ist.

»Das sind Rollschwanzaffen, die raffiniertesten von allen kleinen Affen. Sie zielen unglaublich scharf, paß auf, daß du nicht erschlagen wirst. Du brauchst nur noch lauter zu schreien als sie; sie werden dann in die höchsten Zweige flüchten. Ihr schrilles Schreien hat wenigstens den Vorteil, daß es uns vor anderen wilden Tieren schützt, die dieser Lärm in Schrecken versetzt. Genau wie der Mensch versteht es auch der Affe, das Maul aufzureißen, wenn es darauf ankommt, um sich gegenüber einem gefährlichen Feind den Anschein der Stärke zu geben.«

Der Feind, ob Mensch oder Tier, weiß, daß Lautlosigkeit eine fast unfehlbare Waffe ist. Ich habe mich immer gefragt, wie es einem so schweren Tier wie dem Panther möglich ist, sich mir auf drei Meter zu nähern, ohne daß ich einen Zweig knacken oder ein einziges Blatt rascheln höre. Daß ich heute noch am Leben bin, verdanke ich wohl ebensosehr der Empfindlichkeit meiner Trommelfelle wie der Zuverlässigkeit meines Gewehrs.

Joachim übernahm es, unseren Lagerplatz so einzurichten, daß wir eine ungestörte Nachtruhe haben würden.

»Wir sind etwas weiter gekommen als erwartet, die Strömung war günstig. Ziehen wir die Pirogen ans Ufer. Ferreio, mach das Tau gut fest, denn das Gewicht der Motoren, die unsere Fahrt so beschleunigt haben, könnte bewirken, daß die Boote sich losreißen.

Hebe die Motoren aus dem Wasser, damit sich kein Gras drin verfängt.«

Es schien, als kenne er diesen Ort, denn als wir mit allem fertig waren, sagte er:

»Eine Stunde Fußweg von hier kenne ich eine Lichtung, wo jeden Tag ein ziemlich ungewöhnlicher Kongreß stattfindet. Wenn ihr euch von ein paar Mücken nicht abschrecken laßt, so hätten wir noch Zeit hinzugehen, bevor es Nacht wird, das wäre die Mühe schon wert.«

Als wir angekommen waren, sagte er: »Laßt uns jetzt ganz still sein, auf die feinen hellen Stimmen lauschen und schauen. Da sind sie, die Caraujageiros.«

Ich gebe zu, daß der Anblick dieser riesigen, suppentellergroßen pelzigen Spinnen, die mehr als zwei Meter hoch springen können, etwas Unheimliches und Grausiges hat. Sie leben in Staaten, sind erstaunlich intelligent und finden sich stets nur auf Lichtungen, die groß genug sind, um Sonne durchzulassen. Diese abstoßenden Tiere sind völlig harmlos und haben sogar schon vielen Seringueros, die sich vor ihnen fürchteten, durch ihre bloße Anwesenheit das Leben gerettet.

»Ist Ihnen aufgefallen, daß, seit wir hier sind, keine einzige Fliege uns gestochen hat?« fragte Joachim. »In einem Umkreis von zwei bis drei Kilometern räumen diese Spinnen im Wald gründlich auf. Sie vertilgen Libellen und Stechfliegen und waren damit die Vorläufer des Chinins in der Bekämpfung des Paludismus. Wieder eines der Wunder unseres Waldes. Hier ist alles in einem vollendeten Gleichgewicht, auch wenn der Mensch die Art dieses Gleichgewichts nicht immer versteht. Wer hätte gedacht, daß diese abscheulichen Tiere uns das Leben retten können? Und doch...«

»Gehen wir zurück zu den Pirogen«, sagte er dann. »Diese Tiere sind häßlich, aber so wunderbar organisiert, daß sie uns von einer phantastischen Welt träumen lassen. Unterwegs aber, selbst kurz vor dem Ziel, darf man niemals träumen. Wirklich sicher vor der Gefahr sind Sie nur dann, wenn Sie das Gefühl haben, jeden Augenblick mit ihr rechnen zu müssen. Wenn Sie auf einem schon vorgebahnten Pfad gehen, genügt es schon, in einem momentanen Gefühl der Sicherheit die Phantasie schweifen zu lassen, und schon ist ausgerechnet in diesem Augenblick die Gefahrensituation da. Angst darf der Reisende nicht haben, aber er muß sich unausgesetzt der lauernden Gefahren bewußt bleiben. Sie sehen, unsere Pirogen haben der Strömung widerstanden, wir können also weiterfahren. Stellen Sie sich einmal vor, sie hätten sich losgerissen. Ich war nicht so vorsichtig, Ferreio zu bitten, Essen und Waffen an Land zu bringen, während wir zu der Lichtung gingen. Wenn alles weg gewesen wäre, wären wir deshalb nicht gleich zugrunde gegangen, denn Früchte und Wasser finden wir reichlich, aber wir hätten nichts gehabt, um Wild zu erlegen, nichts, um uns vor dem Regen zu schützen, und nichts, um neue Boote zu bauen. Zwei Möglichkeiten hätten wir gehabt: entweder zu warten, bis ein anderes Boot vorüberkommt, was Wochen dauern kann, oder uns hier niederzulassen und nach und nach ein kleines Floß zusammenzubauen. In beiden Fällen wären wir in großer Gefahr. Ohne Waffe kann der Mensch im Urwald kaum länger als zwei oder drei Wochen überleben; der gefährlichste Feind wäre hier am Ufer das Krokodil. Im anderen Fall wäre unser Floß bei den vielen Strudeln und Stromschnellen mit Sicherheit bald gekentert und wir hätten unsere Reise im Rachen der Piranhas beendet. Und das Ihretwegen. Schauen Sie nicht so verblüfft, ich kann es Ihnen nicht oft genug sagen, daß es auf jede noch so winzige Kleinigkeit ankommt. Auf das richtige Festmachen der Piroge ebenso wie auf diese kleine Schramme an Ihrem Kinn, an der wahrscheinlich Ihr Rasierapparat schuld ist. Diese fast nur mit der Lupe zu sehende Verletzung, die mir gleich bei der Abreise aufgefallen ist, kann ausreichen, den Tod von uns allen herbeizuführen, falls wir Schiffbruch erleiden, was jederzeit möglich ist.«

Ich hörte mit Vergnügen zu, wie Joachim vollkommen gelassen diese Erklärungen gab, die vor allem für Frankenheim bestimmt waren. Er fuhr fort, Frankenheim machte sich in einem kleinen Heft Notizen.

»Jemand vor dem Ertrinken retten ist für einen guten Schwimmer nicht sonderlich schwer. Allerdings unter einer entscheidenden Bedingung: man darf nicht den kleinsten Kratzer am Körper haben. Ein Blutströpfchen von der Größe eines Stecknadelkopfes genügt, um Tausende von Piranhas anzulocken.

Weil er den Menschen angreift, glauben viele Leute, der Piranha sei so groß wie ein Hai. Aber dieser furchtbare Räuber ist ganz im Gegenteil ziemlich klein; der schwarze Piranha wird höchstens 30 Zentimeter, der rote Piranha, nach der brasilianischen Frucht auch Kaschunuß-Piranha genannt, sogar nicht mehr als fünf Zentimeter lang. Diese sind schlimmer als alle anderen. Selbst wenn sie satt sind, kommen sie angeschossen, sobald sie Blut wittern, und zerfleischen ihre Opfer, sie lassen dann die Fleischstücke einfach ins Wasser fallen und greifen sofort wieder an.«

Später habe ich selbst Erfahrungen gemacht, die Joachims Worte bestätigen. Im Jahre 1917 gewann ich die amazonischen Schwimmmeisterschaften; natürlich war ich ein guter Schwimmer, vor allem aber wagte ich es, mitten durch einen Schwarm Piranhas zu schwimmen, weil ich wußte, daß ich am ganzen Körper nicht den geringsten Kratzer hatte, während die anderen Angst bekamen und entweder einen großen Bogen machten oder umkehrten.

Die Piranhas bewegen sich immer in Schwärmen von einigen tausend Tieren. Einmal sah ich das völlig abgenagte Skelett eines Jungen an die Oberfläche emporsteigen, der keine halbe Stunde zuvor von einem Hausboot ins Wasser gefallen war. So etwas ist selten, weil es nicht überall wie in dieser Gegend Piranhas gibt, aber es kommt immer noch vor. Vor fünf Jahren haben diese blutgierigen Räuber im Hafen von Manaus ein badendes Kind angefallen. Die Fische haben ihm die Geschlechtsteile abgeschnitten; man konnte es aus dem Wasser ziehen und von den Tieren befreien, die sich an ihm festgebissen hatten, aber zwei Stunden später ist es im Krankenhaus gestorben. Das Kind muß eine kleine Verletzung gehabt haben, denn wenn man nicht irgendwo eine blutige Stelle hat, greifen die Piranhas niemals an.

Joachim hatte unterdessen keine Minute verloren. Er hatte Feuer gemacht, auf dem jetzt einige Scheiben Pirarucu brieten. Er hatte Guaven gepflückt, deren Saft sehr reich an Vitaminen ist. Die Hängematten waren genau in der richtigen Höhe aufgehängt.

Meine Erinnerung an diesen Abend ist die eines vollkommenen Glücksgefühls. Nach fünf Jahren, von denen ich vier in der Schweiz verbracht hatte, nach so vielen Umwälzungen in meinem Leben erlebte ich im trüben Schein des knisternden Feuers an der Seite meines innig geliebten Freundes zum erstenmal wieder die Düfte, Farben und Geräusche des Waldes meiner Kindheit.

Nach dem Abendessen holte Frankenheim eine Mundharmonika aus der Tasche. Gedankenverloren auf den Fluß blickend spielte er Lieder aus seiner Heimat: »Ich hatt einen Kameraden, einen bessern findst du nit...« Ferreio pfiff dann einen alten portugiesischen Fado. In den Liedern ist der Gesang unseres Herzens.

Tief aus dem Raunen des Waldes sprach die Stimme meines Vaters zu mir. Europa lag im Krieg, aber hier, mitten unter den schwarzen Bäumen, hatte ein deutscher Forschungsreisender meiner einsamen Seele die Freuden der Jugend wiedergegeben.

14. DAS GEWITTER

Joachim legte Wert darauf, daß wir uns nicht verspäten. »Es ist sechs Uhr, die Flut ist hoch, nützen wir das aus zum Weiterfahren. Haben Sie keine Angst, das Wasser steigt bis zehn Zentimeter unter der Bordkante, das ist völlig normal. Der Akatouni ist für die Schiffahrt nicht sehr gefährlich. Ich habe eine gute Plane mitgenommen, um uns gegen den Regen zu schützen, falls er gar zu schlimm wird. Ich sehe, die Porzellanteller und dieser Kochtopf machen Sie neugierig. Sehen Sie, es gibt zwei Arten, mit einem Indianerstamm Kontakt aufzunehmen: entweder mit Cachassa, wenn man die Indianer betrunken machen will, oder mit Küchengeräten, wenn man ihnen eine Freude machen will.«

Frankenheim hört zu und macht sich immer noch Notizen. Diesmal aber werde ich Gelegenheit haben, Joachim auf seinem ureigensten Gebiet den Meister zu zeigen. Er ist so in seine Erklärungen vertieft, daß er die schwarzen Wolken, die ein heftiger Wind vor uns auftürmt, gar nicht beachtet. Die beiden Pirogen fahren weiter stromauf, des starken Wellengangs wegen haben wir einen etwas weniger breiten Seitenarm gewählt.

Joachim kann stundenlang vorne im Boot sitzen, ohne sich zu rühren, ohne etwas zu essen; nur hin und wieder nimmt er sich die Zeit, mit der zu einer Schale gebogenen Hand ein paar Tropfen Wasser zu schöpfen. Immer wieder frage ich mich im stillen, wie alt

Joachim wohl sein mag. Er hat es mir nie gesagt. Weiß er es selber? Nicht ohne Grausamkeit frage ich mich, wann und auf welche Weise dieser Mann wohl sterben wird, der an Körper und Geist nicht die geringste Spur von Schwäche zeigt. Manchmal habe ich Lust, ihm zu widersprechen. Unmögliches Unterfangen. Und wenn er eine Art Messias für Amazonien wäre? Ich sage das im Scherz, aber vom Bild dieser Piroge mitten im Abenteuer des Urwaldes geht ein ziemlich starkes Gefühl der Unwirklichkeit aus.

Ich hatte geglaubt, Joachim sei so stark mit dem Steuern beschäftigt, daß er das etwas finstere Grün der Umwelt kaum beachte und es Ferreio überlasse, den Baumstämmen auszuweichen, die eine so starke Strömung uns entgegentrieb, daß man hören konnte, wie sie unserem kleinen Motor zu schaffen machte. Dem war aber ganz und gar nicht so.

»Ferreio, deck alles gut ab. Wir werden jetzt etwas Mühe haben, zu atmen, die Luft wird drückend, und die Hitze wird uns mit einem Schlag überfallen. Sobald es soweit ist, zünden wir die Positionslichter an, damit wir einander nicht verlieren, denn spätestens in einer Viertelstunde ist es stockfinster. Wir müssen noch mindestens drei Stunden fahren, ehe wir einen Platz finden, wo wir anlegen können; alles wird davon abhängen, wie heftig das Gewitter ist. Auf jeden Fall werden wir einen tüchtigen Wolkenbruch über uns ergehen lassen müssen.«

»Sebastião«, sagte Frankenheim, der sich zum erstenmal unserer Anstrengungen bewußt wurde, »ich muß zugeben, daß ich ganz entsetzlich müde bin und daß es nicht gerade leicht ist, eine Stellung zu finden, in der man sich etwas ausruhen kann.«

»Diese Müdigkeit ist völlig normal«, erwiderte Joachim. »Sie kommt ausschließlich von der plötzlichen Luftdruckveränderung. Hier im Äquatorialklima ist die Atmosphäre übermäßig stark elektrisch geladen, und der Blitz schlägt überall ein. Im Jahre 1913 sind bei Porto Velho an einem einzigen Tag siebzehn Menschen am Blitzschlag gestorben. Hier ist die Gefahr für uns nicht sehr groß – vorausgesetzt, wir fahren weiter und suchen vor allem nicht Schutz unter den Lianen, die ganz hervorragende elektrische Leiter sind. Jetzt fängt es an zu gießen. Hüllen Sie sich vollständig in Ihren Regenmantel.«

»Soll ich anhalten, Boß?« fragte der Mestize.

»Stell den Motor ab, nimm das Ruder, und halte dich gut in der Mitte des Stromes; die herabfallenden Äste sind gefährlicher als die Blitze. Fallen Sie nicht in Panik, wenn Sie den Blitz sehen, machen Sie vor allem keine überflüssige Bewegung, sonst werden wir nicht vom Regen eingeweicht, sondern im Fluß, was noch viel unangenehmer ist. Decken Sie das ganze Boot mit dem Wachstuch ab und machen Sie es auf beiden Seiten sehr sorgfältig fest; das wird es uns ersparen, nach dem Regenguß das Wasser aus dem Kahn schöpfen zu müssen.«

In Amazonien hat der Blitz manchmal Wirkungen, die absolut unverständlich sind. Einmal – ich muß etwa vier Jahre alt gewesen sein, jedenfalls war es noch, bevor ich in die Schule im Pará geschickt wurde – schaukelte ich auf der Veranda in meiner Hängematte. Joachim saß neben mir und bastelte Schwimmer zum Angeln. Der Blitz schlug in unser Haus ein. Einen Blitzableiter gab es natürlich nicht, aber es entstand keinerlei Schaden, wir haben nichts gemerkt. Aber als die Erschütterung vorüber war, war Joachims Messer verschwunden und meines auch. Wir haben sie nie wiedergefunden. Meiner Ansicht nach hat der Blitz sie beim Niederfahren weit weg in den Wald geschleudert und sie dabei verbrannt, denn noch ziemlich lange danach registrierten wir einen eigentümlichen, schwer zu definierenden Geruch, vielleicht der Geruch von schmelzendem Stahl. Selbst Joachim, der doch an die seltsamsten Überraschungen im Urwald gewöhnt war, kam aus dem Staunen nicht heraus.

Bis jetzt ist jedenfalls alles gut gegangen; entscheidend ist, daß wir die Lampen benutzen können und die Batterien nicht feucht werden. Schon fallen die Tropfen weniger schwer, und der Wind treibt das Grollen des Donners nach Osten; da unsere Grundrichtung nach Westen geht, müßten wir in etwa zehn Minuten aus dem Unwetter heraus sein.

Und genau in diesem Augenblick unterläuft Joachim, dem sonst so Unfehlbaren, der entscheidende Fehler: er hebt das Ruder und deutet nach Osten, um mir zu zeigen, in welche Richtung das Gewitter zieht. Zu spät... Die anderen haben gesehen, was passiert ist, ihre Piroge bleibt zwischen zwei Strudeln stehen.

»Sebastião, nach rechts, wir sind angestoßen. Vor allem ruhig bleiben. Heb die Plane, kein Leck? Dann ist es nicht schlimm. Ein so leicht gebautes Boot wie das unsere geht schon bei dem kleinsten Leck unter; es wäre wirklich zu dumm gewesen, dieses furchtbare Gewitter heil überstanden zu haben und dann wegen so einem verdammten Stück Holz auf Grund zu laufen. Bei Tag wäre das kein Problem gewesen, es handelt sich um einen Baum, der fast so hart wie Stein geworden ist; er ist vor etwa zehn Jahren von der Strömung mitgerissen worden und dann im Schlamm steckengeblieben, und da es sich von Anfang an offenbar um ein besonders hartes Holz handelte, hat er der Fäulnis widerstanden und sich buchstäblich im Wasser eingewurzelt. Er bildet gewissermaßen einen natürlichen Grundpfahl, ist aber für die Schiffahrt gefährlich, vor allem wenn es dunkel ist.«

»Joachim, ich habe den Eindruck, daß der Motor etwas abgekriegt hat. Ich habe ihn kräftig angerissen, aber er reagiert nicht. Versuch du mal.«

»Das ist leider wahr. Aber eigentlich hat nicht der Stoß den Motor lahmgelegt, dazu war er nicht heftig genug. Nur die Zündkerzen sind abgesoffen. Also kein Grund zur Unruhe. Unsere Lampen funktionieren noch, der Regen ist vorbei. Sebastião, du hältst die Lampe nach rechts. Ferreio, wir halten jetzt zum linken Ufer hinüber. Flach übers Wasser schauen und bei der geringsten verdächtigen Form ein Warnschrei; wir dürfen nicht einfach blindlings drauflos fahren. Wir sind zu weit von festem Land entfernt, auf dem wir ein Lager aufschlagen könnten; bei dem Sturm wäre es sinnlos, sich mit der Machete einen Weg durch den Wald bahnen zu wollen, um so mehr, als nach dem Gewitter die Raubtiere wild vor Hunger und die Queixadas buchstäblich rasend sind. Uns aber am Ufer niederlassen zu wollen, daran dürfen wir erst gar nicht denken. Das Ufer ist durch den heftigen Wolkenbruch so aufgeweicht, daß es jeden Augenblick von der Flut mitgerissen werden kann. Unterhalb der Stromschnelle, die wir bald durchqueren müssen, kann eine Felsenplattform uns als Nachtlager und Abendtafel dienen.

Die Gefahr ist vorüber; mit einem Motor hätten wir die Langohren noch heute abend erreicht, mit dem Ruder müssen wir etwas mehr Geduld haben. Ich rechne nicht mehr mit unangenehmen

Zwischenfällen; wir brauchen nur die Stunden dahingleiten zu lassen und vor allem die Wasseroberfläche gut abzuleuchten. Es ist jetzt weniger heiß, die Konserven werden uns guttun. Bis dahin reich mir mal die Flasche Guarana, das wird mir Kraft geben zum Rudern. Halt die Lampe gut, Sebastião!«

Die Vögel, die während des Gewitters verstummt waren, beginnen jetzt wieder zu singen. Das Wasser ist still, die Ruder schlagen es mit der Regelmäßigkeit eines Metronoms. Ich habe unbedingtes Vertrauen. Joachim sitzt mitten im Boot und schaut, dem Schein der Lampen mit den Augen folgend, geradeaus. Er kennt den Wald und weiß, daß er sich darauf verlassen kann. Allmählich sieht man wieder die Ufer. Die Zivilisation liegt ein paar hundert Kilometer hinter uns, aber Joachim strömt ein Gefühl der Kraft und heiteren Ruhe aus. Ein bißchen stolz bin ich aber doch auch. Habe ich mit meinem Mißtrauen gegen die Motoren nicht recht gehabt? Frankenheim gibt es bereitwillig zu:

»Du hast recht, Sebastião. Was ich aus diesem Vorfall lerne: Die Erfahrungen des praktischen Lebens sind für den Menschengeist viel wichtiger und lehrreicher als alle Bücher. Dieser Wald enthält ungezählte Reichtümer, die man niemals in einer Bibliothek finden wird.«

Wir blieben mehrere Stunden auf dem Felsen, und das aus zwei Gründen. Ferreio hatte einen Versuch gemacht, die Zündkerzen trocknen zu lassen, einen Versuch, an den ich nicht recht glaubte, denn die Luft war fast so feucht wie der Regen. Während Ferreio damit beschäftigt war, hatte niemand außer Joachim den prächtigen Jacari bemerkt, der am Fuß der Felsenbank in einem dunklen Wasserloch auf uns lauerte. Zum Glück für den Menschen bietet die Natur gegen alle Gefahren auch eine Abwehr. Die Augen des Jacari, kleine rote Perlen, die in der Dunkelheit noch heller leuchten als am Tage, haben ihn verraten. Für Ferreio bestand keine Gefahr, die Piroge war auf der anderen Seite des Felsens festgemacht. Der wenig entwickelte Geruchssinn ist die schwache Seite des Jacari. Außerdem kann er mit seinem starren Blick nur wahrnehmen, was in gerader Linie vor ihm liegt, sein Gesichtsfeld ist eng. Ich habe mein erstes Krokodil schon mit vier Jahren geschossen, und zwar mit einem Karabiner 44 von fast der gleichen Art wie der, den ich noch heute benütze; ich bin also von der Eidechse direkt zum Krokodil übergegangen. In den siebzig Jahren, die seitdem vergangen sind, haben sich die Jagdwaffen wenig verändert, nur erlaubt jetzt das automatische Nachladen eine schnellere Schußfolge. Ich persönlich verlasse mich allerdings lieber auf die Treffsicherheit des ersten Schusses als auf die Möglichkeit eines zweiten. Nichts ist gefährlicher als ein verwundetes Tier.

»Ferreio, Ferreio, komm hier herauf, gib mir die Lampe und das Gewehr.«

Dem Jacari gegenüber ist mit List nichts zu erreichen. Man muß zwischen die Augen zielen, genau in die Mitte, um das Gehirn zu treffen. Das heißt, Joachim mußte an einem Tier, dessen Länge ich auf sieben Meter schätzte, eine Stelle von nicht mehr als vier Quadratzentimetern treffen. Verfehlte er sein Ziel, dann war das für uns nicht gefährlich, da wir uns ja an einem erhöhten Punkt oberhalb des Tieres befanden. Auf einem Strand dagegen wäre das verwundete Tier mit einer Gewalt auf uns losgestürmt, die etwas so Faszinierendes und Erschreckendes hat, daß der Schütze oft wie gelähmt ist und nicht weglaufen kann. Sobald er nahe genug ist, dreht der Jacari sich blitzschnell um und zermalmt den Menschen mit einem einzigen Schlag seines unglaublich kräftigen Schwanzes zu Brei. Der Schwanz des Krokodils ist wie eine mächtige Peitsche, er dient ihm nicht nur mangels Flossen zum Schwimmen, sondern ist auch eine unerhört gefährliche Waffe. Ich leuchtete dem Tier mit der Lampe voll ins Gesicht. Damit war es zunächst einmal immobilisiert. Die Blendung dauert bei einem Krokodil aber höchstens drei Sekunden. Das reicht, um ihm das Gehirn zu durchbohren. Man muß immer von unten nach oben schießen. Trifft man es oberhalb der Schnauze, dann prallt die Kugel an einem Wulst ab, der den oberen Teil des Gehirns schützt. Verletzt, versucht der Jacari, sich ins Wasser zu retten, wenn er nicht sofort angreifen kann. Wenn ihn die Piranhas nicht fressen, kann er noch ein paar Wochen kläglich vegetieren, und dann stirbt er.

Zwei Schüsse unmittelbar nacheinander. Joachim hat gut gezielt. Nach fünf Minuten erscheint der Bauch des Tieres an der Oberfläche, und dann versinkt der schwere Kadaver in der Tiefe des Flusses.

Bei einigen Indianerstämmen, die das Jagdgewehr noch nicht kennen, töten die Männer den Jacari mit der Machete, sie trennen den Kopf vom Rumpf. Wenn man weiß, wie hart der Panzer des Krokodils ist, dann kann man sich vorstellen, welche herkulischen Kräfte für diese Art der Hinrichtung nötig sind. Der Schlag darf vor allen Dingen nicht danebengehen, denn ehe man zu einem zweiten ausholen kann, hat sonst der peitschende Schwanz schon sein Rachewerk vollendet. Im allgemeinen übernimmt diese Aufgabe der Kazike, der im Prinzip und schon kraft seines Amtes als der beste Jäger gilt.

Ich mag diese Art der Jagd nicht; eigentlich ist das schon keine Jagd mehr, sondern eher eine Hinrichtung.

Was ich noch schrecklicher finde: der Schwanz des Krokodils schmeckt zwar nicht gerade hervorragend, aber er ist doch eßbar. Also schneidet der Jäger dem Tier, nachdem er es geköpft hat, den Schwanz ab, der sofort gebraten wird, und läßt den Rumpf liegen. Ich habe das selbst gesehen, und dieser wirklich grausige Anblick gehört zu den Dingen im Wald, die mir den tiefsten Eindruck gemacht haben: der Kopf eines Krokodils liegt unter einem Baum, der Schwanz ist schon ins Haus geschafft, und der Rumpf marschiert ganz allein zum Wasser, wo er schließlich hineinfällt. Wenn es sich um ein großes und starkes Tier handelt, kann das manchmal mehr als eine Stunde dauern. Das ist ein gräßliches Schauspiel und um so schwerer zu ertragen, als die Indianer es für eine Manifestation des Göttlichen halten; Männer und Frauen begleiten tanzend diesen Körper ohne Schwanz und Kopf. Ich frage mich, ob der französische Ausdruck »sans queue ni tête« (= ohne Schwanz und Kopf, entspricht der deutschen Wendung »weder Hand noch Fuß haben«, Anm. d. Ü.), nicht auf einen Südamerikareisenden zurückgeht, der Zeuge dieses schauerlichen Todeskampfes gewesen ist.

Frankenheim blieb nachdenklich. Das waren Dinge, über die er gewiß nichts in Büchern gelesen hatte. Dieser traurige Tod des Krokodils war für mich oft Anlaß, über den Wert der Guillotine nachzudenken. Ich persönlich habe nie ein Krokodil köpfen mögen. Indem ich auf das Gehirn ziele, sorge ich dafür, daß das Tier sofort und schmerzlos tot ist.

Welche Einstellung man in anderen Ländern zur Todesstrafe hat,

geht mich nichts an, um so weniger, als in Brasilien ein Menschenleben noch nie viel wert gewesen ist. Aber die Praxis des Fallbeils ist
für mich doch etwas Merkwürdiges. Kein Mensch kann wirklich
wissen, ob ein abgeschnittener Kopf nicht doch noch eine gewisse
Zeit weiterlebt.

Mehrmals habe ich ein Experiment versucht, um mir das Leben
zu retten, wenn mein Herz zu schlagen aufgehört hatte; ich habe
dann jedesmal die Nerven meines Gehirns in einen so starken
Spannungszustand versetzt, daß ich am Leben blieb. Wenn eine
Gesellschaft es für nötig hält, das Leben eines Menschen, eines
unverbesserlichen Verbrechers, auszulöschen, dann soll sie unsere
Methoden anwenden, die Methoden des biederen Jägers. Das heißt,
mit einem einzigen, unfehlbar gezielten Schuß rasch und sicher
töten, auch wenn ich darin meinen indianischen Brüdern widerspre-
che, die vor allem bei Ehebruch eine exemplarische Strafe für
notwendig halten.

Die Jagd ist etwas ganz anderes. Das verwundete Tier kennt im
allgemeinen kein Erbarmen. Da heißt es dann: entweder du oder
ich. Manchmal habe ich ein Tier im Todeskampf gefunden; ich habe
ihm stets den Gnadentod gegeben.

Monatelang sah ich meine Mutter leiden, ich wußte, daß es keine
Heilung für sie gab und der Tod Erlösung bedeuten würde. Der Arzt
und ich haben sie bis zum letzten Augenblick geduldig gepflegt; ich
verstehe aber, daß mancher wohlmeinende Arzt den Wunsch hat,
seine Patienten nicht so lange leiden zu lassen.

»Sind Sie Anhänger der Euthanasie?« fragte Frankenheim. »Will-
kürlich über Leben und Tod anderer Menschen entscheiden zu
wollen, ist schon Rassismus.«

Das Leben im Urwald seit so langer Zeit hat mir einen klaren
Blick gegeben. Ich habe viele Unglückliche gesehen, die sich nach
dem Tod sehnten, aber nicht sterben konnten, und manchmal habe
ich nach meinem Revolver getastet und war in Versuchung, sie von
ihrem Leiden zu erlösen. Ich habe es aber niemals getan, und zwar
aus zwei Gründen. Erstens wegen meiner religiösen und sittlichen
Erziehung, vor allem aber, weil ich, nachdem ich selbst gelitten
hatte und, was schwerer wiegt, Zeuge der entsetzlichen Leiden
geworden war, die armen wehrlosen Indianern von gewissenlosen

Schurken zugefügt wurden, zu der Überzeugung gekommen war, daß Gott uns das Leben gegeben hat. Für die einen ist es ein Leben im Glück, für die anderen im Elend, aber jedes Leben, wie immer es sein mag, muß bis zum Ende hingenommen und ertragen werden.

Ich weiß, daß die Dichter nicht immer den besten Ruf haben. Trotzdem finde ich es schade, daß es noch keinen echten Dichter des Amazonas gibt. Der Schweizer Blaise Cendrars hat einige sehr schöne Seiten über das Leben des Stromes geschrieben; sie stehen aber dem Journalismus näher als der Dichtung. Wie gerne hätte ich die Blumen, die Bäume und die Tiere unseres Beckens besungen, wenn ich das Talent dazu gehabt hätte. Leider aber bin ich nicht Homer, sondern bloß Sebastião.

»Comme une onde qui bat dans une urne trop pleine...«

Ich liebe es, diese Verse zu zitieren, ich widme sie dem Urwald. Wenn ich dabei auf einem glitschigen Felsen stehe, komme ich mir vor wie Chateaubriand in Combourg. Ich hoffe, daß alle Reime stimmen.

»Bravo«, schreit Frankenheim. Er versteht kein Wort Französisch, aber diese Stimme eines Indianers, der seine ganze Kraft aufbietet, um das Getöse des Wasserfalls zu übertönen, verschlägt ihm den Atem. Und Joachim sagt lachend: »Ich bin sicher, daß die Bäume und die Vögel ganz still sein mußten, um dir zuzuhören.«

Wer diesen Augenblick nicht miterlebt hat, wird sein Pathos vielleicht nicht recht verstehen. Victor Hugo zu deklamieren, war für mich keine Äußerung des Nationalismus. Man hört viele Schreie im Wald. Wie kann man, wenn man in diesem unglaublichen Dschungel die Flüsse und Ströme befährt, seine eigenen Abenteuer vergessen und, statt von Leiden und Kampf zu sprechen, auf einer Felsenbank mitten im Fluß ganze Seiten aus *Les Miserables* rezitieren und mit den Gestalten dieses Buches die Einsamkeit bevölkern? Und doch geschieht mir das noch immer. Merkwürdigerweise findet man die gleiche Art von lyrischer Romantik wie bei Victor Hugo auch in vielen Zaubergesängen der Indianer. Die Lieder, die die jungen Männer vor den Hütten der Mädchen murmeln, kann man mit den Briefen vergleichen, die Juliette Drouet an

Victor Hugo geschrieben hat. Die Indianer können nicht schreien, aber ihre Liebesgeschichten sind deshalb nicht weniger von Leidenschaft erfüllt als die der Weißen.

»Ich sehe, daß Ferreio mit den Vorbereitungen fertig ist. Trotzdem wünsche ich nicht, daß wir noch heute abend weiterfahren. Er hat unter schwierigen Bedingungen gearbeitet und muß völlig erschöpft sein. Zu müde jedenfalls, um die Piroge bis ans Ende der Stromschnellen zu schleppen. Wir unsererseits müssen den Proviant und die Benzinvorräte tragen. Für alle diese Operationen brauchen wir mindestens drei Stunden. Danach erst finden wir wieder ruhiges Wasser. Daß wir noch vor Einbruch der Nacht eine Stelle finden, an der wir ordentlich biwakieren können, scheint mir nicht sicher. Es hat keinen Sinn, uns in ein gefährliches Abenteuer zu stürzen, um so weniger, als wir auf diesem Felsen ja vor Moskitos, vor roten Ameisen und vor Skorpionen sicher sind. Wenn ihr es mit dem Essen nicht gar zu eilig habt, so denke ich, daß es da unten am Wasserfall ein paar Tucanares geben müßte. Dieser Fisch hat zwar Stacheln, aber sein Fleisch hat einen unwiderstehlichen Geschmack.«

»Boß! Boß!«

»Was ist denn los, Ferreio? Du bist ja ganz aufgeregt! Schon wieder ein Krokodil? Oder ein Tapir? Was ist denn passiert, daß du in solcher Hast diesen Steinhaufen erklimmst, auf die Gefahr, ins Wasser zu fallen und von der Strömung mitgerissen zu werden?«

»Boß, ich habe die Kerzen gereinigt, ich hab den ganzen Motor getrocknet, ich hab es noch einmal versucht, aber es hilft alles nichts, er will nicht anspringen. Ich habe den Eindruck, daß der Anlasserzug gerissen sein muß.«

Ruhig und bestimmt wie immer zog Joachim die logischen Schlußfolgerungen.

»Es ist jetzt zu spät, um das ganze Material den Wasserfall hinauf zu tragen. Ich halte es für sinnvoller, fischen zu gehen als mit dem Motor weiterzumachen. Mit den Konserven sollten wir sparsam umgehen. Wenn der Wasserstand günstig ist und wenn wir gleichmäßig rudern, sind wir in zwei Tagen bei den Langohren. Wir haben es nicht eilig. Frankenheim und Sebastião, zündet schon das

Feuer an, während wir etwas zu essen besorgen. Hier an dieser Stelle, da kommt der Regen nicht hin.«

Ferreio und Joachim nehmen ihre leichten Harpunen und gehen am Wasserfall entlang hinunter. Erst beim dritten Versuch gelingt es mir, eine Flamme zu entzünden. Eine innere Stimme flüstert mir zu, daß ich Frankenheim ein kleines Stück meines großen Glückes schenke, indem ich ihn ins Innere führe und ihm das Leben des Urwaldes zeige. An diesem Abend fühle ich mich ganz und gar als einsamer Indianer, ganz allein in der Welt und ohne jeden materiellen Besitz, aber erfüllt von dem Ungestüm und der Vitalität der Jugend.

15. BEI DEN LANGOHREN

Nach einem ausgezeichneten Abendessen aus Tucanaré und Abakachi, zu dem wir Kokosmilch tranken, schliefen wir alle ein. Da der Felsen uns gegen jeden Überfall wilder Tiere wirksam schützte, organisierte Joachim keinen Wachdienst. Als wir erwachten, hatte er schon in den Stromschnellen gebadet, und ein heißer Tee wartete auf uns. Zum ersten Mal schien es mir, so etwas wie Wohlbehagen in den Augen Frankenheims aufleuchten zu sehen, trotz der technischen Panne, mit der wir irgendwie schon fertig werden würden.

Joachim stellte mit Genugtuung fest, daß dieser Fremdling sich im Wald nicht mehr wie im Vorzimmer der Hölle fühlte.

»Offenbar fangen Sie an, mit dem Inneren Amazoniens etwas vertraut zu werden«, sagte er. »Geben Sie aber zu, daß Sie fast den ganzen Tag gebraucht haben, um auf diesem stillen Fluß Ihre Ruhe wiederzufinden. Jetzt brauchen wir nur noch ruhig weiterzurudern. Das Boot ist aus solidem Holz, über den Bäumen strahlt die Sonne, die Hitze ist nicht gar zu drückend, und wir haben genug zu essen und zu trinken. Was wollen wir mehr? Wenn Ihnen wirklich der Gesang der Vögel und das Geschrei der Affen zur Unterhaltung nicht ausreichen, dann kann ich Sie ja in die Anfangsgründe der indianischen Etikette einführen.«

Joachim verfiel wieder in Schweigen. Wir fahren auf einem Iguarapé, unsere Köpfe streifen das niederhängende Gezweig. Inmitten dieser gewaltigen Vegetation, die uns wie ein Ungeheuer umfängt, ist nichts zu hören als das Schlagen der Ruder. Von Zeit zu Zeit fährt ein Sonnenstrahl wie ein Blitz durch die wolkige Masse. Ich kenne Joachim gut genug, um zu wissen, daß er mich in diesem Augenblick unter den Bäumen ein bißchen vergessen hat, und ebenso auch Ferreio und Frankenheim, die ihren Motor abgestellt haben, um an unserer Seite zu bleiben. Er ist auf der Suche nach seiner wahren Seele. Ist er fromm? Ist er sogar wirklich gläubig? Irgend etwas ist da bestimmt. Geheime Gedanken, über die er wahrscheinlich nie sprechen wird. Mit all seiner Güte, seiner inneren Ruhe und seiner Menschenkenntnis leidet er schon in Gedanken an die für ihn tote Zeit, wenn nicht mehr viele übrig sein werden, die den Weißen noch erklären können, daß sie mit der Zerstörung des Waldes und seiner Bewohner eines Tages auch sich selbst den Untergang bereiten.

Zutraulich hat ein Papagei sich auf dem Bug der Piroge niedergelassen. Frankenheim krault ihn sanft.

»Ich liebe die Papageien. Das sind Vögel von besonderer Sensibilität. Man sagt, sie seien schwatzhaft. Sie sprechen aber nur, wenn sie Lust danach haben, und vor allem, wenn ihr Partner ihnen sympathisch ist. Ist es wahr, daß die Gespräche verliebter Papageien tage- und nächtelang dauern, ohne daß sie ihr Plappern auch nur für einen Augenblick unterbrechen?«

Und ich, Sebastião, was besitze ich denn tatsächlich noch an diesem Tag im Jahre 1915? Eine Piroge, einen Bogen, Pfeile und einen Freund: Joachim. Eine gemeinsame Zukunft mit Frankenheim konnte ich mir nicht vorstellen. Unsere Beziehung hatte mehr Ähnlichkeit mit einem Vertrag über wechselseitige Dienstleistungen als mit einer echten Freundschaft. Der Indianer gibt seine Freundschaft nie mit einem Male ganz. Allzuoft hat er für ein übereiltes Vertrauen einen entsetzlich hohen Preis bezahlt.

Was ich noch besitze, das ist vor allem etwas Ungeheures, von dem ich mit meinen fünfzehn Jahren noch gar nicht ermessen kann, welchen Reichtum an Erfahrung und Glück ich daraus gewinnen werde: die Schreie der Papageien, der Wind in den Lianen, das Brüllen eines Jaguars, ein genau gezielter Pfeil, der die Schildkröte in dem Augenblick an der Kehle trifft, da sie zum Atemschöpfen an die Wasseroberfläche kommt.

In Freiburg hatte ich eine Unmasse an Wissen aufs Geratewohl in mich hineingefressen, ohne recht zu wissen, wozu es gut sein sollte. Das einzige Wissen, das wirklich meines war, hatte ich nicht von den Priestern: ich mußte jetzt entweder töten, um wiederzuerlangen, was mir gehörte, oder aber zurückkehren in den ewigen und unabänderlichen, Glück und Schutz spendenden Wald. Die abendländische Kultur hatte es fertiggebracht, in vier Jahren aus einem Kind der Natur einen aufsässigen Erwachsenen zu machen. Ich habe sechzig Jahre gebraucht, um diesen Aufruhr zu besänftigen und Frieden zu finden. Es waren sechzig Jahre des Kampfes und der Bruderschaft mit den Indianern, den Tieren und den Pflanzen.

Oft habe ich mir auf meinen einsamen Wanderfahrten gesagt, daß ich hätte Geld verdienen und mit diesem Geld bequemer leben können. Aber das hätte meinen Körper und meinen Geist gewiß verdorben. Wenn ich mich hätte »kaufen« lassen, wäre ich selbst der Versuchung ausgesetzt gewesen, andere zu »kaufen«. Diese Art zu denken ist sicher der Grund, warum ich mich nie mit Politik befaßt habe. Der Kommunismus zerstört den Sinn für Verantwortung, und der Profit untergräbt die moralischen Werte. Und eine andere Alternative sehe ich heute leider noch nicht. Im Wald habe ich lange vom Tauschhandel gelebt: ein Tapir gegen etwas Maniok, ein paar Pirarucus gegen Patronen. Das ist ein sehr primitives System, vielleicht aber nicht das schlechteste. Jedenfalls immer noch besser als das Geld, nach dem mir nie der Sinn stand, so daß ich zum Beispiel die 165 herrlichen Perlen, die ich in den Bächen gefunden hatte, einfach an Freunde verschenken konnte.

Ohne Motor bewegte sich die Piroge nur langsam vorwärts. Die Helligkeit unserer Lampen nahm ab, das Gezweig berührte unsere Köpfe. Ich hätte sogar fast vergessen, weiterzurudern, obwohl wir den Häusern des Stammes schon nahe waren. Plötzlich spitzte Joachim die Ohren. Er hatte einen Laut gehört, den nur ein Mann mit seiner Erfahrung wahrnehmen konnte. Aber sein Ohr hatte ihn nicht getäuscht: in der Ferne ein leises Plätschern. Flop, flap, flop, flap – so regelmäßig schwimmt kein Fisch oder sonst ein Tier. Es war wirklich der Schlag eines Ruders. Ehe wir sie hören konnten, kamen die Indianer uns entgegen. Ich glaube, wenn wir mit Motoren gekommen wären, hätten sie sich nicht gerührt. Sie hätten uns für Cabocos gehalten, die zum Handeln kommen.

»Katareba, katareba... Wer seid ihr? Wer seid ihr?«

Ich bekundete unsere friedlichen Absichten, indem ich mit der Lampe in der Dunkelheit einen Kreis beschrieb, groß wie eine Sonne.

»Koucestara. Tupan. Seid willkommen, Gott schütze euch.«

Wir hatten unsere Fahrt trotz der Nacht fortgesetzt, weil wir wußten, daß das Dorf nahe war. Es war notwendig, diesem Wächter seines Stammes zu zeigen, daß wir ihre Sprache kannten und also eine Verständigung möglich war. Diese paar Sätze, die nur Höflichkeitsfloskeln enthalten, aber absolut unerläßlich sind, versichern ihm unsere Vertrauenswürdigkeit. Als der Mann sich im Boot aufrichtete, fielen mir zwei Dinge auf: erstens, daß er weder Bogen noch Pfeile hatte, und zweitens, daß er ein Hemd von Zivilisierten trug. Jedes dieser Details ist bedeutungsvoll. Daß der Mann keinen Bogen hat, zeigt mir, daß er getrunken hat. Kein Indianer, der bei klarem Verstand ist, geht jemals ohne seinen Bogen irgendwohin, weder am Tag oder in der Nacht; das tut er höchstens, wenn er mit Cachassa vollgesogen ist. Das Hemd, eines von der Art, wie man sie in den Kaufhäusern von Manaus findet, zeigt unzweideutig, daß handeltreibende Cabocos vor kurzem bei dem Stamm gewesen sind... Das war nicht viel, aber genug, um mich zu beunruhigen, auch wenn es uns eine Möglichkeit gab, uns über die schändliche und skandalöse Ausbeutung dieser unglücklichen Menschen eine Meinung zu bilden. Frankenheim fiel es schwer, diese traurige Wahrheit zu akzeptieren.

Der Mann in der Piroge sagte mir, er heiße Juanito. Das ist natürlich kein indianischer Name, er verdankt diesen spanischen Vornamen entweder Peruanern oder Bolivianern, mit denen sie Pekari-Felle handeln. Handeln ist allerdings ein Ausdruck, der einem nur schwer über die Lippen geht, denn in Wirklichkeit hat sich zwei oder drei Tage vor unserer Ankunft in dieser Lichtung wohl ungefähr Folgendes abgespielt.

Die Langohren – man nennt sie so, weil sie sich die Ohrläppchen durchbohren und in das langsam immer größer werdende Loch Scheiben aus Balsaholz von zunehmendem Umfang schieben – waren noch vor einem halben Jahrhundert einer der wichtigsten Stämme Amazoniens. Ihr Ruf als Krieger drang nach Osten über den Madeira hinaus, er war in einem beträchtlichen Teil des Amazonasbeckens verbreitet, nicht nur in Brasilien, sondern auch in Peru und fast bis nach Iquitos und Bolivien. Ihre Vorfahren müssen die wirklichen Quellen des Amazonas gekannt haben. Jedenfalls führe ich die gewissermaßen magische Vorherrschaft der Langohren über die anderen Stämme auf diese Kenntnis zurück. Für die Indianer ist der Amazonas eine Tochter Gottes, des Tupan. Wer den Geburtsort Tupans kennt, hat natürlich den Vorzug besonders enger Beziehungen zu ihm. Tatsache ist aber, daß die Langohren sehr schnell, schon von der Mitte des 19. Jahrhunderts an, Kontakt mit den Weißen hatten, denen sie ihre so begehrten Pekarifelle gegen Maniok und Edelsteine verkauften. Sie verlangten auch Gewehre dafür, aber man gab ihnen nur selten welche, weil man Angst hatte, sie könnten im Falle eines Konfliktes zur Waffe greifen.

Die Langohren sind sehr intelligent; nach und nach stellten sie im Tauschhandel immer härtere Bedingungen. Viele Jahre lang, bis etwa 1910, standen die im Wald verstreuten Familien unter ziemlich strengem Schutz der drei Staaten, die mit der Ausfuhr von Pekarifellen Profit machten. Und dann kamen, wahrscheinlich von der brasilianischen Seite, ein paar Schweinehunde und brachten Cachassaflaschen. Anfangs waren sie dem Kaziken vorbehalten, nach und nach ließ man die Jäger, die Frauen und die Kinder trinken. Man ließ das ganz bewußt geschehen. Wenn die Dorfbewohner vollkommen betrunken sind, laden die Kerle ihre Pekarifelle ein und machen sich davon; als Gegenleistung bleiben in den Hütten nur wertlose Objekte zurück, ein oder zwei Töpfe, zwei oder drei Schachteln Zigaretten, ein paar alte Hosen voller Löcher und geflickte Kleider für die Frauen. Wenn diese Schurken in Iquitos, Porto Velho oder Manaus zurück sind, den drei Märkten für Pekarifelle, dann verdienen sie das Hunderttausendfache des Einkaufspreises. Aber von Einkaufspreis kann man gar nicht sprechen, es handelt sich eher um Raub. Raub und Mord. Diese Indianer vertragen nämlich keinen Alkohol, und so endet das Ganze mit einem regelrechten Selbstmord des Stammes. Heute sind nur noch ein paar Dutzend Familien übriggeblieben, an denen der Alkohol und die Tuberkulose zehrt. Solange es noch einen Absatz für Pekari gibt, rottet man sie nicht vollständig aus, aber wenn morgen die Nachfrage ausbleibt, dann haben die letzten Überlebenden endgültig den Kampf gegen die Zivilisation verloren. Sie sind Jäger und leben in Großfamilien in großen Pfahlbauten, die sie mitten in einem Tümpel errichten, um vor den Überfällen wilder Tiere sicher zu sein. Ackerbau haben sie nie gekannt, denn Maniok erhalten sie ja im Tausch gegen ihre Jagdbeute. Solange die Mestizen sie brauchen, bringen sie ihnen ein paar Säcke Mehl. Daraus machen sie einen mit Alkohol vermischten Brei, der sie in einen schrecklichen Zustand versetzt. Wenn die Flaschen leer und sie selbst wieder ganz nüchtern sind, dann merken sie, daß sie auf eine abscheuliche Weise betrogen worden sind. Als Weißer tut man gut daran, in diesem Augenblick nicht innerhalb der Reichweite ihrer Pfeile aufzutauchen. In einem Vierteljahr aber haben sie leider alles wieder vergessen, und ihre Gier nach Cachassa ist dann so groß, daß sie von neuem beginnen. Und so geht das ewig weiter bis zum bitteren Ende.

Diese paar Männer und Frauen, die sich an Sie anklammern, sind die letzten Überlebenden. Und irgendwann kommt der Tag, an dem sie, völlig verarmt und heruntergekommen, nicht einmal mehr die Kraft haben, zur Jagd zu gehen; dann werden sie verrückt und bringen sich gegenseitig um oder warten bloß noch auf den Tod.

16. TRAURIGE WEIHNACHTEN

Frankenheim ist nicht wiederzuerkennen. Die ruhige Neugier der letzten Tage ist hellem Zorn gewichen. Er hat nichts mehr von der Sanftmut des wohlerzogenen Europäers. Diese Hütten aus faulendem Holz, deren Grundpfähle in Schlamm und Exkrementen stecken, dieser Schmutz, der überall auf den Wegen in der Umgebung herumliegt, und diese entsetzliche, unmenschliche Sauferei, in teuflischer Absicht von den Händlern organisiert, damit diesen Männern nur noch gerade so viel Kraft bleibt, um weiter zu jagen! Diese ganze Lebensweise, die keinem seine Individualität läßt und so völlig anders ist als der von Natur aus ursprünglich gute und reine Charakter des Indianers! Wesen, die sich zur Grausamkeit treiben lassen, um einer Welt des Schreckens zu entrinnen, und die der Alkohol erniedrigt. Die Blässe in Frankenheims Gesicht drückt zugleich seine Trauer und seinen Abscheu aus. Was Joachim freilich nicht hindert, ihn auch jetzt wieder zur Ordnung zu rufen und an die Gesetze des Urwaldes zu erinnern.

»Bei all Ihrer Sympathie für diese Menschen haben Sie sie in einer einzigen Nacht zweimal beleidigt, und zwar so stark, daß sie es auch in ihrem jetzigen Zustand einer beklagenswerten Verrohung gemerkt haben. Das war sicher ohne Absicht, aber es ist doch eine Tatsache.«

»Ich verstehe nicht.«

»Ich habe Sie heute Nacht aus Ihrer Hängematte fallen hören; Sie sind mit ein paar Prellungen davongekommen, eine gute Massage wird den Schmerz sicher lindern. Sie hätten sich leicht einen Wirbel brechen können oder zwei. Zugegeben, der Idiot, der in die Hütte hereintaumelte, hat etwas zu heftig am Netz gezerrt. Er hat Ihnen aber sozusagen die Schlüssel des Hauses anvertraut, als er Ihnen eine zwischen den Pfosten der Eingangstür ausgespannte Hängematte anbot. Während Sie schliefen oder zu schlafen versuchten, hörte ich ihn hinausgehen; ein paar Minuten später nahm ich ganz deutlich das Pfeifen des Pfeiles wahr. Für Sie war der Mann diesen kleinen Affen schießen gegangen, den die alte Indianerin vorhin in blutige Stücke zerschnitt, um die Stücke dann zum Kochen in den Cachassabrei zu werfen. Wenn es nicht einen Gast des Stammes zu ehren gilt, nimmt ein Indianer niemals das Risiko einer nächtlichen Jagd auf sich. Während der Affe kochte, gingen Sie hinunter, um zu pissen, direkt unter dem Boden des Hauses zwischen zwei Pfählen; Sie wirkten dabei etwas verlegen, aber das brauchten Sie gar nicht zu sein, denn alle Männer und Frauen des Dorfes machen es genauso. Verwundert waren Sie aber, daß eine Alte, kaum daß Sie wieder oben in der Hütte waren, sofort hinunterstieg, um das Gemisch aus Wasser und Urin in einem Topf aufzusammeln und dann in den Kessel zu gießen, in dem der Affe kochte. Tatsächlich hatte aber die ganze Familie seit heute morgen auf den Augenblick gewartet, daß Sie verschwinden müssen. In dieser Handlung sehen sie etwas Heiliges, zwischen Urin und Sperma machen sie keinen Unterschied. Indem sie diese Flüssigkeit aus Ihrem Körper der Nahrung beimengen, wird die Mischung zu einer Art Opfergabe. Sie stammt von Ihnen, und Ihnen sollte sie zugute kommen. Nun kann ich mir natürlich vorstellen, daß Affe mit Pipi-Soße für einen Europäer nicht gerade eine ausgesuchte Delikatesse ist, obwohl der Affe, selbst wenn er zäh ist, für jemand, der richtig vom Hunger geplagt wird, ein wertvolles, vitaminreiches Fleisch ist. Ich sage Ihnen noch einmal, daß hier im Urwald Ihre Logik nicht gilt und Ihre Gewohnheiten nicht zählen. Als die Frau des Kaziken Ihnen den großen hölzernen Löffel reichte, damit Sie sich als erster aus dem Topf bedienen, haben Sie abgelehnt. Von Ihrem Standpunkt aus ist das verständlich, aber nach den Begriffen des Stammes war es eine schwerwiegende Beleidigung. Für den Kaziken, der den Affen eigens für Sie hatte töten lassen, bedeutete Ihre Weigerung, sich als erster zu bedienen, einen schweren Schimpf; das war genauso, als wenn ein Katholik es ablehnen würde, die Kommunion aus der Hand des Priesters zu empfangen. Sie hätten einen gewissen Ekel, der schließlich rasch vorüber gewesen wäre, überwinden müssen. Solche scheinbar nebensächlichen Kleinigkeiten haben bei den Indianern schon manchem Weißen das Leben gekostet, ohne daß er recht begriffen hätte, warum. Man lastet dann der angeblichen Grausamkeit eines Kriegervolkes an, was in Wirklichkeit nur der Ahnungslosigkeit und mangelnder Achtung vor einem Ritus zuzuschreiben ist... Ich mußte dem Kaziken erklären, daß Sie erst seit verhältnismäßig kurzer Zeit im Wald sind, und er hat mir Vertrauen geschenkt.«

»Und was war die zweite Beleidigung?«

»In diesem Falle habe ich wirklich geglaubt, daß es schlimm enden würde. Wie konnten Sie auch auf die Idee kommen, ihn zu bitten, sein Hemd auszuziehen, um sich photographieren zu lassen! Von einigen sehr primitiv gebliebenen Stämmen wie den Xerantes oder den Mambiquaras abgesehen haben die Indianer im allgemeinen, ganz im Gegensatz zu dem, was man darüber erzählt, keinerlei Scheu vor Photoapparaten. Normalerweise leben sie barfuß und mit nacktem Oberkörper. Indem er dieses weiße Hemd anzog, das er gegen Pekarifelle eingehandelt hatte, erwies er Ihnen die Ehre, für

Sie sein, wie ihm schien, kostbarstes Gewand anzulegen, und wahrscheinlich hat dieses armselige Hemd, für das ein Gringo keine zwei Dollar bezahlt, ihn ja auch leider ein paar hundert Felle gekostet. Würden Sie von einem Ihrer Minister verlangen, daß er sich in der Unterhose photographieren läßt? Hier ist der Kazike eine so bedeutende Persönlichkeit wie bei Ihnen ein Minister. Lassen Sie sich das als Warnung dienen und nehmen Sie sich in Zukunft in acht.

Steigen Sie jetzt mit Ferreio ins Boot; Sebastião und ich gehen uns vom Häuptling verabschieden. Das ganze Dorf ist versammelt, niemand wird etwas von Ihnen verlangen. Indem wir uns vor ihm verneigen, leisten wir in gewisser Weise öffentlich Abbitte für uns alle. Während wir mit dieser Geste Unterwerfung bekunden und für die Gastfreundschaft danken, entfernen Sie sich langsam; schauen Sie nicht die Frauen an, wenn Sie die Treppe vor dem Haus hinabsteigen. Auch wenn sie betrunken sind, fühlen sie Ihren Blick, und die Männer könnten in ihrem gegenwärtigen Zustand des Rausches und der Wut die Sache übel aufnehmen und nach ihren Bogen greifen. Erwecken Sie aber auch nicht den Anschein, Angst zu haben, und sagen Sie Ferreio, er soll unterwegs nicht den Motor anwerfen; entfernen Sie sich rudernd, wir müssen ja im übrigen auch zusammenbleiben. Die Indianer verabscheuen die Feigheit; sie würden den überstürzten Aufbruch als eine Flucht betrachten und den Motorlärm als Erscheinung irgendeines Dämons deuten.«

»Gut, alles in Ordnung, wir können losfahren. Es ist Mittag, und wir haben noch nicht einmal Hunger. Wenn nicht zu viel Baumstämme und verfaulte Pflanzen im Wasser treiben, haben wir in drei Stunden unseren Felsen erreicht. Der Kazike hat dreimal in die Hände geklatscht, als wir die Lichtung verließen. Das ist eine rituelle Geste, die ausdrückt, daß Vertrauen und Freundschaft wiederhergestellt sind. Wir können also wiederkommen.«

Wieder einmal ist mir deutlich geworden, wie weise Joachim ist. Ihm verdanke ich wirklich alles. Im Urwald gibt es an jedem Tag etwas Neues zu lernen. Man muß sich nur bemühen, die Fehler von gestern nicht zu vergessen, damit man sie heute nicht wiederholt. In den sechsundsiebzig Jahren meines Lebens im Urwald gab es keinen Augenblick, in dem ich nicht etwas gelernt hätte. Seit Joachim tot ist, habe ich versucht, auf dem Weg weiterzugehen, den er mir gezeigt hat. Bei meiner Rückkehr nach Brasilien hatte ich jedoch den Eindruck, daß die vier Jahre im Internat in Freiburg mich meiner Jugend im Wald völlig entfremdet hatten und ich nun dazu verurteilt war, in den Straßen von Manaus kümmerlich dahinzuvegetieren. Zum Glück hatten alle mich den »kleinen Indianer« genannt, sonst hätte ich vielleicht sogar meine Herkunft vergessen. In Wirklichkeit aber war ich, kaum in Belém angekommen, sofort wieder, und ohne im entferntesten zu ahnen, welche schlimmen Nachrichten auf mich warteten, in meiner Herkunft verwurzelt, obwohl ich vier Jahre lang kein Wort Portugiesisch gesprochen hatte.

Nachdem wir eine Nacht und einen Tag lang auf dem Felsen bei der Stromschnelle gefischt hatten, setzten wir unsere Fahrt fort; wir ruderten, aber da es jetzt stromabwärts ging, erreichten wir doch ein vernünftiges Tempo. Die Nächte verbrachten wir am Ufer der Flüsse auf flachen Stränden, die jedesmal Joachim sorgfältig auswählte. Solche Aufgaben müssen immer sinnvoll verteilt werden. Joachim legte den Platz für die Hängematten fest; sie mußten für Ameisen, Spinnen und Termiten unerreichbar sein und im Windschatten liegen, damit nicht wilde Tiere durch den Geruch auf uns aufmerksam werden konnten. Ich zündete unterdessen das Feuer an, während Ferreio und Frankenheim mit Fischen und Waldfrüchten für die Nahrung sorgten.

Ungefähr nach einer Woche entdeckten wir die Baracke eines Caboco. Seine Frau wohnte allein darin, sie hatte überhaupt keine Angst vor der Einsamkeit. Wir machten unsere Pirogen am Landesteg fest und befestigten unsere Hängematten in einem kleinen Garten; eines der Hühner im Hühnerstall mußte an diesem Abend uns zu Ehren sein Leben lassen. Der Mann der Frau war nach Iquitos gefahren, um Krokodilhäute zu verkaufen und Verpflegung für die nächsten Monate zu beschaffen.

Seit es mit dem Kautschuk zu Ende war, gehörte die Krokodiljagd zu den einträglichsten Einnahmequellen. Ich habe Zeiten gekannt, wo man ganze Herden von Krokodilen vertreiben mußte, wenn man mit der Piroge vorankommen wollte. Natürlich wurde kein Gesetz erlassen, das dem Massaker Einhalt geboten hätte. Bis 1939/1940 war der Saurier keine Seltenheit, heute ist es genauso wie mit dem

Panther: man muß schon sehr tief ins Hinterland hineinfahren, um noch ganze Familien zu finden. Während der Panther leider schon am Aussterben ist, gibt es doch noch genug Jacaris, um die ungeschickten Jäger zu vertilgen.

Alle Cabocos, die weit von der Stadt entfernt wohnten, hatten eine kleine Werkstatt. Ferreio fand dort ein Stück verrosteten Drahtes, aus dem er schnell einen neuen Anlasserzug für unseren defekten Motor anfertigte. Frankenheim nutzte den Aufenthalt, um sich den schmerzenden Rücken von der Frau des Caboco massieren zu lassen. Sie war übrigens nicht allzu spröde, und das gab ihm seine gute Laune wieder, die unter dem trostlosen Zustand der Orejones empfindlich gelitten hatte. Wenn man im Hinterland eine willige Frau trifft, vor allem wenn es eine Mestizin ist, dann muß man die Gelegenheit zu nutzen wissen, ohne sich hinsichtlich Qualität und Frische der Ware übermäßig anspruchsvoll zu zeigen.

Am Morgen nach dieser Nacht, in der ich gewiß mehr geschlafen habe als Frankenheim, mußten wir weiter. An den amourösen Erfolgen Frankenheims hatten Joachim und Ferreio nur ein mäßiges Interesse; ihnen kam es darauf an, so bald wie möglich wieder in Manaus zu sein. Mir ging es da ganz anders. Obwohl meine Mutter auf mich wartete, lockte mich der Wald mit der Verführungskunst der betörendsten und anspruchsvollsten Mätresse.

Die Existenz Auréliens und das Werk der Rache, das ich mir vorgenommen hatte, waren fast vergessen.

Es war schon zehn Uhr, und die Sonne brannte heiß, als Joachim zur Abfahrt mahnte.

»Ich habe das Gepäck und den Proviant in eine Piroge mit einem stärkeren Motor verladen lassen; sie gehört den Cabocos. Ferreio meint, daß seine Reparatur nicht solide genug ist, um bis Manaus zu halten; wenn wir auf dem Amazonas und dem Rio Negro rudern müssen, brauchen wir viele Tage, von der Anstrengung gar nicht zu reden. Orlanda leiht uns das Boot, sie lebt mir ihrem Mann schon seit Jahren hier – offenbar reicht ihr Handelsnetz am weitesten ins Hinterland – und kennt die Probleme des Flusses. Es ist jetzt die Zeit der alljährlichen Erneuerung der Vorräte; sobald ihr Mann Leopoldo, ein Mestize, der viel jünger ist als sie, aus Iquitos zurück ist, muß er nach Manaus. Er ist ein hervorragender Schiffer und kann leicht beide Boote zurückbringen, was ihm erlaubt, mehr Waren zu transportieren.

Vom Landesteg winkte uns Orlanda nach, mit einem besonders zärtlichen Blick für Frankenheim.

Beladen mit vier Passagieren und unserem Material glitt die Piroge fast tiefer im Wasser dahin, als aus Sicherheitsgründen eigentlich zulässig ist.

Wieder einmal überzogen grelle Blitze den Himmel mit einem Streifenmuster. Drohend zog das Gewitter herauf. Joachim verlangte dem Motor das Äußerste ab, um schneller zu sein als die drei Feinde dieses Tages: der Regen, die treibenden Baumstämme, die wir bei der Geschwindigkeit des Bootes nicht rechtzeitig sehen würden, und die Delphine, die wir rammen könnten. Jawohl, Delphine, diese klugen und sportlichen Tiere. Sportlich, weil sie zwei- oder dreitausend Kilometer stromaufwärts schwimmen, intelligent, weil sie genau wissen, daß sie hier nur den Mund aufmachen müssen, um satt zu werden, denn es gibt hier viel mehr kleine Fische als im Ozean.

Das Wort »Umweltverschmutzung« war damals noch nicht in der Mode. Aber dieser Motor machte einen solchen Krach, daß ich auf dem Heimweg zum ersten Mal die Umweltschäden im Amazonasbecken wahrnahm. Nein wirklich, ich kam immer mehr zu der Überzeugung, daß das moderne Leben nicht das richtige für mich war. Ich wußte nicht, wie und warum, aber wenn erst meine Abrechnung mit Aurélien schlecht oder recht zu Ende gebracht wäre, dann würde ich in den Wald gehen und dort ganz alleine leben, auf die Gefahr hin, meiner Mutter Kummer zu bereiten. Nur einen könnte ich als Gefährten akzeptieren: Joachim, mein zweites Ich, unschätzbar in der Finsternis der Selva.

Vor ein paar Monaten hatte ich beschlossen, meinen Vater zu rächen; jetzt verpflichtete ich mich, mein Leben an ganz Amazonien hinzugeben.

Und doch trugen bei dieser Fahrt die Nebenflüsse hinab zum großen Strom die Ufer die Farben der Bitterkeit. Der Caboco, bei dem wir unsere im Gewitterregen naß gewordenen Munitionsvorräte zu erneuern gedacht hatten, ist nicht da. Mit unseren Gewehren ist also jetzt nichts mehr anzufangen. Für die Jagd sind wir allein auf meinen Bogen angewiesen und für den Fischfang auf die Harpunen Joachims und Ferreios.

Das Haus ist leer, aber das Ufer scheint günstig für eine ungestörte Nacht. Wir ziehen die Pirogen an Land. Wir befestigen sie gründlich, damit sie nicht ohne uns davontreiben können. Der Widerschein des Feuers fällt auf unsere drei Gesichter. Winzige menschliche Insekten, verloren im Dickicht des Waldes, das uns umgibt. Zerstreut stochert Joachim mit seiner Machete in den glimmenden Zweigen. Wozu ihm Fragen stellen? Ich denke an die Affenmahlzeit bei den Orejones. Der Affe hatte ein Menschengesicht und war in Stücke geschnitten, so wie manche Menschen andere Menschen zerstückeln. Die Stimmen der Nacht: Liebesrufe und Kriegsgeheul, wilde Tiere in der Selva… Langsam verstreichen die Minuten… Joachim und Frankenheim legen sich in ihre Hängematten. Ich folge ihrem Beispiel, Ferreio bewacht das Feuer. Unmöglich, den Angriffen der roten Ameisen zu entgehen… Dann kommt der Morgen, kommt die Sonne wieder…

Joachim sitzt nahe beim Feuer. Sein Gesicht ist entspannt. Ferreio und Frankenheim schüren die Glut unter dem Fisch, der schon angebraten ist und mit seinem Duft den Appetit weckt. In dem Maße, in dem der Schleier vor meinem Erwachsenendasein zerreißt, verwandelt sich die Anhänglichkeit an die, die mich lieben, in eine Art respektvoller Bewunderung. Während der ganzen Fahrt war Ferreio stets zuvorkommend und voller Aufmerksamkeit für jeden unserer Wünsche. Die Piroge hat er gesteuert, als habe ein Zauberer den ausgehöhlten Stamm in Gold verwandelt. Ferreio ist ein Mestize, Joachim ein reinrassiger Indianer, Frankenheim Deutscher und Jude, und ich habe viel indianisches und nur wenig portugiesisches Blut in den Adern. Es gibt also wirklich Menschen, denen man vertrauen kann? Freundschaft ist also möglich? Vielleicht nur unter den großen Bäumen, wenn man sich eins weiß in dem alten Traum, weise zu sterben, weil das Leben kurz ist.

Ohne Schwierigkeit waren wir zu Weihnachten 1915 in Manaus zurück. Große Freude meiner Mutter, die schon gefürchtet hatte, diesen außerordentlichen Tag allein verbringen zu müssen. Um die

Geburt Christi zu feiern, organisieren die katholischen oder protestantischen Indianer große Feste, wenn auch ohne Schnee, sondern bei vierzig Grad Hitze.

Zur Glanzzeit des Kautschuks trat eine kleine Hevea-Pflanze an die Stelle des in Europa üblichen Tannenbaums. Sie war das Symbol des Reichtums des Amazonasbeckens. In Manaus war wirklich der Kautschukbaum der Weihnachtsbaum.

Obwohl mein Vater, dessen Bild wir ans Ende des Tisches gestellt hatten, uns fehlte, verbrachten wir ein glückliches Weihnachtsfest, an das ich mich aus mehreren Gründen sehr genau erinnere. Zunächst war dies mein erstes Weihnachten zu Hause seit 1910; bei den frostigen Weihnachtsfeiern im Freiburger Internat hatte ich nie richtig mitmachen können. Die Freude der anderen Kinder, die sich voller Lust mit Schneebällen bewarfen, verschärfte noch das Gefühl der Einsamkeit. Die Schachtel Schokolade (natürlich Schweizer Schokolade), die wir aus diesem Anlaß bekamen, änderte daran nichts.

An diesem Weihnachtsabend im Jahre 1915 dagegen ist es sanft und mild. Die Menschen, die mich lieben, sind um mich: meine Mutter, Joachim, Ferreio, der in die Familie aufgenommen wurde, und Frankenheim. Sogar die Juden respektieren Weihnachten, als ob einmal im Jahr wenigstens die Menschen einen Versuch machen wollten, einander näherzukommen. Das ist Heuchelei, meinen manche, weil ja schon am nächsten Morgen der alte Haß und Streit wieder aufleben. Ich bin da nicht so sicher. Ich stelle mir sogar vor, daß selbst Aurélien da oben in der Gegend des Theaters in dem Häuschen, das einmal uns gehörte, an diesem Abend weniger vom Bösen besessen ist als an den übrigen Tagen des Jahres.

Zur Christmette war die Kirche St. Sebastian zum Bersten voll. Ich hielt Ausschau nach Aurélien, konnte ihn aber nicht entdecken. Vielleicht war er trotzdem irgendwo in dieser Menge und betete für den Frieden unter den Menschen – den Frieden, den er uns geraubt hatte. Wäre ich ihm in diesem Augenblick begegnet, dann wäre ich in Versuchung gewesen, ihm viele Schändlichkeiten zu vergeben, für die er doch die volle Verantwortung trug.

Ich möchte den Staatsmännern der zivilisierten Welt einen Vorschlag machen. Wir leben in einer Welt des Unfriedens, der Grausamkeiten und der Gewalt – wie wäre es, wenn die Männer, die für unser Schicksal verantwortlich sind, sich in Bethlehem oder an einem anderen Ort versammelten und versuchten, unabhängig von ihren jeweiligen Überzeugungen in ein paar Stunden wirklich »Menschen guten Willens« zu werden?

Ich bin nur ein Indianer mit etwas einfältigen, primitiven Ideen. Wußten Sie aber, daß die Häuptlinge von Stämmen, die miteinander im Krieg lagen, stets das Kriegsbeil begraben haben, wenn sie sich an einem Vollmondabend von Angesicht zu Angesicht gegenüberstanden? Vollmond ist für uns Indianer ein bißchen wie Weihnachten für die Weißen, denn man sieht die ganze Kugel, und das bedeutet die Wiedergeburt Tupans.

Ich fühlte also an diesem Abend im Jahre 1915 Frieden in mir und auch ein wenig Hoffnung.

Und so ging die Nacht dahin. Wohl um mir eine Freude zu machen, hatte meine Mutter das Kleid mit den weiten Falten angezogen, das sie auch am Tag meiner Abreise in die Schweiz getragen hatte, als sie uns vom Landesteg aus Lebwohl sagte. Fünf Jahre war das her – heute Abend atmete dieses Kleid den Zauber meiner Kindheit vor dem Exil.

Frankenheim spielte auf seiner Mundharmonika Weihnachtslieder aus seiner Heimat: Stille Nacht, heilige Nacht..., o Tannenbaum... »Wie kommt es, daß diese in der ganzen Welt bekannten Weihnachtslieder ausgerechnet in deinem Vaterland komponiert wurden, wo so viele Menschen ohne den Gedanken an Krieg nicht leben können?«

»Ja, das ist wahr«, sagte meine Mutter. »Ich erinnere mich noch, wie dein Vater an einem Weihnachtsabend aus vollem Halse »O Tannenbaum« sang; in der Farm war es drückend heiß, und Wind und Regen trugen das Echo der brüllenden Seringueros zu uns herüber, die sich mit Cachassa betrunken hatten. Das war die Zeit, als wir noch glücklich waren am Madeira; wir besangen die Geburt Christi, ihr wart alle um mich, deine Schwestern, deine Brüder und du, alle in weißen Kleidern...«

Es gab eine lange Pause des Schweigens. In meinem Kopf tanzten Erinnerungen an den Rhein und an den Amazonas einen Ringelreigen. Niemand empfand das Bedürfnis, schlafen zu gehen.

Plötzlich wurde mit brutaler Gewalt die Tür aufgerissen. Im verblassenden Schein der Kerzen stand Aurélien vor uns. Der Menschenfresser kam zum kleinen Däumling.

17. WEHRDIENST

Aurélien quittierte das Schweigen, das seinem unerwarteten Auftritt in dieser Weihnachtsnacht folgte, und die bleichen Gesichter aller, die um den Tisch saßen, mit unverhohlener Genugtuung. Frankenheim reagierte als erster:

»Was wollen Sie? Scheren Sie sich hinaus, damit nicht aus dieser Nacht des Friedens eine Nacht der Gewalt wird.«

Aurélien kam offensichtlich von einem Trinkgelage. Seine weiße Hose und sein Hemd von gleicher Farbe waren von einer durchwachten Nacht verknittert... Er beachtete die Drohung in Frankenheims Worten nicht, sondern ließ sich unaufgefordert in einen Rohrsessel fallen. Joachim stieß seinen Stuhl zurück.

»Und wenn ich dich jetzt umbringe? Eine etwas unruhige Nacht, Alkohol, das kommt mich nicht übermäßig teuer zu stehen. Und lieber gehe ich ins Gefängnis, als dich unter den Lebenden zu wissen.«

»Ruhe!«

Meine Mutter, blasser als eine Leiche in ihrem Festkleid, fand als erste ihre Selbstbeherrschung wieder. Aurélien mit einem durchbohrenden Blick fixierend, gebot sie allen mit einer ruhigen Geste, sich zu setzen.

Trotz seiner Wut gehorchte Joachim, aber ehe er sich setzte, nahm er demonstrativ das Gewehr von der Wand und klemmte es zwischen seine Schenkel.

»Ihr armen Idioten, hört mir lieber zu. Schließlich weiß ich am besten, warum ich beschlossen habe, heute nacht zu kommen. Ihr glaubt, ich habe getrunken, bin besoffen und will euch alle umbringen. Sebastião, du bist ein arroganter, aggressiver Lümmel, und ich hätte Lust, dir eine tüchtige Abreibung zu verpassen. Aber ihr andern, was wollt ihr eigentlich noch hier? Du, Joachim, glaubst du nicht, daß du besser an irgendeinem Iguarapé Früchte sammeln und

Jacaris jagen würdest? Das bringt was ein, das Krokodil, fast soviel wie der Kautschuk. Bloß, ich kann das nicht machen, ich hab Schiß und schieße nicht gut genug. Stimmts, Sebastião? Du mußt es doch wissen, he? Du weißt doch noch, nach dieser Geschichte mit den Steinen, aus zehn Meter Entfernung habe ich dich nicht getroffen. Der Kautschuk bringt keinen roten Heller mehr ein, ich habe keine Lust, zu verlieren... Und du, Deutscher, geh heim zu deinen Büchern, sonst gehst du hier vor die Hunde wie die andern und wie ich. Ich hab gedacht, ich könnte mich rauswinden, aber es ist aus.«

Frankenheim musterte dieses menschliche Aas, das vor Wut und Ärger schäumte, mit einem kalten Blick. Joachim blieb still. Meine Mutter zitterte an allen Gliedern. Sie als einzige hatte nicht bemerkt, daß Aurélien zum ersten Mal ohne Waffe ausgegangen war.

Frankenheim ergriff als erster das Wort.

»Aurélien, Sie sind seit zwanzig Jahren, vielleicht sogar etwas mehr, mit der Familie Bastos bekannt. Die letzten Überlebenden dieser Familie sind heute Nacht hier. Die übrigen und ihre Freunde haben Sie ermordet oder ermorden lassen, wenn Sie zu feige waren, selber zur Pistole zu greifen.«

Noch vor sechs Monaten, als ich aus Europa zurückkam, hätte Aurélien sich bei diesen Worten auf uns gestürzt, um uns alle umzubringen. Der Mann, den an diesem Abend der Alkohol und ich weiß nicht was für eine Katastrophe zu uns getrieben hatten, war nur noch ein Waschlappen.

»Ich weiß nicht, wie das alles passiert ist.«

Keiner wagte noch etwas zu sagen oder eine Frage zu stellen. Das schlaff in sich zusammengesunkene Monstrum schnarchte laut. Joachim und Frankenheim packten es, der eine am Kopf, der andere an den Füßen, und warfen es hinaus. Diese reglose Masse vor dem Haus, dieser kraftlose Haufen von welkem Fleisch war also alles, was von dem Lumpenhund, dem Mörder, Räuber und Betrüger übriggeblieben war.

Würde das Schauspiel dieses plötzlichen und unerklärlichen Verfalls mir eine Gelegenheit bieten, meinen Eid viel früher als erhofft einzulösen?

Wir alle zogen es vor, zu schweigen. Meine Mutter blies die Kerzen aus, zog das weiße Kleid aus und räumte es weg. Joachim hatte schon die Hängematten geholt.

Keiner hat in dieser Nacht etwas gesagt. Sollte man Mitleid haben mit dem offensichtlichen Elend eines Mannes, der sich jahrelang die Brutalität zur einzigen Lebensregel gemacht hatte? Joachim hatte wie meistens das letzte Wort: »Gehen wir schlafen, es wird schon bald Tag.«

Regen fiel, als das Leben im Haus wieder erwachte. Von meiner Hängematte aus hörte ich Joachim und Frankenheim miteinander reden.

»Joachim, ich kann mir diese plötzliche Kehrtwendung schwer erklären. Ich kann mir kaum vorstellen, daß diese Kanaille von Gewissensbissen geplagt wird; durch Skrupel wird sie sich wohl nicht lange lähmen lassen. Seien wir also auf das Schlimmste gefaßt, ohne die Möglichkeit auszuschließen, daß die Lage sich zu unseren Gunsten verändert. Wer kann es wissen?«

»Ich kenne keinen, der uns so verhöhnt hätte wie er. Wäre es nur nicht ausgerechnet Weihnachten gewesen. In jeder anderen Nacht hätte ich ihn bestimmt erwürgt, wenn er in diesem Zustand hierhergekommen wäre. Aurélien gehört zu jener verdammten Rasse, die nicht nur den Bäumen den Saft abzapft, sondern auch den Menschen das Blut. Hätte ich ihn bloß heute morgen noch erwischt. Aber der Schuft war abgehauen. Gar nicht so dumm!«

Joachim kam in Wut. Meine Mutter als das Oberhaupt der Familie lag noch ausgestreckt in ihrem Zimmer. Es war also meine Pflicht, einzugreifen.

»Frankenheim, geh wieder in deine Hängematte. Nimm es mir nicht übel, aber ich möchte gern unter vier Augen mit Joachim reden, der schon immer mit uns zusammengelebt hat. Es wird keine Entscheidung über die Zukunft geben, die nicht seine Zustimmung gefunden hat. Und du, Joachim, beruhige dich. Aurélien ist ein Lump, und wenn aus dem widerwärtigen Aas ein jämmerlicher Kerl geworden ist, dann kann uns das vielleicht den allergrößten Vorteil bringen.«

Frankenheim sagte nichts und verließ das Haus. Kein Laut drang von draußen herein, der Regen hatte aufgehört. Die Einwohner der

Perle des Amazonas, wie man Manaus auch nannte, schliefen wohl noch alle, nachdem sie in einer Nacht der Ausschweifung versucht hatten, ihr noch ungewohntes Elend zu vergessen.

»Joachim, erinnere dich an unser Gespräch in der Piroge vor meiner Abreise nach Europa. Du hast mir Ratschläge gegeben und mir die Grundregeln der indianischen Moral eingeschärft: beobachten, nachdenken, entscheiden, handeln. Aber handeln erst dann, wenn man sicher ist, sich nicht zu irren und keinen Fehler zu machen.«

»Ich nehme nichts davon zurück. Das hindert aber nicht, daß es für uns alle gut wäre, Aurélien endlich für immer los zu sein.«

»Heute nacht also...?«

»Hör zu, Sebastião, kannst du dir im Ernst vorstellen, daß dieses Vieh, das uns haßt, weil es uns alles geraubt hat, ausgerechnet in einer Weihnachtsnacht zu uns gekrochen kommt und um Verzeihung bittet? Die Indianer haben ein Gefühl für Reue und Vergebung. Ich glaube keinen Augenblick an die Gewissensbisse Auréliens. Meine Intuition, die mich noch selten getäuscht hat, läßt mich eher annehmen, daß er sich über uns lustig machen wollte. Und wenn das Tier jetzt wirklich verwundet ist, dann vollziehe ich unerbittlich das Gesetz des Dschungels. Ohne Haß, aber auch ohne Mitleid.«

»Meine Mutter würde sich zu Tode grämen. Und du, mein Freund und Bruder, mußt wissen, daß ich fest entschlossen bin: ein Mörder, einer der anders als in Notwehr getötet hat, kann nicht unter dem Dach der Bastos wohnen.«

Joachim war sichtlich bewegt. Meine Festigkeit, meine Haltung, in der er den Ausdruck indianischer Mannhaftigkeit und Weisheit sah, hatte ihn tief beeindruckt.

»Wenn das so ist, was planst du dann?«

»Natürlich nicht weich werden. Keine Minute verlieren, schnell zu unserem alten Haus gehen, über das Mäuerchen springen und Aurélien überraschen – falls er noch da ist. Drei gegen einen – denn natürlich gehen wir alle zusammen – können wir ihn zwingen, uns die Papiere auszuhändigen. Das Entscheidende ist, daß wir ihm nicht die Zeit lassen, nach einer Waffe zu greifen.«

»Und wenn er nicht allein ist?«

»Es würde mich wundern, wenn er an einem Weihnachtsmorgen viele Leute bei sich hätte. Joachim und Frankenheim, ihr bewaffnet euch mit einer Pistole, mir reicht mein Bogen. Geschossen wird höchstens in Notwehr. Ganz gewiß hat er irgendwo Dokumente versteckt, wir müssen sie finden.«

»Gehen wir«, sagte Frankenheim, der zurückgekommen war. »Sebastião, du hinterläßt ein Wörtchen für deine Mutter. Sag ihr, daß wir am Hafen sind, oder irgendwas; Ferreio soll sie beruhigen, wenn sie aufwacht und Angst bekommt, weil wir alle weg sind.«

Nur wenige Schritte waren wir noch von dem Haus hinter dem Theater entfernt. Die Straßen waren fast völlig ausgestorben. Wir steigen durch eine Lücke in der Mauer, und schon sind wir in dem Patio mit dem Brunnen, der immer fließt. Ein Urubu läßt seine Jungen dort trinken. Kein Laut war zu hören. Der Aasgeier flog davon, als wir kamen. Aurélien erscheint auf der Schwelle, in der gleichen Hose wie heute nacht, mit aufgedunsenem Gesicht und halb geschlossenen Augen. Er ist kaum überrascht, uns hier zu finden. Entweder ist er allein, oder die Frau, die ich damals plärren hörte, schläft noch.

»Sehr erfreut, euch zu sehen. Fröhliche Weihnachten, mir scheint, heute nacht hatte ich ein bißchen zuviel getrunken, als ich bei eurem kleinen Fest hereinschneite. Diese Weihnachtsnächte sind aber auch ziemlich trostlos, wenn man sich nicht besäuft. Ich hatte allerdings eine wichtige Nachricht für dich. Jawohl, für dich, Sebastião. Den Deutschen kenn ich nicht und du, Joachim, du kannst von mir aus krepieren, das geht mich nichts an, aber du, Sebastião, aus dir müßte man etwas machen können, also hab ich einfach so, vielleicht weihnachtliche Eingebung, beschlossen, dir zu helfen.«

Aurélien kratzte sich den Schädel und gähnte, aber nach und nach gewann er wieder Selbstsicherheit und wurde spöttisch. Man mußte sofort zum Angriff übergehen.

»Aurélien, wo sind die Papiere, die mein Vater und meine Mutter dir unterschreiben mußten, die Überschreibung des Grundbesitzes und die Anerkennung der Schulden?«

Aurélien sagte kein Wort, sondern verschwand im Haus. Joachim und Frankenheim luden für alle Fälle ihre Pistolen. Das war gar nicht nötig. Aurélien kam mit einer Hängematte zurück, spannte sie seelenruhig zwischen zwei Pfosten auf, die eigens für diesen Zweck in der Nähe des Brunnens eingelassen waren, und streckte seine mit Alkohol getränkten alten Knochen darin aus.

»Setzt euch auf den Brunnenrand. Es stimmt, ich war nie zimperlich, wenns drum ging, ein Ding zu drehen, aber da bin ich nun wirklich zu weit gegangen und nur mit knapper Not am Gefängnis vorbeigekommen, jawohl mit knapper Not, und das verdanke ich meinen Logenbrüdern. Um mich nicht einlochen zu müssen, haben sie mir einen Vorschlag gemacht...«

Aurélien sprach jetzt etwas stockend, offenbar war es ihm unangenehm. Joachim nutzte das aus.

»Was für ein Ding zu drehen? Hast du noch ein paar ehrliche Kerle, denen du Geld schuldig warst, in den Rio Negro gestoßen? Das interessiert uns nicht, wir wollen nur die Papiere. Danach lassen wir dich in Ruhe. Wenn nicht, dann...«

»Nichts von dieser Art. Die Borracha war nicht mehr zu verkaufen, der Preis war ganz tief gefallen, daran war die Regierung schuld..., da hab ich ein bißchen intrigiert, ein bißchen zu viel...«

»Das ist deine Sache. Die Papiere!«

»Ich habe sie nicht mehr. Sie haben alles verbrannt.«

Es war klar: Aurélien fing wieder an, seine Lügenmärchen aufzutischen. Die Sache mit den Intrigen: möglich. Aber daß die Papiere, die seinen Besitzanspruch auf unser Land begründeten, verbrannt sein sollten: undenkbar. Es war aber doch besser abzuwarten, worauf er hinaus wollte.

»So steht es also, ich kann nicht mehr in Manaus bleiben. Jederzeit könnte man mich abknallen.«

Joachim konnte sich nicht verkneifen zu sagen: »Wir wären darüber nicht gerade maßlos traurig. Ich habe aber immer noch keine Ahnung, was du eigentlich von uns erwartest. Die Bastos besitzen nichts mehr, weder Geld noch einflußreiche Freunde, darauf bist du ja auch ganz schön stolz. Also was?«

»Reden wir nicht mehr davon. Jedenfalls besitze ich auch nichts mehr. Ich habe einen Plan oder besser eine Idee; hört mal zu, ich werd's euch erklären.

Die Peruaner und die Bolivianer überfallen immer wieder die

Dörfer und die isolierten Hütten der Cabocos zwischen Leticia und Benjamin Constant; der Verlauf der Grenzen zwischen den drei Ländern ist dort ziemlich unklar. Die brasilianischen Militärs, die fast alle in den Offiziersschulen von Rio und São Paulo ausgebildet wurden, sind absolut unfähig, die Verluste in Grenzen zu halten. Dabei setzen sie sogar die neumodische Maschine ein, das Flugzeug. Sie überfliegen die Gegenden, in denen die bolivianischen Truppen sich versteckt halten, natürlich ohne jeden Erfolg. Sie haben einen Carioca hingeschickt, der ganz versessen ist auf diese Apparate, einen gewissen Santos Dumont. Der bringts auch höchstens dazu, irgendwo im Sumpf von den Krokodilen gefressen zu werden. Ein richtiger Akrobat soll das sein, behauptet der Governador.«

Keiner von uns erfaßte genau, worauf Aurélien eigentlich hinaus-wollte. Um so weniger, als dieser plötzliche Anfall von Ehrlichkeit ein bißchen verdächtig wirkte.

»Diese Offiziere haben alle nicht die nötige Zähigkeit und Aus-dauer, um mit diesen Übergriffen auf brasilianisches Hoheitsgebiet fertig zu werden.«

Langes Schweigen... Wir warteten ab. Sollte der Kerl erst mal sein ganzes Garn abspulen.

»Der Governador hat mich vor die Wahl gestellt: entweder gehe ich in diese fremde Gegend und organisiere eine wirksame Verteidi-gung, oder ich muß ins Gefängnis. Vor dreißig Jahren hab ich schon allerhand Entbehrungen auf mich genommen, um die Borracha aus dem Madeira zu holen, aber jetzt habe ich nicht mehr die Kraft, noch einmal ein so hartes Leben zu beginnen. Das habe ich ihm gesagt. Darauf hat mir der Governador einen anderen Vorschlag gemacht: ›Wenn du dich nicht imstande fühlst, unseren hart käm-pfenden Truppen Hilfe zu bringen, dann lasse ich dir noch die Chance, jemand anderen an deiner Stelle zu schicken. Du hast doch eine ganze Menge Beziehungen, ehemalige Seringueros, die zuver-lässig und noch in guter Form sind und sich so eine günstige Gelegenheit nicht entgehen lassen...‹«

»Was das heißen soll...?« fragte Jochaim, der natürlich längst ganz genau verstanden hatte, worauf Aurélien hinaus wollte.

»Das soll heißen, daß ihr alle drei mir hier in Manaus auf den Wecker geht. Jetzt, wo mich das Pech verfolgt, habe ich keine Lust, eure Existenz noch lange zu ertragen. Du, Deutscher, verschwindest dorthin, woher du gekommen bist. Euch, Joachim und Sebastião, laß ich die Wahl: entweder das Leben in der Selva bei den brasilianischen Truppen oder der Tod in Manaus. Seit den vielen Konkursen hat man eine starke Zunahme der Verbrechen festgestellt; die Richter haben viel zuviel zu tun, um sich um alles zu kümmern.«

Im Vollgefühl der Wirkung seiner Worte schaukelte Aurélien leicht mit seiner Hängematte wie einer, der zufrieden ist, eine drückende Last abgeschüttelt zu haben.

Mindestens einen Vorteil hatte seine Rede: wir wußten, woran wir waren. Einmal wenigstens war so gut wie sicher, daß Aurélien nicht log. Gingen wir auf seinen Vorschlag ein, so war er uns los und hatte zugleich selber den Kopf aus der Schlinge gezogen; die Chance, daß wir lebend von dieser Expedition zurückkehrten, war so winzig, daß er in aller Ruhe eine Situation ausnutzen konnte, in der er fast nichts zu verlieren hatte, aber alles gewinnen konnte.

Frankenheim fing den Ball auf und warf ihn zurück.

»Das ist ein Vorschlag, über den sich reden läßt. Ich denke aber, daß es nicht maßlos pressiert. Heute ist Weihnachten, treffen wir uns am 2. Januar wieder hier.«

Er gab uns mit Zeichen zu verstehen, daß wir nichts mehr sagen sollten. Aurélien verzog das Gesicht zu einem leichten Grinsen; er war zufrieden, daß sein Vorschlag uns offenbar zuzusagen schien.

Wir gingen ohne ein weiteres Wort und ohne zu grüßen.

Nach einigem Zögern, vielen Zweifeln und Unruhe rangen wir uns schließlich zu einer Entscheidung durch. Zuerst mußte beim Governador selbst geklärt werden, ob Aurélien die Wahrheit gesagt hatte. War das nicht der Fall, dann war nicht daran zu denken, meine Mutter ohne den Schutz Joachims allein zurückzulassen. Was mich selbst anging, so mußte ich im Jahre 1917 ohnehin meinen Wehrdienst ableisten, und wenn ich mich vorzeitig freiwillig meldete, hatte ich die Möglichkeit, das im Wald zu tun. Die Aussicht auf diesen längeren Aufenthalt im Hinterland mißfiel mir nicht im geringsten.

Ventilatoren, Teppiche, prunkvolle schwere Möbel, wohl für

wenig Geld Bankrotteuren abgekauft. Der Governador machte keine Schwierigkeiten und empfing uns um so bereitwilliger, als er erst kürzlich von der Zentralregierung ernannt worden war und bestrebt war, die Sympathien der Bevölkerung zu gewinnen, die durch die Krise geschockt war und in ihren Reaktionen unberechenbar blieb. Ich ging nur mit Frankenheim hin, denn da Persönlichkeiten dieses Schlages als »Indianerfressser« galten, hätte Joachims Anwesenheit ungünstig wirken können.

»Sie sind also Sebastião Bastos. Von Ihrem Vater habe ich viel gehört. Ein tapferer Mann und ein tüchtiger Arbeiter, der viel beigetragen hat, den Reichtum unseres Landes zu entwickeln. Die ganze Nation sollte jenen Männern dankbar sein, die ihr ganzes Leben lang gegen ein widriges Geschick gekämpft haben, um die Kultur des Kautschuks zu fördern und auszubauen.«

Blablabla, das hätten wir also. Bequem zurückgelehnt in seinem Ledersessel, in brauner Leinenuniform mit Generalssternen, leiert der Governador seine Lektion herunter. Frankenheim, der wohl mehr Übung darin hat, die absolute Nichtigkeit politischer Höflichkeitsfloskeln über sich ergehen zu lassen, zuckt nicht mit der Wimper, während ich innerlich vor Ungeduld mit den Füßen stampfe.

»Was kann ich für Sie tun? Wahrscheinlich nicht allzu viel, denn was den Gummi angeht, sind wir machtlos gegen die Krise – um so mehr, als mir in einem Bulletin aus Rio gerade mitgeteilt wird, daß man Amazonien dem Erfindergeist der Japaner überlassen will, von deren klarem Verstand man sich eine Wiederankurbelung unserer Plantagen verspricht.«

Der Governador zuckte die Achseln. Das schon seit Monaten angekündigte Kommen dieser fremdländischen Eindringlinge bereitete ihm sichtlich Mißvergnügen. Wer sich in Amazonien gut auskannte, war dagegen der Meinung, daß die Japaner ihre Illusionen bald verlieren würden. Jeder Versuch einer *wissenschaftlichen* Ausbeutung des Amazonasbeckens war und blieb zum Scheitern verurteilt. Die Gringos wissen das ganz genau. Daß es eines Tages wirklich ein amazonisches Wunder gibt, ist nicht unmöglich. Aber nur die Leute von hier, die an das Leben im Wald gewöhnt und immun sind gegen alle seine Gefahren, sind in der Lage, unter den

Blumen und Bäumen die Reichtümer hervorzuholen, die dort seit Anbeginn der Erde vergraben liegen.

Frankenheim lauschte geduldig dem protokollarischen Vorgeplänkel. Es fiel ihm ziemlich schwer, sich an diese langen Palaver zu gewöhnen, die die Brasilianer zu ihrem Steckenpferd gemacht haben. Er hatte auch im Exil nichts von der Zielstrebigkeit des germanischen Denkens verloren.

»Kennen Sie einen Mann namens Aurélien, den ehemaligen Teilhaber des verstorbenen Bastos, des Vaters dieses jungen Mannes?«

Der Governador, der sich offenbar ertappt fühlte, spielte nervös mit einem aus der Zunge eines Pirarucu geschnitzten Brieföffner.

»Natürlich kenne ich diese Person, die offenbar sämtliche Fehler und vor allem die Schulden seiner Partner (darunter Bastos') geerbt hat, die inzwischen alle durch Unfall oder Krankheit ums Leben gekommen sind. Er hat sich in ungute Affären hineinziehen lassen, die durch seinen offenkundigen Hang zum Alkohol verschlimmert wurden. Vermutlich hat er diese Gewohnheit im Wald im ständigen Kontakt mit den Seringueros angenommen, die ja alle Säufer sind.«

Dieser pedantische Verwaltungsbeamte, der mit allen Vorurteilen der Großstadt nach Amazonien gekommen war, leierte seine Sätze in einem affektierten, ein wenig geringschätzigen Ton herunter. Es war besser, ihm nicht ins Wort zu fallen. Zumindest würden wir endlich einmal eine offizielle Version unserer Situation zu hören bekommen.

»Dieser Aurélien, Senhor Governador, gehört offenbar zu Ihren Freunden, wenn nicht gar zu denen, die Ihre Protektion genießen?« warf Frankenheim in mildem Tone ein.

»Er hat einmal zu meinen Freunden gehört, das ist richtig. Die Möglichkeiten der Zerstreuung sind begrenzt, und für den Governador ist es nahezu unvermeidlich, daß er gewisse Spielsäle aufsucht...«

»... und dort das Geld der Steuerzahler verpraßt«, dachte ich, aber ich sagte nichts.

»Aurélien bin ich mehrmals begegnet. Er spielte mit großem Einsatz, mit viel größerem als ich, er spielte zu hoch. Er spielte, wie er sagte, mit dem Geld, das er aus der Konkursmasse seiner Teilhaber gerettet hatte... Alles ging gut bis zu jenem ärgerlichen Vorfall, der glücklicherweise ziemlich vertraulich behandelt wurde...«

»Von was für einem Vorfall sprechen Sie?«

Der Governador war so sehr mit seinem Ärger beschäftigt, seinerseits von Aurélien hereingelegt worden zu sein, daß er sich überhaupt nicht der Tatsache bewußt wurde, daß Frankenheim ihn einem regelrechten Verhör unterzog.

»Ich kenne Amazonien ziemlich wenig, eigentlich überhaupt nicht. Ich war Instrukteur an der Militärakademie von Rio, und meine Ernennung war die Folge gewisser Sympathien, oder, wenn Sie lieber wollen, gewisser Antipathien...«

»Entschuldigen Sie, ich verstehe Sie nicht.«

»Täusche ich mich, mein Herr, oder läßt Ihr Auftreten und Ihr Tonfall beim Sprechen darauf schließen, daß Sie skandinavischer oder deutscher Abstammung sind?«

»Ich bin Deutscher, Sie haben recht. Aber ich verstehe noch nicht recht den Zusammenhang.«

»Sagen wir, daß die Offiziere der brasilianischen Armee aus ihrer Sympathie für die Franzosen und die Alliierten kein Hehl machen. Manche meinen sogar, die Amerikaner sollten auf der Seite der Alliierten in den Krieg eintreten. Aus sehr zuverlässigen Quellen haben wir auch erfahren, daß in Rußland die revolutionären Umtriebe immer stärker werden, obwohl Lenin in Zürich ist. Vor diesen anarchistischen Revolutionären können nur die Deutschen Europa schützen, das uns Brasilianer immer noch sehr am Herzen liegt. Weil ich allzu lauthals den Sieg des Kaisers wünschte, zog man es vor, mich loszuwerden, indem man mich hier zum Governador ernannte. Jemand wegschaffen, indem man ihn befördert, das ist ja die bewährte Methode. Ich habe keinen Grund, das zu bedauern. Ich finde eine Stadt vor, mit der es wirtschaftlich und moralisch bergab geht, und einen Wald, in dem ebenso kriegslüsterne wie für die Entwicklung der Region nutzlose Stämme ihr Unwesen treiben. Hier muß Ordnung geschaffen werden, und darum werde ich mich energisch kümmern.«

Wie Frankenheim hatte ich diese Schmährede schweigend über mich ergehen lassen. Was der Governador sagte, war weniger wichtig, als was wir von ihm erwarteten. Die paar Minuten hatten ausgereicht, um uns einen Eindruck von der beschränkten Intelligenz dieses Mannes zu geben. Von den menschlichen Problemen hatte er ziemlich wenig Ahnung, und sein Verständnis der Gesellschaft erschöpfte sich in der Formel »Ordnung und Disziplin«. Die Militärs haben sich in Brasilien immer als Vormund des Volkes gefühlt. Die Uniformröcke waren immer stärker als die Politiker.

»Sie haben recht, Herr Governador, ich bin in Deutschland geboren, und ich kenne mein Land sehr gut; wollen Sie mir bitte gestatten, Ihnen zu sagen, daß es mir kaum möglich scheint, Europa auf der Grundlage von ›Blut und Eisen‹ aufzubauen, wie Bismarck sich ausdrückte. Das ist der Grund, warum ich hier lebe, in Ihrem Land, mitten unter Bäumen und Blumen, in diesem Urwald, den ich kaum besser kenne als Sie, aber zu entdecken entschlossen bin, und dessen scheinbar so nutzlose Indianer vielleicht die letzten freien Menschen sind; außer der Sorge um das tägliche Brot kennen sie keinen Zwang. Lassen Sie mich hinzufügen, daß mein junger Freund Sebastião zu drei Vierteln rein indianischer Abstammung ist. Ich kann mich für seine moralischen Qualitäten, seine lebhafte Intelligenz und vor allem seine Ehrlichkeit verbürgen...«

Der Governador wand sich in seinem Sessel und war sichtlich verlegen. Bei aller Genugtuung, die Frankenheims Worte mir bereiteten, war ich doch auch etwas in Sorge, dieser hohe Würdenträger könnte das Gespräch abbrechen. Offenbar aber genoß er das »Palaver«; er setzte seine Erzählung fort, ohne Rücksicht darauf, daß die vor der Tür wartenden Besucher bereits unruhig wurden.

»Dieser Aurélien also, der Sie so sehr zu interessieren scheint, forderte mich auf, der Freimaurerloge von Manaus beizutreten. Er behauptete, dort würde ich unter seinen Freunden genügend Zuträger finden, um Ordnung zu schaffen. Aber ein brasilianischer Offizier als Freimaurer, das kommt überhaupt nicht in Frage. Ich lehnte kategorisch ab. Am Tag danach verwehrte mir der Pförtner auf Weisung Auréliens unter dem Vorwand zu großen Andrangs den Zutritt zum Spielsaal. Ich als Governador behalte mir aber vor, hinzugehen wo ich will und wann ich will, ganz gleich, ob ich das als Privatperson oder in Ausübung meines Amtes tue.«

»Das heißt...?«

»Das heißt, meine Herren, daß ich ihn nach dem Beispiel der Könige von Spanien und Portugal aufgefordert habe, für einige Zeit an die peruanische Grenze zu gehen, um wiedergutzumachen, was ich als einen schweren Affront betrachte. Unsere Truppen haben dort gewisse Schwierigkeiten, und die Mitarbeit eines Mannes wie Aurélien, der den Wald gut kennt, könnte die Aufgabe nur erleichtern. Ich warte immer noch auf seine Antwort. Falls Sie zu seinen Freunden gehören und falls dies der Grund Ihres Besuches bei mir ist, so kann ich Ihnen nur empfehlen, ihm den Rat zu geben, sich rasch zu entscheiden. Die Männer meiner Wache sind hervorragende Schützen. Kann ich sonst noch irgend etwas für Sie tun?«

Jetzt war ich am Ball.

»Senhor Governador, wie mir scheint, mögen Sie die Indianer nicht besonders; ich selbst bin Indianer, ich kenne das Hinterland sehr gut, und ohne diesen Krieg wäre ich jetzt noch zum Studium in der Schweiz. Mein Vater, den Sie nach meinem Eindruck nicht ganz richtig einschätzen, war einer der reichsten Gummiproduzenten am Jamari. Wie seine Teilhaber fiel er der Habgier und den betrügerischen Manövern Auréliens zum Opfer.«

»Sie haben Aurélien offenbar nicht gerade ins Herz geschlossen.«

»Er hat uns ruiniert, Senhor Governador. Leider Gottes sind die Belege verschwunden, die seine Unterschlagungen beweisen. Er hatte gefälschte Urkunden bei einem gewissenlosen Notar hinterlegt, der trunksüchtig war und inzwischen gestorben ist.«

»Was kann ich da machen? Nehmen Sie einen guten Anwalt. Mein Amt als Gouverneur verleiht mir keine richterliche Gewalt. Es fehlt diesem Land nicht an Richtern, die besser als ich eine Angelegenheit beurteilen können, zu der ich nicht gut Stellung nehmen kann, zumal angesichts der – Sie verstehen mich – explosiven Spannungen, die schon immer für die Beziehungen zwischen Kautschukproduzenten kennzeichnend waren. Im übrigen haben Ihre Angelegenheiten mit der Entscheidung über Aurélien überhaupt nichts zu tun.«

»O doch!«

»Sie scheinen mir verdammt selbstsicher, junger Mann!«

Trotz des Anscheins von Gleichgültigkeit und Gelangweiltheit, den sich der Gouverneur gab, konnte ich an seinem Gesichtsausdruck erkennen, daß er gerne mehr erfahren hätte, ohne es zugeben zu wollen.

»Man hat uns gesagt, daß Sie unter Umständen damit einverstanden wären, daß ein anderer die Aufgabe übernimmt, die Sie Aurélien übertragen haben.«

Der Governador brach in ein schallendes Gelächter aus und zerdrückte die Zigarre, die er sich angezündet hatte, als das Gespräch ihn ernstlich zu interessieren begann.

»Wer denn, sagen Sie mir bloß, wer denn aus dieser Stadt der Lumpen, der Bettler und der Säufer kennt den Wald gut genug, um sich freiwillig zu so einer Expedition zu melden, bei der, seien wir ehrlich, die Chancen, jemals wieder lebend nach Hause zu kommen, ziemlich gering sind?«

»Ich!«

»Sie?«

Frankenheim sprang mir bei; man mußte das Eisen schmieden, solange es heiß war.

»Ich interessiere mich sehr stark für das Leben im Wald und habe die Absicht, einen Bericht darüber zu schreiben, von dem ich Ihnen selbstverständlich ein Exemplar zukommen lassen werde. Sebastião ist im Madeira geboren und hat seine ganze Kindheit dort verbracht. Reinrassige Indianer haben ihn gelehrt, mit allen Gefahren der Gegend fertig zu werden. Ich hatte persönlich Gelegenheit, seinen Mut und seine Tatkraft zu bewundern.«

»Ich soll diesen jungen Mann zum Berater von Offizieren machen und von Soldaten, die manchmal drei oder viermal so alt sind wie er? Wie stellen Sie sich das eigentlich vor? Ich kenne diese Art Leute, bei ihnen verschafft man sich nicht von einem Tag auf den anderen Respekt. Aurélien hätte das Zeug dazu, sagen wir mal die notwendige Brutalität. Aber Sie?«

»Senhor Governador, ich habe schon einige Menschenleben gerettet, und es gibt kein Kraut und kein Tier im Urwald, das ich nicht kenne. Ich kann eine Piroge lenken, die Indianer sind meine Brüder, und wenn Ihre Soldaten sie nicht angreifen, kann ich Ihnen Ruhe und Sicherheit garantieren. Lassen Sie mich noch hinzufügen, daß ich in ein paar Tagen, am 19. Januar 1916, sechzehn Jahre alt werde.

Sogar achtzehn, wenn man von der fehlerhaften Eintragung des Notars ausgeht. Von diesem Tag an unterliege ich der Wehrpflicht. Mich den Truppen an der Grenze anschließen zu können, würde mir nicht nur die Befriedigung verschaffen, meinem Vaterland zu dienen, sondern auch das Glück, dort zu leben, wo ich von jeher zu Hause bin und bleiben werde.«

Der Governador begann sich entschieden für mich zu interessieren, blieb aber hartnäckig.

»Ich verstehe Sie nicht recht. Sie verabscheuen Aurélien und sind doch ganz Feuer und Flamme bei dem Gedanken, einen aussichtslosen und selbstmörderischen Auftrag an seiner Stelle zu übernehmen?«

»Aussichtslos und selbstmörderisch für Aurélien, nicht für mich.«

»Sie sind sehr selbstsicher. Lassen Sie mir zwei Tage Bedenkzeit; ich werde Ihnen meine Entscheidung, wo Sie ihren einjährigen Wehrdienst abzuleisten haben, überbringen lassen.«

Am 5. Januar klopfte ein Soldat an unsere Haustür.

»Der oben genannte Bastos, Sebastião Ferreira, geboren nach seinen eigenen Angaben am 19. Januar 1900 am Jamari, im Standesamtsregister von Manaus eingetragen mit einer von seinem Vater ordnungsgemäß unterzeichneten Erklärung, wird dem Infanteriestützpunkt Benjamin Constant in der Provinz Leticia als Mannschaftsdienstgrad mit dem Auftrag zugewiesen, bei militärischen Operationen im Urwald als Führer zu dienen. Er rückt mit dem Abgang des nächsten Transportschiffes ein.

Manaus, den 4. Januar 1916
Der Gouverneur der Steitkräfte in Manaus«

Frankenheim, Joachim, Ferreio und vor allem meine Mutter waren zwar traurig, sich von mir trennen zu müssen, aber sie begriffen, daß die Möglichkeit, für längere Zeit in den Urwald zurückzukehren, selbst unter diesen Umständen eine Art Wiedergeburt für mich bedeutete. Es war der 5. Januar; am Tag nach meinem Geburtstag brach ich auf. Von 1916 bis 1959, also 43 Jahre, fast ein halbes Jahrhundert, habe ich nie länger als acht Wochen in einem Haus in Manaus gewohnt.

Vierter Teil
Vielleicht bin ich der letzte Überlebende

18. MISSION IM GRENZLAND

Der Kommandant der Einheit von Leticia war gelinde gesagt ein wenig erstaunt über meine Jugend und, wie er meinte, offensichtliche Unerfahrenheit. So ein grüner Junge sollte seinen Leuten in der Auseinandersetzung mit den bolivianischen Truppen im tiefsten Urwald als Führer dienen?

»Noch so eine Verrücktheit des Gouverneurs von Amazonien. Felicio kennt eben nur die Strände von Rio. Der wäre imstande, uns einen Epileptiker oder Schwindsüchtigen zu schicken, wenn er nur alt genug für den Militärdienst ist. Ein Jahr! Bei der Art von Hundeleben, das wir hier führen, bist du in spätestens drei Monaten im Wald krepiert oder du jammerst mit den anderen in den Hängematten der Hütten, die uns als Lazarett dienen.«

»Es war kein Einfall des Gouverneurs, mich hierher zu schicken. Ich habe mich freiwillig gemeldet anstelle eines Mannes, der zu feig war, um selber zu kommen.«

»Man muß schon entweder verrückt sein oder aber nie im Urwald gelebt haben, um bereit zu sein, unter solchen Umständen für einen Kameraden einzuspringen. Es sei denn, du suchst den Tod, weil du Liebeskummer hast. Zwei Abende in Leticia werden dir reichen, dann weinst du vor Heimweh. Aber unterschrieben ist unterschrieben. Geh ins Lager, man wird dir zwei Leinenhosen, ein Paar Stiefel, eine 44er und 125 Patronen aushändigen. Falls du dein Gewehr benutzt, um Papageien und Affen zu schießen, wirst du rasch Gelegenheit haben, festzustellen, daß im Militärgefängnis kein Sauerstoffüberschuß herrscht. Der Gouverneur schickt dich als Führer. Lern erst mal mit einem Gewehr umgehen, dann sehen wir weiter.«

»Herr Major, darf ich mir eine Bemerkung erlauben?«

»Die Dienstordnung gestattet es.«

Der Wirkung meiner Worte sicher, sprach ich so beiläufig wie möglich.

»Sie haben am rechten Arm eine schlecht vernarbte Wunde.«

»Richtig. Bist du am Ende zufällig auch noch Arzt? Das wäre der beste Witz für meine Jungs, denen es gut tun würde, mal wieder ein bißchen zu lachen.«

»Vorhin habe ich gesehen, wie eine Anopheles sich auf diese schlecht verheilte Wunde setzte. Falls dieses Insekt einen Malariakranken gestochen hatte, bevor es Ihre Haut berührte, werden Sie in acht Tagen einen Anfall von Sumpffieber bekommen.«

Der Major legte meine Reisepapiere auf das Brettergestell, das ihm als Schreibtisch diente, und seine Knie begannen zu zittern.

»Acht Tage höchstens. Genauer gesagt tritt der Anfall dann auf, wenn die Vermehrung der Keime des Insekts in Ihrer Wunde ihren Höhepunkt erreicht. Zuerst spüren Sie eine große Kälte von innen und dann von außen. Ihr Gesicht wird triefen, auch wenn es nicht regnet; Ihre Temperatur sinkt erst auf 24 Grad und steigt dann innerhalb einer halben Stunde auf 41 Grad. Falls Sie kein starker Raucher sind und falls Sie nicht nur Geduld, sondern auch genügend Chinin haben, kommen Sie davon; wenn nicht, dann muß der Governador für diese Einheit einen neuen Kommandanten ernennen.«

Alles das hatte ich mit der größten Ruhe gesagt. Je weiter ich mit meiner Erklärung kam, desto fahler wurde sein Gesicht und desto tiefer sank sein Körper auf den Schreibtisch herab. Es gelang ihm kaum, ein Zittern zu verbergen, das sich als stärker erwies als der Wille, mir, dem jungen Soldaten gegenüber seine Autorität zu wahren.

»Sehe ich recht, so sind Sie offenbar imstande, überall Ihren Mann zu stehen.«

Ein paar Worte über meine Jugend am Jamari genügten, um ihn endgültig für mich einzunehmen.

»Hat man Ihnen schon einmal gesagt, daß Sie ein ziemlich ungewöhnlicher junger Mann sind?«

»Es ist nicht sehr ungewöhnlich, sich für die Natur zu begeistern.

Für Ihre Truppen ist Amazonien ein Härtetraining, bei dem es ums Überleben geht, für die Leute, die hier zu Hause sind, aber ganz und gar nicht. Wann haben die Rekruten und selbst die Offiziere in ihrer Ausbildung gelernt, bei welchen Bäumen sie Nahrung finden, wie sie sich vor wilden Tieren schützen können oder welche Papageien eßbar sind?«

Die Augen des Majors wurden wieder klar.

»Sie sind offenbar wirklich der Mann, den wir brauchen. Mit den Bolivianern und Peruanern ist nicht zu spaßen, aber bisher haben wir mehr Männer im Dschungel als durch Feindberührung verloren. Dieser Feldzug kostet uns viele Millionen Cruzeiros, und das um ein paar tausend Hektar zurückzuerobern, die nicht einmal einen Wert haben. Sie gefallen mir, Sebastião.«

Nach ein paar Tagen kannte ich die ganze Garnison. Es waren ungefähr zweitausend Mann aus so ziemlich allen Regionen Brasiliens, die sich vor allem durch ihre mangelnde Anpassung an das Leben im Urwald und ihren Haß auf die Indianer auszeichneten, der übrigens mehr durch ihr eigenes Elend als durch rassistische Einstellung bedingt war. Ein Unteroffizier, der in Rio Jura studiert hatte, sagte mir eines Tages:

»Das Schicksal der brasilianischen Indianer wird an der Börse von New York oder London entschieden.«

Je schwerer der Gummi sich verkaufen läßt, desto größer wird das Bedürfnis, sich an den Indianerstämmen zu rächen.

Von den Bolivianern war wenig zu bemerken; die Soldaten verbrachten den größten Teil des Tages damit, in ihren Hängematten zu liegen und zu schlafen oder Karten zu spielen, Alkohol war im Lager verboten. Viel mehr als unter dem Alkoholverzicht litten sie aber daran, daß sie keine Frauen hatten.

Ich selbst hatte den Auftrag, den Maniok bei den verschiedenen Abteilungen auszuteilen. Freunde gewann ich mir bei diesen »Indianerfressern« kaum. Den Satz »Nur ein toter Indianer ist ein guter Indianer« habe ich so oft gehört, daß ich anfange zu glauben, zwischen Weißen und Indianern werde eine Verständigung niemals möglich sein.

Ich war Anfang Januar 1916 mitten in der Hochwassersaison

gekommen. Trotz der schwierigen Aufgaben, die ich als Führer hatte, verbrachte ich meine Tage damit, Pfeile und Bogen für irgendwelche Kameraden zu schnitzen, die es zum Fischfang zog.

Das beste Holz für einen haltbaren Bogen ist das des Paodaco-Baumes, der nicht sonderlich hoch, aber sehr dick wird und keine übermäßige Feuchtigkeit liebt. Man muß sich mit der Machete einen Weg durch die Selva bahnen, um ihn zu finden, und ihn von den Lianen säubern, die ihn umschlingen. Ein Bogen aus Paodaco-holz ist biegsam und springt genau in seine Ausgangsstellung zurück, sobald man den Pfeil losläßt. Dieses Holz ist nicht nur fest, sondern auch leicht. Ein guter Bogen muß etwas größer sein als der Mann, der ihn benutzt.

Die Indianer haben nie Ballistik studiert. Als mir Joachim in meinem vierten Lebensjahr meinen ersten Bogen schnitzte, brachte er mir nicht nur bei, ganz genau zu zielen, sondern auch die Zeit, die der Pfeil braucht, auf die Hundertstelsekunde exakt zu berechnen.

»Du mußt den Bogen bis zum Äußersten spannen und den Pfeil abschießen, sobald du in der Hand spürst, daß das Holz im Innern völlig zu vibrieren aufgehört hat. Laß den Pfeil los; er findet von selbst die richtige Bahn, die ihn senkrecht in das Fleisch des Tieres eindringen läßt, so daß er es sofort und schmerzlos tötet.«

Bei der Herstellung der Pfeilspitze muß der Instinkt der Berechnung zu Hilfe kommen. Mit einem sehr harten Stein aus einem Iguarapé zerschneidet man eine alte Machete in schmale Streifen; bei manchen Stämmen verwendet man auch Bruchstücke von Koch-töpfen und Wasserkesseln, die die Weißen weggeworfen haben. Das Stück Metall wird plattgeschlagen, man legt es ins Feuer, schlägt es, schmiedet es, schleift die Spitze mit dem Stein scharf zu und legt es wieder ins Feuer, um es zu härten. Man muß ganz genau wissen, wie lange dieser Prozeß dauert. Ist die Spitze zu stark gehärtet, dann splittert sie wie Glas; ist sie zu weich, dann verbiegt sie sich beim Auftreffen auf den Panzer einer Schildkröte.

Noch heute bin ich imstande, eine Schildkröte auf eine Entfernung von mindestens 125 Metern zu treffen. Den Soldaten hatte ich beigebracht, ihre Normalverpflegung mit dem besonders schmack-haften Fleisch der Schildkröte etwas aufzubessern. In den Flüssen findet man dieses Tier ziemlich selten; es bevorzugt das ruhige

Wasser der Seen und großen Tümpel. Mit einer Cabori-Nuß, die fast so leicht ist wie die Frucht der Hevea, kann man die Schildkröte anlocken. Sobald sie den Kopf aus dem Wasser hebt, muß sich innerhalb von Bruchteilen einer Sekunde die Harpune in das Fleisch des aus dem Panzer hervorgereckten Halses bohren. Im Unterschied zum Jacari ist die Schildkröte auf der Stelle tot. Manche werden bis zu hundert oder zweihundert Kilo schwer, das Durchschnittsgewicht liegt bei fünfundachtzig bis neunzig Kilo. Eine sehr heikle Angelegenheit ist es, die Schildkröte an Bord der Piroge zu hieven, ohne daß diese unter dem plötzlichen zusätzlichen Gewicht kentert. Man muß das Tier am Bug hochziehen, zur Mitte des Bootes schaffen und dort festmachen; dann kann man es ans Ufer bringen.

Ich weiß nicht, warum das so ist, aber während die Haut des Krokodils immer sehr gefragt ist, erfreut sich der Panzer der Süßwasserschildkröte nicht der gleichen Beliebtheit wie der der Meeresschildkröte.

Auf gar keinen Fall sollte man die Schildkröte vor dem Braten ausnehmen. Nur den Kopf muß man an der Stelle, an der die Harpune eingedrungen ist, abschneiden. Der ganze übrige Körper ist vollständig eßbar.

Im April begann der Wasserstand des Stromes zu sinken. Die Hütten der Cabocos wuchsen auf ihren Stelzbeinen immer höher empor. Aus Manaus hatte ich zwar keine Nachricht, aber ich freute mich, daß es mir erspart blieb, im Rahmen meiner militärischen Pflichten bei Operationen als Führer zu dienen, deren Opfer meine indianischen Brüder gewesen wären. Die Peruaner erlebten freilich in Iquitos die gleiche Krise wie die Brasilianer in Manaus. Da jedoch die Stadt Iquitos nie den Glanz ihrer brasilianischen Rivalin erreicht hatte, wurde auch der Niedergang nicht ganz so hart empfunden.

Eines Morgens kam der Adjutant des Majors, ein ehemaliger Seringuero, der wieder bei der Armee untergekommen war, mich holen. Durch den Schlamm der eingesunkenen Uferböschung kamen wir zu der Hütte des Kommandanten, die sich durch nichts von den übrigen Hütten unterschieden hätte, wenn nicht vor der Türe Barbasco-Blätter zum Trocknen aufgehängt gewesen wären. Dieses Narkotikum war den Soldaten verboten, aber die Offiziere fanden in den Rauschzuständen, die es auslöste, ihre liebste Freizeitbeschäftigung.

»Sebastião, ich habe noch nie etwas von dir verlangt, aber jetzt brauche ich deinen Rat. Eine unserer Flußpatrouillen ist kaum 20 Kilometer stromaufwärts von hier an einer Stromschnelle in einem Nebenfluß gekentert, die durch das dichte Laubwerk des Urwalds verdeckt war. Kein einziger Überlebender, alle sechzehn Mann wurden von der Strömung mitgerissen, auch von dem Boot fand man keine Trümmer mehr.«

»Wie lange ist das her?«

»Etwas mehr als drei Wochen.«

»Warum haben Sie mich nicht vorher gefragt? Ich hätte Ihnen von einer derartigen Expedition entschieden abgeraten. Während der Hochwasserperiode kann kein Boot der Gewalt der Stromschnellen trotzen.«

»Es ging nicht anders...«

Der Major stockte, dann sagte er:

»Hör zu, Sebastião, wir wollen offen miteinander reden. Ich bin Soldat, aber über Manaus bekomme ich Anweisungen aus Rio, die ich einfach nicht schlucken kann. Die Kautschukkrise hat unser Land aus dem Gleichgewicht gebracht, und jetzt machen die kriegführenden Länder Europas uns Angebote. Wenn wir mit den Preisen der Gelben konkurrieren wollen, müssen wir Gegenden ausfindig machen, wo die Hevea noch frisch und unverbraucht ist. Hier in diesem Teil von Ober-Amazonien gibt es Tausende und Abertausende von Bäumen, die noch nie angezapft worden sind. Statt Däumchen zu drehen und auf nähere Instruktionen zu warten, die doch nicht kommen, verlangt man von mir, daß ich meine Leute in diese Gegenden schicke, von denen sie nicht die leiseste Ahnung haben, und sie zu Amateur-Seringueros mache.«

Der Major, sichtlich verlegen, verstummte. Aber ich hatte schon verstanden und sprach an seiner Stelle weiter.

»Sie brauchen einen Mann, der in der Lage ist, bis ans Ende des Stromes vorzudringen, das ist klar. Und dieser Mann bin natürlich ich, Sebastião. Dummerweise bin ich zufällig Indianer. Daß Ihre Truppen dann auf andere Indianer stoßen, ist unausbleiblich. Für sie ist dieser Gummi bloß eine Paste, die man zur Zahnpflege verwenden kann. Wenn Ihre Amateur-Seringueros in Ruhe und Frieden in dieser Gegend arbeiten wollen, dann brauchen sie viele Wochen und Monate, bis die Indianerstämme sie akzeptieren. Außerdem gibt es bei diesen Stämmen natürlich auch Frauen. Ich müßte schon grenzenlos naiv sein, um nicht zu erraten, daß die einfachste und einträglichste Lösung natürlich darin besteht, die Indianer umzubringen und ihre Frauen den Seringueros als eine Art Bezahlung zu überlassen.«

»Sebastião, mir scheint, daß es mir verdammt schwerfallen würde, gegen deine Intelligenz anzukommen. Hast du eine andere Lösung vorzuschlagen?«

»Herr Major, ich vergesse keinen Augenblick, daß ich Soldat in der brasilianischen Armee bin. Ich bin unfähig, die Ausführung eines Befehls zu verweigern, vorausgesetzt natürlich, daß es sich um einen Feind unseres Vaterlandes handelt. Dafür zu sterben, wäre für einen Bastos ehrenvoll. Durch den Pfeil eines meiner indianischen Brüder getötet zu werden, wäre dagegen nur die Bestrafung eines Verbrechens.«

»Das läuft auf Gehorsamsverweigerung hinaus. Aber ich verstehe deine Haltung, Sebastião, und würde an deiner Stelle genauso reagieren. In ein paar Monaten kehrst du ins Zivilistenleben zurück, ich dagegen nicht. Sag mir nur, ob du es für möglich hältst, ohne übermäßiges Risiko an diesen großen Stromschnellen vorbeizukommen?«

»Hätten Sie mir diese Frage damals gestellt, als Sie Ihrer Patrouille den Befehl zum Aufbruch gaben, dann hätte ich Ihnen geantwortet, daß schon eine tüchtige Portion Tollkühnheit oder Leichtsinn dazu gehöre, an einen erfolgreichen Ausgang des Unternehmens zu glauben. Heute würde ich nicht ganz so scharf urteilen. Nennen Sie mir einen verläßlichen Begleiter, und in spätestens vierzehn Tagen gebe ich Ihnen Bescheid. Man kennt eine Gegend im Wald nicht, solange man nicht mindestens einmal dort gewesen ist. Diese Stromschnellen sind mir noch unbekannt. Ich nehme den Auftrag also unter der Bedingung an, daß Sie alles tun, was in Ihrer Macht steht, um zu verhindern, daß die Weißen zuerst schießen.«

»Du hast mein Ehrenwort. Wir werden den Gummi ernten, falls es welchen gibt, und sonst nichts. Ich mißbillige Grausamkeiten und werde sie nicht dulden. Ich bin gläubiger Katholik und werde zu verhindern wissen, daß sich ›aus Versehen‹ ein Schuß löst.«

Die Existenz dieses Majors mitten in der grausamen Realität Amazoniens war für mich eine gewisse Beruhigung. Er schien mir aufrichtig, soweit seine Moral und die militärische Disziplin das zuließen; ich war es mir schuldig, ihm zu helfen.

Man muß sich davor hüten, zu verallgemeinern. Ich wäre der letzte, der bestreiten würde, daß man die Ausrottung der Indianer einerseits geplant und organisiert hat, um die sexuelle Gier der Chapatas und Soldaten nach Indianerfrauen zu befriedigen, und andererseits, um den Urwald immer gründlicher auszuforschen und auszubeuten. Ich habe zu oft Gewehrschüsse gehört und zu oft, als ich allein im Urwald lebte, die Spuren dessen angetroffen, was man die Todeskommandos nannte, um jemals die Weißen verteidigen zu können.

Ich muß aber auch sagen, daß ich unter Soldaten und Zivilisten einer kleinen Zahl von Männern begegnet bin, die mutig für den Schutz der indianischen Rasse gekämpft haben; es gab da nicht nur die berühmten Brüder Vilas Boas, die Beschützer der Stämme des Mato Grosso. Nicht jeden Weißen, dessen Leiche man mit einem Pfeil im Rücken fand, hatte nur die gerechte Strafe ereilt. Mancher hat vielleicht unschuldig mit seinem Leben für die Greueltaten jener Mörderbanden gebüßt, die regelrechte Treibjagden auf die Indianer veranstalteten und sie bei lebendigem Leib zerstückelten, um eine Blutgier zu stillen, die sich nicht mehr in einem Krieg mit dem äußeren Feind austoben konnte.

Der Mann, den mir der Major als Begleiter zuwies, war ein Matteiro, ein Mestize; er war totaler Analphabet, aber fähig, ein bißchen in der Art der Indianer die Gefahren des Waldes zu »fühlen«. Die Matteiros verdienen ihren Lebensunterhalt fast ausschließlich dadurch, daß sie Indianerstämme aufspüren und ihren Aufenthaltsort den Banden melden, die beauftragt sind, sie zu liquidieren.

Er sagte mir, er heiße Strafi; diesen Namen hatte er ganz bestimmt von einem seiner Opfer übernommen. Er erinnerte mich fatal an Aurélien. Der Major hatte ihm vermutlich nicht viel über mich gesagt, und ich verlangte nicht mehr von ihm als ein paar Handlangerdienste. Ich beschloß, mich allein auf meine Augen und notfalls auf meinen Bogen zu verlassen, sobald wir das Lager verlassen haben würden. Ich setzte den Matteiro sofort ins Bild:

»Ich habe nicht die Absicht, mir auf den Klippen einer Stromschnelle die Knochen zerschmettern zu lassen oder in einem Strudel unterzugehen. Ein kleines Motorboot oder eine Piroge kommt also nicht in Frage.«

Ich mußte diesem heruntergekommenen Individuum, das bestimmt eine Alkohol- oder Drogenentziehungskur hinter sich hatte, aber auch leicht zwanzig Jahre mehr als ich auf dem Buckel hatte, unbedingt sofort Respekt beibringen.

»Der Major hat mir den Auftrag gegeben, Ihnen zur Verfügung zu stehen. Wenn es darum geht, Indianerfleisch zu besorgen, dann bin ich Ihr Mann.«

Aus der Haut zu fahren, wäre ein schwerer Fehler gewesen, der mich später teuer zu stehen kommen konnte; ich mußte ruhig Blut bewahren. Dieser Kerl und Aurélien paßten entschieden zueinander.

»Es handelt sich nicht darum, ›Indianerfleisch zu besorgen‹. Ich möchte dir im übrigen raten, deine Zunge in acht zu nehmen. Falls der Major es dir nicht gesagt haben sollte: ich bin selbst Indianer. Ich denke, du hast mich verstanden.«

»Schon gut, brauchst dich nicht aufzuregen« – er war vom Sie zum Du übergegangen, einen primitiven Indianer siezt man nicht –, »wenn du Indianer bist, sieht mans dir wenigstens nicht an.«

»Wie sieht denn das deiner Meinung nach aus, ein Indianer? Hier am Solimoes« – so heißt dieser Teil des Amazonas – »bedeutet das angefressene Leichen, mit zugenähten Lippen, damit sie den Mund halten und nicht schreien... Oder vielleicht auch ein bißchen kochendes Öl in die Ohren...«

Der Matteiro sagte nichts mehr. Er wußte ganz genau, daß diese barbarischen Bräuche tatsächlich existierten und in dieser Gegend um so leichter geübt werden konnten, als man beim unklaren Verlauf der Grenzen zwischen Brasilien, Peru und Bolivien diese Schandtaten der Grausamkeit immer dem Nachbarland in die Schuhe schieben konnte.

»Wie ich dir sage, besteht unser Auftrag also darin, die Stromschnellen in der näheren Umgebung zu erforschen, um herauszufinden, ob die Gefahr besteht, daß sich die Bolivianer oder die Peruaner zu nahe heranwagen. Du nimmst deine Machete und trägst mir in zwei Tagen genug Balsastämme für ein Floß zusammen. Es darf nicht länger als sechs Meter sein. Wenn es gut gebaut ist, kann ich ein Floß so rudern und steuern, daß wir nicht kentern. Daß du naß wirst, kann dir vielleicht passieren, aber das ist längst nicht so gefährlich wie der mit Curare vergiftete Pfeil, den dir bestimmt irgendwann einer zwischen die Rippen jagt. Ein Dutzend Stämme, das reicht. Pro Stamm laden wir dreißig Kilo Maniok und Süßkartoffeln. Ich werde sie vertäuen. Abfahrt übermorgen früh bei Sonnenaufgang.«

»Wer kommt sonst noch mit?«

»Bin ich dir etwa nicht genug?«

»Mein Leben in der Hand einer Rothaut, das ist ja das letzte!«

»Ich nehme an, der Major bezahlt dich anständig?«

»Falls du's noch nicht weißt: ich muß die Klappe halten. Mit zwei Gringos bin ich schon zu weit gegangen. Ich hab etwas zu viel gequatscht von dem, was ich in der Selva gesehen habe.«

»Von dem, was du gesehen hast oder was du getan hast?«

»Nein, ich hab nie einen Indianer getötet. Du brauchst mir ja nicht zu glauben, wenn du nicht willst. Ich kenne Stellen im Wald, wo noch nie einer hingekommen ist. Dort findet man die schönsten Indianerstämme. Ich sag den Militärs, wo die Dörfer liegen. Das weitere ist nicht mehr mein Problem.«

»Daß kein einziger Indianer bei deinen kleinen Schweinereien lebend davonkommt, scheint dich nicht sonderlich aufzuregen. Bring mir das Balsaholz, das ist alles, was ich im Augenblick von dir verlange.«

Ich muß sagen, daß der Matteiro den Wald offenbar gut kannte, denn am Tag darauf hatte er zwanzig Balsastämme herbeigeschafft; sie waren genau in der richtigen Höhe geschnitten und vollständig von Lianen befreit, porös genug, um wenig Gewicht zu haben, und trocken genug, um auf dem Fluß nicht zu verfaulen.

Ich meinerseits hatte aus Chonta, einer Art Palme, deren Holz sehr hart ist, Keile zurechtgeschnitten, mit denen ich die bereits mit

Lianen vertäuten Stämme zusammenfügte. Es gelang mir sogar, das Vorderende wie bei einer Piroge etwas zuzuspitzen, um unser Fahrzeug schneller zu machen. Zwischen den Stämmen blieb nicht der geringste Zwischenraum. Joachim wäre stolz auf mich gewesen.

Ich habe keinerlei Skupel, den Mestizen vorsichtshalber zu durchsuchen, bevor wir abfahren, um sicher zu sein, daß ich der einzige an Bord bin, der Waffen besitzt: eine Riffle 44, zweihundert Patronen und natürlich meinen Bogen und Pfeile.

Da es noch sehr früh am Tag ist, kommt nur der Major zur Abfahrtsstelle. Wir blicken einander tief in die Augen. In fast väterlichem Ton rät er mir, vorsichtig zu sein. Die Stämme unseres Floßes sind glatt und gut durchgetrocknet, und so entfernt es sich rasch vom Ufer. Ich rudere im Stehen. Der Matteiro macht mich auf Strudel und im Wasser treibende Äste aufmerksam. Jetzt sind wir also unterwegs, und wahrscheinlich gibt es keine Rückkehr von dieser Reise.

Nach ein paar Stunden höre ich, wie das Brodeln des Wassers unter dem Floß stärker wird. Ich gebe Strafi eines der Ruder. Die ersten Stromschnellen sind offenbar nicht mehr weit. Zumindest eine möchte ich noch am ersten Tag überwinden, um mich zu vergewissern, daß unser Fahrzeug solide gebaut ist. Nach und nach wird die Fahrt schneller. Es gelingt uns, die Mitte des Stromes zu halten.

Erschöpft von dieser ersten Wegstrecke, lasse ich an einem Kiesstrand anlegen und haltmachen. Die üblichen Vorbereitungen zum Biwakieren: Feuer machen, Hängematten aufhängen, nachsehen, ob auch keine Anakonda und kein Jacari in der Nähe ist. Schweigend essen wir zu Abend. Das Gekreisch der Papageien zerreißt die Stille. Ich bemühe mich, nicht einzuschlafen, bevor mein etwas undurchsichtiger Begleiter nicht ebenfalls im Schlaf liegt.

Am nächsten Morgen umgebe ich das ganze Floß mit einem Polster aus Lianen. Aus dem Getöse des Stromes entnehme ich, daß wir an Engstellen mit starkem Gefälle kommen. Auf solchen Strekken, die aus lauter Wirbeln, Strudeln und Wasserfällen bestehen, kann der Indianer sein intuitives Geschick beweisen. Ich rudere allein, den Blick abwechselnd auf den Horizont und auf das Vorderende unseres Floßes gerichtet. Keinen Augenblick beschäftigt mich der Gedanke an die Möglichkeit eines Schiffbruches, nicht ein einziges Mal denke ich daran, daß wir zwischen diesen Felsen zerschmettert werden und untergehen könnten. Selbst wenn es uns gelungen wäre, uns an einem der treibenden Baumstämme festzuklammern, hätten wir keinerlei Chance gehabt, den Wald hoch oben auf den Klippen zu erreichen. Und was hätten wir im Wald angefangen, dessen Dickicht an dieser Stelle ganz und gar undurchdringlich ist – ohne Waffe, um zu jagen und uns zu verteidigen?

Die Müdigkeit fühlte ich erst, als ich vor uns über dem Strom ein paar Urubus aufflattern sah. Das war ein untrügliches Zeichen, daß der Fluß wieder breiter wurde. Auf einer kleinen Sandbank schlief ein Jacari in der Sonne – eine Bestätigung dafür, daß wir eine Ebene erreicht hatten. Wo es Stromschnellen gibt, findet man den Kaiman nie. Er ist viel zu schwer, um sich einfach treiben zu lassen, und würde im Tosen des Wassers buchstäblich zermalmt werden. Für das Tier ist die Stromschnelle genauso eine Falle wie für den Menschen.

Nachdem wir unser Lager aufgeschlagen hatten, untersuchte ich den Zustand unseres Floßes. Es hatte den Schreckenstanz, den wir ihm abverlangt hatten, ganz offensichtlich ohne Schaden überstanden. Vorsichtshalber erneuerte ich aber ein paar Lianen, die sich etwas gelockert hatten.

Wie schon am Vortag blieb mein Begleiter schweigsam und sprach nur über Dinge, die mit unserem Auftrag zu tun hatten. Immerhin dankte er mir aber, daß er bis jetzt am Leben und unversehrt geblieben war. Die Erforschung des Hinterlandes schob ich auf morgen auf.

Die Nacht war anstrengend. Gegen einen Panther kann man sich leichter wehren als gegen pausenlos angreifende Mückenschwärme. Tausende dieser Insekten fielen über unsere Hängematten her und drangen sogar durch die Jutebahnen, in die wir uns eingewickelt hatten.

Die ganze Nacht ertrug ich die Stiche, und als die ersten Strahlen der Sonne durch die Zweige brachen, hatte ich schon das kleine Farnkraut gefunden, mit dessen Saft man nur den ganzen Körper einreiben muß, um die Schmerzen zu vertreiben.

Strafi fing an, über meine genaue Kenntnis des Waldes ehrliche Verblüffung zu zeigen.

Mehrere Tage lang suchten wir vergeblich nach Spuren menschlicher Siedlungen. Wir bahnten uns den Weg mit der Machete, kämpften gegen Insekten und kamen oft nur zweihundert Meter in der Stunde voran. Viele Hevea-Bäume, die aber in eine so dicke Schicht von Lianen eingehüllt waren, daß mit ihnen kaum etwas anzufangen gewesen wäre. Mit einer gewissen Befriedigung stellte ich fest, daß unsere Mission zumindest in militärischer Hinsicht fehlgeschlagen war.

Am zehnten Tag beschlossen wir, zum Stützpunkt zurückzukehren. Es war offensichtlich unmöglich, die Stromschnellen stromaufwärts zu überwinden. Weder Strafi noch ich kannten die Gegend, und eine Karte gab es nicht. Meine Idee war, weiter diesem Strom abwärts zu folgen und irgendwann einen Fluß in der Gegenrichtung zu finden, der breit genug war, um in den großen ozeanischen Strom, den Amazonas zu münden. Wobei man hoffen mußte, nicht allzu viele Strudel zu finden, was immerhin wahrscheinlich war, da wir jetzt in die Jahreszeit des niedrigen Wasserstandes kamen.

Meine Idee erwies sich als richtig, zumal die Regenfälle selten geworden waren, so daß ich mich im allgemeinen nach dem Stand der Sonne orientieren konnte. Unser Stützpunkt lag ungefähr im Nordosten.

Es war der sechste Tag der Heimreise. Wir folgten dem Lauf eines Flusses, der in die richtige Richtung zu führen schien. Strafi blickte wachsam über das klare Wasser. Das Floß glitt mit einer Geschwindigkeit von sechs Kilometern in der Stunde dahin. Zwischen den eng gedrängten Bäumen des Waldes erblickte ich Bambushütten. Waren sie noch bewohnt oder verlassen?

Während ich mir diese Frage stellte, steuerte Strafi das Floß ruhig durch den Dunst der Mittagshitze. Er hatte glücklicherweise nichts bemerkt.

Zum ersten Mal seit unserem Aufbruch schlief ich mit einem eindeutigen Gefühl des Wohlbehagens ein.

Das Weitere verlief ganz nach Wunsch und besser, als ich zu hoffen gewagt hätte. Ich berichtete dem Major, wie schwierig es sei, in dieses Gebiet des oberen Amazonas vorzudringen, und welch unmenschlich harten Bedingungen er seine Kautschuksammler aussetzen müßte. Natürlich sagte ich kein Wort von den Bambushütten, die ich flüchtig wahrgenommen hatte und die keinen Zweifel daran ließen, daß in dieser Gegend ein Indianerstamm lebte.

»Hör zu, Sebastião, ich kann schwer in einem schriftlichen Bericht klarmachen, daß es für uns unmöglich ist, in diesem Gebiet irgendeine Art von Kautschukproduktion zu betreiben. Bist du sicher, daß es keine Siedlungen in der Gegend gibt?«

»Absolut. Ich nehme an, daß sich die letzten Stämme aus Furcht in völlig unwegsames Gelände zurückgezogen haben, um jede Berührung mit den Weißen unbedingt zu vermeiden.«

»Wenn das so ist, dann machst du jetzt Folgendes. Du hast von mir den Befehl, nach Manaus zurückzukehren. Die Instruktion, die du von mir bekommst, lautet auf nichts anderes, als zu erklären und vor allem zu überzeugen. Ich habe keine Lust, alle die jungen Leute deines Alters in den Tod zu schicken; ich bin schließlich nicht nur ihr Vorgesetzter, sondern auch für sie verantwortlich. Du kennst den Governador. Schildere ihm, wie erschöpft unsere Kräfte sind, und nutze deine Kenntnis des Urwaldes, um ihm in meinem Namen unsere Entschlossenheit auszudrücken, unsere Pflicht zu tun und die Landesgrenzen zu sichern. Falls er dir nicht glaubt, dann soll er mit dir herkommen; ich denke, er wird es nicht lange in einem Lager aushalten, wo es viele Mücken gibt, aber nur wenig Cachassa.«

»Wann soll ich fahren und wie?«

»Sobald wie irgend möglich, noch bevor das Wasser wieder steigt. Ich unterstelle sechs junge Leute aus Belém deinem Kommando. Ihr nehmt mein großes Boot. Bei der Ankunft in Manaus übergibst du es dem Standortkommandanten, und die Burschen fahren mit dem Linienschiff weiter nach Hause. Ihre Dienstzeit geht zu Ende, und sie werden wohl nichts dagegen haben, wieder zu Hause zu sein.«

»Und ich?«

»Du hast noch etwas mehr als sechs Monate. Du bleibst in Manaus. Dieses Papier überweist dich an das örtliche Kommando, du bleibst aber mir unterstellt. Wenn ich dich brauche, finde ich schon eine Möglichkeit, dich wieder herzuholen.«

Dieser Augenblick blieb mir unvergeßlich. Wäre dieser Mann nicht der Befehlshaber der Garnison gewesen, dann wäre ich ihm um den Hals gefallen und hätte ihn geküßt.

Ich sollte nicht nur wieder auf dem Amazonas fahren, diesem Strom, der untrennbar mit allem Schmerz meines Lebens verbunden ist, sondern auch in Manaus meine Lieben wiedersehen, von denen ich noch für Monate getrennt zu sein glaubte. Und dazu kam, wie ich gestehen muß, auch noch der Stolz, mit einem so bedeutenden Auftrag betraut worden zu sein. Es fehlte nicht viel, so hätte ich geglaubt, das Schicksal ganz Brasiliens in der Hand zu halten.

Bevor der Major mich gehen ließ, die Vorbereitungen für die Reise zu treffen, stellte er mir noch eine Frage:

»Was willst du eigentlich machen, Sebastião, wenn dein Wehrdienstjahr vorbei ist und du wieder ein freier Mensch bist?«

Mit einem Schlag war meine Hochstimmung dahin. Immer wieder habe ich mir diese Frage gestellt. Ich wußte nur zu gut, daß der Wehrdienst eine Art Aufschub bedeutete. Irgendwann kam unausweichlich die Stunde der Entscheidung. Schließlich würde ich meinen Lebensunterhalt verdienen, vielleicht sogar für meine Mutter und Joachim sorgen müssen. Diesmal blieb ich die Antwort schuldig, auch mein Gesicht war ausdruckslos.

»Die Frage bringt dich offenbar in Verlegenheit. Hast du nicht eine kleine Braut in Manaus, die auf dich wartet? Die wird aber überrascht sein, wenn du vor der Zeit heimkommst! Nimm dich aber doch in acht, mein Junge; mit den Frauen kann man manchmal böse Überraschungen erleben, wenn man unerwartet nach Hause kommt; ich weiß ein Lied davon zu singen.«

Bei diesem letzten Satz klang die Stimme des Kommandanten etwas traurig – gerade so, als habe er sich diesen vergessenen Winkel Amazoniens selber ausgesucht, um vergessen zu können...
Vergessen, das war es, wonach auch ich mich im Grunde sehnte – die Vergangenheit vergessen, die paradiesische Kindheit, die

Schweiz, Aurélien, Manaus... Nur gab es da den Schwur, meinen Vater zu rächen, und meiner Mutter und Joachim war ich Unterstützung schuldig. Dieses Dilemma quälte mich, und ich sah keine Möglichkeit, es zu lösen.

»Du hast studiert, der Krieg in Europa hat deinen Studien zwar ein vorzeitiges Ende gesetzt, aber trotzdem weißt du eine ganze Menge mehr als all die jungen Leute in Manaus. In den kommenden Jahren wird man sich klar werden, daß im Amazonasbecken Reichtümer schlummern wie an keinem anderen Fleck der Erde. Siehst du denn da für dich wirklich keine Chancen – bei deinen Kenntnissen, die du dir nicht nur auf Schulbänken, sondern auch im Urwald angeeignet hast?«

»Meine Mutter lebt in Manaus, ich kann sie nicht gut allein lassen; sie braucht mich, und für mich ist ihre Nähe wichtiger als irgendeine Braut. Wenn es nur um mich ginge, würde ich wieder Seringuero werden, genau wie mein Vater, als er damals anfing.«

»Hör zu, Sebastião, ich rede jetzt als Freund zu dir. Deine echt indianische Treue gefällt mir. Ich gebe dir einen versiegelten Brief für den Governador mit. Gib mir dein Wort, daß du ihn weder lesen noch Felicio nach seinem Inhalt fragen wirst, bevor du deinen Wehrdienst zu Ende abgeleistet hast.«

Ich legte beide Hände zusammen. Das ist bei den Indianern das Zeichen für Ehrenwort.

»Und jetzt kannst du gehen. Sei überzeugt: Wenn es nur von mir abhinge, dann würden alle die, die deine indianischen Brüder abschlachten, mit einer Expedition ins Sumpfland, bei der sie sich die Malaria holen, für ihre schändliche Habgier büßen. Ich werde die Anweisungen für das Schiff geben. Komm noch einmal zu mir, wenn du abmarschbereit bist, dann geb ich dir die Papiere und außerdem noch einen privaten Brief, den du in meinem Namen einer Dame in Manaus gibst, die ich einmal gut gekannt habe...«

Dieser Teil meines Auftrages schien dem Major wichtiger zu sein als alles übrige.

Eines dieser Schiffe mit Zwischendeck wiederzusehen, die auf dem Amazonas ein so vertrauter Anblick sind, bereitete mir Wohlbehagen. Das Boot schien in gutem Zustand zu sein. Am Bug flatterte die brasilianische Flagge mit dem Wahlspruch »Ordem e Progresso«, Ordnung und Fortschritt. Das ist eine schöne Formel. Hält man sich immer an die patriotischen Sprüche? Was Brasilien angeht, so herrscht im großen und ganzen Ordnung, aber kommen die Segnungen des Fortschritts wirklich allen zugute?

Diese schwerwiegenden Fragen habe ich mir damals nicht gestellt, dazu freute ich mich viel zu sehr auf die Reise. Die Entfernung von unserem Stützpunkt bis nach Manaus schätzte ich auf ungefähr 160 Kilometer. Die Bücher gaben den Höhenunterschied mit weniger als dreihundert Metern und die durchschnittliche Wasserführung zu dieser Jahreszeit mit 20 000 Kubikmetern pro Sekunde an. Nach überschlägiger Berechnung mußte die Strecke stromabwärts in höchstens drei Wochen zu bewältigen sein. Im Grunde aber hatte ich es durchaus nicht eilig und war entschlossen, diese Reise auf meinem vielgeliebten Strom voll auszukosten. Immer hatte ich die Worte des Forschungsreisenden Houdon über den Amazonas im Kopf: »Erhaben ist es, wie dieser gewaltige Strom still und groß dahinfließt; erhaben ist er in seiner Langsamkeit, erhaben aber auch, wenn die entfesselte Gewalt seiner aufgewühlten Wassermassen die Ufer fortspült, die Urwaldriesen niederreißt und Inseln baut. Der Amazonas, dieser majestätische Fluß, ist Neptun und Jupiter zugleich.«

Ich mußte noch ein bißchen Unterricht in der Steuermannskunst nehmen; das Boot war mehr als zehn Meter lang und nicht so wendig wie eine Piroge. Der Rumpf war aus Acajou-Holz, und der Motor kam mir schon ziemlich verrostet vor. Ich ließ deshalb pro Mann ein Paar Ruder an Bord bringen und dazu ein Dutzend Stangen zum Ausloten der Untiefen.

Die sechs jungen Leute, die mich begleiten sollten, arbeiteten mit Feuereifer an den Reisevorbereitungen, denn sie wollten so schnell wie möglich wieder bei ihren Familien sein; sie stammten alle aus Belém. Der jüngste war so alt wie ich, der älteste wenig über zwanzig. Keiner von ihnen hatte Schulen besucht wie die, in die man mich und meine Brüder geschickt hatte. Sie waren Söhne von Cabocos, die vom Handel lebten, und hatten nun kein anderes Ziel, als genug Geld zu verdienen, um ein bequemes Leben zu führen und vor allem ein Auto kaufen zu können. Im Jahr 1916 war das Auto in

Belém schon eine Art Idol, und dabei gab es außerhalb der Stadt überhaupt noch keine Straßen.

Und dann war es also soweit. Abschiedsworte des Majors, die Männer des Regiments mit ihren vom Schlamm verdreckten Leinenuniformen, ein paar Schreie. Schnell habe ich die Mitte des Stromes erreicht, um der tiefsten Fahrrinne zu folgen. Jeder richtet sich auf seiner Schlafbank ein. Vorne am Bug stieß einer der Burschen immer wieder eine lange Bambusstange ins Wasser. Ich blieb in der Steuermannskabine. Am Abend ging der erste Wolkenbruch über uns nieder. Es begann zu stürmen, und wir wurden heftiger geschüttelt, als ich es je auf dem Atlantik erlebt habe. Im Schein der Blitze, denen heftiger Donner folgte, schien der Urwald in Flammen zu stehen. Von den Schreien der Tausende und Abertausende von Vögeln in den Bäumen war nichts mehr zu hören. Der Wind trug uns den Geruch faulenden Holzes zu. An der Mündung des Jurua, dessen stürmische Fluten den Amazonas zu gefährlichen Strudeln aufwühlen, waren wir schon vorbei. Das Holz des Schiffsrumpfes krachte unter dem Anprall der Wellen. Und mitten in diesem Getöse des Gewittersturms, der die Temperaturen im Handumdrehen um mindestens zehn Grad sinken ließ, hatte ich ein berauschendes Freiheitsgefühl. Der Luftdruck fiel dramatisch ab. Ich hatte vorgesorgt und Guarana-Blätter mitgenommen. Meine kleine Truppe nötigte ich, ein paar Stücke zu kauen, nur um unter den heftigen Schwankungen der atmosphärischen Bedingungen den Herzrhythmus zu normalisieren.

Zum Schlafen blieben wir an Bord, machten unser Boot aber vorsichtshalber, sobald die Nacht hereingebrochen war, mit langen Tauen aus den härtesten Lianen sorgfältig am Ufer fest.

Die anderen dösen vor dem Essen, ich schwimme unterdessen noch ein paar hundert Meter. Das Wasser ist schlammig, aber ohne jede Verunreinigung. Ich atme tief ein und tauche. Schon wenige Zentimeter unter dem Wasserspiegel ist die Sicht in dieser bräunlichen Flüssigkeit durch die Reflexe der Oberfläche völlig verändert. Etwas tiefer herrscht dann schon absolute Finsternis. Ich spüre, wie eine Anaconda vorübergleitet, sehen kann ich sie nicht. Aber ich weiß, daß dieses Reptil, die längste aller bekannten Schlangen, den Menschen niemals angreift. Im Wasser reagiert sein Geruchssinn nur auf Fische, und so lasse ich mich durch seine Gegenwart beim Baden nicht stören.

Ich genieße uneingeschränkt diese flüssige Grenzenlosigkeit mitten im grünen Urwald. Ich lasse mich etwas in den Sog eines Strudels ziehen und strebe dann erst mit einem kräftigen Stoß aus der Hüfte wieder ruhigerem Wasser zu.

Das Gewitter hat aufgehört, meine Gefährten schlafen. Im Osten glaube ich wie eine Luftspiegelung die goldene Kuppel des Theaters von Manaus zu erblicken.

Am achten Tag sahen wir die gekalkten Hütten einer Missionsstation, am achtzehnten die ersten Pfahlhäuser der Cabocos und am einundzwanzigsten das schwarze Wasser des Rio Negro. Dort, wo die beiden Ströme sich vereinigen, gingen wir vor Anker. Unsere Ankunft lockte eine Menge von Halbindianern, von Cabocos an, die uns Zigaretten, Armbanduhren und sogar Diamanten verkaufen wollten. Wir hatten nämlich während der langen Fahrt stromabwärts völlig vergessen, daß wir unter militärischer Flagge fuhren. Das war natürlich Grund genug, um große Neugier zu wecken.

Am Morgen des zweiundzwanzigsten Tages liefen wir in den Hafen von Manaus ein. Der Kapitän eines Schoners der Marine, den, ich weiß nicht wer, auf uns aufmerksam gemacht hatte, hatte zur Begrüßung Flaggen aufziehen und die Sirenen heulen lassen. Mit Bananen, Abakachis und Manioksäcken beladene Pirogen gaben uns das Geleit.

Ich hatte meine sechs Kameraden aufgefordert, auf eine gepflegte äußere Erscheinung bedacht zu sein. Ich tat das aus indianischer Intuition, die sich in der Folge als richtig erweisen sollte. Unter der Masse der Neugierigen, die sich auf dem Quai drängten, den Kopf statt des traditionellen Sombrero mit einem Tropenhelm geschützt, wie sie auf den Stichen in Büchern die Entdecker tragen, befand sich auch der Governador persönlich, umringt von Polizisten.

Vorne am Bug unseres Schiffes, das wir Pirarucu getauft hatten, stand in einer Jutehose und mit nacktem Oberkörper Sebastião Bastos wie ein echter Conquistador und ließ sich durch diese unerwartete Menschenansammlung überhaupt nicht beeindrucken.

Wie anders war diese Rückkehr als die vor zwei Jahren. Im übrigen aber machte ich mir durchaus keine Illusionen. Ich wußte, daß diese Maskerade rasch vorüber war und ich dann wieder der Realität meiner ganz persönlichen Probleme gegenüberstehen würde.

Wir fahren einen Landesteg aus. Das Wasser steht noch tief, und die vielen Marktabfälle verbreiten einen ekelerregenden Gestank. Der Governador läßt sich durch diesen faulenden Schlamm nicht abhalten. Mit einem würdevollen Lächeln geht er ein paar Schritte auf uns zu.

»Erwartet der Major mich an Bord?«

»Welcher Major?«

Im gleichen Augenblick, wie ich diese Frage stelle, wird mir bewußt, welche Verwechslung hier vorliegt. Im Stillen amüsiere ich mich darüber, aber ich spiele das Spiel mit.

»Befindet sich der Befehlshaber des Militärbezirks Oberer Amazonas nicht an Bord?«

»Die sechs Männer an Bord dieses Schiffes werden von Sebastião befehligt – dem gleichen Sebastião Bastos, der sich kurz vor Weihnachten freiwillig gemeldet hat, um für den schlimmsten Spitzbuben dieser Stadt, einen Mann mit dem Vornamen Aurélien, einzuspringen...«

Vor der Menge der Neugierigen muß der Governador natürlich das Gesicht wahren. Die Fragen, die ihm auf den Nägeln brennen, verkneift er sich daher zunächst.

»Ich freue mich, Bastos, in dieser Stadt einen Soldaten willkommen zu heißen, den der Befehlshaber unserer Streitkräfte am Oberen Amazonas für würdig befunden hat, ihm eines unserer besten Schiffe anzuvertrauen...«

Diese improvisierte Rede, die mir wie ein Traum vorkommt, wird mit kurzen Zurufen und Beifallklatschen quittiert. Ich habe Frankenheim und Joachim in der Menschenmenge erkannt; sie sind von dem hochoffiziellen Empfang, der mir bereitet wird, nicht weniger überwältigt als ich.

Leider habe ich jetzt nicht einmal die Zeit, zu ihnen zu gehen und sie zu fragen, wie es meiner Mutter geht. Der Governador, der mächtig schwitzt und sich dicke Tropfen von der Stirn wischt, hat mich schon in seinen Wagen geschoben. Mit aufheulendem Motor gehts zum Municipio.

Daß die meisten Gesichter vom Hunger gezeichnet sind, ist mir trotz allem aber doch aufgefallen. In den offenen Läden sehe ich nur Säcke mit Maniok. Europäische Waren scheint es überhaupt nicht mehr zu geben.

Als wir vor der Kirche St. Sebastian vorbeifahren, bekreuzige ich mich und erneuere im Stillen mein Gelübde.

Im Büro des Governadors drehte sich ein von einem Petroleummotor angetriebener großer Ventilator. Während der Fahrt vom Hafen hierher hatte er die Papiere gelesen, die der Major mir mitgegeben hatte, mit Ausnahme des Schreibens, das mich selbst betraf und von dem ich ihm gesagt hatte, daß es erst nach Ablauf meiner gesetzlichen Wehrdienstzeit geöffnet werden durfte.

»Ich verstehe, daß Sie so schnell wie möglich zu Ihrer Familie wollen, Bastos. Wir sprechen uns später noch. Schon jetzt aber muß ich dem Kriegsministerium in Rio einen detaillierten Bericht zukommen lassen. Was genau geht eigentlich am Oberen Amazonas vor? Offenbar wichtige oder schwerwiegende Dinge, wenn der Befehlshaber sein eigenes Boot einem Soldaten wie Ihnen anvertraut. Hier in Manaus sind die offiziellen Stellen mehr oder weniger gut informiert. Die Engländer behaupten, wir hätten mit Hilfe von ein paar Gringos am Putamayo mehrere Stämme ausgerottet. Ich nehme an, das ist kompletter Unsinn.«

»Senhor Governador, es steht mir nicht zu, über Tatsachen Bericht zu erstatten, die ich nicht selbst bezeugen kann, oder bloß Gerüchte über die Ermordung einiger meiner indianischen Brüder weiterzugeben. Der Grund, warum ich hierhergeschickt wurde, ist klar. Seit mehreren Monaten haben die Bolivianer und die Peruaner sich nicht blicken lassen. Die Europäer verlangen Borracha von ihnen, um ihren Rüstungsbedarf zu decken, und Borracha gibt es in der Tat massenhaft am Oberen Amazonas, davon habe ich mich selber überzeugt. Es gibt viel mehr Hevea dort als Frauen...«

»Was soll diese Anspielung?«

»Mit allem schuldigen Respekt, Senhor Governador: das bedeutet, daß die Regimenter am Oberen Amazonas bereit sind, sich als freiwillige Seringueros einsetzen zu lassen, wenn dafür gesorgt wird, daß sie ihre sexuellen Gelüste befriedigen können. Die einzigen Frauen, die man im Urwald findet, sind jedoch die Indianerinnen. Deren Männer sind natürlich im Weg. Indem man sie umbringt, verschafft man den Soldaten einen doppelten Vorteil: sie dürfen mit ihren Gewehren herumknallen, und sie dürfen die Mädchen und Frauen wegschleppen; beides verschafft ihnen Befriedigung, wenn auch nicht von der gleichen Art. Für diesen Lohn sind sie im Urwald zu allem bereit.«

»Na und? Für das Wohl der brasilianischen Wirtschaft kann man doch wohl ein paar Leichen in Kauf nehmen, oder nicht? Worauf wartet der Kommandant noch, warum bläst er nicht zum Angriff?«

»Der Kommandant wird seinen Truppen aus zwei Gründen keinen derartigen Befehl geben. Erstens habe sogar ich, obwohl ich im Urwald aufgewachsen bin, Tage und Nächte zwischen Stromschnellen und Riesenbäumen zubringen müssen, bis ich echte Hevea fand, und zwar in einem Teil des Waldes, wo es Menschen wegen der vielen Stechmücken nicht aushalten können. Zweitens fangen die Indianer an, mißtrauisch zu werden. Sie sind aber die einzigen, die in diesen unvorstellbaren Tiefen des Waldes wirklich Überlebenschancen haben, wo ein Gewitter in einer halben Stunde einen Bach zum reißenden Strom machen kann, der die ganze Vegetation mit sich fortspült. Nur sie, ich sage es noch einmal, sind in der Lage, stundenlang unbeweglich in einem Versteck auf den Feind zu lauern, der sich unvorsichtigerweise in ihre Nähe wagt. Und was können sie dann tun? Zum Bogen greifen und den Weißen töten? Man wird sie schnell aufgestöbert haben, und schließlich erliegen sie dem gewaltigen Kräfteaufgebot, das die Armee in die Schlacht wirft, wobei sie sich der Komplizenschaft der Matteiros bedient.

Und dann muß ich noch folgendes sagen. Tausende von Indianern sind schon unter den Gewehrsalven der Weißen gestorben. Der Kommandant des Bezirks Oberer Amazonas ist Soldat. Die Indianer sind genau so gute Brasilianer wie er. Er ist unter General Rondon ausgebildet worden; ich kann mir nicht vorstellen, daß es irgendeiner Macht gelingt, ihn zum Verbrecher zu machen.«

»Die Ausführung eines Befehls von oben hat mit Verbrechen nichts zu tun...«

»Auch wenn ich kein Indianer wäre, wäre ich nicht sehr stolz auf mein Vaterland bei dem Gedanken, daß es Jagdpartien veranstaltet, bei denen Menschen das Wild sind.«

»Das ist mal wieder Ihre alte Unverschämtheit, junger Bastos!«

»Meine Unverschämtheit oder mein Stolz? Es ist der Stolz der Bäume des Urwaldes, die sich nur dem Blitz beugen.«

»Es ist viel Edelmut in deinen Gedanken. Fürchtest du nicht, daß sie dich in die Traumwelt des Unmöglichen führen, wo du völlig einsam bist?«

Ich entschloß mich, das Thema zu wechseln – weniger aus Klugheit als aus Neugier.

»Und Aurélien, für den ich eingesprungen bin, was ist aus ihm geworden?«

»Er hat Manaus verlassen, und das war das Klügste, was er tun konnte. Ich hätte ihn nicht länger schützen können. Er hat mit seiner Zugehörigkeit zur Freimaurerloge Mißbrauch getrieben. Die Loge ist außerordentlich mächtig und hält ihre schützende Hand über ihre Mitglieder, ungefähr so, wie ihr Indianer zusammenhaltet. Wird ein Maurer aber einmal von den übrigen Mitgliedern der Loge hier in Manaus fallengelassen, dann ist er seines Lebens nicht mehr sicher. Kein Richter, kein Polizist – und sie sind alle Freimaurer – würde auch nur eine Viertelstunde seiner kostbaren Zeit dafür opfern, nach dem Mörder zu suchen.«

»Wissen Sie, wo er sich jetzt aufhält?«

»In Humaytha. Er versucht dort einen Betrieb aufzubauen, der Edelhölzer fällt und transportiert. Vor allem Acajou ist für europäische Möbel sehr gefragt. Das bringt nicht solche Reichtümer ein wie früher der Gummi, kann aber doch ein Beitrag zur Stützung der Wirtschaft werden. In Europa will der Krieg kein Ende nehmen, und der Handelsverkehr ist dadurch nicht gerade leichter geworden.

Wenn das wahr ist, was du sagst, dann kann man die Indianer genausogut in Ruhe lassen. Aus Amazonien wird nie im Ernst etwas zu holen sein. In zwanzig Jahren bedeckt der nutzlose Wald wieder vier Fünftel des Landes, und Manaus ist vollständig von Lianen zugewuchert. Du bist noch jung, und wenn du genug verdienen willst, um anständig zu leben, so kann ich dir nur immer wieder den einen Rat geben: Geh nach Rio, nach São Paulo, nach Bahia. Die Zukunft Brasiliens liegt nun einmal an der Atlantikküste. Für jetzt kannst du nach Hause gehen, du mußt dich aber den Militärbehörden verfügbar halten. Komm im November wieder her, ich werde dir dann den Inhalt des vertraulichen Schreibens deines Majors mitteilen.«

Im Haus ist alles unverändert. Meine Mutter hat schon von Frankenheim erfahren, daß ich zurückgekehrt bin, und freut sich wie immer, mich wiederzusehen. Joachim verbringt seine Zeit teils mit kleinen häuslichen Arbeiten, teils mit Streifzügen durch den Urwald. Alle scheinen sich an die Armut schon gewöhnt zu haben. Daß Aurélien nach Humaytha gegangen ist, erzählen mir Frankenheim und Joachim wie etwas ganz Selbstverständliches. Er wurde gesehen, wie er Manaus verließ. Die Läden unseres ehemaligen Hauses bleiben jetzt für immer geschlossen. Von meinen Geschwistern kommen regelmäßig Nachrichten aus Belém oder Rio. Ich bin wieder da, niemand ist krank, wir können leben und brauchen nicht allzu viel Geld auszugeben. In der tropischen Schwüle geben die Meinen sich jetzt einer ganz und gar indianischen Trägheit hin.

Da ich verpflichtet bin, bis zum Ende meiner Dienstzeit in Manaus zu bleiben, passe ich mich dem Einerlei dieser etwas langweiligen Existenz an. Ich zwinge mich, fast an nichts zu denken. Meine Zeit geht dahin zwischen dem Marktplatz, wo ich mit den Cabocos über die Qualität des Fischangebots diskutiere, und dem Militär-Fußballplatz. Man muß eine sehr robuste Konstitution haben, um neunzig Minuten in unserer Hitze durchzustehen, und es gibt kaum ein Spiel, bei dem man nicht irgendwann von einem ebenso kurzen wie brutal heftigen Regenguß durchnäßt wird.

Im September sah ich noch einmal für ein paar Augenblicke den Governador. Ich war gerade Jugendmeister des Staats Amazonas im Fußball geworden, und er überreichte mir den Pokal.

Ich war jetzt schon seit mehreren Wochen zurück, die Regenzeit war gekommen, und das Wasser des Stromes war um zehn Meter gestiegen. Obwohl das Hochwasser im allgemeinen nur Katastrophen und Unglück mit sich bringt, wird der erste Tag im ganzen

Amazonasbecken wie ein richtiger Karneval gefeiert, vor allem in den kleinen Caboco-Dörfern am Amazonas und den großen Nebenflüssen.

Wer Indianer ist, braucht gar nicht erst die Ufer anzusehen, um sich des Wechsels der Jahreszeit bewußt zu werden. Die Luft wird immer drückender, man spürt kaum noch einen Windhauch, und durch die tiefhängenden Wolken hindurch, die den Himmel mit schwarzen Flecken übersäen, sengen die Sonnenstrahlen die Haut. Sogar die Vögel hören auf zu singen, und die Lianen knistern. Der erste richtige Regentag verwandelt die Waldlichtungen in Sümpfe. Die weiblichen Schildkröten legen ihre Hunderte von Eiern ab und verschwinden dann im Wasser. Die Cabocos stürzen sich sofort auf die Eier und begießen dieses gewaltige Omelett immer wieder mit Cachassa. Jedes Jahr werden die Festlichkeiten in einem anderen Haus begangen; jeder kommt mit seiner Piroge, die er mit Lebensmitteln und Jagdbeute beladen hat. Man ißt und trinkt, man betrinkt sich. Wenn Frauen dabei sind, nehmen die Männer sie der Reihe nach. Danach aber beginnt der Kampf ums Überleben in den Wassermassen.

Die Indianer machen es klüger. Sie bringen die Eier in die Mitte des Dorfes, und der Kazike teilt sie unter den Familien auf. Man vergräbt diese Vorräte für schwierige Zeiten vor den Häusern. Das Ei beginnt langsam zu faulen. Ich habe oft genug faule Schildkröteneier gegessen, um zu versichern, daß sie schmecken wie das köstlichste Hühnerfleisch. Ende 1916 wurde ich aus der Armee entlassen, und dann ging das Jahr 1917 langsam dahin, ohne daß ich mich ernsthaft um meine Zukunft kümmerte. Meine Zeit verbrachte ich mit Jagen und Schwimmen. Ich empfand nicht wirklich Langeweile; irgendwie suchte ich verworren nach einer Möglichkeit, meinen Schwur zu halten.

Gegen Ende November kam Frankenheim eines Abends ganz aufgeregt zu uns. Nie hatte ich ihn in einem solchen Zustand gesehen.

»Revolution!... es ist Revolution! Der Zar ist geflohen. Die Bolschewiken haben gesiegt. Lenin triumphiert in Petersburg.«

Er sprudelte die Worte mit solcher Hast hervor, daß sie bei seinem deutschen Akzent nur mühsam zu verstehen waren.

»Jetzt ist Schluß mit der Not. Schluß mit dem Magenknurren für den Muschik. Das Volk hat gesiegt.«

Er packte mich an den Schultern und schüttelte mich, als wäre ich eine Kokospalme.

»Sebastião, das Volk wird überall siegen. Was jetzt in Rußland geschehen ist, wird wie die Sonne über der ganzen Erde aufgehen. Die Indianer werden befreit werden, die Korruption wird wieder verschwinden und all der empörende Reichtum dieses Verbrecherpacks...«

Um ehrlich zu sein, muß ich zugeben, daß Joachim, meine Mutter und ich in unserer winzigen Wohnung in Manaus gewisse Schwierigkeiten hatten, zu unserer eigenen Existenz irgendwie in Beziehung zu setzen, was sich Zehntausende von Kilometern entfernt in einem uns unbekannten Land ereignete. Wir konnten uns schwer vorstellen, daß die Indianerstämme im Urwald bald endgültig Frieden finden sollten, nur weil Volksaufstände in einem Land ausgebrochen waren, das in unseren Augen viel schrecklicher war als der Dschungel, da es fast das ganze Jahr über mit Schnee und Eis bedeckt war. Mir genügte die Erinnerung an die klirrend kalten Winter in Freiburg, um mich gegen die Vorstellung zu sträuben, daß man in einem so unfreundlichen Klima leben könnte.

Frankenheim schien überrascht zu sein, daß eine Nachricht, die für ihn selbst, nach seiner Aufgeregtheit zu schließen, offenbar von überwältigender Wichtigkeit war, auf uns so wenig Eindruck machte.

Wenige Tage später teilte er uns mit, daß er die Absicht habe, nach Europa zurückzukehren und sich einer kommunistischen Gruppe anzuschließen, die in Deutschland im Untergrund gegen den Kaiser kämpfe.

Für ihn war es eine ausgemachte Sache, daß die Machtergreifung der Bolschewiken diesem Krieg, der nun schon fast vier Jahre dauerte, ein rasches Ende setzen würde.

Das *Jornal do Manaos* veröffentlichte regelmäßig Berichte über die Kämpfe in Europa. Im allgemeinen beschränkten sie sich auf wenige Zeilen, aber es gab eine Ausnahme: die Mitteilung über den Kriegseintritt der Gringos auf der Seite der Verbündeten Frankreichs. Unser Mißtrauen gegenüber den Amerikanern war so groß, daß jeder in Manaus, der das politische Geschehen in der Welt verfolgte, zu der Überzeugung gelangt war, die Gringos würden den europäischen Kontinent ebenso kolonisieren, wie sie es mit Brasilien versuchten.

Frankenheims Abreise ließ uns ziemlich kalt. Wir konnten seine Begeisterung nicht recht nachfühlen. Er verließ Manaus ebenso überstürzt wie zwei Jahre zuvor seine Gefährten in Altamira. Ein Indianer trifft seine Entscheidungen nie übereilt und ohne reifliches Nachdenken. Dieses Nachdenken kann sehr schnell geschehen, aber es führt immer zu einer unumstößlichen Entscheidung, die auch dann niemals bereut wird, wenn sie zum Scheitern führt.

Ich fühlte die gebieterische Notwendigkeit, ein für allemal zu entscheiden, wovon ich künftig leben wollte.

Eines Abends nach dem Essen stellte meine Mutter die Frage, auf die ich schon lange gewartet hatte.

»Sebastião, jetzt bist du frei. Was hast du nun vor, was willst du tun?«

»Ich gehe nach Humaytha, such mir eine Arbeit in irgendeiner Holzplantage und treibe Aurélien solange in die Enge, bis er uns zurückgibt, was er uns geraubt hat. Und wenn ich jemals in meinem Leben einen Menschen töten muß, dann einzig und allein ihn. Das Geld ist nicht das höchste Gut, aber Gerechtigkeit muß sein.«

Joachim blieb stumm. Meine Mutter aber bekam einen Wutanfall, wie ich ihn weder vorher noch nachher jemals an ihr erlebt habe.

»Deine Brüder sind fortgegangen, deine Schwestern haben geheiratet, von unseren Ländereien ist nichts übriggeblieben. Überall in Manaus hat Aurélien immer wieder herumerzählt, dein Vater sei völlig verschuldet gestorben. Ich hatte gehofft, du würdest derjenige sein, der wie ein treuer Wachhund unsere Vergangenheit bewahrt. Glaubst du, wir haben dich in die Schweiz geschickt und studieren lassen, damit du ein Mörder wirst? Genügt dir die Armut noch nicht, mußt du noch Schande über uns bringen? Alle unsere Schiffe sind verkauft; mit dem, was von dem Erlös meines Schmuckes übriggeblieben ist, kann ich mich durchbringen, und wenn ich eines Tages keinen Pfennig mehr besitze, würde ich in den Wald zurückkehren zu den Leuten meines Stammes. Erhobenen Hauptes werde ich zurückkehren, wenn mein Lieblingssohn nicht zum Mörder geworden ist.«

»Dieser Kerl hat uns alles geraubt, er ist ein Feigling und nicht Manns genug, mit mir zu kämpfen. Wenn er nicht einflußreiche Leute in Manaus bestochen hätte, dann hätten die Piranhas längst seinen Leichnam in Fetzen gerissen.«

»Sieh zu, daß du Arbeit in Manaus findest und hör auf, immer an Aurélien zu denken. Wenn wir Gerechtigkeit finden sollen, dann wird das auf rechtmäßige Weise geschehen. Nicht alle weißen Richter sind Verräter. Führ dich nicht auf wie ein verantwortungsloser Mensch!«

Ich habe ihr nicht geantwortet. Zum erstenmal war der Urwaldinstinkt und das Verlangen nach blutiger Rache stärker als die Sohnesliebe. Am nächsten Morgen saß Joachim auf meiner Bettkante. Er hatte offenbar schon lange darauf gewartet, daß ich aufwache.

»Gestern abend wollte ich nichts sagen, Sebastião. Ich habe die ganze Nacht darüber nachgedacht. Auf unserer Farm hielten wir 440 Schafe, neunzig Ochsen und viele Schweine. Unsere Gummiproduktion war die höchste am ganzen oberen Madeira. Alles hat Aurélien uns geraubt. Wenn du gehst, komm ich mit. Deiner Mutter droht keine Gefahr, wenn sie allein hier in Manaus bleibt.«

»Danke, Joachim, damit ist mir ein großer Stein vom Herzen gefallen. Es kann ein ungleicher Kampf werden, der uns erwartet. Wenn ich dich an meiner Seite weiß, kann ich die Machenschaften des Gegners besser parieren. Das Alleinsein fürchte ich weniger als die Möglichkeit einer Fehleinschätzung. Du weißt, daß ich nicht mehr brauche als ein Hemd und eine Hose, meinen Bogen und Pfeile dazu, um mich draußen im Wald völlig glücklich zu fühlen. Aber was soll aus meiner Mutter werden?«

»Sie hat das Schlimmste hinter sich. An das Leben in Manaus hat sie sich gewöhnt, und so wird sie in aller Ruhe abwarten, bis wir wiederkommen. In Humaytha gibt es keine Probleme, ich kenne dort einen früheren Chapata der Farm; er leitet ein Unternehmen, das Maynos-Bäume fällt und verkauft. Er gibt uns bestimmt ein paar Cruzeiros für das Zurichten der Bretter. Sag deiner Mutter nichts, ich mach das schon. Sebastião, du weißt, wie gern ich dich mag. Wir gehen also jetzt in den Urwald, aber daß wir eines Tages auch wieder herauskommen, ist nicht so sicher. Heute stark und gesund, morgen vielleicht tot.«

20. RÜCKZUG FÜR LANGE ZEIT

Ein paar Tage vor Weihnachten 1917 suchte ich zum letzten Mal den Governador von Manaus auf. Wir hatten beschlossen, vor dem Fest aufzubrechen, um meiner Mutter Gelegenheit zu geben, sich daran zu gewöhnen, die kleinen Ereignisse des Jahres allein zu erleben, wie das im Grunde ja bei Witwen üblich ist.

»Senhor Governador, ich verlasse Manaus und lege großen Wert darauf, auch Sie wissen zu lassen, daß es sich für mich darum handelt, einen Schwur zu halten.«

»Was für einen Schwur?«

»Aurélien hat uns alles geraubt, wie Sie wissen. Ich bin weder reich noch mächtig genug, um mit Hilfe von Recht und Gesetz wiederzuerlangen, was uns durch Gaunerei und Betrug genommen wurde.«

»Und die Richter?«

»Die Richter, Senhor Governador, sind alle Freimaurer. Aurélien ist Freimaurer, und Sie selbst sind es vermutlich auch... Ich habe nichts gegen die Maurerei, außer daß sie unseren indianischen Moralbegriffen widerspricht; schlimmer aber ist, daß die Freimaurer untereinander alle zusammenhalten. Seit der Zeit des Kautschuk-Booms sind sie hier am Amazonas die gefährlichste Macht.«

»Viele Katholiken sind Freimaurer, Sebastião. Warum versuchst du es nicht auch und kommst zu uns? Du hast studiert; du kannst uns nützlich sein, und wir werden alles tun, um deine Karriere zu fördern. Vergiß das Vergangene. In den letzten zwei Jahren haben mehr als 150 000 Menschen die Stadt verlassen; jeder versucht, von vorne anzufangen. Mach es genauso. Wenn du willst, kann ich dir eine regelmäßige Beschäftigung in der Stadtverwaltung verschaffen. Bei deiner Ehrlichkeit und deiner Intelligenz läuft dann alles Weitere ganz von selbst.«

»Ich danke Ihnen, Senhor Governador, aber ich kann Ihr Angebot nicht annehmen, jedenfalls jetzt nicht. Für mich heißt es: entweder der Urwald oder sterben, vielleicht im Urwald sterben.«

»Zum Sterben bist du noch ein bißchen jung.«

»Ich kenne zwei Arten des Sterbens. Der physische Tod ereilt uns alle irgendwann einmal, man muß sich beizeiten auf ihn vorbereiten, denn die Krankheit kann man nicht warten lassen. Und dann gibt es noch den anderen, den seelischen Tod, die furchtbare Einsamkeit des Menschen, der außerhalb seiner vertrauten Umwelt leben muß. Die natürliche Umwelt des Indianers ist der Urwald mit seiner Hitze, seinen Bäumen, seinen Flüssen. Dort bin ich verwurzelt, nicht in den Straßen dieser Stadt.«

»Und wozu war es dann gut, daß du studiert hast?«

»Zu lernen, zu lernen. Als ich ein Kind war, lenkte im Wald nur der Instinkt meine Blicke und meine Aufmerksamkeit. Ich versuchte nicht zu verstehen, warum der Panther mich angreift. Jetzt aber habe ich eine Art wissenschaftliche Erklärung der Gesetze des Urwaldes gelernt. Es war mir genug zu wissen, daß die Regenfälle die Vegetation wegspülen können; in den Naturkundekursen habe ich gelernt, daß die Bäume verdorren würden, wenn eines Tages kein Wasser mehr auf Amazonien fiele, und die Menschen würden dann ersticken, weil es nicht genug Sauerstoff gäbe, ohne den kein Leben möglich ist. Amazonien besitzt zwei Drittel der Süßwasserreserven der Erde. Weil ich studiert habe, kann ich denen, die es noch nicht wissen, klarmachen, wie notwendig es ist, diesen unvorstellbaren Reichtum zu schützen. Das ganze Wissen möchte ich mit meinen indianischen Brüdern teilen, und das ist der Grund, warum ich fortgehe.«

»Vielleicht hast du recht, Sebastião. Viel Glück!«

Ein paar Tage danach verließen Joachim und ich Manaus mit einer etwas schweren Piroge, ausgerüstet mit Proviant für zwei Wochen, ein paar Cruzeiros und Jagdwaffen; meine Mutter, die nicht zur Abfahrt kam, um sich nicht von ihrem Schmerz überwältigen zu lassen, hatte mir dazu noch ein Bild der Jungfrau Maria mitgegeben.

Es hätte übrigens nicht viel gefehlt, so wären wir niemals angekommen. Da es stromabwärts ging, waren wir schnell vorangekommen. Wir hatten zwar einen kleinen Motor, ließen die Piroge aber einfach dahintreiben und achteten nur darauf, Strudeln auszuweichen. Je länger wir so den Strom hinabglitten, desto stärker hatte ich den Eindruck, daß die Zeit rückwärts lief und ich in der Vergangenheit war – mein Vater als Seringuero, die Kindheit auf der Farm, die Schulzeit im Pará, die Schweiz... Eine tiefe Befriedigung erfüllte meine Seele, als ob die Rückkehr zu den grünen Ufern mir die ganze verlorene Vergangenheit wiedergeben könnte.

Joachim saß reglos vor mir. Er schwieg, aber die Freude darüber, daß er sich endlich von der Stadt hatte losmachen können, war deutlich auf seinem Gesicht zu lesen. Mir kam er vor, als wäre er Tupan selber. Es schien mir unvorstellbar, daß dieser Mann, der an Leib und Geist nicht die geringste Spur von Verfall zeigte, jemals aufhören könnte zu leben. Je tiefer wir in den Urwald eindrangen, desto mehr identifizierte ich ihn mit einer Art Messias des Amazonas, der in sich die ganze Natur um uns verkörperte.

»Sebastião, deck alles zu. Wir werden bald Mühe haben zu atmen, die Luft wird drückend werden, und später wird es bestimmt unerträglich heiß.«

»Woran merkst du das?«

»Der Strom scheint völlig still geworden zu sein. Ich kann nicht einmal mehr den Mittelpunkt der Strudel ausmachen. Das ist genau das, was man die Stille vor dem Sturm nennt. In spätestens einer Viertelstunde wird es stockfinster sein. Soweit ich mich erinnere, finden wir frühestens in drei Stunden eine Stelle, wo wir anhalten können. Wir werden also einen Wolkenbruch über uns ergehen lassen müssen, der, wie ich annehme, sehr heftig sein wird.«

»Zum erstenmal fühle ich mich ungeheuer müde. Ich frage mich, ob ich nicht dabei bin, einen tüchtigen Malaria-Anfall zu bekommen.«

»Bestimmt nicht. Die Müdigkeit ist nur eine Folge der plötzlichen Luftdruckveränderung. Das Übermaß an elektrischer Ladung in der Atmosphäre dringt bis zu unseren Nervenzentren vor und erzeugt dieses Gefühl von Schwere im Körper.«

Bei Joachim erscheint alles immer einfach und selbstverständlich.

»Auf jeden Fall wäre es töricht, Zuflucht unter den Lianen zu suchen, die den Blitz außerordentlich gut leiten, und die Äste, die der Sturm abreißt und umherwirbelt, sind noch gefährlicher als Blitzschlag. Das einzige, was uns übrigbleibt, ist weiterzufahren und so weit wie möglich in der Mitte des Stromes zu bleiben. Solange ich am Steuer bin, nimm diese Schale und schöpf das Wasser aus der Piroge, damit sie nicht durch das Gewicht umkippt und uns ins Wasser stürzt. Uns würde außer dem unfreiwilligen Bad nicht viel passieren, aber unsere ganzen Vorräte wären beim Teufel.«

Die überlegene Ruhe, mit der Joachim sprach und handelte, machte wieder einen ebenso tiefen Eindruck auf mich wie damals am Jamari, als ich ein Kind war.

Es war finster geworden, immer heftigere Böen fegten über uns hinweg. Ein Baumstamm, den wir nicht gesehen hatten, wurde uns zum Verhängnis.

Während ich mit aller Kraft zum Ufer schwamm, nahm sich Joachim noch die Zeit und brachte die Energie auf, die Piroge wieder aufzurichten. Sie war zwar völlig leer, aber offensichtlich nicht ernsthaft beschädigt worden. Mit großer Mühe gelang es ihm, stromaufwärts bis zu mir zu gelangen, so daß ich mich an Bord emporhieven konnte. Durch das unfreiwillige Bad war ich auch nicht mehr durchnäßt als ohnehin schon durch den Regen.

»Wir sind ganz gut davongekommen, die Piroge hat standgehalten, sie hat kein Leck.«

Joachim machte es wenig aus, daß wir unseren Proviant und unsere Waffen verloren hatten. Das Entscheidende für den Indianer ist, seine Piroge zu behalten. Solange man ein Boot hat, hat man Bewegungsfreiheit, man kann fischen und jagen. Solange ein Amazonier die Gewalt über sein Boot behält, ist sein Leben nicht ernstlich in Gefahr.

Aber Joachim verabscheute diese Art von Abenteuer. Er hatte das Gefühl, ich könnte vielleicht an seinen Fähigkeiten als Mann des Urwaldes zweifeln.

»Reg dich doch nicht auf wegen diesem verdammten Stück Holz. Wir sind mit heiler Haut davongekommen, und das ist doch das Entscheidende.«

»Am Tag wär uns das nicht passiert, Sebastião, das kann ich dir versichern. Es handelt sich bestimmt um einen Baum, der so hart geworden ist wie Stein. Er ist nicht erst durch dieses Gewitter mitten in den Fluß getrieben worden. Vielleicht ist es schon Zehntausende von Jahren her, daß er aus dem Wald gerissen wurde. In gewisser Weise haben wir also einen versteinerten Baumstamm gerammt.«

Schließlich erreichten wir das Ufer, aber es gab nicht die leiseste Andeutung von Flachstrand, wo man hätte anlegen können. Bloß Dornengebüsch, das uns die Waden zerstach.

Natürlich hatten wir bei dem Schiffbruch unsere Macheten gerettet, die am Gürtel befestigt waren. Jetzt begann also das Unternehmen Kampf ums Überleben. Es war natürlich unmöglich, genauer zu bestimmen, wo wir uns befanden und wie weit es noch bis Humaytha war. Das einzige, was wir sicher wußten, war, daß wir noch nicht die Mündung des Madeira erreicht hatten. Joachim inspizierte kurz den Motor und stellte fest, daß er unbrauchbar geworden war.

Da wir keine Hängematten hatten, würden wir in der Piroge schlafen, wenn sie wieder trocken war. Wir bahnten uns einen schmalen Pfad durch die Dornen, der nirgendwohin führte. Nirgendwohin für jeden anderen als Joachim. Mit seinem feinen Ohr hatte er ganz genau die Richtung bestimmt, in der auf einem Baum eine Familie kleiner Affen hauste. Während es mir gelang, mit zwei trockenen Steinen ein Feuer zu entfachen, häutete Joachim den kleinen Rollschwanzaffen, den er mit einem einzigen Schlag seiner Machete geköpft hatte. Mit Affenfleisch und Kokosmilch konnten wir es lange genug aushalten, um in aller Ruhe zu überlegen, wie wir unsere Reise sicher fortsetzen konnten.

Auf jeden Fall brauchten wir es nicht zu bereuen, daß wir in der Piroge geschlafen oder zu schlafen versucht hatten. Hängematten hätten wir gar nicht aufhängen können, denn nach einem Gewitter von solcher Heftigkeit ist es unmöglich abzuschätzen, in welchem Maße ein Baumstamm verfault ist und ob er noch standhält. Von außen ist oft nichts zu sehen, aber das Wasser dringt ins Innere des Stammes, und bei der geringsten Überbeanspruchung kommt es dann zu einer richtigen Kettenreaktion fallender Bäume, so daß es tatsächlich aussieht wie ein richtiges Erdbeben. Eine andere Gefahr in einer solchen Situation bedeuten die Überfälle wilder Schweine, der Queixadas. Das Gewitter macht sie buchstäblich rasend, und sie greifen alles und jeden an. In Gruppen von einem Dutzend Tieren stürzen sie auf den Baum los, auf dem sie ein menschliches Wesen gewittert haben, und sie geben keine Ruhe, stoßen so lange mit ihren Rüsseln gegen den Stamm, bis er umstürzt. Und dann ist jede Gegenwehr umsonst, sie zerfleischen ihr Opfer so gründlich, wie es im Wasser die Piranhas tun. Piranhas und Queixadas sind die einzigen Tiere, die den Menschen aus purer Lust anfallen. Der Panther, die Schlange und sogar das Krokodil greifen den Menschen nur an, um sich zu verteidigen, oder wenn sie sich bedroht fühlen. Auch der schwarze Panther springt den Menschen zum Spiel an, aber diese Tiere sind so selten geworden, daß man sie nicht mehr ernstlich fürchten muß.

In Humaytha war es unmöglich, irgendeine Spur von Aurélien zu finden. Für alle ehemaligen Seringueros war Humaytha die erste Etappe auf dem Weg zum Erfolg. Wenn sie nach wochenlangen Leiden die Seringalistas verließen, lag nach einer Biegung des Flusses Humaytha vor ihnen; die Lehmhäuser dieses alles in allem doch recht bescheidenen Städtchens waren die Börse, auf der über den Gummipreis entschieden wurde. Ein alter portugiesischer Jude hatte diese Caboco-Siedlung gegründet und nach einem Sieg der Brasilianer über Paraguay benannt. Er empfing uns in einem Raum, der zugleich als Markt, als Börse und als Redaktion für die gesprochene Zeitung des Urwaldes diente. Brauchte man Nachricht von einer Familie, wollte man erfahren, was irgendwo weit weg auf einer Plantage vorging, oder suchte man gar Informationen aus Europa oder den USA, so wußte Pablo immer Bescheid, und was er nicht wußte, erfand er mit solcher Überzeugungskraft, das man ihm wohl oder übel glauben mußte.

Pablo war zwar Jude, bewohnte aber eine verlassene ehemalige Kapelle mitten im Dorf. Der Priester, ein Kanadier, war fortgegangen, um oberhalb von Porto Velho am Fluß eine Missionsstation einzurichten.

»Aurélien? Ach ja, so ein ehrgeiziger Kerl und ziemlich verwegen, so verwegen, daß er sogar ganz allein Holz fällen geht. Seit Wochen hat man ihn im Dorf nicht mehr gesehen...«

»Besitzt er hier ein Haus?«

»Falls man das ein Haus nennen kann. Er hatte sich in einer verlassenen Hütte niedergelassen, in der man die auf den Sandbänken gestrandeten Pirogen abstellte. Mehr kann ich Ihnen nicht sagen.«

»Und die Farm der Bastos?«

Mein Vater hatte mir schon seinerzeit von diesem portugiesischen Juden erzählt, der so mühelos Seringueros importierte. Mich kannte er nicht, und diese Unkenntnis meiner Identität konnte ihm vielleicht die Zunge lösen.

»Bastos? Ach ja, ich weiß, eine herrliche Plantage, und das Wohnhaus des Besitzers war eines der schönsten am Jamari. Der Vater kam immer persönlich zum Landesteg, um die Bravos zu empfangen. Er war einer der ersten Siedler am oberen Jamari. Aber er hat kein Glück gehabt. Mir schuldete er nichts, aber nach dem, was dieser Aurélien behauptet, soll er total verschuldet geflohen sein und Mühe gehabt haben, der Rache der Seringueros zu entgehen, denen der Lohn nicht ausbezahlt worden war. Solange man ihn bezahlt, erträgt der Seringuero auch Prügel, aber wenn das Geld ausbleibt, wird er zum Totschläger. Jetzt wo Sie davon sprechen, fällt mir auf, daß wir hier seit fast vier Jahren tatsächlich keinen Ballen Kautschuk mehr von dieser Farm gesehen haben...«

»Ich bin der Sohn von Bastos, mein Vater ist tot, man hat ihm alles geraubt, ihn restlos ausgeplündert, kein Pfennig ist uns geblieben, aber Schulden haben wir keine, weder hier noch sonst irgendwo.«

Ich fühlte, wie die Wut in mir hochstieg, und wenn nicht Joachim bei mir gewesen wäre, hätte ich diesen Pablo am liebsten erwürgt.

Auf diese Neuigkeit war der Alte nicht gefaßt gewesen, er zuckte zusammen. Schlau genug war er, um zu begreifen, warum ich mich so für Aurélien interessierte. Ich fragte mich sogar, ob er nicht seinerzeit von Aurélien den Auftrag hatte, mich zu liquidieren, als der nach meiner Rückkehr aus der Schweiz so großen Wert darauf legte, mich unbedingt hierher zu schicken. Mit einem gekünstelten Lächeln und in affektiertem Ton fuhr der Alte fort: »Ich wußte nicht, daß der Sohn von Bastos sich noch für Gummi interessiert; wenn das aber so ist und wenn Sie überzeugt sind, in Ihren rechtmäßigen Ansprüchen beeinträchtigt worden zu sein, warum klagen Sie dann nicht vor Gericht? Der Richter Osveido hier in Humaytha ist in allen Angelegenheiten des Madeira bestens bewandert.«

»Sie wissen genausogut wie ich, daß die Richter alle aus Rio oder Pernambuco kommen. Sie sind alle Freimaurer, und Aurélien gehört der gleichen Sekte an. Der in Humaytha wird es auch nicht anders machen als der in Manaus: bevor er überhaupt ein Verfahren einleitet, verlangt er erst einmal Geld von mir, und zwar einen so hohen Betrag, daß er sicher sein kann, daß ich ihn niemals aufbringe.«

»Die Richter müssen schließlich auch leben! Daß ich Aurélien seit ein paar Wochen nicht mehr gesehen habe, stimmt. Ich bin gar nicht so schlimm, wie Sie glauben; ich gebe Ihnen sogar eine nützliche Information und verlange nicht einmal einen Pfennig Geld dafür. Falls Sie zu Ihrer früheren Farm zurückkehren wollen, ist es gar nicht ausgeschlossen, daß Sie Aurélien dort finden. Wenn er sternhagelvoll war – was hier ziemlich oft vorkam –, dann schwor er, daß die Gegend am Jamari eine phantastische Diamanten-Fundgrube wäre, wenn man sich nur die Mühe mache, danach zu suchen. Ich könnte mir denken, daß er mit ein paar Typen wieder da rauf gefahren ist, um Diamanten zu suchen. Das würde jedenfalls seine Abwesenheit erklären. Mehr weiß ich nicht...«

Die Hütte, in der Aurélien sich eingerichtet hatte, fanden wir leer. Geschickt, wie er war, hatte Joachim sie rasch wieder zurechtgeflickt; er brauchte nur ein paar verfaulte Bretter durch trockenes Holz zu ersetzen. Tagsüber arbeitete er in einer kleinen Fabrik, in der Pirogen hergestellt wurden. Wir hatten beschlossen, zur Farm zurückzukehren, aber erst mußten wir genug Geld haben, um Proviant, einen Motor für die Piroge und Jagdwaffen zu kaufen. Die Nahrung beschränkten wir auf das Notwendigste, für Obst und Fleisch sorgte der Wald. Ich hatte mir bald einen ausgezeichneten Bogen hergestellt, und bis ich eine Riffle und Patronen kaufen konnte, reichte meine Harpune für Schildkröten und Pirarucus.

An einem Wintertag im Jahre 1918 erfuhren wir, daß der Krieg in Europa zu Ende gegangen war. Am Leben in Humaytha änderte das kaum etwas. Alle ehemaligen Seringueros wußten, daß es mit oder ohne Konflikt mit dem brasilianischen Kautschuk vorbei war.

Damals lag eine kleine Garnison in Humaytha. Irgendwie hatte der Oberst offenbar erfahren, welche Dienste ich am oberen Amazonas geleistet hatte. Eines Tages begegneten wir uns in unseren Pirogen; er hielt an, wendete, kam auf mich zu, und wir unterhielten uns von Boot zu Boot, was nicht ganz einfach war, da die Strömung uns immer wieder auseinandertrieb.

»Du bist doch Sebastião Bastos?«

»Jawohl, Herr Oberst.«

»Ich kenne den Erfolg deiner Aufträge am oberen Amazonas. Bist du bereit, wieder in Dienst zu treten?«

»Ich liebe mein Vaterland, Herr Oberst, aber zunächst einmal ist mein Leben dem Urwald geweiht. Ich will zurückgewinnen, was meiner Familie geraubt wurde. Das kann Jahre dauern. Ich bin bereit, diese Jahre in Erinnerung an meinen Vater in der Einsamkeit zuzubringen.«

»Du hast mich nicht richtig verstanden. Was ich von dir will, ist folgendes: Das ganze Gebiet des Madeira ist noch ziemlich wenig bekannt. Unsere Garnison hat nicht nur den Auftrag, das Land zu verteidigen, sondern auch Berichte zu liefern, die zu einer besseren Kenntnis des Hinterlandes beitragen. Ich stelle dir Proviant und Waffen und verlange von dir dafür nicht mehr, als daß du gelegentlich, wenn es dir paßt, hierherkommst und mir oder meinem Nachfolger Bericht erstattest über alles, was dir interessant oder ungewöhnlich schien.«

»Einverstanden, aber unter zwei Bedingungen. Joachim soll mich begleiten. Er ist nicht mehr sehr jung und meiner Ansicht nach der einzige Indianer, der trotz seiner Kontakte zu Weißen noch eine umfassende Kenntnis des Urwaldes besitzt. Außerdem möchte ich dem Mann gegenüber, der meine Familie zugrunde gerichtet hat, vollständig freie Hand haben.«

»Was Joachim angeht, so kannst du davon ausgehen, daß er mein uneingeschränktes Vertrauen hat. Ihr seid zusammen ein Herz und eine Seele. Alles übrige geht mich nichts an. Der Jamari ist weit weg, wir können hier nicht wissen, was dort vorgeht, und ich hätte auch gar nicht die Möglichkeit, eine Abrechnung zu verhindern.«

Praktisch ermächtigte mich der Oberst damit, Aurélien umzubringen. Ich hätte diesen Akt auch vollziehen können. Mein Vater hat mir nie ein Beispiel der Furchtsamkeit gegeben. Von Joachim habe ich gelernt, daß ein echter Indianer sich stets ritterlich benimmt; er zeigt Zuversicht und Seelenruhe. Rache zu nehmen, wie ich es geschworen hatte, mußte nicht unbedingt heißen, Aurélien zu töten. Ich wollte ganz einfach aus eigener Kraft das Stück Natur zurückerobern, wo der Same meines Lebens aufgegangen war. Joachim ist mein Lehrer gewesen, und ich hoffe, ich war ein Schüler, dessen er sich nicht zu schämen braucht.

Zwei Wochen später begannen wir, bestens ausgerüstet, die Fahrt zum oberen Madeira. Anfangs begegneten wir Schiffen von hundert Tonnen, dann nur noch kleineren und schließlich bloß noch winzigen Pirogen. Am Ufer waren die meisten der Häuser von Cabocos oder Grundbesitzern nicht mehr bewohnt. Die Landungsstege waren von wiederholten Hochwassern weggerissen und hingen in Trümmern ins Wasser hinab. Der Linienverkehr der großen Dampfer, die einst die bedeutenderen Nebenflüsse des Stromes abfuhren, war eingestellt worden.

Jeden Abend konnten wir unser Lager auf einem kleinen Flachstrand aufschlagen.

Tag für Tag entfernten wir uns weiter von der Welt der Menschen. Nachdem wir mehr als eine Woche ohne jeden menschlichen Kontakt geblieben waren, wurde mir bewußt, daß der Urwald trotz der Hitze, der Stechmücken und der Ameisen in seiner unverhüllten Grausamkeit gastlicher und aufrichtiger war als all die Städte voller Lügner, Räuber und Banditen. Das war die Umwelt, die wirklich zu mir paßte; in diesem Land, wo ich aufgewachsen war, mußte ich auch leben. Mein indianischer Charakter konnte keine Wut, keine Bitterkeit gegen die anderen Menschen bewahren. Gut, ich hatte alles verloren. Aber was machte das schon? Es blieb mir nicht nur die unerschütterliche Freundschaft Joachims, es blieb mir auch diese Unermeßlichkeit, all diese Bäume, dieser ganze undurchdringliche Dschungel, in dem überall das wunderbare Geheimnis der Natur und der Tiere wohnte. Ein mächtiger Wille trieb mich voran. Wo der Weiße sicher von einem Gefühl des Schreckens befallen worden wäre, empfand ich eine zunehmende innere Ruhe. Wo war ich?

Welchem Schicksal ging ich entgegen in diesem unentwirrbaren Labyrinth aus Bäumen und Wasser? Ich, der ich meine frühe Kindheit in diesem hochwachsenden Dickicht verlebt hatte, stürmte voran wie ein Descobridor auf der Suche nach einem verschollenen Gefährten, von dem niemand weiß, welcher Iguarapé ihn verschlang.

Und dann war da plötzlich ein Baum, *der* Baum. Nach endlosen Windungen des Madeira erkannte ich ihn sofort aus Tausenden und Abertausenden anderer Stämme. Auf seinen Ästen hatte ich als Kind meine Kräfte zu ersten Heldentaten erprobt. Bald darauf mußten wir auf die Lagerhalle stoßen, dann auf die Baracken der Partner meines Vaters und schließlich unser Haus. War es ein Zeichen ungewöhnlicher Willenskraft, daß Joachim all das wiedersehen konnte, ohne ein Wort zu sagen, ohne daß der Schlag seines Ruders auf der Wasseroberfläche sich beschleunigte? Er tauchte die Hand in den Fluß, trank einen großen Schluck und steuerte die Piroge auf einen Baumstumpf zu, dessen Festigkeit er sorgfältig prüfte.

Wir fuhren nicht mehr weiter, sondern schlugen wie jeden Abend unser Lager auf. Mit der Harpune fing Joachim einen Sambaqui und schnitt dem noch zappelnden Fisch den Kopf mit der Machete ab. Der Sambaqui ist am oberen Madeira ziemlich häufig; er wird so groß wie ein Kabeljau und hat ein viel zarteres Fleisch als ein Pirarucu.

Ich kann mir gut vorstellen, daß ein Weißer vielleicht schockiert gewesen wäre über die Gleichgültigkeit, mit der wir beiden Männer scheinbar auf das reagierten, was viele Jahre der Herzschlag unseres Lebens war, dessen Echo Tag für Tag aus der Unermeßlichkeit des Waldes widerklang. In Wirklichkeit war natürlich das Gegenteil der Fall, aber je heftiger die Emotion ist, desto mehr muß der Indianer sich in der Hand behalten.

Beim Abendessen sprachen wir kein einziges Wort. Falls Aurélien auf der Farm war, dann hatte er uns bestimmt kommen hören. Jeden Augenblick konnte er auftauchen. Wir lauschten auf das Geräusch der Lianen, die der Wind peitschte, und behielten stets unsere Waffen im Blickfeld. Aber der Abend ging ohne Zwischenfall vorüber.

Bevor Joachim einschlief, beugte er sich aus seiner Hängematte zu mir herüber.

»Danke, Sebastião. Gute Nacht.«

Es kommt selten vor, daß ein Indianer sein inneres Gefühl nach außen dringen läßt. Daß wir jetzt hier waren in dieser Nacht, die voll war von den Geräuschen des Waldes, rechtfertigte eine Ausnahme. Ich glaube auch mich zu erinnern, daß über dem Fluß der Vollmond hing.

21. WAS WIRD AUS DEM LEBEN?

Nichts hat sich wirklich geändert; da ist nur ein Eindruck von Verlassenheit, mit all der Trauer um die Vergänglichkeit, die damit verbunden ist.

Den Zugang zur Veranda, auf der einst meine Mutter uns das Lesen beibrachte, müssen wir uns mit der Machete durch ein Gestrüpp von Lianen freischlagen. Mitten im Salon wachsen Grasbüschel. Die Möbel stehen noch, soweit ich mich erinnern kann, genau an der gleichen Stelle wie früher, sind aber dick mit Schimmel bedeckt. Die Decke ist nicht mehr vorhanden, und von meinem Kinderbett ragt nur noch ein einziger Fuß aus einem Haufen Erde hervor, in dem Termiten geschäftig wimmeln. Gähnende Leere im Stall. Ein verrosteter Eimer. Joachim bleibt hinter mir, überläßt mich meinen Erinnerungen, die mich gefangenhalten.

»Wozu hier verweilen, Sebastião? Alles ist hin. Zwanzig Jahre Arbeit – nichts davon ist geblieben. Es ist besser, wir gehen.«

Mit einem Stock, der einst dazu diente, den Kautschuksaft umzurühren, damit er hart wird, stochere ich in herumliegenden Papieren, die der allesverzehrenden Fäulnis entgangen sind. Rechnungsbücher, alte Zeitungen, von 1895, von 1904, ein Band ausgewählte Dichtungen von Lamartine. Welch gräßliche Ironie: die vermodernden Blätter dieses großen französischen Dichters auf einer Lichtung im brasilianischen Urwald!

Joachim bleibt hartnäckig.

»Wozu diesen Besuch in die Länge ziehen? Er kann uns nur wehtun.«

Würmer kriechen auf den Resten des Eßzimmerbüffets; es war aus Europa importiert. Hinter den letzten Scheiben der Veranda sitzen Riesenschmetterlinge. Von dem Weg, auf dem ich zu meinen Spielen ging und der zu der Hütte von Aurélien führte, ist keine Spur mehr zu sehen. Ein Pfad wird innerhalb weniger Monate von der Vegetation wieder völlig zugewuchert, sobald er nicht mehr sorgfältig unterhalten wird.

»Ich denke an all die vielen, die hierhergekommen sind, um Geld zu machen. An die, die es geschafft haben, und an die anderen, die tot sind.«

Im Grunde ist es ja wahr: was soll der wilde Haß auf Aurélien? Angesichts des unerbittlichen Vernichtungswerkes der Zeit wird der Katholik in mir nachdenklich.

Es stimmt, ich habe nie Angst gehabt, aber alles in allem: soll er mich ruhig töten, wenn er mich töten will! Ich bin bereit zu sterben – genauso wie diese Besitzung, die in den von Menschen entfachten Krisen und den Stürmen der Natur untergegangen ist. Sind wir Menschen nicht genauso wie Schmetterlingspuppen? Wenn die Larve sich erst in den Schmetterling verwandelt hat, dann fliegt er davon, und der Kokon ist zu nichts mehr nütze. Von der Puppe bleibt nicht mehr als die Erinnerung an einen Traum. Das sind so ungefähr die Gedanken, die ich mir über Leben und Tod und über das Leben nach dem Tod mache.

Der Fluß und die Bäume – das allein ist es, was mir Kraft zum Leben gibt. Von Stunde zu Stunde fühle ich mich immer tiefer mit dem Strom und mit dem Wald verbunden.

»Siehst du, Joachim, Aurélien ist nicht da. Wozu war es gut, daß wir hierhergekommen sind? Nur dazu, der Trauer der Vergangenheit zu verfallen?«

»Sebastião, ein Indianer schaut niemals zurück. Er weiß: dort, wo er schon gegangen ist, lauert keine Gefahr mehr. Vor ihm liegt das Leben, vor ihm ist der Feind. Ich bin nicht ganz so sicher wie du, daß sich Aurélien nicht doch irgendwo in dieser Gegend herumtreibt. Wie sicher können wir sein, wie weit reicht unser Blick? Hundert Meter vielleicht oder zweihundert, weiter nicht. Dann beginnt schon der undurchdringliche, unberührbare Urwald. Vielleicht lauert Aurélien wie der Panther hoch in den Ästen eines Baumes auf uns. Für uns bleibt er unsichtbar, aber wenn er will, kann er uns jederzeit auslöschen.«

»Wo sollte er denn hier leben? Wovon? Und mit wem?«

»Die Hitze ist hier wirklich so drückend, daß man kaum atmen kann; sogar die Blumen wirken ermattet. Aber schau nur hin: dieses kleine Beet roter Bohnen muß erst vor kurzem angelegt worden sein, anders ist das gar nicht denkbar. Irgendein Mensch, ob Weißer oder Indianer, ist mit Sicherheit hiergewesen, und lang kann das noch nicht her sein. Ich würde mich nicht wundern, wenn er zum Machado gegangen wäre, denn es heißt, daß das Bett dieses Flusses mit Diamanten gepflastert ist.«

»Joachim, du bleibst hier. Wir teilen uns die Waffen und den Proviant. Ich gehe stromaufwärts bis zum Rio Branco. Dort kenne ich einen Stamm, der meinem Vater früher viele Seringueros geliefert hat. Die wissen es bestimmt, wenn sich noch Weiße in der Gegend herumtreiben; einige von ihnen waren ja sogar bereit, auf den Zügen nach Guajara Mirim Lokomotivführer zu spielen. Spätestens in einem Jahr bin ich zurück. Falls irgend etwas geschieht, das meine Pläne durchkreuzt, dann findest du bei der Mission Orlanda eine Nachricht von mir.«

»Ich kann dich nicht alleine gehen lassen!«

»Du hast mich den Wald kennen gelehrt, und was ich noch nicht weiß, das werde ich unterwegs lernen. Ich werde Aurélien finden – tot oder lebendig. Tu du inzwischen hier, was du kannst, damit dieses Haus wieder bewohnbar ist, wenn ich zurückkomme.«

Und ich bin gegangen – allein. Joachim ließ mich ziehen, ohne ein Wort zu sagen. Er ahnte, was ich brauchte: gar nicht so sehr, Aurélien zu finden, als die absolute Einsamkeit, das vollständige Verschmelzen mit dem Urwald.

Ich schnürte meine Kleider zu einem Bündel und fuhr mit nacktem Oberkörper los, ohne mich um die Mückenstiche zu kümmern. Das war im Frühsommer 1919. Erst im Jahre 1924 kam ich wieder an den Jamari zurück. Diese fünf Jahre, die ich im Urwald verbracht habe, lassen sich erzählen wie ein einziger Tag. Meine Piroge, meine Hängematte, meine Riffle, mein Bogen, meine Pfeile. Wenn es regnet, halte ich an; wenn ich Hunger habe, jage ich; wenn ich Durst habe, stille ich ihn mit Pupunia-Früchten. Die Indianer lieben diese Frucht sehr; es gibt sie grün, rot und auch gelb; sie schmeckt ein bißchen ähnlich wie Mandarinen, ist aber sehr ölhaltig.

Von Zeit zu Zeit kam ich an den Hütten von Cabocos vorbei, von Garimperos, die nach Diamanten suchten, oder von Händlern, die mit den nahe am Fluß lebenden Indianerstämmen Tauschhandel trieben. Nirgends hat man Aurélien gesehen.

Ich glaube, einmal bin ich auf dem Fluß Cachorro länger als zwei Monate unterwegs gewesen, ohne eine Menschenseele zu treffen; ich fuhr den ganzen Tag weiter und hielt nur an, um mich vor dem Regen zu schützen. Von der Mündung dieses Flusses, dessen Wasser fast ebenso schwarz ist wie das des Rio Negro, sind es acht Tagereisen mit der Piroge bis zu der Hütte des letzten Caboco. Weiter war noch nie jemand gekommen. Ich setzte die Fahrt fort – aus purer Lust am Abenteuer und an der Einsamkeit, denn daß ich in dieser Gegend bestimmt keine Spur von Aurélien finden würde, war mir klar.

In meiner Piroge hatte ich meine Riffle 44 Winchester, meinen Bogen und eine große Menge Pfeile, einen ziemlich wasserundurchlässigen Sack mit Kleidungsstücken aus Baumwolle, meine Hängematte, eine Machete, das Taschenmesser, das ich seit meiner Schweizer Zeit immer bei mir trug, und am Gürtel einen 38er Revolver; das ist genau das richtige Kaliber, wenn man plötzlich einem Jacari gegenübersteht.

Während dieser langen Wanderschaft habe ich ganz ungewöhnliche Dinge gesehen. Tiere kämpfen selten miteinander, wenn sie die Nähe des Menschen spüren, und sie nehmen seine Witterung auf eine Entfernung von mehreren Kilometern wahr. In dieser einsamen Wildnis war ich zu einem Tier unter anderen Tieren geworden.

Es gibt zum Beispiel nichts Aufregenderes als einen Kampf zwischen Anakonda und Krokodil. Es gibt keine andere Schlange, die so groß wird wie die Anakonda; am Rio Branco habe ich eine getötet, die einunddreißig Meter lang war. Im allgemeinen werden sie aber nicht mehr als zwanzig Meter lang, und ihr Durchmesser erreicht ungefähr vierzig Zentimeter. Die Anakonda frißt nur einmal pro Woche. Wenn sie Hunger hat, greift diese Schlange immer an, und ihr bevorzugtes Opfer ist das Krokodil; das hat mich immer gewundert, denn ich habe zahlreiche Kämpfe zwischen Anakonda und Jacari beobachtet und dabei feststellen können, daß das Krokodil stets Sieger bleibt.

Die Schlange stürzt sich auf den Jacari und sucht ihn am Hals zu packen; das Krokodil wehrt den Angriff mit einem plötzlichen Schlag seines ungeheuer mächtigen Schwanzes ab, wirft sich auf die Schlange und packt ihren Kopf, den sie stets vorne trägt, mit der Schnauze. Innerhalb weniger Sekunden ist die Wirbelsäule des Reptils zermalmt, und alles ist vorbei. Der Körper der Schlange erschlafft mit einem Schlag; wie bei allen Kaltblütlern hören die Nervenzentren schnell auf zu reagieren, und es bleibt nichts übrig als ein langes, klebriges, zusammengerolltes Etwas im Sand, für das der Jacari sich überhaupt nicht mehr interessiert.

Wenn die Anakonda sich bedroht fühlt, dann flüchtet sie zum nächstgelegenen Wasserlauf. Sie ist ein ausgezeichneter Schwimmer und bleibt mehrere Minuten lang im Schlamm verborgen. Wer am Amazonas zu Hause ist, weiß, daß man in diesem Augenblick nicht ins Wasser springen sollte. Die Anakonda umschlingt den Brustkorb des Schwimmers, so daß er erstickt.

All die Jahre dieses Lebensabschnitts in Amazonien habe ich nicht aufgehört zu staunen über die Gesetzmäßigkeit und Ordnung in der Natur. Aurélien habe ich schließlich vergessen. Ich hielt an zum Schlafen und Essen, um mich auszuruhen und um dem Wald zuzuhören und zuzusehen, indem ich mich sanft in meiner Hängematte wiegte, bis ich einschlief. Ich dachte, was für ein Glück es ist, in Freiheit zu leben; ich dachte an meine Familie und an den lieben Gott, der dies alles erschaffen hat. Um mich vor Erschöpfung zu schützen, trank ich regelmäßig einen Aufguß von Guarana-Blättern; das sorgt dafür, daß die Glieder nicht schwer werden, und kräftigt die Muskeln.

Ich ruderte stets gleichmäßig und langsam, einerseits aus Neugier und andererseits zum Schutz vor Gefahren, die überall lauern können. Ich wollte immer tiefer in den Wald eindringen. Keine Sekunde dachte ich daran, daß ich eines Tages wieder in die Welt der Menschen zurückkehren müßte. Für die geistige Orientierung ist es am schwierigsten, nicht den Zeitbegriff zu verlieren; ich markierte die Tage und Wochen deshalb mit kleinen Kerben, die ich in das Holz meiner Piroge schnitt. Auch ein Heft und einen kleinen Bleistift hatte ich, um alles aufzuschreiben, was mir ungewöhnlich schien, obwohl ich sicher war, daß ich nichts vergessen würde.

Das Problem für den Einzelgänger im Urwald besteht nicht in der Einsamkeit, sondern in der Möglichkeit, wegen irgendeines Zwischenfalls plötzlich nicht mehr rudern zu können. Hat man einmal längere Zeit die von zahllosen Stimmen erfüllte Stille des Waldesinneren erlebt, dann mag man sie nicht mehr entbehren, dann erscheint jede andere Art von Leben entsetzlich langweilig. Ich kannte damals im Jahre 1921 oder 1922 einen Missionar indianischer Abstammung; er war zum Priester geweiht und gehörte dem Orden der Salesianer an. Er las Messen für die Cabocos, die am Ufer des Rio Caraco wohnten. Nach ein paar Monaten verfiel er der Ursprünglichkeit der Natur; er gab alles auf und zog in den Urwald.

Es fällt mir schwer, bestimmte Einzelereignisse aus dieser Epoche meines Lebens zeitlich exakt einzuordnen. Das liegt daran, daß man zwar nicht den Zeitbegriff an sich verliert, wohl aber den Begriff der Dauer.

Manchmal kam es vor, daß ich in einem ganzen Monat nicht mehr als fünfzig Kilometer zurücklegte. Das hängt ganz von der Strömung ab; je stärker sie ist, desto weniger kommt man voran. Und auf ruhigen Wassern der kleinen Flüsse, in denen es keine Strudel gibt, warum sollte ich es da eilig haben? Niemand wartet auf mich. Ich versuche, die Rufe der verschiedenen Vögel zu unterscheiden und zu erspüren, wenn ein Tapir in der Nähe ist, dessen Fleisch dem jagenden Indianer besser schmeckt als jedes andere.

Einmal fand ich im Gebiet von Roimara den Kadaver eines gewaltigen Hirsches, eines Achtzehnenders; eine Schlange oder ein Panther hatte ihn getötet.

Eines Abends, das war ungefähr 1923, hätte ich beinahe dran glauben müssen. In diesem Gebiet leben viele Indianer. Ich bin den Rio Branco entlanggefahren, dringe in den Wald ein, folge mit meiner kleinen Piroge erst dem Mucayafluß und dann dem kleineren Apiahu. Drei Tage bin ich unterwegs, um einen Ort zu erreichen, von dem, wie ein mir befreundeter Kazike behauptet, noch nie ein Mensch lebend zurückgekehrt ist.

Und tatsächlich fange ich an, Schwindelanfälle zu bekommen, und kann nicht mehr ordentlich rudern. Plötzlich fällt mir aber auf, daß man keine Papageien und auch keine Affen mehr schreien hört. Ringsum nicht der leiseste Vogellaut.

Totale Stille. Das ist im Urwald etwas ganz und gar ungewöhnliches. Anhalten, sich mit der Machete einen Weg durchs Dickicht schlagen. Ich merke, daß ich immer mehr Mühe habe zu atmen.

Plötzlich zerreißt blendendes Licht den Halbschatten des Urwaldes. Ich gelange in eine riesige Lichtung: Wüste! Keine Spur von Vegetation auf dem schwarzen Boden. Die Höhe der Bäume ringsum schwankt zwischen zwölf und fünfzehn Meter. Der Kazike hatte mir dafür schon eine Erklärung gegeben:

»Diese Bäume, wir nennen sie Narcionila, haben winzige Blätter, die ein Gas ausströmen, das die Menschen verrückt macht. Ein paar Leute aus unserem Dorf haben versucht, auf der Lichtung ein Feuer anzumachen, aber das wollte ihnen nicht gelingen. Bald darauf fingen sie an, mit den Füßen zu stampfen, Luftsprünge zu machen und laute Schreie auszustoßen. Ganz bestimmt handelt es sich um einen Ort, an dem unheilbringende Dämonen hausen, denn nachdem die Unseren eine Weile lang sich heftig gebärdet hatten, stürzten einige von ihnen, denen es nicht gelang, den Ort zu verlassen, zu Boden und starben. Der Ort muß wirklich sehr unheilvoll sein«, fügte der Kazike hinzu, »denn sogar die Urubus, diese Aasfresser, wagen sich trotz ihrer Gier auf Leichen niemals zu dieser Lichtung vor.«

Das ist natürlich die traditionelle Ansicht der Indianer. Die richtige Erklärung scheint mir etwas einfacher. Wenn im Umkreis der Narcionila kein Tier leben und keine Pflanze wachsen konnte und ich Atemnot bekam, dann offenbar deshalb, weil diese Baumart statt Sauerstoff ein Kohlenstoffgas ausströmt, in dem alles Lebende erstickt. Stundenlang schleppte ich mich mühsam dahin, um aus dieser Lichtung des Todes zu entrinnen. Ich konnte auch feststellen, daß es oberhalb der Lichtung keinerlei Wolkenbildung gab; der fehlende Sauerstoff ließ auch keine Feuchtigkeit aufkommen, und wo keine Feuchtigkeit ist, gibt es keine Wolken. Ohne Wolken kein

Regen. Und ohne Regen geht Amazonien zugrunde. Das ist es, was all die Leute nicht begreifen, die von einem neuen goldenen Zeitalter für das Amazonasgebiet reden.

Gewiß habe ich ein derartiges Phänomen innerhalb von fünfzig Jahren nur drei- oder viermal erlebt, aber wenn so etwas überhaupt in der Natur vorkommt, dann wäre es klüger, die Folgen zu bedenken, bevor es zu spät ist.

Ich bin felsenfest überzeugt, daß es immer weniger Sauerstoff in der Luft geben wird, wenn man weiterhin Bäume zerstört. Was nicht von den Bulldozern zerfetzt worden ist, geht dann am Sauerstoffmangel zugrunde. Eines vielleicht gar nicht mehr sehr fernen Tages wird Amazonien dann nur noch eine riesige Wüste sein, die sehr viel weniger Lebensmöglichkeiten bietet als der heutige Gleichgewichtszustand, für den die Erdölquellen keinen Ersatz bieten können.

Wer weiß, ob nicht eines Tages mein Enkel dann den Aga Khan bitten muß, das Versprechen einzulösen, das sein Großvater mir damals im Internat in Freiburg gab, und uns einige der Bäume zu überlassen, die man heute in den Wüsten Afrikas anpflanzt, damit wir Amazonien wieder aufbauen können.

Wenn ein altgewordener Wilder so etwas sagt, dann kann das lächerlich klingen. Ich bin aber gar nicht sicher, daß es sich um einen Scherz handelt. Im Süden Argentiniens gibt es heute keine Bäume mehr; vor vier oder fünf Millionen Jahren aber reichte der Urwald bis dorthin, denn man findet noch in großer Zahl versteinerte Stämme. Alles kann auch hier geschehen. Vielleicht ist schon morgen im Amazonas-Becken wirklich die Hölle los.

So vergingen Monate um Monate. Ich spannte meine Hängematte am Ufer der Flüsse auf und lebte nur von der Jagd und vom Fischfang. Ich trank das köstliche Wasser der Bäche. Wildfrüchte waren im Überfluß vorhanden, ich badete völlig unbekleidet und rasierte mich grundsätzlich jeden Tag. Auch ein Buch von Victor Hugo, *Les Misérables*, hatte ich in meiner Piroge. Und eine Paste für die Zahnpflege. Viele Indianer haben alle ihre Zähne verloren; die Karies ist die einzige Krankheit, für die man im Urwald kein Heilmittel gefunden hat, der doch sonst für alles die beste Apotheke der Welt ist, die ich kenne.

Eines Abends legte ich bei einem schmalen Uferstreifen an. Ich hatte den Fehler begangen, für die Wahl meines Nachtquartiers bis nach dem Einbruch der Dunkelheit zu warten. Ich lade alles Wichtige aus der Piroge aus und mache sie an einem niedrigen Ast fest. Ich beginne ein Feuer anzumachen. Genau in diesem Augenblick stelle ich zwei Tatsachen fest, die bedrohlich werden können. Der Ast, an dem ich die Piroge festgemacht hatte, war morsch und hat sich vom Stamm gelöst: meine Piroge treibt langsam den Iguarapé hinunter. Die zweite Tatsache war noch viel beunruhigender: in der Finsternis leuchteten zwei rote Perlen, die Augen eines Jacari. Aus dem Abstand der beiden Augen voneinander schätzte ich die Größe des Tieres auf sieben bis acht Meter. Wofür sollte ich mich entscheiden? Meine Riffle war nicht geladen, meine Piroge trieb immer weiter ab. Ich konnte zuerst den Jacari töten, aber um ein neues Boot zu bauen, würde ich mindestens zwei Wochen brauchen. Ob ich in der Zwischenzeit genug Wild und Fisch zum Essen finden würde, konnte ich nicht wissen. Ich entschied mich also für die Piroge. Ich band Hose und Hemd an eine Liane und brachte mein Material vor dem Krokodil in Sicherheit. Dann sprang ich ins Wasser. Ich mußte fast eine halbe Stunde schwimmen, um mein Boot einzuholen; meine Füße verfingen sich in Schlingpflanzen, und durch die Bewegungen meiner Hände wurde Schlamm aufgewühlt. Obwohl ich sehr scharfe Augen habe, konnte ich mitten in all der Vegetation meine Piroge nicht mehr erkennen.

Völlig außer Atem konnte ich mich schließlich an Bord schwingen. Bei der hohen Luftfeuchtigkeit trocknet ein Körper nicht. Ich war triefnaß und fühlte mich unbehaglich. Ich mußte mit den Händen paddeln, denn die Ruder waren am Ufer geblieben. Auf diese Weise brauche ich die dreifache Zeit, um flußaufwärts zu der Uferstelle zurückzufinden, wo ich meine Kleider, meine Ausrüstung und – das Krokodil zurückgelassen habe.

Es schien mir klüger, eine kleine Sandbank in der Nähe anzusteuern und mich bis zum nächsten Morgen an das Sprichwort zu halten: guter Schlaf füllt den Magen. Es war allerdings nötig, in der Piroge zu schlafen, denn auf dem Sand wäre ich in meiner Nacktheit ein gefundenes Fressen für die roten Ameisen gewesen. Ich ziehe also das Boot an Land, das ich diesmal sorgfältig mit biegsamen

Lianen vertäue, nachdem ich mich vergewissert habe, daß der Ast festen Halt gibt. Dann suche ich eine möglichst bequeme Ruhelage zu finden.

Mangels fester Nahrung beuge ich mich über den Bootsrand, um einen kräftigen Schluck aus dem Fluß zu trinken. Am Ende der kleinen Landzunge aus Sand: zwei leuchtend rote Perlen. Der Jacari war mir die ganze Zeit gefolgt. Während ich schwamm, habe ich nicht gehört, wie hinter mir sein Schwanz die Wasseroberfläche peitschte. Ich habe noch Glück gehabt, daß er mich bis hierher hat gelangen lassen. Jedenfalls habe ich keine Hoffnung, mit heiler Haut davonzukommen. Es ist völlig klar, daß der Jacari angreifen wird.

Auf der einen Seite der Urwald, in den ich ohne Machete, noch dazu in der Nacht und völlig unbekleidet, nicht eindringen kann. Auf der anderen Seite der Fluß. Wenn ich ins Wasser springe, so ist sonnenklar, daß der Jacari trotz meiner Stärke, die der Selbsterhaltungstrieb vielleicht verzehnfacht, mit mir fertig wird, dafür sorgt schon meine Müdigkeit. Wahrscheinlich ist auch seine Familie in der Nähe. So wird also Sebastião jetzt das Opfer seines eigenen Fehlers. So wäre es, wenn ich mir nicht eines entscheidenden Details bewußt gewesen wäre, nämlich der Tatsache, daß das Krokodil auf dem Wasser nur einen schwachen Geruchssinn hat und absolut in keine andere Richtung blicken kann als geradeaus. Seine Augen sind so unbeweglich, als wären es Perlen, die an seinem Panzer befestigt sind.

Um sicher zu sein, mußte ich mich unterhalb seines Gesichtsfeldes befinden; also fing ich an, mit den Händen im Sand zu kratzen und mir ein Loch zu graben, eine Art Grab sozusagen. Da ließ ich mich hineingleiten, so daß nur noch der Kopf zum Atemholen herausschaute. Mit dem ausgeworfenen Sand baute ich rund um die Mulde einen kleinen Wall. Ich war völlig ruhig und schlief ein. Mein Schlaf war so tief, daß ich überhaupt nicht bemerkte, wie das Wasser meinen Unterschlupf im Sand restlos überflutete. Als ich erwachte, fühlte ich mich ganz gelähmt; das Wasser hatte Nerven und Muskeln blockiert. Da der Kopf nicht im Wasser war, war das Gehirn wachgeblieben; das war ein leichtes, kaum wahrnehmbares Wachen, denn während der paar Stunden eines quasi freiwilligen

Ertrinkens mußten die Arterien und Gefäße sich in einem Zustand furchtbarer Kontraktion befunden haben. Mit meinen Augen konnte ich den kleinen Schutzwall sehen, also war ich nicht tot. Langsam, ganz langsam, ohne die geringste Bewegung, drehte ich den Hals von links nach rechts und von rechts nach links, wieder nach rechts und wieder nach links, sicher zwei- oder dreihundertmal; mein Hals tat mir entsetzlich weh, aber das machte nichts; das Prickeln in den Armen und Beinen, dann in den Finger- und Zehenspitzen war das untrügliche Zeichen, daß das Blut wieder normal zu zirkulieren begann. Ich riskierte einen Blick über meinen Schutzwall. Das Krokodil war immer noch da; es lag reglos und schien zu schlafen. In Sekundenschnelle katapultierte ich meinen doch noch so kraftlosen Körper zu meiner Piroge hinüber. Das Krokodil regt sich nicht. In aller Ruhe löse ich die Knoten der Lianen und steige ins Boot. Genau dort, wo mich der Jacari gestern abend überraschte, liegt das Tier auch jetzt noch. Eine wohlgezielte Kugel aus meiner 44er genau zwischen die Augen des Reptils war reichlicher Lohn für den Unterwasser-Winterschlaf dieser Nacht.

In diesem Fall hatte ich aus Unachtsamkeit Fehler gemacht. Es stimmt, daß der Dschungel voller Gefahren ist, aber wer stets wachsam ist, dem kann überhaupt nichts passieren. Mehr noch: in den Jahren meines Einzelgängerlebens habe ich die Vorzüge einer Umwelt schätzen gelernt, die ich für die harmonischste der Erde halte und die durchaus nicht auf systematischem Töten beruht.

Ich glaube nicht, daß die Kaziken und die Zauberer wirklich über irgendwelche magischen Kräfte verfügen. Das Leben im Urwald hat sie gelehrt, fast alle Krankheiten mit Pflanzen zu heilen. Die einzigen Tabletten und Pillen, die die Indianer kennen, haben ihnen die Matteiros gebracht, die den Auftrag hatten, sie umzubringen. Tausende von Familien sind an Pocken gestorben, die man ihnen absichtlich eingeimpft hatte; der Impfstoff tötete sie innerhalb weniger Stunden.

Heute hat sich die Situation etwas beruhigt; in den fünfziger Jahren gab es ein richtiges Tötungsfieber. Die Beamten der Indianerschutzbehörde, die meistens der Armee angehören, wissen überhaupt nichts von den wahren Lebensverhältnissen der Stämme, allzuoft können sie sie nicht einmal lokalisieren. Nicht weil die

Bewohner der Indianerdörfer Nomaden wären; sie fliehen nur vor den Horden von Freibeutern, die Jagd auf sie machen, als wären sie Wildschweinherden.

Von dem Tag an, an dem man den Überlebenden der Indianer Frieden zugesichert hat und sie den Weißen gegenüber nicht mehr von einem instinktiven Mißtrauen beherrscht sein müssen, werden sie ihre natürliche Lebensweise wieder aufnehmen, für die sie weder Missionare noch Ärzte brauchen.

Ich habe niemals an Migräne gelitten. Seit meiner Kindheit weiß ich von einem kleinen Blatt, das ganz niedrig wächst. Es hat nicht einmal einen Namen. Man findet es unter bestimmten Farnarten. Eine Indianerin aus dem Stamm der Mondurucus hatte meiner Mutter gesagt, man brauche Kindern nur im Alter von zwei bis drei Jahren regelmäßig jede Woche etwas von diesem Blatt zu kauen zu geben, um sie für ihr ganzes Leben vor Migräne und Karies zu bewahren. Mit meinen sechsundsiebzig Jahren weiß ich noch nicht einmal, was »Kopfweh« überhaupt ist. Leider kennen die meisten Stämme dieses Kraut nicht; das Geheimnis wird von den Mondurucus eifersüchtig gehütet.

Um 1923 habe ich unter ziemlich ungewöhnlichen Umständen geheiratet.

Ich hatte so viel herumgefragt, daß ich mich schließlich der Wahrheit nicht mehr verschließen konnte. Nirgends eine Spur von Aurélien; er hatte sich buchstäblich in Luft aufgelöst. Ziemlich grausam versuchte ich mir vorzustellen, daß er auf eine ganz besonders scheußliche Weise umgekommen war. Beispielsweise von einem Panther verspeist. Gegen den unerwarteten Angriff eines Panthers vermag kein Zivilisierter sich zu wehren. Der Panther lauert auf einem niedrigen Ast, verborgen hinter einem Vorhang von Lianen. Wenn der Mensch vorübergeht, stürzt er sich auf ihn und zerschmettert ihm den Schädel. Der Panther verbreitet einen eigentümlichen Geruch, den die Indianer leicht erkennen.

Einmal bahnten ein Gefährte aus dem Stamm der Chikos und ich uns noch nach Einbruch der Nacht mit der Machete einen Weg zu einigen etwas weiter entfernt wachsenden Kokospalmen; wir wollten uns mit der Kokosmilch erfrischen.

»Bleib stehen!«

Genau uns gegenüber, auf dem Stamm eines quer über den Weg geneigten Baumes, auf den Hinterbeinen kauernd, ein schwarzer Panther, der schnellste, blutgierigste von allen.

Mein Gefährte steht völlig reglos.

»Sebastião, rühr um Gotteswillen dein Gewehr nicht an. Wenn du ihn nicht mit der ersten Kugel triffst, sind wir erledigt. Zumal dieses Wespennest da oben an diesem Imbaubabaum die Sache für uns auch nicht gerade leichter macht. Wenn er gestochen wird, ist der Panther noch rasender.«

Djiri, mein Gefährte, bewegt beim Sprechen kaum die Lippen. Jetzt beginnt die Feuerprobe. Der Panther ist sehr intelligent; er hat abgeschätzt, daß er Djiri nicht mit einem Sprung erreichen kann, und wartet daher, daß er näher kommt. Aber Djiri hütet sich natürlich, das zu tun. Wachsam beobachtet er zugleich die Raubkatze und den Wespenschwarm.

»Wenn der Schwarm wach wird, dann schießt du, Sebastião; paß aber auf, genau zu zielen. Wenn du nicht das Hirn triffst, sind wir so gut wie tot. Es bliebe uns noch die Möglichkeit, auf diesen Baum da zu klettern, obwohl die Aussicht auf die Stacheln der Wespen unsere Lage auch nicht eben beneidenswert erscheinen läßt.«

Da Djiri nicht auf den Angreifer zugeht, beginnt das Raubtier, seines Sieges gewiß, sich zu entspannen. Es entscheidet sich, den ersten Schritt zu tun und auf uns zuzukommen. Sobald es auf dem Boden ist, richtet es sich auf den Hinterbeinen auf, um abzuschätzen, wie weit es springen muß. In dem Augenblick, als der Panther eine genau senkrechte Haltung eingenommen hat, um loszuspringen, bleibt er erst einmal reglos, buchstäblich wie gelähmt; das dauert ungefähr zehn Sekunden.

»Schieß, Sebastião!«

Mit einem kleinen Stock öffnen wir dem Tier den Rachen und stellen fest, daß tatsächlich das Gehirn zerfetzt ist. Die Erklärung dafür: die Panther und die Indianer sind sich in einem Punkt gleich, sie haben blaue Augen wie Perlen. Wenn diese einander gleichenden Blicke sich kreuzen, gibt es Hypnose. Wenn man sagt, daß man vor Schreck »wie angewurzelt«, ist, handelt es sich dann nicht genau um das gleiche Phänomen? Der Panther weiß genau Bescheid, er kennt seinen schwachen Punkt. Sieger bleibt immer der, dem es gelingt, als erster den Blick seiner blauen Iris in das Auge des Gegners zu senken. Nur Indianer sind imstande, so blitzschnell zu reagieren.

Ich hatte also die Gewißheit erlangt, daß Aurélien den Gefahren eines längeren Einzelgängerlebens im Urwald nicht hatte entrinnen können.

Eines Tages fuhr ich langsam auf dem Rio Tariparé dahin. Über einer Lichtung sehe ich Rauch aufsteigen. Infolge eines Malaria-Anfalls, der mich mehrere Tage an einen günstig gelegenen, für das Wasser des Flusses unerreichbaren Uferstreifens gefesselt hatte, war ich etwas ermattet und freute mich daher, menschliche Wesen zu treffen. Es konnte sich nur um Indianer handeln, denn so weit in die Tiefe des Waldes wagen die Cabocos sich niemals vor.

Ich biege in einen Iguarapé ein. Dann binde ich meine Piroge sorgfältig fest und gehe völlig waffenlos auf einem schon gebahnten Pfad zu Fuß weiter. Der Erdboden ist zum Schutz vor der Feuchtigkeit mit Palmblättern bedeckt. Demnach gehen die Bewohner des Dorfes offenbar barfuß; das bestätigt meine Vermutung, daß es sich um Indianer handeln muß.

Ein Mann kommt mir entgegen, die Taille mit einer Liane umgürtet, an der ein winziger Lendenschurz befestigt ist; das Gesicht ist dunkel und über und über mit roten Streifen bepinselt.

Aufs Geratewohl rede ich ihn im Dialekt des Stammes meiner Mutter an:

»Sei gegrüßt, mein Bruder. Meine Haut ist heller als die deine; meine Mutter ist eine der deinen, aber mein Vater hatte ein weißes Gesicht, deshalb ist meine Haut nicht so braun wie deine. Ich reise allein. Möge Tupan dich beschützen und dich bewegen, mir deine Freundschaft zu gewähren.«

Ich fügte noch ein paar Worte auf portugiesisch hinzu, aber die schien er nicht zu verstehen. Er gab mir ein Zeichen, ihm zu folgen. Inmitten der Lichtung stand dichtgedrängt eine Gruppe von Männern, Frauen und Kindern. Aus dem angsterfüllten Blick einiger Frauen schloß ich, daß die Weißen hier schon vorbeigekommen sein mußten. Im ganzen waren es ungefähr hundert Personen. Etwa zehn Hütten, keine Hängematten, sondern Matten auf dem blanken Erdboden. Etwas abseits der Gruppe hockte auf einem Teppich aus Palmblättern, einen Zweig in der Hand, der Kazike.

»Möge Tupan dich beschützen und dir seinen Segen erteilen, für dich und für die Deinen!«

Unauffällig haben sich einige junge Männer mit Pfeil und Bogen hinter mir aufgestellt. Wie ein Sturzbach beginnt der Regen niederzuprasseln. Niemand rührt sich von der Stelle. Ich erkläre, warum ich hier bin. Der Kazike schenkt mir Vertrauen und fordert mich auf, mich neben ihn zu setzen. Er erhebt sich und hält eine lange Rede, von der ich das Wesentliche verstehe, da die Wurzeln der Wörter ähnlich klingen wie in den Dialekten, die ich kenne.

»Dieser Mann ist einer von uns und unser Bruder. Er ist auf der Suche nach einem Weißen, der ihm sein Land gestohlen hat. Setzen wir uns, legen wir die Bordunas beiseite und heißen wir unseren Gast willkommen!«

Da steigt aus der Gruppe ein gewaltiges Geschrei empor. Unter dem immer heftiger strömenden Regen beginnen die Frauen einen Tanz, der bald auch die Männer und Kinder mitreißt. Die jungen Männer sind verschwunden. Erst zwei Stunden später kehren sie mit einem riesigen Tapir zurück, den sie außerhalb des Dorfes ausgeweidet haben. Das ergibt eine Mahlzeit, die für alle Anwesenden ausreicht. Der Kazike entfacht eigenhändig das Feuer.

Während das Tier briet, rief der Kazike, nachdem er sich mit einer rituellen Bewegung die Hände in einem Topf voll Maniokmehl eingerieben hatte, noch einmal alle Dorfbewohner zusammen und hielt aufs neue eine lange Rede, wobei er mit voller Absicht seinen Dialekt und Portugiesisch mischte, damit ich die Bedeutung seiner Autorität erfassen könne.

»Dieser Mann, der sich Sebastião nennt, soll hier bei uns den Namen Moktoluka tragen (Der einsame Wanderer). Er wird im Männerhaus wohnen und mit uns auf die Jagd gehen. Die Frauen werden ihm Süßkartoffeln liefern. Solange er unter uns weilt, bleiben seine Piroge und seine Waffen unser Eigentum. Die Jungfrauen sollen ihn mit Arara-Gefieder bedecken!«

Arara ist der Name eines kleinen Farns, der ständig Feuchtigkeit abgibt und dem viele Indianerstämme eine Art göttlicher Inspiration

zuschreiben, weil er im Handumdrehen den Schmerz von Mücken-
stichen beseitigt.

Das Fest im Dorf dauerte die ganze Nacht. Ich war klug genug, in
der Nähe des Kaziken zu bleiben, nicht nur aus Respekt, sondern
auch, weil ich wußte, daß man mich überwachte.

Die Frauen trugen kurze Röckchen, die heranwachsenden Mädchen, die noch Jungfrauen waren, gingen völlig nackt. Sie waren
damit beschäftigt, Körbe zu flechten, die die Männer mit den in
dieser Gegend reichlich vorkommenden Castanhas füllten. Meine
Hauptsorge war, niemals eines dieser Mädchen anzublicken, obwohl
einige von ihnen sehr begehrenswert waren.

Sehr bald erfuhr ich, daß die Weißen einige Jahre zuvor bis zu
diesem Dorf vorgedrungen waren und beim Weggehen junge Frau-
en und die Castanhas-Vorräte mitgenommen hatten.

Dank der Patronen, die ich zur Verfügung hatte, konnten die
Jäger jeden Tag frisches Wild nach Hause bringen, das sich besonderer Beliebtheit erfreut.

Mir war aufgefallen, daß diese Indianer ihre Toten in Särgen
begruben, die die Form einer Piroge hatten. Das Wimmern und
Wehklagen, das mehrere Tage lang nach dem Tod einer alten Frau
zu hören war, die nach dem Stich eines Skorpions an Lähmung
gestorben war, kennzeichnete die tiefe Achtung dieser Menschen
für ihre Verstorbenen. Deshalb machte ich es mir zur Pflicht, jeden
Morgen vor dem Aufbruch zur Jagd den Kaziken zum Friedhof zu
begleiten, der an einer einigermaßen vor Regen geschützten Stelle
in der Nähe des Dorfes lag, und dort andächtig zu verweilen.

Am zweiundfünfzigsten Tag weckten mich Gesang und ein besonders lärmendes Konzert auf Kalebassen. Der Kazike hatte mir
aber keinerlei Fest angekündigt.

Auf dem Platz war ein Haufen von Knüppelholz aufgeschichtet.
Ich dachte zuerst an einen Scheiterhaufen und erschrak sehr, als ich
sah, wie drei junge Mädchen, die zu den schönsten des Dorfes
gehörten, auf diesen Holzstoß gehoben wurden. War es möglich,
daß diese so friedfertigen Indianer noch Menschenopfer darbrach-
ten? Und aus welchem außerordentlichen Anlaß konnte das geschehen? Ich wagte nicht, mich zu nähern. Mit einem Zeichen rief der
Kazike mich zu sich in den Schatten einer hohen Palme.

Bei meiner Ankunft verstummte der Gesang. Wenn nur diese Frauen nicht verbrannt werden; für mich wäre das eine herbe Enttäuschung und der Anlaß für heftigen Zorn gewesen.

»Meine Brüder, jetzt sind es einundfünfzig Tage, daß Moktoluka unter uns lebt. Seine Waffen und seine Geschicklichkeit haben unsere Häuser mit Jagdbeute gefüllt. Er hat uns geholfen, Maniok zu pressen, und er hat Tupan rechtschaffen gedient, indem er Tag für Tag unseren Toten seine Ehrerbietung erwiesen hat. Jetzt gehörst du zu uns. Nie hast du einen begehrlichen Blick auf unsere Frauen, Schwestern und Töchter geworfen. Heute hast du Anspruch auf die wohlverdiente Belohnung. Hier sind drei jungfräuliche Mädchen. Wähle dir eine aus, ich werde euch verheiraten. Sie wird deine Frau sein und dir dienen. Von den beiden übrigen wird eine mir geschenkt zum Zeichen der Freude über diesen Festtag deiner Heirat, die andere gibst du jenem unter diesen Männern, den du für den besten Jäger hältst.«

Ich gestehe, daß ich dieses Ritual mit einer gewissen Ungeduld erwartete. Manche Weißen hätten die Wunder der indianischen Liebe kennenlernen können, wenn sie nicht selbst ihre Chancen zerstört hätten, indem sie grausam und brutal mit Gewalt an sich rissen, was ihnen gerne gewährt worden wäre, wenn sie ein wenig Geduld und Sittsamkeit gezeigt hätten.

Die Bewohner dieses Dorfes waren noch nicht dem Alkoholismus verfallen und machten trotz des unaufhörlich strömenden Regens aus unserer Hochzeit ein wunderbares Fest mit Tänzen und ekstatischen Gesängen.

Meine junge Frau muß ungefähr dreizehn oder vierzehn Jahre alt gewesen sein. Ich muß wohl gestehen, daß ich nach so vielen Tagen der Einsamkeit und Enthaltsamkeit die Hingabe dieses jungen Mädchens voll ausgekostet habe. Es ist nicht ausgeschlossen, daß in diesem heute vielleicht schon zerstörten Dorf ein junger Bastos geboren wurde.

Ich war entschlossen, bei diesem Glück nicht länger als nötig zu verweilen. Die permanenten Überfälle von Ameisen auf unserer Matte trübten es nur wenig. Die Hängematte ist diesen Indianern unbekannt, und ich hätte sie gekränkt, wenn ich meine geholt hätte.

Eines Morgens stellte ich fest, daß das Wasser wieder zu steigen begann. Das war der richtige Augenblick, meine Reise fortzusetzen. Das Hochwasser ist noch ein paar Tage lang harmlos, aber die Wassermenge ist doch schon groß genug, um keine Sandbänke und Untiefen fürchten zu müssen. Es kam nun darauf an, eine plausible Erklärung für meinen Aufbruch zu finden.

Die Frauen, auch die meine, sind Süßkartoffeln sammeln gegangen, die Männer sind auf der Jagd, die Jünglinge sind damit beschäftigt, Palmzweige für den Wiederaufbau des vom Gewitter zerstörten Hauses der Unverheirateten zusammenzutragen. Der Kazike sitzt vor seiner Hütte und schnitzt Pfeilspitzen.

»Heute nacht, während des Gewitters, ist der Geist Tupans zu mir gekommen. Er hat zu mir gesagt: ›Sebastião, du genießt das Leben bei den Menschen in diesem Dorf, aber du hast den Eid vergessen, den du geleistet hast, deinen Vater zu rächen. Wenn du nicht weiterziehst, dann wirst du nach deinem Tode nicht in der Lebenswelt der Sonne leben dürfen, die meine Sphäre ist, sondern wirst verurteilt sein, für immer bei dem Gestirn des Todes, dem Mond, zu hausen.‹«

»Tupan hat recht. Ziehe nach Osten, wenn du mußt, oder nach Westen, wenn du das für richtiger hältst. Du mußt getreulich zu deinem Schwur stehen, so wie du auch deiner Frau treu bist. Eines Tages, mein Bruder, wird die Wahrheit siegen, und dann wirst du zu uns zurückkehren. Fürchte dich vor nichts, unser Reich ist auch das deine. Wir werden deine Frau vor den Weißen beschützen. Du bist ein weiser Mann; wenn du auf Weiße stößt, die ohne Grausamkeit sind, dann laß sie wissen, welche Schwierigkeiten wir haben und welche Freuden wir genießen. Wenn der Geist des Friedens sie zu uns führt, dann werden sie uns jederzeit willkommen sein.«

Zum Zeichen der Bruderschaft reichten wir einander die Hand in einem Topf voll Maniokmehl und drückten sie kräftig.

Ich stieß einen Seufzer der Erleichterung aus. Der Kazike begleitete mich bis zu meiner Piroge und schenkte mir zum Abschied einen Bogen und mehrere Pfeile. Das war mir sehr willkommen, denn ich hatte zwar noch meine Riffle, aber keine einzige Patrone mehr.

Das Problem bestand jetzt darin, noch vor dem Einsetzen des

starken Hochwassers bis zum Jamari hinunter zu gelangen. Nach den Regenfällen der letzten Zeit gleitet meine Piroge mit wunderbarer Leichtigkeit dahin. Die Richtung weisen mir die Sonnenstrahlen, die durch die Wipfel der Bäume dringen.

Ich verlasse meine Freunde und meine indianische Frau, das Herz voller Hoffnung und Bangen. Ich hoffe, daß ich unsere Farm wiederfinde und daß Joachim nach so vielen Jahren noch am Leben ist, wenn ich zurückkomme. Und ich bange zugleich, denn ich habe zwar den Urwald kreuz und quer durchfahren, indem ich einfach aufs Geratewohl den Wasserläufen folgte, aber ich besitze weder Karte noch Kompaß, um zum Jamari zurückzufinden. Instinktiv setze ich die Dauer der Heimreise mit ungefähr einem Jahr an.

Schon fünf Jahre ist es her, daß ich Joachim verlassen habe. Und versprochen habe ich ihm, in spätestens einem Jahr wieder zurück zu sein.

22. DIE SCHWESTERN VOM MADEIRA

Schon lange hatte Joachim mich verloren gegeben. Ich hatte aus Pessimismus geirrt – was im Urwald immer das bessere ist –, als ich die erforderliche Zeit für meine Heimreise zum Jamari auf ein Jahr veranschlagte. Sieben Monate, nachdem ich das Dorf verlassen hatte, war ich wieder bei meinem Freund. Er war gealtert, aber am Leben und gesund.

Die Reise verlief ohne Probleme, abgesehen von den Stromschnellen und dem Nebel, der mich mehrfach zwang anzuhalten, da die Orientierung unmöglich geworden war. Nach fünfzig Tagen stieß ich auf die erste Pflanzung von Cabocos. Sie gehörte einem alten Ehepaar, das vom Alkohol gezeichnet war; es verdiente immer noch ein bißchen Geld mit ein paar Ballen Kautschuk, die es für einen lächerlichen Preis verkaufte und von drei oder vier Indianerfamilien einsammeln ließ, die dafür, daß sie Seringueros geworden waren, nur freie Kost bekamen.

Ich mußte mit einem neuen Malaria-Anfall mehrere Tage bei ihnen in ihrer Hütte bleiben. Innerhalb einer knappen halben Stunde sank meine Temperatur auf 24 Grad oder stieg auf 40. Zum

Glück fing man damals schon an, Chinin zu verwenden. Die Cabocos gaben mir ein paar Tabletten zum Einnehmen.

Sobald ich mich besser fühlte, brach ich wieder auf, obwohl ich nach einem Sturz aus der Hängematte noch starke Schmerzen in den Rippen hatte; der Mann hatte mich in der Volltrunkenheit ein bißchen zu heftig angestoßen.

»Hoffentlich haben Sie sich nicht wehgetan«, sagte er ziemlich gleichgültig.

Ich mußte an Frankenheim bei den Orejones denken; tatsächlich ist ja ein Sturz aus der Hängematte in Amazonien etwas ganz Alltägliches.

»Jedenfalls kommen Sie in zwei Tagen bei langsamem Rudern zu einer kanadischen katholischen Missionsstation. Machen Sie dort halt, es gibt da eine Krankenschwester, die Sie wieder ganz auf die Beine bringen wird.«

Tatsächlich war der zweite Tag noch nicht ganz vorüber, als ich auf dem linken Ufer des an dieser Stelle ziemlich breiten Flusses zunächst drei Kühe und ein Dutzend Hühner auf einem aus dem Wald herausgeschnittenen eingezäunten Grundstück erblickte. Drei Gebäude aus gut durchgetrockneten Brettern umstanden eine kleine Kapelle, an der mir sofort auffiel, daß sie richtige Fensterscheiben hatte. Diese Fensterscheiben, dazu die Sauberkeit und offensichtliche Ordnung waren in gewisser Weise der Beweis, daß ich in die Zivilisation heimgekehrt war.

Ich wurde von Schwester Caroline empfangen, einer Nonne, die im Jahre 1974 starb und in Porto Velho begraben wurde, nachdem sie mehr als sechzig Jahre immer am gleichen Ort im Urwald gelebt hatte, dort wo sie auch mich mit meiner kleinen Piroge ankommen sah, nicht weit entfernt von einem Indianerdorf, dessen Bewohner, schon ein wenig bastardisiert, mit den Cabocos der Umgebung Handel trieben.

»Sebastião Bastos, Schwester...«

Ich kam gar nicht mehr dazu, noch ein paar Worte hinzuzufügen, wer ich war und von wo ich kam. Die Frau, mindestens zehn Zentimeter größer als ich und ein richtiger Koloß, hatte die Sache schon völlig in die Hand genommen.

»Es steht ein Gewitter bevor, legen Sie mit Ihrer Piroge am

Landesteg an, Sie bekommen eine Plane, um alles abzudecken. Sie werden heute abend hier bei uns schlafen, ich möchte nicht riskieren, daß Sie sich auf den Klippen die Knochen zerschmettern. Um so weniger, als die großen Regenfälle, die diesmal einen Monat früher gekommen sind als letztes Jahr, die Verhältnisse auf dem Fluß auch nicht gerade erfreulicher machen werden.«

Wenig später gab mir Schwester Sandrine, eine andere Nonne, eine Massage, die nicht nur meine Schmerzen linderte, sondern mir auch große Lust bereitete, denn für das Wohlgefühl, von Frauenhänden am Kreuz durchwalkt zu werden, ist wohl jeder empfänglich. Während sie mich mit fester und rauher Hand bearbeitete, stellte ich mir meine kleine Indianerfrau vor, die weit von hier auf mich wartete, in dem Dorf in der Lichtung, in das ich wahrscheinlich niemals zurückkehren würde.

»Wer so lange mit der Piroge herumgefahren ist, der kann schon Kreuzschmerzen haben, auch wenn er nicht aus der Hängematte gefallen wäre.«

An diesem Abend schlief ich zum erstenmal seit meiner Rückkehr aus der Schweiz, also seit zehn Jahren, wieder in einem Bett, denn Schwester Caroline hatte mir, ich weiß nicht warum, verboten, die Nacht in meiner Hängematte zu verbringen. Ich aß eine echte Bohnensuppe aus einem echten Porzellanteller. Ich trank Leitungswasser aus einem richtigen Glas. Wie unbehaglich fühlte ich mich in diesem Paradies – ich, der Einzelgänger aus dem Urwald!

Bevor ich schlafen ging, mußte ich den sechs Schwestern, aus denen die Gemeinschaft der Missionsstation bestand, ein wenig aus meinem Leben erzählen. Eine von ihnen sang ein Lied aus ihrer Heimat, aus Kanada: »Lerche, liebe Lerche...« Sie erzählten mir von der Kälte bei ihnen zu Hause und vom Schnee. Die Atmosphäre war seltsam ähnlich jener im Internat zu Freiburg, aber mit mehr Herzlichkeit. Ich habe diese winzige Insel menschlicher Wärme mitten im Urwald nie vergessen.

Die Schwestern betrieben einen kleinen Laden, in dem ich mich mit Maniokfladen und vor allem mit Patronen für meine Riffle eindecken konnte, die ich schon seit fast zwei Monaten nicht mehr benutzt hatte.

Im Umkreis von drei Tagesreisen mit der Piroge versuchten die

Schwestern, ungefähr zwanzig Mestizenfamilien durch gutes Zureden zu alphabetisieren. Jede von ihnen besaß ihre Piroge und fuhr von Dorf zu Dorf, mehr um die Kranken zu pflegen, als um Christen zu fabrizieren. Das nenn ich mir eine nützliche Kirche! Unter derart harten Lebensbedingungen für Frauen mit seiner Religion den anderen dienen, das verdient großen Respekt, und weil ich gesehen habe, mit welch ungewöhnlichem Mut die Missionare unter den gefährlichsten Umständen ihre Arbeit tun, bin ich der katholischen Religion treu geblieben. In Brasilien gibt es kaum jemand, der von dem unablässigen Kampf von Männern wie den Brüdern Villas-Bôas oder Dom Helder Camara, dem Erzbischof von Recife, etwas weiß oder etwas wissen will. Aber ohne sie wäre vielleicht im ganzen Amazonasgebiet schon kein einziger Indianer mehr am Leben.

Gerne wäre ich mehrere Tage bei diesen Nonnen geblieben, aber es drängte mich wirklich zu sehr, rasch heimzukehren an den Jamari. Schwester Caroline begleitete mich zur Piroge.

»Ich habe Ihr Gepäck überprüfen lassen und Ihnen ein bißchen zusätzlichen Proviant mitgegeben. Meiner Ansicht nach werden Sie ohne vermeidbares Risiko in höchstens acht Wochen die Einmündung in den Jamari erreicht haben. Viel Glück! Und vergessen Sie nicht, allen, die Sie unterwegs treffen, zu sagen, daß wir hier sind. Wir sind da, um allen zu helfen. Es gibt nur eine einzige Rasse und eine einzige Hautfarbe: die des von Jesus erschaffenen Menschen. Also los, gute Fahrt!«

Es gibt also nicht nur heimtückische Schurken auf der Welt...

Und ich fand die Pfade meiner Jugend und die Farm meiner Kindheit.

Joachim wartete auf mich, als sei ich erst seit gestern weg.

»Da bin ich, Joachim, ich habe nicht einmal gemerkt, wie die Jahre dahingegangen sind. Und jetzt zu dir. Die Farm sieht wieder ganz stattlich aus. Hast du das alles in Ordnung gebracht? Warum wohnst du nicht im Haus, sondern in dieser Hütte, die nach Moder riecht?«

Joachim hat, wenn er spricht, nicht mehr diese Festigkeit in der Stimme, die bewirkte, daß man ihm in schlechthin jeder Situation blind vertraute. Es fiel mir auch sofort auf, daß er viel hustete und dabei immer Mühe hatte, als müßte er sich die Lungen herausreißen, um atmen zu können. Hatte nicht genau so auch die Agonie meines Vaters begonnen?

»Du warst kaum acht Tage weg, da erschien Aurélien auf der Farm.«

»War er allein?«

»Das erste Mal ja. Dann kam er am nächsten Tag mit drei Typen wieder. Natürlich hatte er sofort rausgekriegt, daß ich hier war. Mit einem Papier in der Hand ging er auf mich zu. ›Dieses Dokument‹, sagte er, ›ist der Beweis, daß das hier mein Land ist. Du hast hier nichts verloren.‹«

»›Gut, dann werde ich also gehen‹, sagte ich. Ich nehme an, da er mich allein traf, hat er wohl geglaubt, daß deine Mutter und du tot waren und ich deshalb in den Urwald zurückwollte.«

»Und er hat dich nichts gefragt?«

»Nein. Ich nehme an, er hatte seinen neuen Partnern nichts von seiner Vergangenheit gesagt und wollte mit ihnen keine Geschichten bekommen.«

»Und dann?«

»Er hat mir gesagt, daß ich meinetwegen auf seinem Grund und Boden bleiben könne, wenn ich ihn und seine Leute in Ruhe lasse auf der Farm, die sie dann wieder ganz in Ordnung gebracht haben. Ich habe mich hier eingerichtet und auf dich gewartet. Es gibt reichlich Wild und Fleisch, und es stehen sogar noch drei der Koniferen, die dein Vater gepflanzt hat. Ich nehme an, sie haben tatsächlich Steine gefunden, und davon leben sie. Alle zwei bis drei Monate fahren zwei von ihnen hinunter, und die beiden anderen bleiben hier. Sie bewachen einander argwöhnisch, und zugleich werfen sie ein wachsames Auge auf mich. Ich habe immer das Gefühl, daß man mir nachspioniert. Um diese Zeit ist Aurélien zu Hause, und wahrscheinlich weiß er jetzt auch schon, daß du zurück bist. Ich frage mich, was er wohl für ein Gesicht macht?«

»Hör zu, Joachim, du bleibst hier, und ich fahre morgen gleich in der Frühe nach Humaytha, um dem Oberst oder seinem Nachfolger über alles, was ich im Urwald drinnen gesehen habe, Bericht zu erstatten. Ich fahre den Strom hinauf bis nach Manaus, um meine Mutter zu besuchen. Wenn ich zurückkomme, bringe ich Medikamente mit, denn du machst mir den Eindruck, ziemlich schlecht beieinander zu sein. Und dieses Mal schwöre ich dir bei meiner Ehre, daß nur wenige Tage vergehen werden, bis Aurélien lebend oder tot in dieser Hütte liegt und wir drüben im Haus wohnen.«

»Wenn du es so haben willst.«

Noch in der Morgendämmerung tauchte ich anderntags wieder das Ruder in den Fluß und fuhr in Richtung Manaus. Abermals führte mein Weg in die schwankende Realität von Wald und Strom. Wie gerne hätte ich die Gewißheit gehabt, bei meiner baldigen Rückkehr Aurélien tot und Joachim lebendig zu finden.

23. DER LETZTE ÜBERLEBENDE?

Nachdem ich mich vergewissert hatte, daß es meiner Mutter gut ging, kehrte ich zum Madeira zurück, entschlossen, Joachim nicht allein im Urwald zurückzulassen...

Und so gingen Monate, gingen Jahre dahin. Nichts zählt mehr für mich außer dem Wald. Ich habe den Reichtum gekannt. In der Armut kämpfe ich unablässig weiter, um zu retten, was zu retten ist. Unsere Pirogen sind solide gebaut, und die Spitzen unserer Pfeile sind scharf. Es fehlt uns weder an Fisch noch an Tapirfleisch. Hin und wieder kommen Cabocos, die als Händler umherziehen, bis zu uns. Und ich muß sagen, daß junge Mestizen, die Töchter ehemaliger Seringueros, für ein bißchen Maniokmehl und ein Dach über dem Kopf bereit sind, unser Leben mit uns zu teilen.

Manchmal blieben wir viele Stunden einfach in unseren Hänge-matten liegen und taten nichts anderes, als auf die Geräusche des Urwaldes zu lauschen. In Amazonien braucht man nicht zu arbei-ten, um leben zu können. Man kann sich von dem ernähren, was die Natur bietet. Ein Caboco, bei dem wir einen zweihundert Kilo schweren Tapir gegen Jute-Hosen eingetauscht hatten, machte noch einmal einen Versuch, mich umzustimmen.

»Sebastião, im ganzen Amazonasbecken kenne ich keinen mit einer indianischen Mutter, der so viel Erfolg in Rio oder Recife hätte wie du. In den Städten ist was los. Jetzt haben wir Kino und Radio. Was in der Welt geschieht, erfährt man schon nach wenigen Stunden. Hier aber kann irgendwo ein neuer Krieg ausbrechen oder sogar die Regierung unseres Landes wechseln, und du erfährst vielleicht nie davon.«

»Und was hast du davon, das alles zu wissen? Bin ich vielleicht glücklicher, wenn ich sofort erfahre, was in London oder Paris passiert ist? Ich habe gehört, daß schon bald Flugzeuge wie die Vögel über den Himmel fliegen und Tausende von Kilometern zurücklegen werden. Wer bisher den Indianern zu Leibe rücken wollte, mußte wenigstens noch wochen- oder monatelang das Leben im Urwald auf sich nehmen; mit den Flugzeugen, von denen manche sogar auf den Flüssen landen können, wird die Vernichtung nur noch schneller gehen.«

»Die Bäume und der Strom – die übrige Welt existiert für dich wohl überhaupt nicht?«

»Habe ich jemals etwas Derartiges behauptet? Wenn unser Gehirn zu viele Dinge auf einmal speichert, dann kann es nur wenig davon behalten. Die Indianer besitzen ein ausgezeichnetes Gedächtnis; es ist eigentlich nicht so viel besser als das der Zivilisierten, aber sie verstehen die richtige Auswahl zu treffen, was sie sich für das Leben des Stammes unbedingt merken müssen.«

Diese Art von Reden fanden die Cabocos immer komisch. Ich war ein »Weiser« aus dem Urwald geworden, aber auch ein bißchen verrückt.

Alle zwei Jahre fuhr ich nach Manaus hinauf, um meine Mutter zu besuchen. Sie lebte von Näharbeiten und kam sehr gut zurecht. Daß die Stadt immer mehr in der Trauer der Tropen versank, wurde ihr gar nicht bewußt. Innerhalb von kaum fünfzehn Jahren war die Bevölkerung von 300 000 auf weniger als 100 000 abgesunken. All die Vorschläge, die man mir machte, empfand ich als Provokation: Angestellter in der Stadtverwaltung, in der Verwaltung des Marktes, beim Zoll... Alle diese Posten waren vakant geworden, weil die bisherigen Amtsinhaber sie aufgaben, und die Regierung schreckte davor zurück, sie ehemaligen Seringueros anzuvertrauen, die ungebildet oder krank waren.

Nur der Governador war nicht versetzt worden; er hatte an der Lebensweise in Amazonien Geschmack gefunden. Ich traf ihn jedesmal, wenn ich nach Manaus kam, und immer bekam ich die gleiche

Litanei zu hören: warum ich nicht zu ihm nach Manaus kommen wollte, statt mich im hintersten Urwald zu vergraben. Die Freimaurer würden mir helfen, und ich hätte die besten Aussichten, eines Tages Bürgermeister der Stadt zu werden. Schließlich versuchte er es sogar mit einer etwas grausamen Erpressung:

»Deine Mutter ist zwar bei guter Gesundheit, aber sie wird älter. Und je mehr man in die Jahre kommt, um so anfälliger wird man für Krankheiten. Die Medikamente sind teuer. Ich möchte nicht das Gefühl haben, mitverantwortlich zu sein, wenn ein Unglück geschieht. Um so mehr, als ich überhaupt keine Möglichkeit hätte, dir eine Nachricht zukommen zu lassen.«

All diese Argumente prallten wie schlechtgezielte Pfeile an meinem Schildkrötenpanzer ab. Solange Aurélien drinnen im Wald am Leben war, mußte ich ihn überwachen. Gewiß würde ich eine Gelegenheit finden, ihn zu zwingen, herauszugeben, was uns gehörte, und ihn zu töten.

Ich hatte mir dazu einen kleinen Plan zurechtgelegt. Von der Hütte aus, die Joachim hergerichtet hatte, war das Haus, in dem Aurélien mit seinen Komplizen lebte, mit der Piroge in einem knappen halben Tag zu erreichen. Ich jagte oder fischte absichtlich auf dem Grund und Boden, den er als sein Eigentum für sich reklamierte. Ganz selbstverständlich würde er mich eines Tages rauswerfen wollen. Feige, wie er war, würde er nicht als erster schießen, aber wenn ich mich über ihn lustig machte, würde sein von Natur aus cholerisches Temperament mit ihm durchgehen, und ich könnte ihn ohne die geringsten moralischen Skrupel in Notwehr erschießen.

In diesen ganzen Jahren zwischen 1925 und 1929 war Humaytha die einzige Stadt im ganzen Amazonasbecken, die einen weiteren Aufschwung erlebte, und zwar durch den Handel mit Edelhölzern. Man baute sogar ein Krankenhaus, in dem sich elektrisch betriebene Ventilatoren an der Decke drehten; so etwas hatte ich noch nie gesehen.

Dreimal trafen Joachim und ich den Richter von Humaytha. Genau wie seine Kollegen in Manaus zog er es vor, Indianern wie uns aus Angst vor Repressalien niemals die Wahrheit zu sagen. Wir kamen, um zu verlangen, was uns zustand, und wenn wir gingen, schuldeten wir ihm jedesmal Geld für die Unterredung. Dieses Geld steckte er selbstverständlich in die eigene Tasche. Was konnten wir dagegen schon machen?

Im Jahre 1926 wäre ich noch einmal beinahe gestorben. Bei einer der zahlreichen Fahrten, die ich ganz allein unternahm, hatte ich mehrere Wochen in Rondonia zugebracht. Zur damaligen Zeit unterstand Rondonia noch der Verwaltung von Manaus, und daher konnten Indianer dort gefahrlos leben. Die Schutzgesetze des Generals Rondon wurden noch strikt angewendet.

In einer völlig baumlosen Gegend lebte der inzwischen restlos ausgerottete Stamm der Astaranis von ein bißchen Viehzucht, ähnlich wie die Cabocos im Staate Ceara. Der Stamm bestand aus ungefähr zehn Familien, und da das Klima gesund war, blieb die Kindersterblichkeit sehr gering. Die Indianerinnen dieses Stammes waren fast immer schwanger. Es war eher eine Gemeinschaft von Kindern als von Erwachsenen. Es machte mir große Freude, diesen Jungen und Mädchen beizubringen, was ich selbst über das Leben im Urwald wußte.

Eines Abends spielten wir in einem See, dessen Wasser fast restlos verdunstet war. Ich gehe in den See hinein und sehe an einer etwas tieferen Stelle einen Schwanz sich im Wasser bewegen. Ich werfe meine Harpune danach, als ob es ein Pirarucu wäre. Es war aber ein Krokodil. Da ich nicht genau zwischen die Augen gezielt hatte, war es natürlich nur verletzt. Ich sehe also einen riesigen, mehr als einen Meter langen Rachen hervorkommen. Das Tier reißt ihn auf, zum Angriff bereit und seines Sieges gewiß. Ich war waffenlos und steckte tief im Schlamm. Die kleinen Indianer waren schreiend weggelaufen, um nicht mit ansehen zu müssen, wie das Krokodil mich zerfetzte, denn der Jacari teilt mit seinem mächtigen Schwanz furchtbare Schläge aus. Hätte ich die geringste Andeutung einer Fluchtbewegung gemacht, hätte er mich verschlungen. Ungefähr zwei endlose Minuten lang unterdrückte ich meine Angst und blickte ihm starr in die Augen. Dann begann ich unauffällig zurückzuweichen, indem ich abwechselnd das rechte und linke Bein unmerklich nach hinten zog. Das machte ich so langsam, daß der Jacari es nicht wahrnehmen konnte. Während ich ihn weiter mit den Augen fixierte, gelang es mir, mich im Schlamm etwa zehn Meter zu entfernen. Dann gelang es mir, immer noch mit ganz vorsichtigen Bewegungen, den 44er hervorzuholen, den ich mit einer Kordel am Gürtel trug. Dummerweise hatte ich keine Kugel, aber ich warf ihm das Ding wie einen Stein mit solcher Kraft über die Schnauze, daß er für ein paar Sekunden betäubt war. Damit gewann ich wieder die Oberhand. Einer der kleinen Indianer, der ganz verzweifelt war, mir nicht zu Hilfe eilen zu können, warf mir mein geladenes Gewehr zu, das ich ungeschickterweise am Ufer gelassen hatte.

Ich feuere eine erste Kugel ab, sie trifft zwischen Auge und Ohr. Das Krokodil bäumt sich auf, aber ich habe es nicht richtig erwischt, meine Nerven sind zu sehr angespannt. Erst die zweite Kugel zerreißt das Gehirn. Das Monstrum – denn es handelte sich um einen Jacari von ganz außergewöhnlicher Größe, bestimmt zehn Meter lang – versank im schlammigen Wasser.

Ich erzähle dieses Erlebnis nicht so sehr deshalb, weil es mich beinahe das Leben gekostet hätte, sondern um noch einmal darauf aufmerksam zu machen, daß man im Urwald immer auf jedes kleinste Detail achten muß und daß die Angst das einzige Gefühl ist, das man am Ufer zurücklassen sollte. Im Dschungel steht der Mann jeden Tag einem neuen Problem gegenüber. Bis heute habe ich diese Probleme immer gemeistert.

Auch auf den Tod muß man immer vorbereitet sein. Es war im Jahr 1929, Joachim und ich schliefen in unseren Hängematten, der Fluß führte wenig Wasser. Wir hörten einen Schuß und gleich darauf den Schrei eines Papageis. Am nächsten Morgen sahen wir eine Piroge vorbeifahren. Drinnen hockten drei Mestizen mit einem großen Sack aus Jute. Die Vögel hatten ihr Konzert wieder begonnen. Joachim und ich sahen das Boot zwischen den Lianen verschwinden. Von nun an würde ich Aurélien nicht mehr zu hassen brauchen. So endete das Leben eines Menschen, dessen Existenz der Habgier und Schlechtigkeit geweiht war, durch eine banale Abrechnung.

Später erfuhr ich, daß er an Malaria mit Leber-Komplikationen gelitten hatte. Seine Krankheit machte ihn noch jähzorniger als sonst, um so mehr, als die Ärzte ihm kaum Hoffnung machten, mit dem Leben davonzukommen. Trotzdem wollte er an den Jamari zurück. Eines Abends geriet er mit seinen Komplizen in Streit. Seine Kräfte reichten nicht mehr aus, zu den Bächen zu gehen, wo man Edelsteine finden konnte. Die Mestizen hatten keine Lust mehr, ihn mitzufüttern, und erledigten ihn mit einer Revolverkugel. Sie brachten ihn dann auf den Friedhof von Manaus... Ein belangloser Zwischenfall im langen Reigen des Lebens am Amazonas...

Daß Aurélien verschwunden war, gab mir meinen Besitz nicht zurück; trotzdem empfand ich eine gewisse Erleichterung. Keine Freude. Der Tod eines Feindes beruhigt, macht aber nicht glücklich.

Auréliens Tod machte jede Hoffnung zunichte, unsere Länder auf legalem Weg zurückzuerhalten. Und wenn wir die vom Urwald überwucherte Besitzung wiedererlangt hätten, was hätte das an meinem Leben geändert? Zweifellos überhaupt nichts. Während des letzten Weltkriegs haben die Behörden versucht, die Kautschuk-Produktion wieder in Gang zu bringen. Ein paar Schiffe mit Gummiballen für die Vereinigten Staaten haben den Hafen von Manaus verlassen. Das war ein sehr bescheidener Beitrag zu einem Konflikt, von dem wir, tief im Urwald, ziemlich wenig wußten.

Merkwürdigerweise hatte ich erst 1943 nähere Einzelheiten über die schrecklichen Ereignisse in Europa erfahren.

Nach Auréliens Tod verschwanden die drei Mestizen wie durch Hexerei. Joachim und ich hatten unser Lager etwas flußabwärts von Humaytha aufgeschlagen. Wir jagten und fischten und besuchten dabei im Auftrag des Gouverneurs von Humaytha die Indianerstämme und die Caboco-Dörfer. Alle zwei bis drei Jahre erstatteten wir Bericht über die Tiere und die Menschen: ihre Zahl, ihre Tätigkeiten, ihren Gesundheitszustand. Seit vielen Jahren schon brachte ich schriftlich und mündlich meine Verwunderung zum Ausdruck, daß es immer schwieriger wurde, noch richtige Indianerstämme zu finden. Wie hätte ich ahnen sollen, daß große Gesellschaften Offiziere der brasilianischen Armee dafür bezahlten, die Indianer zu töten und ihr Land an die Gringos zu verkaufen!

Im Jahre 1943 fuhr ich hinauf nach Manaus. Man erzählte mir, daß Frankreich von den Deutschen besetzt war, daß Adolf Hitler unseren Kaffee kaufen wollte und daß man sich dem widersetzt hatte.

Meine Mutter machte immer noch Näharbeiten, wobei eine junge Indianerin ihr half. Ich sah nicht ihren Fingern zu, wie sie die Nadel führten, sondern war statt dessen ganz geblendet von der Zierlichkeit ihrer Füße, dem Weiß ihrer wohlgebildeten Zähne und dem Glanz ihrer pechschwarzen Haare. Am Jamari pflegt man nicht alle Abende zu tanzen, aber dieses junge Mädchen habe ich doch am nächsten Samstag zum Ball eingeladen. Der weitere Verlauf der Geschichte ist wenig originell: Im Rathaus von Manaus haben wir geheiratet, nur Joachim und meine Mutter waren als Trauzeugen dabei, und dann haben wir eine zweijährige Reise ins Innere des Waldes gemacht. Bei unserer Farm hielten wir an, und ich erzählte ihr die Geschichte meiner Familie, meine Geschichte. Auf dem Jamari wurde ein Bastos geboren, der erste der dritten Generation. Bis 1957 wurden es dreizehn. Diese dreizehnte Geburt hat meine Frau nicht überlebt. Meine Mutter war ihr schon 1944 in das indianische Paradies vorausgegangen. So verließen mich die Menschen, die ich nicht nur am meisten geliebt habe, sondern die mir auch Vorbild waren, dem ich nacheiferte. Von meiner Mutter hatte ich Anstand und Familiensinn gelernt, von meiner Frau Treue und die Ausschließlichkeit einer einzigen Liebe.

Und Joachim? Mein Bruder, der Gefährte aller meiner Tage? Eines Morgens, das war nach der Geburt unseres fünften Kindes, und meine Frau war gerade in Manaus, fand ich seine Hängematte leer.

»Joachim! Joachim!«

Mein Schrei brach sich an der dichten Mauer der Bäume, aber ich weiß, daß er wie ein Klageruf in alle vier Himmelsrichtungen drang.

»Joachim! Joachim!«

Je mehr meine Stimme sich bei diesen Rufen überschlug, desto deutlicher ahnte ich bereits mit dem Instinkt des Indianers, daß etwas Unwiderrufliches geschehen war. Am Landungssteg schaukelte sanft seine Piroge, sorgfältig mit einer Liane festgemacht. Auf der Ruderbank saß ein Rollschwanzaffe und sah mich kopfwackelnd an. Vielleicht hatte sich Joachin in diesem kleinen Affen des Urwaldes schon reinkarniert? Oder war es eher in dieser Liane oder jenem blauen Farnkraut?

Schon seit ein paar Wochen hatte sein Augenlicht nachgelassen; er wollte es sich nicht eingestehen, aber ich merkte es an der Unsicherheit seiner Bewegungen. Jeden Morgen bestrich er seine Augen mit Acurau-Saft.

»Warum tust du das jeden Tag, Joachim?«

»Ich habe manchmal das Gefühl, als ob eine leichte Wolke vor meinen Augen läge, so daß ich die Bäume nicht mehr klar sehen kann; das Wasser des Flusses scheint mir mit einem Nebel bedeckt, der niemals weichen will.«

In Wirklichkeit wurde er völlig blind. Es stimmt schon, daß die kleinen Tröpfchen, die das Kraut Acurau absondert, das Augenlicht verbessern, aber dem Blinden können sie es nicht wiedergeben.

An diesem Morgen war er wohl ausgegangen, um ich weiß nicht was zu erledigen ...

Ich bin nicht einmal in der Lage, Joachims Ende zeitlich genau einzuordnen. Ich erinnere mich nur, daß ich den reglosen Leib im Wasser des Flusses liegen sah, und daß ich ihn schüttelte, umdrehte und sogar aufrichtete. Aber der Körper fiel zurück in ein Leichentuch aus Schlamm. Da habe ich endgültig die Augen zugedrückt, die vielleicht im ganzen Urwald nicht ihresgleichen hatten. Ich schleppte den Leichnam des Mannes, der mir ein ganzes Leben lang auf dem Weg der Ehre und des Wissens vorangegangen war, unter einen Imbauba-Baum. In ein paar Stunden zimmerte ich ihm einen Sarg. Jetzt, wo er in armselige Holzbretter gezwängt war, wie winzig kam mir da auf einmal dieser große Mann der Natur vor! In diesem Holz, unter dem der Indianer sich birgt, solange er lebt und das ihn auf die große Reise begleitet – ist es die letzte, ist es die erste?

Vor dem Sarg versuchte ich eine Kerze anzuzünden. Ob es eine katholische Kerze oder eine Macumba-Flamme war, das weiß ich nicht. Auf jeden Fall hatte diese Zeremonie, bei der ich Priester und Gemeinde in einem war, absolut nichts Schauerliches. Ich habe nicht einmal geweint. Wer weint, wenn ein geliebtes Wesen stirbt, der weint mehr über sich selbst als über den Verblichenen.

Auch beim Tod meiner Mutter und meiner Frau habe ich keine Tränen vergossen. Beide hatten ihr Geschick ehrenhaft, schlicht und mit Würde vollendet. Ich hatte nur den einen Wunsch: daß der Übergang sanft sein möge.

Nachdem Joachim gestorben war, brachte ich meine Hängematte in die Nähe des Baumes, unter dem der Sarg stand. Wind und Regen löschten die Kerze immer wieder, sosehr ich mich auch bemühte, sie am Brennen zu halten. Wenn die Flamme so hartnäckig immer wieder erlosch, so bedeutete das, daß Joachims Seele bereits emporgeschwebt war.

Ich habe mir nicht einmal die Frage gestellt, was ich mit dem Sarg anfangen würde. Ich lebte weiter wie bisher, erzählte ihm unbewußt vielleicht sogar weiter am Abend meine Jagderlebnisse des Tages. Nach einer gewissen Zeit, einem Monat vielleicht, wurde mir bewußt, daß das Holz zu schimmeln begann. Erstaunt war ich aber, daß der Leichnam überhaupt keinen Verwesungsgeruch ausströmte. Und wenn Joachim, mein ganz persönlicher Jesus, vielleicht auferstehen würde? Aber Tupan gibt niemals wieder, was er genommen hat. Also schob ich den Sarg bis zum Jamari und ließ ihn in die Strömung stürzen. Ein menschliches Stück Urwaldufer hatte sich gelöst, um nun im großen Strom dahinzutreiben.

Der Jamari trug ihn zum Madeira und der Madeira bis in den Amazonas. Der Leib des tapfersten aller Indianer wurde so, in Teilchen aufgelöst, bis ins Delta von Belém geschwemmt. Seine Seele aber hängt hell und durchsichtig in den höchsten Ästen der Bäume, bis die Menschenwelt ihren letzten Atemzug getan hat. So verlöschen die kostbarsten Wesen Amazoniens, ohne ganz zu verschwinden.

Der Tod meiner Frau bereitete mir Schmerz, aber auf ganz andere Weise. Die Tatsache, daß sie verschied, während sie einem anderen Wesen das Leben gab, war mir ein neuer Beweis, daß der Lauf des Schicksals unaufhaltsam ist. Dreizehn Kinder hat sie mir geschenkt, und jedes ist ein Beweis ihrer Liebe. Ich hege für diese Kinder die zärtlichsten Gefühle, aber ich weiß natürlich, daß ihr Leben ganz anders sein wird als das meine. Aber in einer so grausamen Gesellschaft wird es für sie schwieriger sein, die Einsamkeit als eine Form des vollendeten Glücks zu begreifen.

Als sie Ende 1957 Halbwaisen geworden waren, zog ich etwas mehr in die Nähe von Manaus, um ihnen helfen zu können, Männer und Frauen zu werden, die von den anständigen Menschen so geachtet werden, wie es dem Namen Bastos zukommt.

Aber ich weigerte mich, in der Stadt zu leben. Wer ein Einzelgänger ist, der findet in einer riesigen Menschenmenge keine Lebensmöglichkeit, auch wenn sie noch so anonym ist.

Aus Planken, die ich mir selbst zurechtschnitt, baute ich mir am Ufer des Rio Negro auf soliden Grundpfählen eine Hütte mit einem einzigen Raum.

Um das nötige »Tutu« für meinen täglichen Lebensunterhalt zu verdienen und die Krippe zu bezahlen, in der ich meine jüngsten Kinder untergebracht hatte, hatte ich mit 60 Jahren zum erstenmal eine bezahlte Arbeit angenommen. Das Municipio stellte mich als Sekretär des Marktes beim Hafen an. Von 1958 bis 1961 bin ich jeden Morgen um vier Uhr zum Markt gegangen, zur gleichen Zeit wie die Fischer und die Händler. Die Touristen sind nicht immer davon angetan, früh aufstehen zu müssen, um das Markttreiben zu erleben, die Hauptsehenswürdigkeit von Manaus. Man muß aber Verständnis dafür haben, daß die Indianer und die Cabocos frische Nahrungsmittel schätzen und außerdem oft sehr weit auf dem Strom und seinen Nebenflüssen fahren müssen, um wieder nach Hause zu kommen. Deshalb verlassen schon um sieben Uhr in der Frühe die ersten mit Früchten, Säcken voll Maniok, getrocknetem Fisch, aber auch Küchengeräten oder Werkzeug beladenen Pirogen den Hafen von Manaus mit seinem ohrenbetäubenden Lärm und streben den Flüssen des Hinterlandes zu.

Auf dem Markt kann man leicht feststellen, daß die reinrassigen Indianer immer seltener werden. Was hätte diese große Stadt mit ihren fast 500 000 Einwohnern ihnen auch wirklich zu bieten, in deren vom Regen aufgeweichten Straßen man mehr Japaner als Brasilianer sieht? Man hat sie kommen lassen, und sie hätten schön dumm sein müssen, das nicht auszunützen.

Im Jahre 1961, als man sich allmählich an den Gedanken zu gewöhnen begann, daß Brasilia die neue Landeshauptstadt werden sollte – die Idee war von Präsident Kubitschek lanciert worden, der vor kurzem mit zweiundsiebzig Jahren bei einem dummen Verkehrsunfall ums Leben gekommen ist –, da sagte man sich, daß man nicht gut eine ultramoderne Stadt aufbauen und zugleich die alte

Hauptstadt Amazoniens untergehen lassen konnte. Von den Männern, die aus Rio oder São Paulo gekommen waren, konnte man kaum verlangen, daß sie von dem gleichen Pioniergeist beseelt sein sollten wie seinerzeit die Sklaven des grünen Goldes.

Sogar ich fühlte, wie nach und nach der Fortschrittsgeist an mir zu nagen begann. Ich fing an, Reisende auf ihren Fahrten in den Urwald zu begleiten, ohne Bezahlung, nur aus Freude, wieder möglichst weit in das Reich meiner Bäume und der Stimmen meines Waldes eindringen zu können. Schließlich habe ich auch etwas Geld angenommen, zunächst um elektrischen Strom in meine Hütte zu legen, dann für ein Radio und einen kleinen Kühlschrank.

Im Jahre 1965 ließ sich das erste Reisebüro in Manaus nieder. Es verkehrten jetzt immer mehr Flugzeuge, und sie wurden auch immer größer. Da es immer noch nur das alte Hotel Amazonas gab, nutzte dessen Besitzer die Situation aus, für seine Zimmer mehr zu verlangen, als man in den Luxushotels von New York bezahlte.

Schließlich war das jetzt auch der Augenblick, wo die Gringos sich ernsthaft daran machten, Brasilien zu kolonisieren.

Es sind Fehler über Fehler gemacht worden. Heute bemühen sich die Brasilianer, eine führende Rolle in der Weltwirtschaft zu spielen. Unser Land ist reich genug an Bodenschätzen, um dieses Ziel zu erreichen, aber was mir große Sorge macht, ist unsere Trägheit.

Man muß den Mut haben, sich selbst ein bißchen zu erkennen. Es stimmt, wir Amazonier strengen uns bei der Arbeit nicht sonderlich an. Man muß uns aber verstehen. Tausende und Abertausende von Menschen sind hier gestorben, andere wurden umgebracht. Der Urwald bot uns einen so phantastischen Überfluß, daß wir kaum noch Lust haben, mehr zu nehmen, als wir gerade im Augenblick zum Leben brauchen. Schließlich reagieren wir schon gar nicht mehr, wenn die Ausländer daherkommen, mit ihren Scheckheften winken und uns irgendein sagenhaftes Amazonien der Zukunft in die Luft malen.

Um 1967 kam eines Tages einer der Direktoren des Reisebüros zu mir in meine kleine Baracke, als ich gerade Pfeilspitzen glattfeilte, um auf die Schildkrötenjagd zu gehen.

»Sebastião, Sie mit Ihren Jahren benehmen sich ja noch immer wie ein junger Bub, wie ein menschenscheuer Schuljunge. Ich beschwöre Sie bei der Liebe zu Ihren Vorfahren: versuchen Sie uns zu helfen! Niemand kennt diesen Wald so gut wie Sie, niemand wäre so wie Sie in der Lage, Führungen von zwei Tagen zu machen. Zwei Tage ist nicht viel, oder? Die Touristen, die man aus Rio zu uns schickt, es werden immer mehr... Ich verlange ja nicht, daß Sie die Gringos führen; ich kann Sie nicht zwingen, Sie zu mögen. Aber die Franzosen; Sie sprechen ihre Sprache und behaupten, daß Sie sie schätzen... Zwei Tage pro Woche. Wenn Sie ablehnen, verlieren Sie Geld und sind schuld, daß auch wir Geld verlieren.«

»Ich lehne ab. Es gibt genug junge Leute, die diese Arbeit tun können, und die Franzosen sind gescheit genug, um die Geschichte dieser Stadt auch auf portugiesisch zu verstehen.«

»Warum diese kategorische Ablehnung?«

Ich glaube tatsächlich, daß ich nie wieder so wütend geworden bin wie an diesem Tag, aber ich konnte mich einfach nicht beherrschen. Ich glaube, ich bin zu diesem Verkäufer der »grünen Hölle« sogar grob geworden.

»Scheren Sie sich dorthin, wo Sie hergekommen sind. In diesem Wald sind Männer krepiert wie das Vieh. Manchmal bin ich monatelang im Hinterland geblieben, bei sengender Hitze, den Ameisen und Mosquitos ausgesetzt. Jetzt bin ich 67, aber ich bilde mir nicht ein, auch nur die Hälfte des Amazonasbeckens zu kennen. Und Sie kommen daher und sagen, ich soll echten oder falschen Touristen in zwei Tagen, bevor sie wieder ins Flugzeug steigen, begreiflich machen, was Amazonien ist. Man müßte sie dazu auch ein bißchen von der Angst der Indianer und der wilden Tiere erleben lassen, damit sie mit geschwellter Brust in den klimatisierten Zimmern, die Sie im Hotel Amazonas haben einrichten lassen, ihre Postkarten schreiben können. Amazonien kurz und gründlich bei Sebastião Bastos, einem Indianer, sogar einem echten! Mit Lautsprecher und vielleicht gar Trommelwirbel! Erfinden Sie sich Ihr Amazonien; ich werde mit dem meinen sterben... Hauen Sie ab, es wird gleich Hagel geben, der Wind hat gedreht, und ich habe keine Lust, einen von denen, die den Wald kaputtmachen, aus dem Fluß fischen zu müssen.«

»Wir sprechen uns noch.«

»Kann sein, aber ich habe noch nie Angst gehabt vor denen, die gerade das Sagen haben.«

Die folgenden Monate wurden für mich ziemlich schwierig, aber ich habe nicht nachgegeben. Von diesem Illusionsverkäufer ließ ich mich so wenig einschüchtern wie fünfzig Jahre zuvor von Aurélien. Er hat mir aber sehr geschadet. Allen Reisenden aus Frankreich, Belgien oder Kanada, die am Amazonas größere Expeditionen machen wollten, hat dieser Kerl gesagt, ich sei verschollen oder tot.

Einigen, die hartnäckiger fragten oder ein paar Cruzeiros mehr bezahlten, gelang es doch noch, mich zu finden. Und da mein Körper immer noch gesund und kräftig ist, gibt mir das die Möglichkeit, nach wie vor jedes Jahr für mehrere Wochen in meinem Urwald am großen Strom zu verschwinden; 1972 war es sogar fast ein ganzes Jahr.

Und jetzt gibt es also die große Straße. Sie führt 300 Kilometer südlich an Manaus vorbei. Der Amazonas, der auf einer Strecke von viertausend Kilometern weit über Iquitos hinaus schiffbar ist, galt seit Jahrhunderten als einer der schönsten Verkehrswege der Welt. Wenn Sie sämtliche für den Warentransport geeigneten Flüsse Europas zusammenrechnen, kommen Sie immer noch nicht auf die Möglichkeiten, die dieser ozeanische Strom bietet. Man versucht also, uns einzureden, daß sich Pionieros am Rand der Straße niederlassen, um die Landwirtschaft zu entwickeln... Das mag vielleicht für fünf- oder sechshundert Kilometer gelten... Rechnet man für jede Familie ein paar Hektar, wie lange, wie viele Jahre wird es dann dauern, bis man zum ersten Mal die ganze Straße entlang ernten kann, was man angebaut hat!

Ich habe darüber meine eigene Meinung. Im Straßenbau arbeiten genausoviel Soldaten wie Zivilisten. Sie schlagen gratis eine Schneise, obwohl wir Tausende und Abertausende von Arbeitslosen haben, die bereit wären, jede auch noch so harte Arbeit anzunehmen – wenn es nur Arbeit im Freien und nicht in Fabrikhallen ist –, um ein paar Cruzeiros zu verdienen, die sie brauchen, um nicht zu verhungern. Ich glaube aber nicht, daß die Militärs aus wirtschaftlichen Gründen das harte Los der Straßenarbeiter auf sich nehmen. Sie haben vor allem Angst.

Ein Freund hat mir versichert, daß er bei der Jagd im Urwald südlich von Leticia auf eine Kaserne stieß, die nicht aus Holz, sondern aus Wellblech gebaut war. Die Hitze da drin muß nicht zum Aushalten sein. Dort sollen Tausende von Freiwilligen in den Techniken des Fallschirmspringens und des Guerillakriegs ausgebildet werden. Man läßt sie aus dem Flugzeug über den Wasserlöchern abspringen, in denen es von Alligatoren wimmelt.

Letztlich bin ich überzeugt, daß es in Brasilien, abgesehen von ein paar Studenten in den großen Städten, nicht viele Kommunisten gibt. Obwohl das Land so riesengroß ist, sind revolutionäre Gruppen eine Seltenheit. Auch wenn er es nicht zugibt: der Brasilianer ist eben doch ein klein wenig Indianer und deshalb von ausgesprochen friedfertigem Charakter.

Was wir auf jeden Fall behalten wollen, ist das Eigentum an unserem Grund und Boden. Vor jetzt fünf Jahren haben die Behörden von Amazonas offiziell festgestellt, daß Aurélien den Besitz der Familie Bastos unrechtmäßig an sich gebracht hatte. Das war sehr schlau gemacht. Denn zugleich mit der Feststellung, daß das Land nicht Aurélien gehörte, fragte man meine noch lebenden Brüder und vor allem mich, den Wachhund der Familie, ob wir irgendwelche Besitzansprüche geltend machen könnten. Welchen offiziellen Anspruch könnten wir jetzt noch geltend machen? Die ganzen fünfzig Jahre über war unser Eigentumsrecht nie offiziell anerkannt... Seit dem vergangenen Jahr gilt also das Besitztum am Jamari als herrenlos. Im Klartext heißt das, es ist Eigentum des Staates geworden, und der kann es ausschließlich zum eigenen Vorteil nutzen. Manchmal kommt mir der Gedanke, daß man aus diesem schlammigen Gelände, wo mein Vater und so viele seiner Gefährten den Tod fanden, vielleicht Milliarden von Cruzeiros herausschlagen wird.

Man hat im Staate Pará noch andere Projekte. Auf diesen Teil Amazoniens in der Nähe der Atlantikküste richtete sich schon immer die Habgier der Ausländer, denn bei den geringen Transportkosten bis Belém konnte man hier noch viel bedeutendere Profite erzielen.

Zwischen 1920 und 1970 war es einigen Castanheiros gelungen, sich kleine Farmen anzulegen, auf denen sie Viehzucht betrieben.

Manche verkauften ihre Tiere über Belém bis nach Guyana. Sie waren zwar nicht wirklich reich geworden, hatten aber einen angemessenen Lebensstandard erreicht. Mit dieser schönen Zeit des Wohlstandes ist es jetzt vorbei. Eine brasilianische Firma, die mit amerikanischem und deutschem Kapital arbeitet, hat das Projekt entwickelt, auf einem von der brasilianischen Regierung zur Verfügung gestellten Gelände, das an das Territorium der Asurini-Indianer grenzt, die Kopfzahl der Peoe-Herden von siebzigtausend auf fast zwei Millionen Tiere zu bringen. Für das Projekt muß der Urwald auf einer Fläche von 500 000 Hektar vollständig abrasiert werden; die Eigentümer der jetzigen kleinen Besitzungen werden mit Gewalt enteignet, falls sie nicht gutwillig verkaufen. Dafür baut die »Rio Douro« dann eine große Kühlfabrik für die Herstellung von Corned-Beef. Die örtlichen Behörden haben bereits die Mitteilung erhalten, daß das Unternehmen mangels geeigneter Facharbeiter in der Gegend von Arbeitern aus São Paulo betrieben werde...

Es vergeht kein Tag, an dem wir nicht aufs neue erleben, wie die schönste Schöpfung der Natur Stück für Stück von Bestien verschlungen wird, die viel gefährlicher sind als die wilden Tiere.

Aber das Leben muß ja weitergehen...

Im Jahre 1973 mußte ich eine Reise zu meinem Sohn nach Rio machen, einer schwierigen Operation wegen, die nur im dortigen Krankenhaus vorgenommen werden konnte. Meine Kinder haben mir die Reise bezahlt. Die Operation ist sehr gut verlaufen, aber ich konnte es kaum erwarten, wieder hier zurück zu sein.

Das ist alles. Sechzig Jahre Urwald, ein Leben mit Bäumen und Flüssen, als Jäger und Fischer, im engen Kontakt mit den Indianerstämmen.

Zusammen mit Joachim bis zu seinem Tod und dann allein. Ja, ein verrücktes Leben in seiner Einfachheit. Aber ist nicht Amazonien selbst die Offenbarung des verrücktesten Traumes der Schöpfung?

Abakachi: Ananas
Adobe: getrockneter Lehm
Borracha: Kautschuk
Bucana: Blasrohr
Caboco (oder Caboclo): Mestize mit weißem Vater und indianischer Mutter
Cabori: Kaschunuß
Cachassa: Zuckerrohrschnaps
Cacique, Kazike: Häuptling eines Indianerstammes
Cantina: Kneipe
Carioca: Einwohner von Rio
Castanheiro: mit der Ernte von Paranüssen beschäftigter Landarbeiter
Chapata: Vorarbeiter
Descobridor: Entdecker, Forschungsreisender
Despacho: Waldlichtung, auf der Macumba-Feste gefeiert werden
Favella: Slums am Rande der Großstädte
Gaiola: käfigförmiges Boot
Garimpero: Edelsteinsucher
Gringo: US-Amerikaner
Iguarapé: Bach, kleiner Fluß
Jacari: Krokodil
Matteiro: Mestize im Sold der brasilianischen Armee
Municipio: Rathaus, Provinzverwaltung
Oikumene: rituelle Religion der Indianer aus dem Norden
Pedral: Felsen bei einer Stromschnelle
Quadras: Straßenecke als Grenze eines Stadtviertels
Queixada: Wildschwein
Riffle: Pistole
Selva: Urwald
Seringuero: Kautschuksammler
Surucu: gefährliche Giftschlange
Tutu: Geld
Tucunaré: Süßwasserdelphin
Urubu: Aasgeier

Einzigartige Lebenszeugnisse

Elena Poniatowska: Jesusa – Ein Leben allem zum Trotz
Lamuv Taschenbuch 123. 19,80 DM / 155 öS / 20,80 sFr

». . . eine spannend zu lesende, authentische Lebensgeschichte«
(Konkret Literatur) einer Frau, der Jesusa Palancares, einer über
80jährigen Mexikanerin, die noch die Revolution miterlebt hat.

**Oscar Lewis: Die Kinder von Sánchez – Selbstporträt einer
mexikanischen Familie**
Lamuv Taschenbuch 18. 19,80 DM / 155 öS / 20,80 sFr

Lewis beschreibt die »Kultur der Armut«. »Nur ein- oder zweimal im Laufe eines Menschenalters erscheint ein wissenschaftli-
ches Werk, von dem die unmittelbare Wirkung und Kraft großer
Literatur ausgeht.« (New York Times)

Oscar Lewis: Ein Tod in der Familie Sánchez
Deutsche Erstausgabe. Lamuv Taschenbuch 45.
15,80 DM /123 öS/16,80 sFr

Als Tante Guadalupe stirbt, wird es zum Kampf, sie anständig
unter die Erde zu bringen. Lewis, der weltbekannte Anthropo-
loge, beschäftigt sich mit dem Thema, welches Licht Guadalu-
pes Tod auf ihr Leben wirft, wie beide – ihr Leben und ihr Tod –
die »Kultur der Armut« widerspiegeln, in der diese Frau zeitlebens existieren mußte. ». . . eindringlich . . . mit einer filmischen
Dokumentation vergleichbar . . . richtungsweisend«, so Christi-
ane Frank in ihrer Rezension im ORF.

Moema Viezzer: Wenn man mir erlaubt zu sprechen . . . –
Das Zeugnis der Domitila, einer Frau aus den Minen Boliviens
Einleitung: Eduardo Galeano. Vorwort: Günter Wallraff.
Lamuv Taschenbuch 27. 16,80 DM / 131 öS / 17,80 sFr

»Das Zeugnis dieser Frau, die einfach ihr einfaches Leben
erzählt, wirft die Wirtschaft hinter die Statistiken zurück, sie ent-
reißt die Geschichte den Museen, gibt sie dem täglichen Leben
wieder und bringt sie wieder auf ihre wirkliche Dimension in
Fleisch und Blut.« (Eduardo Galeano)

Bücher aus dem Lamuv Verlag

Hans Läng: Kulturgeschichte der Indianer Nordamerikas.
Ca. 125 Abbildungen.
Lamuv Taschenbuch 58. 19,80 DM / 155 öS / 20,80 sFr

»Mit dieser Kulturgeschichte der Indianer Nordamerikas ist dem Autor ein Werk gelungen, das sowohl durch seine lebendige wie auch klar verständliche Darstellung besticht. Es gibt Auskunft über Abstammung und Lebensweisen der amerikanischen Urbevölkerung. Bei der Darstellung werden neueste Forschungsergebnisse berücksichtigt, alte zum Teil wenig bekannte Stellen herangezogen und über die heutige Lage der indianischen Menschen und ihre Probleme berichtet.« (Westfalen-Blatt, Bielefeld)

Schwarzer Hirsch: Ich rufe mein Volk – Leben, Visionen und Vermächtnis des letzten großen Sehers der Ogalalla-Sioux.
Lamuv Taschenbuch 13. 16,80 DM / 131 öS / 17,80 sFr
Ein Klassiker der authentischen Indianer-Literatur.

Schwarzer Hirsch: Die heilige Pfeife.
Das indianische Weisheitsbuch der sieben geheimen Riten.
Lamuv Taschenbuch 19. 16,80 DM / 131 öS / 17,80 sFr

Carolyn Niethammer: Töchter der Erde –
Legende und Wirklichkeit der Indianerinnen.
Lamuv Taschenbuch 38. 19,80 DM / 147 öS / 19,80 sFr

»Eines der interessantesten ... das in der schier unübersehbaren Reihe von Indianer-Literatur erschienen ist.« (Ingo Mose in der »Bremer Kirchenzeitung«)

Wäscha-kwonnesin: Im Land der Nordwinde.
Lamuv Taschenbuch 77. 14,80 DM / 116 öS / 15,80 sFr

Wäscha-kwonnesin streifte durch das »Land der Nordwinde«, wie die Indianer die Wildnis Kanadas bezeichneten. Er beschreibt die Begegnung von Weißen und Indianern, berichtet von Pelzjägern, erzählt von seiner Freundschaft mit dem »Weisen vom Pelikansee«, der ihm Einblick in vergangene Zeiten gibt. Er spricht von der Verantwortung des Menschen gegenüber der Natur...

Bücher aus dem Lamuv Verlag

Indianer-Literatur

James BraveWolf:
Von nun an bin ich Kriegerin – Eine indianische Erzählung
Lamuv Taschenbuch 120. 17,80 DM / 139 öS / 18,80 sFr

Tecumseh, Sitting Bull, Geronimo – große Häuptlinge, deren
Leben und Taten inzwischen viele kennen. Doch wer ist Lozen
vom Stamme der Chihinne (bei uns besser bekannt als Apachen)? Ein zwölfjähriges Mädchen, das sich heimlich auf eine
gefährliche Reise begibt, um ihr Volk vor dem drohenden
Untergang zu retten.
»Eine eindringliche Geschichte, überzeugend erzählt.« (Diet-
mar Kuegler in: Zeitschrift für Amerikanistik)

Elmar Engel: Blackfoot, Cree, Mohawks . . . – Zur Geschichte der
Indianer im Norden Amerikas
Lamuv Taschenbuch 140. 19,80 DM / 155 öS / 20,80 sFr

»Diese Geschichte der Indianer in Kanada, die bislang im Gegensatz zu den in den USA lebenden Ureinwohnern nur wenig
Aufmerksamkeit erfuhren, liest sich anschaulich und spannend. Von der Besiedlung Nordamerikas über die ersten europäischen Kontakte, dann die Indianerkriege, bis hinein ins
20. Jahrhundert wird der Bogen gespannt . . . Ein empfehlens-
wertes populäres Sachbuch.« (Reinhild Khan im ekz-Informati-
onsdienst)

Elmar Engel: Geronimo und die Apachen
Lamuv Taschenbuch 161. 19,80 DM / 155 öS / 20,80 sFr

Mexikaner wie US-Amerikaner versuchen im 19. Jahrhundert,
die Indianer im Südwesten Nordamerikas niederzuwerfen und
in Reservate zu pferchen. Die Apachen graben das Kriegsbeil
aus, leisten erbitterten Widerstand. Ihr Häuptling Geronimo
wird jahrzehntelang von den Weißen gejagt, verliert Frau und
Kinder, schwört Rache, bringt den Weißen manche Niederlage
bei . . . Er, der am Ende doch die Waffen strecken mußte, ist zu
einer sagenumwobenen Gestalt geworden, dessen Lebensgeschichte mehrfach verfilmt wurde.

Bücher aus dem Lamuv Verlag

Elisabeth Burgos: Rigoberta Menchú – Leben in Guatemala
Lamuv Taschenbuch 33. 16,80 DM / 131 öS / 17,80 sFr

Rigoberta Menchú, eine junge Indianerin vom Stamm der Quiché in Guatemala, erzählt ihr Leben. Sie berichtet von den Riten und Gebräuchen ihres Volkes. Von klein auf lernt sie, ihrer Kultur und ihren Traditionen treu zu bleiben.
Die Familie lebt einige Monate des Jahres in den Bergen, wo sie Landwirtschaft betreibt. Später ist sie gezwungen, auf den großen Fincas an der Küste zu arbeiten, wo Kaffee und Baumwolle für den Export angebaut werden. Mit acht Jahren beginnt Rigoberta mitzuarbeiten.
1973 wird ihr Vater zum erstenmal verhaftet. Er hatte Widerstand geleistet gegen die »reichen Herren«, die die Bauern von ihrem Land vertreiben wollten. Der Vater geht in den Untergrund. Mit anderen Campesinos besetzt er die spanische Botschaft. Militär stürmt das Gebäude. Der Vater wird ermordet. Einige Wochen später wird auch Rigobertas Mutter und einer ihrer Brüder verhaftet und umgebracht.
»Lesenswert vor allem, weil da jemand, als Indianerin, als Frau, als Arme dreifach verdammt, den Mut hatte und die Kraft, nachzudenken, Widerstand zu leisten, durchzuhalten, Ich zu sagen: ›Und so erwachte in mir das Bewußtsein.‹«
(Erich Hackl in: Die Zeit)
Rigoberta Menchú erhielt 1992 den Friedensnobelpreis.

Rigoberta Menchú/CUC: Die Klage der Erde – Der Kampf der Campesinos in Guatemala
Lamuv Taschenbuch 136. 16,80 DM / 131 öS / 17,80 sFr

Rigoberta Menchú und das »Comité de Unidad Campesina«, deren Vorsitzende sie ist, erzählen von der Unterdrückung und dem Widerstand der »Indigenas« in Guatemala: In den letzten Jahrzehnten ist ein regelrechter Krieg gegen die Armen geführt worden, dem über 100 000 Menschen zum Opfer fielen. Das »Komitee der Landarbeitervereinigung« mußte zur Zeit der Militärdiktaturen im Untergrund arbeiten.